사회복지총서

사회복지실천기술론

Skills for Social Work Practice

김혜란 · 홍선미 · 공계순 · 박현선 공저

학지사

머리말

이 책은 개인, 가족, 집단을 대상으로 사회복지실천을 하기 위한 지식과 가치, 기술의 내용을 담고 있으며, 특히 사회복지실천기술에 초점을 맞추고 있다. 필자들은 대학에서 사회복지실천에 대해 연구하고 강의하는 교수들로서 20여 년의 경험을 바탕으로 이 책을 집필하였다. 필자들의 목표는 사회복지학을 공부하고 실천현장에서 활동하고자 하는 학생들에게 전문원조자로서 숙지해야 하는 사회복지실천의 핵심 내용을 제시하는 것이다.

사회복지학 교과목 가운데 '사회복지실천기술론'과 '사회복지실천론'은 다루는 주제와 내용에서 상당히 겹친다. 이 책의 구성은 한국사회복지대학교육협의회의 교과목 지침서를 참고하였다. 또한 '사회복지실천론'이 실천을 위한 일반적인 내용을 다루고 있다면, '사회복지실천기술론'은 수준 높은 실천방법과 기술뿐 아니라 대상별 실천방법, 평가, 기록 등을 다루고 있는 점에서 보다 전문적이고 구체적이다. 필자들은 이러한 점을 염두에 두고 이 책에서 전문원조의 이론적 · 실천적 요소들을 깊이 있게 다루고자 노력하였다.

이 책은 모두 13장으로 구성되어 있다. 제1장에서는 사회복지실천기술의 개념을 설명하고, 실천현장에서 필요한 실천기술과 실천기술의 교육과 훈련에 대해 살펴보았다. 제2장에서는 사회복지실천현장의 분류와 분야별 특성, 다양한 실천현장에서 사회복지사의 역할과 기능에 대해 살펴보았다. 이 두 장은 홍선미 교수가 집필하였다.

제3장부터 제5장까지는 사회복지사가 전문원조자로서 숙지해야 하는 실천모델과 실천기술을 다루었다. 제3장에서는 사회복지실천의 기본모델로서 심리사회모

델, 행동주의모델, 인지행동모델을 살펴보았는데, 이 부분은 김혜란 교수가 집필하였다. 제4장에서는 기본모델 이후 발전한 실천모델로서 과업중심모델과 해결중심모델을 살펴보았다. 과업중심모델은 김혜란 교수, 해결중심모델은 박현선 교수가 집필하였다. 제5장 역시 기본모델 이후 발전한 실천모델로서 동기강화모델과 위기개입모델을 살펴보았고, 동기강화모델은 박현선 교수, 위기개입모델은 김혜란 교수가 집필하였다.

제6장부터 제11장까지는 실천대상을 개인, 가족, 집단으로 구분하고 각 대상과 함께 실천하기 위한 방법과 기술을 다루었다. 제6장에서는 개인대상 실천기술과 복합적 욕구를 가진 클라이언트에게 개입하기 위한 실천방법을 살펴보았고, 홍선미 교수가 집필하였다. 제7장에서는 개인 클라이언트 가운데 특히 비자발적이거나 폭력적, 자살 위기, 보호가 필요한 클라이언트를 대상으로 실천하는 방법과 기술을 살펴보았고, 박현선 교수가 집필하였다.

제8장과 제9장에서는 가족대상 실천방법을 제시하였다. 제8장에서는 가족을 이해하기 위한 기본 개념들과 가족 사정과 생태도, 가계도의 작성과 분석 방법을 살펴보았다. 제9장에서는 가족 개입을 위한 다양한 모델들과 각 모델에서 제시하는 기술과 기법을 살펴보았다. 이 두 장은 김혜란 교수가 집필하였다.

제10장과 제11장에서는 집단대상 실천방법을 제시하였다. 제10장에서는 집단사회복지실천의 접근방법, 집단의 종류와 집단역동, 집단사회복지실천의 구성 요건에 대해 살펴보았다. 제11장에서는 집단의 형성부터 사정, 단계별 실천기술에 대해 살펴보았다. 이 두 장은 공계순 교수가 집필하였다.

마지막 두 장은 평가와 기록을 다루었다. 제12장에서는 단일사례설계를 활용하여 사회복지실천을 체계적으로 평가하는 방법을 살펴보았다. 제13장에서는 사회복지실천에서 기록의 중요성을 강조하고 기록의 구성요소, 유형, 기록방법을 상세히 살펴보았다. 이 두 장은 공계순 교수가 집필하였다.

이 책의 초고는 오래전에 완성되었으나, 초고를 보완하고 수정하는 작업을 거치기까지 다시 일 년이 넘게 걸렸다. 필자들은 여러 차례의 만남과 논의를 거치며 사회복지실천에 열정을 가지고 있는 학생들에게 일천하나마 필자들이 가진 지식과 경험을 전하기 위해 고심하였다. 그럼에도 불구하고 여전히 미흡한 점이 있으리라 생각하며 독자들의 지속적인 조언과 비판을 기대해 본다.

끝으로, 이 책이 나오기까지 많은 도움을 주신 서울대학교 사회복지연구소 강상경 소장님과 학지사 김진환 대표님, 유명원 부장님, 김진영 차장님과 직원들께 깊은 감사를 드린다.

2022년 2월

집필자 일동

차례

제 1 장

사회복지실천기술의 이해

사회복지현장에서 일하는 사회복지사들은 클라이언트가 겪는 상황을 이해하고 문제해결을 위해 개입을 하는 과정에서 실천가로서의 역량과 기술을 필요로 한다. 이 장에서는 사회복지사가 갖추어야 하는 사회복지실천기술의 개념과 관련 정의를 살펴본다. 사회복지실천현장에 필요한 실천기술의 유형을 알아보고, 사회복지실천의 전문 역량을 개발하는 데 필요한 기술적 측면에 대해 이해한다. 다양한 형태의 실천지식과 실천기술과의 연관성을 살펴보고, 실천기술을 습득하기 위한 교육과 훈련에 대해서도 알아본다.

1. 사회복지실천기술의 개념

『웹스터사전』[1)]에서는 기술(skill)을 '자신의 지식을 효과적이며 즉시적으로 활용하는 능력' 또는 '유능하게 무엇인가를 행하는 학습된 역량'으로 정의하고 있다. 사회복지사도 사회복지실천의 목적달성을 촉진하기 위해 다양한 기술을 활용한다. 바커(Barker, 2013)는 사회복지사의 기술을 대화나 클라이언트의 문제, 욕구, 능력 등에 대한 사정, 자원개발과 사회구조를 변화시키는 데 있어서의 숙련성이라고 정의하고 있다. 미국사회복지사협회(National Association of Social Workers)의 윤리강령(The Code of Ethics)에는 사회복지사가 실천과정에서 전문적 지식과 기술을 향상시키기 위해 노력해야 한다는 점을 명시하고 있다(NASW, 2021a). 1900년대 초 리치몬드(M. Richmond)와 애덤스(J. Addams)가 사회복지실천활동을 시작할 때부터 현재에 이르기까지, 사회복지사는 실천현장에서 만나는 클라이언트와 관계를 맺고 의사소통을 하며, 클라이언트가 필요로 하는 물리적 자원이나 정서적 지지를 제공하는 실천활동을 지속해 왔다. 이와 같은 역할을 수행하기 위해 사회복지사는 미시적 기술로부터 거시적 기술까지 활용하며, 실제로는 이를 혼합해서 사용하는 경우가 많다. 사회복지실천기술의 개념을 미시, 중범위, 거시로 나누어 살펴보면 다음과 같다.

- 미시적 실천기술(micro-level practice skills): 개인이나 집단, 가족을 대상으로 하여 문제해결과정을 진행할 때 주로 활용하는 기술이다. 미시적(micro)의 의미는 직접적이고 밀접한 상호작용이 일어나는 가장 가까운 범주의 환경체계에 개입하게 될 때의 대상이나 수준을 의미한다. 미시적 실천이 일대일 또는 소규모 체계의 문제에 접근하기 위한 구체적이며 직접적인 개입활동이 많다고 해서, 관점이나 시각, 개입방법, 활용하는 기술이 임상적이거나 치료적인 것으로

1) Merriam-Webster.com Dictionary (2021).

한정된다는 의미는 아니다. 최근에는 개인의 역량을 개발하고 당사자 관점의 시각이 강조되는 패러다임의 변화로 인해 개인의 주도적 문제해결 기술을 높이는 개인의 의식화나 자기옹호 등의 실천방법을 미시적 실천기술로 활용하고 있다(Fook, 1993).

- 중범위 실천기술(mezzo-level practice skills): 사회복지사는 미시적 수준의 실천활동과 함께, 기관이나 시설에 근무하면서 서비스나 자원의 개발, 외부 기관들과의 협조와 의뢰에 필요한 활동을 동시에 하게 된다. 또한 사회복지사는 기관 내 팀 업무를 수행하며 조직이나 인적 관리, 제반 행정 업무에 필요한 역량과 기술을 사용하게 된다. 최근에는 간접적 개입역할의 확대로 인해, 중범위체계를 구성하는 다양한 공식적·비공식적 주체들 간의 협력과 협의활동, 사회복지조직 간 네트워크를 활용한 서비스 연계와 조정, 비공식적 자원체계들에 대한 지원활동이 강조되고 있다(Austin et al., 2016).
- 거시적 실천기술(macro-level practice skills): 지역복지실천이나 정책개선 활동 등에 필요한 기술이다. 지역주민의 참여를 최대화하며 지역 내 다양한 집단들 간의 협력관계를 구축하면서 지역의 문제해결을 위한 역량을 강화하고 바람직한 지역변화를 위한 대안들을 선택하고 발전시키도록 돕는 실천기술이다. 사회적 다양성에 대한 민감성을 갖고 소외 집단의 권리확보를 위한 당사자와의 연대나 집단적 행동이 포함되며, 복지권이나 사회 경제적 정의를 증진하기 위한 참여와 활동이 강조되고 있다. 이때 사회복지사는 전통적인 접근방식이나 실천기술 이외에, 이익집단들 간의 갈등이나 사회적 의제를 분석하고 해석하거나, 사회적 영향력을 높이며 다수의 참여를 촉진하는 데 필요한 집합적·사회적 변화기술을 갖출 필요가 있다.

사회복지실천현장에서 일하는 사회복지사에게 필요한 기술은 이와 같이 미시적 수준으로부터 거시적 수준에 이르기까지 다양하기 때문에 실천경험을 통해 지속적으로 역량을 쌓으며 실천의 맥락에 적합한 실천기술을 선택하고 활용하도록 한다.

2. 사회복지실천에 필요한 지식과 기술

1) 실천역량을 높이는 전문 지식

다양한 사회복지현장에서 일하는 사회복지사들이 필요로 하는 이론적 근거들은 각기 다를 수 있으나, 학문적 기초나 이론적 이해를 위해 보편적으로 갖추어야 할 지식이 있다. 미국사회복지사협회(NASW, 1981)에서는 사회복지사에게 필요한 이론적 내용을 실천의 이론적 기초가 되는 지식부터 실무 지식에 이르기까지 폭넓게 제시하고 있다(〈표 1-1〉 참조). 제시된 내용들은 인접 분야로부터 가져온 지식과 사회복지실천분야에서 사회복지사의 경험과 연구로부터 고유하게 비롯된 지식이 같이 포함되어 있다.

표 1-1 사회복지실천의 기초 및 실무 지식

- 기본적인 사회경제, 정치이론에 관한 지식
- 클라이언트에게 영향을 미치는 사회적 · 환경적 요인에 관한 지식
- 인종, 민족, 기타 사회의 문화적 다양성을 가진 집단에 관한 지식
- 조직과 사회체계에 관한 이론과 행동, 변화 등에 관련된 지식
- 인간행동발달에 관한 이론, 가족의 상호작용 등에 관한 이론적 지식
- 윤리적 원칙과 실무에 관한 지식
- 사회심리사정과 개입에 관한 이론과 기술에 관한 지식
- 개별지도와 집단지도의 이론과 기술에 관한 지식
- 소집단이론과 행동역동에 관한 지식
- 집단 상호작용과 치료적 개입에 관한 지식
- 위기개입이론과 기법에 관한 지식
- 옹호이론과 기법에 관한 지식
- 공적 사회서비스에 관한 지식
- 지역사회자원과 서비스에 관한 지식
- 지역사회조직이론과 전략에 관한 지식

- 지역사회조직이론과 보건 및 복지 서비스 개발에 관한 지식
- 사회계획의 개념과 기술에 관한 지식
- 사회복지발달과 정책에 관한 지식
- 사회복지행정이론과 개념에 관한 지식
- 사회 및 보건 서비스와 관련한 복지법규와 규정에 관한 지식
- 사회 · 심리통계와 기타 조사방법과 기술에 관한 지식
- 실무와 관련된 전문적이며 과학적인 연구에 관한 지식
- 교육 및 훈련에 관한 이론과 기법에 관한 지식
- 전문적 슈퍼비전의 개념과 이론을 포함하는 지식

출처: NASW (1981).

미국사회복지사협회에서 제시한 이와 같은 내용을 사회복지현장의 직접적인 활용도를 기준으로 기초 지식과 실무 지식으로 나누어 볼 수 있다. 전자가 사회복지실천과 관련한 이론적 근거나 전반적인 맥락을 이해하는 데 유용하다면, 후자는 사회복지실천현장을 이해하고 문제해결과정에 실제적으로 활용하는 실무 지식이 된다. 실천의 기초가 되는 지식과 실천과정에서 활용하는 실무 지식의 세부 내용을 살펴보면 다음과 같다.

(1) 실천의 기초가 되는 지식

개인으로부터 환경에 이르는 폭넓은 삶의 문제를 다루는 학문의 특성상 사회복지실천분야에서 활용하는 지식은 대부분의 사회과학 및 인접 학문의 지식을 포함한다. 미국사회복지교육협의회(The Council on Social Work Education, 1992a, 1992b)는 사회복지실천의 맥락과 대상자를 이해하는 데 도움이 되는 교과내용에 사회, 문화, 과학, 역사, 예술, 철학 등의 기초교양(liberal arts) 과목을 폭넓게 포함시키고 있다. 특히, 사회의 소외계층이 겪는 문제가 발생하는 사회적 맥락을 이해하고 바람직한 사회변화에 관한 다양한 관점과 시각을 기르기 위해서는 심리학을 비롯하여 사회학, 정치학, 경제학, 인류학 등 기초사회과학으로부터 얻어지는 지식이 포괄적으로 필요하다. 사회복지실천의 스펙트럼이 넓기 때문에, 사회복지사는 특정 지식

에만 의존하거나 한정하기보다는 주어진 개입 상황에 필요한 다양한 지식을 이해하고 실천의 맥락에 맞게 고려할 수 있어야 한다.

(2) 실천과정에서 활용하는 실무 지식

사회복지사에게 필요한 전문 지식은 다음과 같이 클라이언트에 관한 이해부터 실천과정, 사회정책에 이르기까지 다양하다(Johnson et al., 1997).

- 인간행동과 발달에 관한 지식: 개인이 겪는 문제를 전문적으로 이해하고 돕기 위해서는 인간의 행동적 특성을 이해하고 환경의 상호적 영향력을 파악하는 것이 필요하다. 인간행동과 발달에 관한 기초이론을 통해 인간의 정서적 · 심리적 · 사회적 발달단계와 환경의 물리적 · 사회적 · 문화적 특성 등과 관련한 지식을 얻을 수 있다. 인간의 인지, 정서, 행동과 관련된 대부분의 심리이론은 학문적 배경은 다르나, 사회복지실천의 이론적 근거로 활용되며 실천모델의 형태로 현장에 적용되는 실천지식이다. 또한 외부 조건으로 인한 스트레스를 파악하기 위해서는 사회경제적 조건이나 문화적 다양성 등과 관련된 사회 환경적 특성을 이해하는 데 도움이 되는 지식도 필요하다.
- 인간관계와 상호작용에 관한 지식: 개인, 가족, 집단, 지역사회, 조직이나 기관들 간의 관계와 상호작용을 촉진하며 효과적인 의사소통에 필요한 지식이다. 관계형성의 기술적 원칙은 전통적인 개별지도(casework)뿐 아니라 모든 대인서비스 현장에 적용할 수 있는 중요한 전문 지식이다. 대인관계의 기술은 클라이언트를 비롯하여 주변체계와의 상호이해를 촉진함으로써 문제해결과정의 원활한 진행을 돕는 데 필수적이기 때문에다.
- 실천이론과 모델에 관한 지식: 다양한 실천상황에 적합한 전문적인 원조관계와 실천과정에서의 개입방법과 전략 등을 선택하는 데 필요한 지식이다. 각 사례의 문제해결과정을 진행하면서 클라이언트의 정서, 인지, 행동의 변화를 파악하고 상호작용 패턴이나 과정에 대해 분석적으로 이해하기 위해서는 실천모델에서 제공하는 근거와 변화를 위한 개입내용을 익히는 것이 중요하다. 클라

이언트의 정서적 · 인지적 · 행동적 특성에 기초하여 변화를 이끌어 내는 데 필요한 심리이론이나 실천모델의 구체적인 개입과정과 기법 등을 활용할 필요가 있다.

- 특정 분야나 대상 집단에 관한 지식: 노인, 아동, 청소년 등 생애주기별 대상의 특성을 이해하고 클라이언트 집단별 주요 이슈나 과업 등을 파악하는 데 필요한 지식은 사회복지사가 특정 집단을 대상으로 실무를 하는 데 도움을 준다. 실천현장에 따라서는 매우 구체적이고 전문적인 실무 지식을 필요로 한다. 예를 들어, 개입 사례에 따라서는 정신질환의 특성이나 정신건강 사정에 필요한 도구, 신체적 문제나 장애를 나타내는 척도, 알코올이나 약물 중독의 증상과 치료 등에 대해 알아둘 필요도 있다.
- 사회정책과 서비스에 관한 지식: 사회정책이나 제도의 발전과 역사적 맥락, 실천현장에 대한 사회정책의 영향력과 실천적 함의 등에 관한 지식이 필요하다. 실무와 관련된 법규와 제도, 기관의 실천적 맥락과 서비스 제공 환경, 전달체계에 관한 지식도 중요하다.
- 사회복지사 자신에 관한 지식과 전문직에 대한 지식: 사회복지사 자신에 관한 인식은 실천에 영향을 미치는 전문가의 감정이나 가치, 태도, 행동 등에 대해 성찰하고 책임감을 갖게 한다. 또한 사회복지사가 실천현장에서 업무를 수행하는 데 있어서 사회복지 전문직의 가치에 기반을 둔 윤리적 원칙과 실천가의 행동강령 등은 매우 중요하게 인식해야 하는 내용이다. 실무를 수행하면서 전문가로서의 지속적인 자기개발을 위해 보수교육, 슈퍼비전, 자문, 타 전문가들과의 교류 등이 이루어지도록 한다.

시포린(Siporin, 1975)은 사회복지실천에서 필요한 전문 지식을 사정 지식(assessment knowledge)과 개입 지식(intervention knowledge)으로 나누고 있다. 사정지식은 사회복지사가 개인의 욕구와 문제, 상황 등을 이해하는 데 필요한 지식이다. 클라이언트의 심리적 · 사회적 · 문화적 특성을 이해하고 클라이언트의 상황적 맥락을 분석하는 데 필요하다는 점에서, 앞에서 살펴본 기초 지식과 실무 지식의 일부를 포함한다. 한편, 개입 지식은 개인이나 집단, 지역사회에 개입하는 과정에서 직접적으로 활용하는 지식으로서, 인간관계나 상호작용, 실천이론과 모델과 같은 실천 지식을 뜻한다.

2) 실천의 핵심 기술과 기법

미국사회복지사협회(NASW, 2005)는 질 높은 서비스와 책임성 있는 실천을 위한 임상사회사업의 기준(NASW Standards for Clinical Social Work in Social Work Practice)을 제시하고 있다. 이 가운데 두 번째 기준으로 전문적인 실천기술과 개입(Standard 2. Specialized Practice Skills and Intervention)[2]이 들어 있다. 개인과 가족, 집단을 위한 효과적인 임상적 개입을 위해서는 클라이언트의 성격과 행동, 심리·정서·행동에 영향을 미치는 사회·심리·문화·건강 요인을 이해하고, 사회문화 및 환경적 영향력을 인식할 수 있는 전문 지식과 기술을 갖추는 것이 필요하기 때문이다. 실천현장의 사회복지사가 습득해야 할 세부 실천기술의 종류는 〈표 1-2〉와 같다.

표 1-2 사회복지실천기술의 종류

- 전문가적인 목적과 이해를 기초로 타인의 말을 경청하는 기술
- 자료를 찾아 의미 있게 조합하는 능력
- 전문적 원조관계를 형성·발전시키며, 자신을 도구로 활용하는 기술
- 언어적·비언어적 행동을 관찰·해석하며 관련 이론이나 진단방법을 활용하는 기술
- 클라이언트와의 초기관계를 맺고 신뢰감을 획득하는 기술
- 민감한 정서적 주제를 지지적 방식으로 다루는 기술
- 클라이언트를 위한 창의적인 해결책을 찾는 기술
- 치료적 관계의 종결 여부를 결정하고 실행하는 기술
- 조사연구의 결과나 전문적 자료를 해석하는 기술

2) NATIONAL ASSOCIATION OF SOCIAL WORKERS (2005), NASW Standards for Clinical Social Work in Social Work Practice.

- 갈등적 관계에 놓인 양측을 중재하고 협상하는 기술
- 조직 간에 협조 서비스를 제공하는 기술
- 기금 지원처나 대중에게 사회적 욕구를 알리고 전달하는 기술
- 명확히 말하고 쓰는 기술
- 다른 사람을 교육하는 기술
- 소진되었거나 위기상황에서 지지적으로 반응하는 기술
- 전문적 관계에서 역할모델이 되는 기술
- 복잡한 심리사회적 현상을 해석하는 기술
- 주어진 책임에 따른 업무량을 조직적으로 다루는 기술
- 타인을 돕는 데 필요한 자원을 파악하고 확보하는 기술
- 타인의 능력이나 정서 상태를 파악하고 도움이나 자문을 주는 기술
- 집단활동에 참여하고 이끄는 기술
- 스트레스하에서 업무를 수행하는 기술
- 갈등적 상황이나 논쟁적인 성격을 다루는 기술
- 사회이론이나 심리이론을 실천상황에 적용하는 기술
- 문제해결에 필요한 정보를 파악하는 기술
- 기관이나 자신의 실무에 관해 조사연구를 수행하는 기술

출처: NASW (2005).

쉐퍼와 호레이시(Sheafor & Horejsi, 2015)는 사회복지현장에 유용한 실천기술을 〈표 1-3〉과 같이 세 가지 형태의 사회복지실천의 기법과 지침(Techniques and guidelines for social work practice)으로 제시하고 있다. 첫째, 사회복지실천의 공통 기법은 모든 사회복지현장의 사회복지사들에게 공통적으로 필요한 실천기술이다. 기초적인 언어적·비언어적 의사소통이나 효과적인 원조 기술과 함께 기록과 행정업무, 정보관리, 시간 및 업무량 관리와 같은 기관업무에 필요한 내용이 포함되어 있다. 둘째, 단계별 실천과정의 기법과 지침은 개별사례의 문제해결과정에서 단계별로 과업을 수행하는 데 필요한 실천기술이다. 실천과정의 단계별로 초기접수와 관계형성, 자료수집과 사정, 계획과 계약, 개입과 점검, 평가와 종결 등의 개입을 위한 실천기술이 직접 실천과 간접 실천에 따라 제시되어 있다. 셋째, 클라이언

표 1-3 사회복지실천의 기법과 지침

사회복지실천의 공통 기법	• 기초적인 의사소통 및 원조 기술(Basic Communication and Helping Skills) • 기관 실무를 위한 기초 기술(Basic Skills for Agency Practice)
단계별 실천과정의 기법과 지침	• 초기접수와 관계형성(Intake and Engagement) • 자료수집과 사정(Data Collection and Assessment) • 계획과 계약(Planning and Contracting) • 개입과 점검(Intervention and Monitoring) • 평가와 종결(Evaluation and Termination)
클라이언트 집단별 기법과 지침	• 아동 · 청소년, 부모 및 조부모, 노인 • 빈곤(Poverty), 가정폭력(Domestic Violence), 자살위험(Risk of Suicide), 지적장애(Intellectual Disability), 신체장애(Physical Disability), 중독(Chemical Dependency) 등

출처: Sheafor & Horejsi (2015).

트 집단별 기법과 지침은 서비스 대상 집단의 인구학적 특성과 주요 문제 등을 반영한 실천기술을 포함한다.

한편, 미국사회복지교육협의회(2021b)에서도 실천교육을 통해 제공되는 실천기술의 종류를 실천과정에 초점을 맞춰 제시하고 있다. 앞서 살펴본 쉐퍼와 호레이시의 두 번째 단계별 실천과정과 유사하나, 실천과정을 8단계로 좀 더 세분화하여 제시하고 있다는 차이가 있다. 각 단계는 ① 문제정의, ② 자료수집과 사정, ③ 계획과 계약, ④ 대안적 개입방법의 확인, ⑤ 적절한 개입행동의 선택과 수행, ⑥ 점검을 위한 연구와 결과평가, ⑦ 실증적 지식과 진보된 기술의 적용, 그리고 ⑧ 종결로 구성되어 있다.

3) 사회복지사의 기초 지식과 실천기술의 관계

실천지식(social work knowledge)이 현상에 대한 이해나 상황의 탐색을 위한 것이라면, 실천기술(social work skills)은 분석과 해석, 개입과 변화를 이끄는 실천역량으

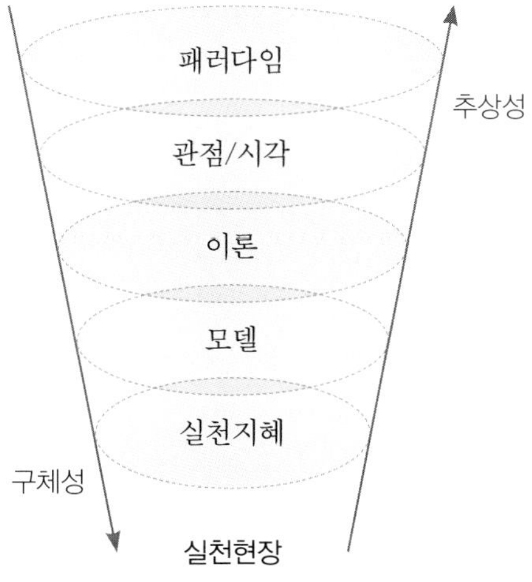

그림 1-1 사회복지지식의 구성 수준

출처: 홍선미(2004).

로 구분할 수 있다. 사회문제에 관한 인식의 틀을 구성하는 데 필요한 지식과 구체적인 개입방법을 선택하고 적용하는 데 필요한 기술은 상호 연결되어 있기 때문에, 지식과 기술을 구분하는 의미는 크지 않다. 특히 사회복지현장에 필요한 실천지식은 클라이언트뿐 아니라 기관과 실무 환경까지 포함하는 실천의 맥락을 이해하고 이를 사회복지실천의 가치와 함께 통합된 개념 틀 속에서 개발하고 활용하는 것이 중요하다(Rein & White, 1981). 이와 같은 지식과 기술의 상호연관성 속에서 관련 개념들을 구체성과 추상성의 수준에 따라 도식화하면 [그림 1-1]과 같다. 가장 인식의 범위가 넓은 패러다임으로부터 관점/시각, 이론, 모델, 실천지혜에 이르기까지 각각의 개념을 살펴보면 다음과 같다.

(1) 패러다임

패러다임(paradigm)은 추상적인 수준의 개념적 틀로서, 세계관과 현실에 대한 인식의 방향을 결정한다. 사회의 주도적인 패러다임은 학문의 인식론적 변화나 역사적 흐름, 사회의 분위기, 사상적 조류, 정치적 사건 등에 영향을 받는다. 사회복지실천의 패러다임도 의료적 개념으로부터 생태적 개념까지 다양한 흐름을 반영한다. 초기의 사회복지실천 패러다임은 자본주의 사회의 개인주의적 가치와 제1차 세계대전 이후의 사회적 요구를 반영하면서 선통적인 진단과 지료의 개념을 중심으로 실천의 패러다임을 구성하였다. 1960년대 이후에는 환경적 요인에 대한 관심과 탈상황적인 심리치료적 접근에 대한 한계로 인해, 인간과 환경 사이의 적응적 관계를 중심으로 한 생태적 개념의 패러다임이 자리 잡게 되었다. 복합적인 문제를 가진 도시빈민가족이나 아동, 노인의 복합적인 문제에 대한 인식의 틀을 넓혀 주었으나, 기존의 사회질서 속에서 갈등적인 사회관계를 간과하는 한계를 극복하지 못하였다. 1980년대 이후에는 정치적 · 사회적 권리를 강조하는 소비자 중심 또는 당사자주의 패러다임이 등장하면서 사회복지실천분야에서 새로운 변화를 만들고 있다(홍선미, 2011).

(2) 관점

관점(perspective)은 개념적 준거 틀(conceptual framework)로서, 관심 영역과 가치, 대상들을 규정하는 사고체계이다. 그레이(Gray, 2010)는 관점을 개인의 시각(angle)으로 세상을 바라보는 방법이라고 정의하면서, 사회복지현장에서 마주하는 사람과 상황, 사건, 문제 등에 대한 인식의 주관성을 강조하였다. 사회복지실천의 관점은 사회복지의 다양한 이데올로기적인 스펙트럼을 반영하면서 보수주의적인 관점부터 급진적 관점까지 다양하게 구성된다. 관점을 이분법적으로 단순히 나누어 볼 수는 없으나, 개인과 사회에 관한 기본적인 생각과 가치의 차이를 반영하고 있기 때문에 관점들 간에 상호 배타적인 경우가 많다. 가치개입적인 사회복지실천에서는 개인의 적응과 사회변화라는 목표 간에 균형을 유지하며 실천의 맥락을 이해하는 것이 중요하다.

(3) 이론

이론(theory)은 특정 현상을 설명하기 위한 가설이나 개념, 의미의 집합체이다. 현실을 구조화하고 객관화하는 과정 속에서 추상적 수준의 관점은 한 단계 구체적인 이론이 된다. 즉, 상위 수준의 관점에서 다루는 내용을 조작화하고 경험적으로 검증

하는 작업을 거쳐 지식의 주관성은 주는 동시에 부여된 의미에 대한 사회적 이해와 보편성은 커지게 된다. 사회복지분야의 실천이론은 기능적 사고를 대표하는 정신역동이론으로부터 인지행동이론, 학습이론, 의시소통이론, 실존이론, 게슈탈트이론, 일반체계이론이나 최근의 임파워먼트이론과 담론이론에 이르기까지 다양하다. 이는 사회복지실천이 역사적으로 개인의 적응과 사회변화라는 상이한 개입목표 속에서 각기 필요한 이론들을 선택하며 발전한 배경과 관련이 있다. 〈표 1-4〉는 사회복지분야에서 쓰이는 이론들의 공통적 요소를 내적 · 외적 요인의 영향력과 개별 및 집합적 이론 틀에 맞춰 분류한 것이다. 현장에서는 각 이론들이 갖는 학문적 배경과 인식 틀의 차이로 인해 다수의 이론을 절충적으로 사용하는 것이 용이하지 않다. 이로 인해 상위수준에 있는 관점이나 패러다임과의 일관성을 고려하면서 각 이론의 특징적인 이론적 맥락을 이해하여 적용하는 과정이 필요하다.

표 1-4 사회복지실천의 이론 유형 분류

	내부(Interior)	외부(Exterior)
개별 (Individual)	• 정신분석이론(Psychodynamic Theory) • 발달이론(Developmental Theories) • 인지이론(Cognitive Theory) • 애착이론(Attachment Theory) • 자아초월이론(Transpersonal Theories)	• 행동이론(Behavioral Theory) • 의료 및 약리적 개입, 생물학 및 유전학 이론(Medical & Pharmacological Interventions, Biological & Genetic Theories)
집합 (Collective)	• 윤리와 사회정의(Ethics & Social Justice) • 가족과 집단이론(Family & Group Theories) • 사회자본이론(Social Capital Theory) • 사회학 이론들; 베버, 뒤르켐(Sociological Theories; Weber, Durkheim)	• 사회학 이론; 마르크스, 파슨스(Sociological Theories; Marx, Parsons) • 생태체계적 관점(Ecological Systems Perspective) • 사회학습이론(Social Learning Theories) • 조직이론(Organizational Theories) • 경제이론(Economic Theories)

출처: Larkin (2006), p. 20.

(4) 모델

모델(model)은 일관된 실천활동의 원칙과 방식을 구조화한 것으로서, 실천과정에 직접적으로 필요한 기술적 적용방법을 제시한다. 사회복지실천에서 활용되는 모델의 종류에는 관점과 이론을 배경으로 기술적 과정을 도출한 것(예, 정신분석이론과 정신분석모델, 행동주의이론과 행동수정모델, 인지이론과 합리적 정서적 치료 등)과 절충주의적 성격으로 단일한 이론적 배경을 갖지 않는 모델(예, 심리사회모델, 과제중심모델 등)이 있다. 생태체계론자인 마이어(Meyer, 1983)는 다양한 실천모델의 분석적 이해와 선택적 활용을 위해서 각 모델들의 특성을 비교하는 분석틀

표 1-5 사회복지 실천모델의 분석틀

실천이론의 분석 항목	실천모델 A	실천모델 B	실천모델 C
이념적 기반(ideological bases)			
가치(values)			
이론적 기초(knowledge base)			
관심의 단위(unit of attention)			
문제의 정의(problem definition)			
일관되며 명료한 개입방법 (congruent and explicit interventions)			
전문적 관계의 활용 (uses of the professional relationship)			
기대되는 결과(desired outcomes)			
시간소요(uses of time)			
실무자의 활용 범위 (differential use of staff)			
자조집단과의 활동 (work with self-help groups)			
효과성 연구의 가능성 (availability to effectiveness research)			

출처: Meyer (1983).

(A Framework for Analysis of Practice Models)을 제시하고 있다. 이 분석틀은 체계적인 관점을 기준으로 각 모델이 갖는 이론적 특성을 분석하기 위한 항목을 포괄적으로 포함하고 있다(〈표 1-5〉 참조). 구체적으로, 분석틀의 이념적 기반이나 가치, 문제의 정의 등은 사회복지실천의 본질에 관한 분석을 위한 것이다. 개입방법이나 소요시간, 실무자의 활용, 자조집단의 활동 등은 실천방법과 관련된 각 이론의 특징을 파악하기 위한 것이며, 효과성 연구의 가능성은 이론이 갖는 인식론적 속성을 분석하기 위한 것이다.

(5) 실천지혜/직관/암묵적 지식

일반 사회과학에 비해 실천분야의 지식은 실제의 실천상황에서 발생하는 구체적인 문제와 관련된 것이 대부분이다. 실천지혜(practice wisdom) 또는 직관(intuition)/암묵적 지식(tacit knowledge)은 실천현장에서 귀납적으로 만들어진 지식의 종류이다. 이러한 것들은 의식적으로 표현하거나 구체적으로 명시할 수 없는 지식으로서 개인의 가치체계와 경험으로부터 얻어진다. 사회복지사의 직관에 의존하는 비구조화된 지식의 한계에도 불구하고, 실천을 통한 앎을 강조하는 사회복지실천에서 경험적으로 얻어지는 이러한 유형의 지식은 사회복지사의 사고와 행동에 절대적인 영향을 미친다.

3. 사회복지실천기술의 습득과 활용

사회복지사의 실천역량은 자질과 학습경험 모두를 통해 얻어진다(Johnson, 1986). 클라이언트와의 대면접촉뿐 아니라 비공식적 · 공식적 지원체계와의 조정활동이나 기관업무를 진행하는 과정에는 타인에 대한 배려나 존경, 이타심, 공감력, 자기통제력과 같은 개인의 가치적 태도와 성격적 특성이 중요한 영향을 미치게 된다. 또한 개인이 가진 전문가로서의 동기와 열의에 따라, 클라이언트의 욕구나 사회문제에 진정한 관심을 갖고 책임성 있게 자신의 업무에 임하면서 실천역량이 발전하게 된다.

개인적 특성이나 장점이 사회복지사의 실무에 긍정적으로 작용할 수 있으나, 전문사회복지사의 소양과 자질을 쌓기 위한 근본적은 방법은 교육과 훈련이다. 국제사회복지사연맹(International Federation of Social Work)은 국제사회복지교육협의회(International Association of School Social Workers)와 공동으로 사회 복지 교육 및 훈련에 대한 국제표준(Global Standards for Social Work Education and Training)을 제시하고 있다(IFSW & IASSW, 2020). 교과과정이 실제 활용 가능한 핵심 지식과 과정, 전문직의 가치와 기술을 반영할 것을 강조하고 있으며, 특히 개인, 가족, 집단과 지역사회를 대상으로 다양한 맥락에 적용 가능한 실무적 개입에 대한 준비가 이루어지도록 하고 있다.

미국사회복지사협회는 사회복지사가 자신의 역할을 잘 이해하고 효과적인 실천을 하는 데 필요한 사회복지실천역량(social work competencies)을 사회복지인증 교과과정에 반영하도록 권고하고 있다(Gilbert, 2018). 미국사회복지교육협의회(2021a)는 학문적 수월성을 유지하고 유능한 사회복지사를 양성하기 위해서 학사 및 석사 교육 프로그램에 대한 교육정책 및 인증기준(Educational Policy and Accreditation Standards: EPAS)을 두고 있다. 미국사회복지교육협의회의 역량기반 교육(competency-based education)에서 제시하고 있는 아홉 가지 사회복지실천역량은 〈표 1-6〉과 같다.

한국사회복지교육협의회(2020)에서도 사회복지교육을 통해 사회복지사로서의 기본 역량을 갖추도록 교과과정 지침에 명시하여 학부와 석사과정에서 교육하고 있다. 사회복지학 교과목 가운데, 사회복지실천기술론 교과목의 교육목표를 살펴보면 다음과 같다.

- 자기인식 및 현장에 대한 이해를 바탕으로 개인 · 집단 · 가족을 대상으로 한 사회복지실천의 사정-면접 및 개입-종결에 필요한 구체적인 기술을 익힌다.
- 다양한 클라이언트의 욕구충족과 문제해결에 유용한 실천모델의 주요 과정과 기법을 적용하고 활용할 수 있다.

표 1-6 미국인증교육과정 내 사회복지실천역량

구분	역량의 내용
역량 1	윤리적이며 전문적인 행동의 실연(Demonstrate Ethical and Professional Behavior)
역량 2	반인종차별적이며 다양성이나 공평, 포용 등을 반영하는 실무의 수행(Engage Anti-Racism, Diversity, Equity, and Inclusion in Practice)
역량 3	인권과 사회적, 인종적, 경제적, 환경적 정의의 옹호(Advance Human Rights and Social, Racial, Economic, and Environmental Justice)
역량 4	실천기반연구와 연구기반실천 수행(Engage Practice-informed Research and Research-informed Practice)
역량 5	사회복지정책에 관여(Engage in Policy Practice)
역량 6	개인 · 가족 · 집단 · 조직 · 지역사회에 대한 관여(Engage with Individuals, Families, Groups, Organizations, and Communities)
역량 7	개인 · 가족 · 집단 · 조직 · 지역사회에 대한 사정((Assess Individuals, Families, Groups, Organizations, and Communities)
역량 8	개인 · 가족 · 집단 · 조직 · 지역사회 대상의 개입(Intervene with Individuals, Families, Groups, Organizations, and Communities
역량 9	개인 · 가족 · 집단 · 조직 · 지역사회 대상 실무의 평가(Evaluate Practice with Individuals, Families, Groups, Organizations, and Communities)

출처: Council on Social Work Education (2021a).

- 사회복지실천의 사정 및 개입기법에 대한 역량강화를 통해 클라이언트의 변화에 초점을 두도록 한다.
- 현장에서 많이 활용되고 최신의 흐름을 반영하는 다양한 모델의 주요 기법을 익힌다.
- 어려운 클라이언트, 다양한 유형의 가족 등과 일하기 등 실천론에서 다루기에 한계가 있는 대상과 일하는 주요 기법을 익힌다.
- 집단대상 실천기술을 강화하여 실천현장에서 요구하는 집단 프로그램 운영 능력을 향상시킨다.

사회복지실천기술론의 교과내용은 학부과정에 맞게 일반사회복지사의 실행역량 수준에 맞추고 있으며, 다양한 클라이언트를 만나게 되는 사회복지실천현장에서 사회복지사가 기본적으로 갖추어야 할 실천기술을 학습하는 데 초점을 두고 있다. 사회복지실천에 필요한 자기인식, 면담론, 과정론, 주요 실천모델, 주요 대상별 개입내용 등을 폭넓게 학습하기 때문에 실질적인 클라이언트의 변화에 필요한 세부 실천기술을 습득하고 훈련하는 데에는 한계가 있다.

실천현장의 사회복지사들은 교육과정을 통한 학습 이외에 교과과정 내의 현장실습이나 인턴십 과정 등을 거쳐 실무를 익히고 실천기술을 습득하게 된다. 미국사회복지교육협의회(2021a)의 사회복지인증 교과과정에서 특히 강조하는 것은 교과목을 통해 배운 이론과 실천의 개념을 현장에 적용하며 사회복지사로서의 핵심적인 유능성을 갖추도록 하는 현장실습교육이다. 학부과정에서 최소 400시간, 대학원과정에서는 최소 900시간 이상의 실습시간을 인증기준으로 두고 있으며, 교육기관과 실무현장에 실천가 양성을 위한 실습을 체계적으로 설계 · 지도감독 · 조정 · 평가하는 책임을 부여하고 있다. 현장실습은 ① 오리엔테이션 , ② 실습현장 배치, ③ 학습과정 모니터링과 지원, ④ 안전기준 준수, ⑤ 사회복지실천역량에 대한 학습성과 평가의 과정을 거치게 된다.

사회복지사의 실무역량을 높이기 위한 실천기술의 학습과 훈련에서 중요한 것은 경험으로부터의 의식적 학습이다. 깁스(Gibbs)가 1988년에 개발한 반영적 순환고리모델(reflective cycle model)은 자신의 경험을 성찰하고 반영적 경험분석의 과정을 통해 자기인식을 높이는 데 유용한 도구로 알려져 있다(Bruce, 2013). 6단계로 구성된 반영적 순환고리모델([그림 1-2] 참조)을 살펴보면, ① 경험에 대해 서술하고, ② 경험에 대한 감정과 느낌을 인식하고, ③ 경험의 긍정적인 점과 부정적인 점을 평가하고, ④ 상황적 타당성을 분석하고, ⑤ 경험을 통해 배운 점과 다른 선택지는 어떤 것이 가능한가에 대해 판단하고, ⑥ 보다 나은 변화는 무엇이며, 미래에 유사한 상황에 놓일 때 어떻게 할 것인가에 대한 행동계획을 세우는 과정으로 구성되어 있다. 모델의 각 단계마다 여러 개의 질문들을 제시하고 해당 단계에서 어떠한 성찰을 할 것인가에 대한 안내를 하고 있다. 사회복지사들도 경험분석을 통한 학습

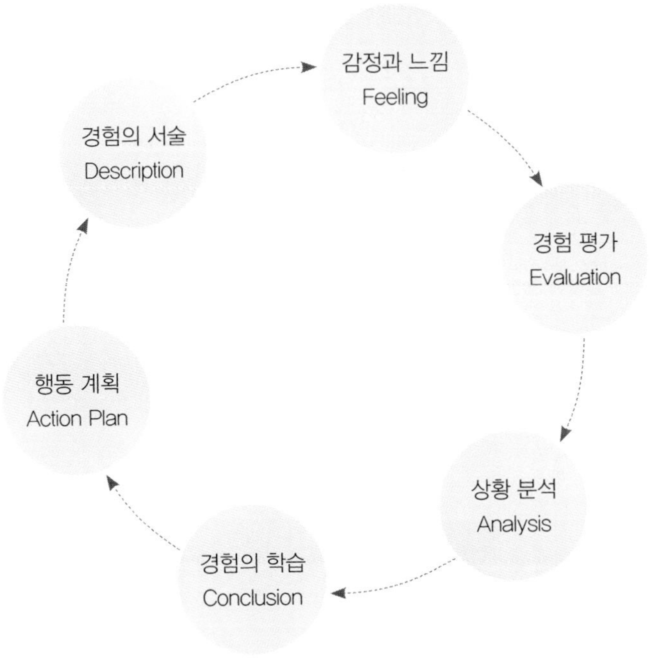

그림 1-2 깁스의 반영적 순환고리모델(Reflective Cycle Model)

출처: Bruce (2013).

의 과정을 통해, 현장 실습이나 실무에서 경험한 내용을 실천기술로 발전시키는 데에 활용할 수 있을 것이다.

미국사회복지사협회는 사회복지사가 클라이언트와 적절한 관계를 형성하고 실천과정을 통해 개입의 목적을 달성하기 위해 적절한 훈련과 슈퍼비전이 필요하다고 하였다(Cox, 2019; NASW, 2005). 세부 학습방법에는 [그림 1-3]에 제시한 바와 같이 학습, 반영, 계발, 실무, 자문, 지도 등이 있다.

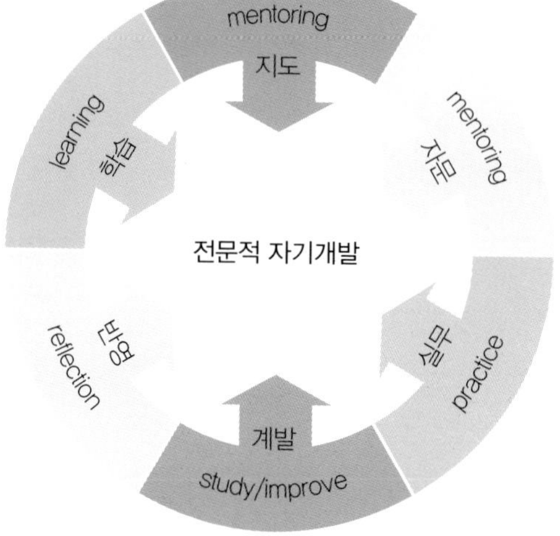

그림 1-3 전문적 자기개발의 방법

출처: Cox (2019).

다타르 등(Datar et al., 2010)이 제시한 사회복지사의 기술훈련을 위한 매뉴얼에서는 〈표 1-7〉과 같이, 유능한 실천가가 되기 위한 기술훈련의 단계를 보다 체계적으로 제시하고 있다. 첫 단계에서는 자기개발(self-development)을 위한 훈련의 내용과 방법이 들어 있다. 자기개발을 통해 자신의 정서적, 행동적, 인지적 특성에 대해 이해하고 자신에 대한 통제력을 얻음으로써 긍정적이며 건강한 자아를 형성하며 자신뿐 아니라 타인에 대한 이해와 존중감을 갖도록 훈련하는 것이다. 이를 위한 훈련의 내용에는 ① 지각의 중요성을 인식하고, ② 자신의 성격이나 감정, 태도와 가치, 능력 등을 인식함으로써 자기이해를 하며, ③ 클라이언트와의 관계형성에 중요한 공감력이나 수용성을 높이기 위해 감수성 개발을 하는 내용이 포함되어 있다. 자기개발을 통해 얻어진 사회복지사의 개인적 역량은 다양한 실천현장에서의 훈련과 재교육, 자문 등의 과정을 거치면서 전문적 실천역량으로 발전하고 내재화될 수 있다. 두 번째 단계는 의사소통(communication)의 기술을 훈련하는 과정이다. 사회복지실천의 중요한 도구로서 의사소통의 중요성과 의미를 이해하며 신뢰관계를 형성하기 위해 다양한 의사소통 방식과 매체를 활용하여 훈련한다. 기초적

표 1-7 사회복지실천기술의 훈련단계

PART 1. 자기개발 (SELF-DEVELOPMENT)	지각의 이해(Understanding Perception)
	자기이해(Self-Awareness)
	감수성 개발(Sensitivity Development)
PART 2. 의사소통 (COMMUNICATION)	의사소통의 의해 (Understanding Communication: A Theoretical Framework)
	의사소통 훈련 워크숍(Workshops on Communication)
	음성 및 영상 매체의 사용(Use of Audio-Visual Media)
	새로운 의사소통 매체 활용(Use of Innovative Media in Communication)
PART 3. 개입훈련 (METHOD TRAINING)	개인·가족과 일하기 (Working with Individuals and Families (Social Casework))
	집단과 일하기(Working with Groups (Group-Work Method)
	지역사회와 일하기(Working with Communities)

출처: Datar, Bawikar, & Rao (2010).

인 자기이해를 갖고 타인과 의미 있는 관계를 형성하는 데 필요한 의사소통 역량을 얻게 되면 다음 단계로 넘어간다. 세 번째 개입훈련(method training) 단계에서는 개인·가족, 집단 또는 지역사회와 함께 일하는 데 필요한 각 대상별 접근방식과 개입기술에 대해 익히고 훈련한다. 3단계의 사회복지실천기술의 훈련단계를 거치면서 습득한 인식과 감수성 등을 내재화하고 이를 다시 실무에 반영하는 과정을 반복하면서 실천기술의 향상이 이루어진다.

연습문제

1. 사회복지실천의 기초 지식이나 실천현장에서 활용하는 전문 지식 가운데, 인접 학문분야에서 가져오거나 많은 영향을 받은 것에는 어떠한 것이 있는지 알아보시오.

2. 실천현장의 사회복지사가 갖추어야 할 실천기술(NASW, 2005) 가운데 본인이 갖추고 있거나 부족한 내용들은 무엇인지 돌아가면서 발표해 보시오.

3. 실천기술을 습득하기 위한 다양한 방식과 효과적인 학습법에 대해 토의해 보시오.

제2장

사회복지실천현장과 실천기술의 적용

사회복지실천현장을 이해하기 위해 실천현장의 개념 및 정의를 알아보고, 공공기관과 민간기관, 행정기관과 서비스기관, 생활시설과 이용시설, 일차현장과 이차현장 등 사회복지현장을 분류하는 방식을 살펴본다. 사회복지현장을 구성하는 실무기관의 세부 유형과 특성을 아동, 노인, 장애인, 정신장애, 가족 및 여성 등 분야별로 찾아보고, 각 실천분야에서 강조하는 사회복지사의 역할을 이해한다. 마지막으로, 사회복지기관 업무를 수행하는 데 필요한 사회복지사의 실무역량에는 어떤 것들이 있는지 알아본다.

1. 사회복지실천현장의 이해

1) 사회복지실천현장의 개념

사회복지실천현장은 사회복지실천분야(fields of practice) 또는 서비스의 초점이 되는 문제영역(problem area)을 포괄하는 개념이다. 넓은 의미의 실천현장은 클라이언트에게 서비스를 제공하기 위해 직간접적으로 관련되는 모든 현장을 뜻한다. 바틀렛(Bartlett, 1971)은 “특정 문제나 활동은 사회복지 전반에 걸쳐 관련성을 갖고 있으나, 대부분의 경우 체계적인 서비스나 이론, 방법, 기타 특성 등을 갖춘 영역들이 안정적으로 발전되고 있으며 이를 분야(fields)로 정의할 수 있다.”고 한다. 이러한 실천분야를 기준으로 사회복지실천현장을 분류하는 경우에는 일반적으로 아동 · 노인 · 장애인과 같은 대상별 분야나 정신건강이나 중독, 교정 분야와 같은 문제영역별 분야가 포함된다. 또한 의료, 학교, 산업복지와 같은 분야는 주로 병원, 학교, 기업과 같이 특정 현장을 중심으로 서비스가 제공되는 특성 때문에 장(settings)에 따른 분류가 되기도 한다. 이때의 실천현장은 물리적인 ‘장소’의 개념을 넘어 사회복지실천이 이루어지고 있는 전문분야들을 일컫는다.

사회복지실천현장은 좁은 의미에서는 클라이언트의 문제해결을 위해 사회복지사가 활동하는 장소를 뜻한다. 좁은 의미의 실천현장에는 사회복지서비스를 직간접적으로 제공하는 사회복지 기관이나 시설이 있다. 기관은 사회복지사의 활동현장이자 클라이언트의 문제해결과정에 큰 영향력을 미치는 환경이다. 펄만(Perlman, 1957)은 사회복지실천의 주요 구성요소로서 개인(person), 문제(problem), 과정(process)과 함께 서비스 제공 장소인 기관(place)을 강조한다. 기관의 기능을 강조하는 기능주의의 대표적 학자인 스몰리(Smalley, 1967)는 기관을 이해하고 활용하는 것이 효과적 원조과정에 절대적으로 필요하다고 하였다. 기관의 조직적 특성과 맥락을 이해함으로써 구체적인 정보를 토대로 클라이언트를 위한 개입계획을 세우고, 업무수행에 필요한 자원을 활용하여 효과적인 개입을 하며, 인접 기관이나 환경변화에도 적절히 대처할 수 있다.

2) 사회복지실천현장의 분류

사회복지의 전문화 및 다양화로 인해 사회복지영역이 확대되고 변화하면서, 사회복지사가 일하는 기관의 성격도 다양해지고 있다. 특히 특정 대상이나 문제에 초점을 두고 서비스를 제공하는 전문기관들이 늘어나면서, 사회복지실천현장은 분야별로 점차 세분화되고 있다. 일반적으로, 실천현장은 사회적 문제유형(type of problem)이나 서비스의 대상(population group)을 중심으로 형성된 실천분야와 기관의 형태에 따라 구분하고 있다. 바틀렛(1971)은 개별 사회복지 실천현장을 유형화하기 위한 분류기준을 다음과 같이 제시하고 있다.

- 서비스 체계: 정책/프로그램, 공공/민간 기관, 정부/비정부 기관, 이용/생활 시설 등
- 주요 개입 문제: 물질남용, 학대, 빈곤, 비행, 가족갈등, AIDS, 노숙 등
- 클라이언트 집단: 아동·청소년, 노인, 여성, 장애인, 난민 등
- 사용되는 지식·가치·기술의 형태: 시각의 차별성, 접근방법이나 모델

[그림 2-1]은 바틀렛이 제시한 첫 번째 기준인 서비스체계에 맞춰 사회복지실천현장을 분류한 표이다. 세부 분류방법으로 첫째, 기관의 운영목적에 따라 사회복지현장을 일차현장과 이차현장으로 나눌 수 있다. 둘째, 각 기관의 설립주체나 자금의 조달방식에 따라 공공기관과 민간기관으로 분류한다. 셋째, 서비스의 직접적·간접적 제공 여부에 따라 행정기관과 서비스기관으로 구분한다. 서비스기관은 주요 개입 문제나 클라이언트 집단을 기준으로 여러 개의 서비스 분야 또는 영역으로 세분화될 수 있다. 넷째, 제공되는 서비스의 형태에 따라 이용시설과 생활시설로 나눌 수 있다. 이와 같은 분류기준에 따른 사회복지실천현장의 주요 유형별 특성을 살펴보면 다음과 같다.

그림 2-1 사회복지기관의 분류

(1) 일차현장과 이차현장

사회복지실천현장은 기관의 기능과 운영 목적에 따라 일차현장(primary settings)과 이차현장(secondary settings)으로 구분할 수 있다. 일차현장은 사회복지서비스를 제공하는 것이 기관의 주된 기능이며, 사회복지사가 주요 구성원으로서 중심적인 역할을 수행하는 실천현장이다. 사회복지관을 비롯한 여러 지역사회서비스기관이나 사회복지시설의 대부분이 일차현장에 포함된다. 반면, 이차현장은 일차적인 기능은 따로 있지만 기관운영과 서비스의 효과성에 미치는 긍정적인 영향으로 인해 사회복지사가 역할을 수행하는 실천현장을 의미한다. 예를 들어, 학교의 일차적인 목적과 기능은 교육이다. 학교의 일차적이며 기본적인 교육기능을 향상시키기 위해 학교사회복지사가 학생들에게 교육복지 서비스를 제공한다. 주요 이차현장으로 알려진 분야는 학교 외에도, 의료사회복지 현장인 병원이 있다. 또한 보건소, 치매안심센터, 건강생활지원센터와 같은 지역보건의료기관이 늘고 있기 때문에 공공의료나 건강증진 분야도 보건복지협업을 위해 사회복지인력이 활동하는 이차현장이 될 수 있다. 그 외 교정시설이나 보호관찰소와 같이 교정복지서비스를 제공하는 현장과 근로자지원프로그램(employee assistance program)이나 기업사회공헌

(corporate social responsibility)활동을 하는 기업복지 현장 등이 있다.

기본적으로, 이차현장에서 일하는 사회복지사는 기관이 제공하는 주요 서비스 분야에 관한 전문 지식을 습득함으로써 함께 일하는 타 전문직과의 의사소통을 원활히 하는 것이 중요하다. 또한 사회복지분야와의 지속적인 교류를 통해 사회복지 전문가로서의 지식과 기술을 유지 · 향상시키면서 이차현장에서 필요로 하는 사회복지서비스 기능을 원활히 수행하여야 한다. 특히 이러한 현장에서는 사회복지서비스가 보완적 · 보조적 기능으로 제한되면서, 기관의 운영이나 서비스 제공과정에서 사회복지사의 정체성 혼란이나 타 전문직과의 갈등이 일어날 가능성이 높다. 이차현장에서 일하는 사회복지사는 학제간 팀협력을 위한 기술과 훈련이 중요하며, 사회복지서비스의 필요도나 사회복지사의 역할에 대한 이차현장의 인식을 높이는 역할도 담당한다.

(2) 공공기관과 민간기관

사회서비스기관은 관료적인 것부터 자율성을 가진 조직에 이르기까지 다양한 구조적 특성을 갖는다. 이와 같은 특성은 설립 및 운영주체, 인력구성이나 기관의 재원조달방식 등으로부터 영향을 받는다. 이와 같은 특성에 따라 공공기관과 민간기관으로 분류할 수 있다.

공공부문(public sector)으로 알려진 정부기관(governmental agency) 또는 공공기관(public agency)은 국가나 지방자치단체와 같은 공공이 주체가 되어 공적 책임성을 갖고 운영되는 곳들이다. 이들 공공기관은 서비스를 계획 · 관리 · 지원하는 행정체계와 공적 급여나 서비스를 직접적으로 제공하는 집행체계를 모두 포함한다. 공공분야의 인력으로는 보건복지부, 시 · 도, 시 · 군 · 구의 복지정책 관련 부서와 읍 · 면 · 동 주민센터에서 복지업무를 담당하는 행정직 공무원과 사회복지전담공무원들이 있다. 읍 · 면 · 동 주민센터에 근무하는 사회복지전담공무원은 복지행정 업무 외에도, 사회복지기관에서 서비스이용자에게 대면서비스를 제공하는 것과 마찬가지로 지역주민이 필요로 하는 복지정보 제공이나 안내, 상담, 서비스 신청 및 지원 등의 일선실무를 담당하며 직접 실천을 하고 있다. 최근에는 취약위기가구에 대한 공공사례관리를 위해 통합사례관리사와 같은 민간 계약직 형태의 인력 배치가 늘고 있다. 서비스 전달체계의 기조가 되는 공공복지 영역에서 일하는 사회복지사는 직접적인 서비스를 효과적으로 제공하기 위한 임상적 역할도 중요하나, 지역 내 복지자원의 파악과 민간기관들과의 협조와 연계를 이룰 수 있는 조정체계로서의 역할이 중요하다. 지방자치단체의 복지행정업무가 늘어나고 공공사회서비스가 전문화되면서 공공복지 영역에서의 사회복지 인력 수요가 늘어나고 그 역할도 한층 강화될 것이다.

민간기관(private agency)은 사회복지 관련 사업을 목적으로 사회복지법인이나 재단법인, 사단법인, 종교단체, 시민사회단체 등에서 운영하는 비영리기관을 총칭한다. 이러한 민간기관은 직접적인 서비스를 제공하는 사회서비스기관과 간접서비스나 행정지원을 위해 조직된 협의체로 나뉜다. 민간서비스기관은 사회복지서비스의 전달에 관심이 많은 개인이나 단체에서 설립하여 운영하는 곳으로서, 이사회(boards of directors)에서 기관의 운영을 책임진다. 대부분의 민간서비스기관은 기부금이나 회원들의 후원금, 재단 전입금, 공동모금회의 지원과 프로젝트 사업비, 기타 서비스이용료 등으로 재원을 충당한다. 최근에는 계약을 통해 위탁방식으로 정부의 특정 프로그램이나 서비스를 제공하는 민간서비스기관이 늘어나면서 공공기관과 민간기관 사이의 구분이 점차 모호해지고 있다. 이러한 경향은 민간기관의 재정적인 어려움을 감소시키고 서비스를 확대시키는 긍정적 측면이 있다. 그러나 공공의 책임성이 분산되면서 서비스 전달상의 분절이 일어나거나, 정부의 관리감독으로 인해 민간기관의 독립적 · 자율적 운영이 제한될 가능성도 있다.

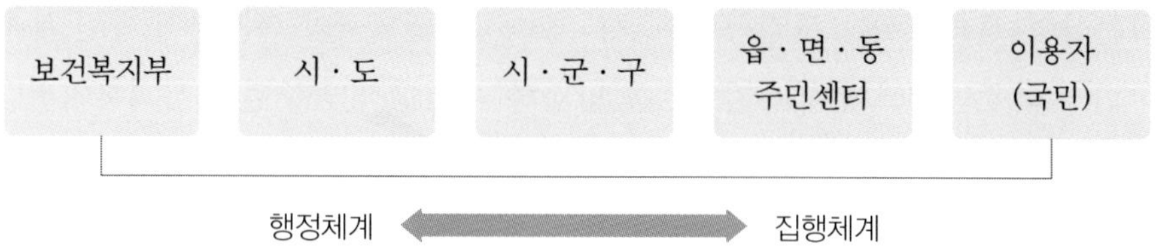

그림 2-2 공공부문 전달체계

(3) 행정기관과 서비스기관

사회복지실천현장은 서비스 제공방식에 따라 직접적으로 서비스를 제공하는 서비스기관과 간접서비스를 제공하는 행정기관으로 구분할 수 있다. 간접서비스기관 또는 행정기관은 서비스전달의 효율적 운영을 목표로 사업 기획이나 관리, 기관 간 협의 조정 등의 업무를 담당한다. 공공영역의 사회복지 관련 행정조직으로는 중앙정부의 사회복지 주무부처인 보건복지부가 있으며, 여성가족부나 고용노동부 등도 관련 정책이나 업무를 담당한다. 보건복지부 내에서는 사회복지정책실(복지정책, 복지행정지원, 사회서비스정책 등)과 인구정책실(인구아동정책, 노인정책, 보육정책 등) 산하에 있는 부서들이 사회복지정책과 제도에 관한 계획을 수립하고 기초생활수급자를 비롯한 노인, 아동, 장애인, 지역복지 업무 등을 담당하고 있다. 아동양육과 가족지원, 청소년, 여성 관련 업무는 여성가족부의 청소년가족정책실(여성정책, 청소년정책, 가족정책, 권익증진 등)에서 담당하고 있다.

공공영역의 사회복지 행정조직은 중앙정부로부터 특별시, 광역시 · 도를 포함하는 광역자치단체와 시 · 군 · 구를 포함하는 기초 자치단체, 읍 · 면 · 동 단위 주민센터 등으로 연결되어 있다. 광역자치단체는 대부분 보건복지국(또는 복지정책국)이나 여성가족국에서 관련 업무를 분담하고 있다. 기초자치단체의 경우에도 복지정책국이나 복지정책과를 중심으로 사회복지 행정업무를 수행하고 있다. 또한 앞서 공공기관 분류에서 살펴보았듯이, 읍 · 면 · 동 주민센터에는 행정직 공무원과 사회복지전담공무원이 배치되어 행정구역별 복지행정업무를 담당하고 있다([그림 2-2] 참조).

한편, 민간영역의 행정조직은 기관, 전문가, 특정 집단들이 공동의 목적을 위해 조직한 협의체(councils) 또는 협회(associations)가 있다. 대표적인 사회복지협의체의 유형으로는 사회복지사 개인회원들로 구성된 사회복지사협회나 사회복지기관의 단체 및 개인회원으로 구성된 사회복지기관협의회 등이 있다. 사회복지관협회나 장애인복지시설협회와 같은 직능별 협의체도 있다. 이와 같은 민간협의체들은 정책개발 및 실행, 자원개발 및 서비스 조정부터 교육, 정보교류, 행사개최 등 다양한 활동을 하고 있다.

이 외에 광역 및 기초자치단체마다 지역 내 사회복지 시설 및 기관, 관련 단체의 종사자들과 지역주민 대표, 공무원으로 구성한 지역사회보장협의체가 운영되고 있다. 공공 및 민간 위원들이 함께하는 민관협력 조직으로서, 사무국을 운영하면서 지역 내 사회보장 관련 업무를 수행하고 있다.

직접서비스를 제공하는 서비스기관(social service agency)은 주요 대상이나 문제 영역에 따라 분야가 나뉘며 해당 분야의 클라이언트에게 서비스를 제공하는 것을 목적으로 한다. 칸(Kahn, 1979)은 서비스의 기능을 중심으로, 개인적 사회서비스의 유형을 ① 사회화와 발달을 위한 서비스, ② 치료나 원조, 재활을 위한 서비스, ③ 서비스의 연결이나 정보, 조언 등을 제공하는 서비스로 나눈다. 칸의 분류에 따르면, 첫 번째의 사회화와 발달수준을 향상시킬 수 있는 서비스에는 가족지원서비스, 보육 및 아동발달 프로그램, 청소년집단프로그램 및 체험활동, 노인 여가활용 프로그램 등이 있다. 두 번째의 치료나 원조, 재활을 위한 서비스에는 아동상담 및 가족치료, 장애아재활치료서비스, 보호관찰 및 교정프로그램, 중독치료지원프로그램, 의료사회복지서비스 등이 포함된다. 세 번째의 서비스의 연결이나 정보, 조언을 제공하는 서비스는 대상자에게 필요한 정보를 알리고 적절한 서비스나 자원을 연계시켜 주는 다양한 지역복지기관들의 서비스나 사례관리 등이 있다. 사회복지 실천분야별 서비스기관의 세부 유형은 다음 절에서 구체적으로 알아본다.

서비스기관들은 기관의 목적과 성격에 따라 특정 유형의 서비스만을 제공하는 전문기관이 다수이나, 사회복지관과 같이 여러 유형의 서비스를 복합적으로 제공하는 기관이 점차 많아지면서 서비스 분야나 유형만으로 실천현장을 분류하는 데에는 한계가 있다. 또한 공공기관 분류에서 살펴보았듯이, 읍 · 면 · 동 주민센터는 복지행정 업무를 담당하는 행정기관인 동시에 일선에서 주민 대상 사각지대 발굴 및 복지지원업무, 사례관리업무를 직접 수행하면서 서비스기관의 특성을 동시에 갖는다. 민간행정기관인 협의체의 지방조직들 가운데에도 사회복지 관련 기관 · 단체 간의 연계 · 협력 · 조정과 같은 간접적 기능 외에, 지역 내에서 위기가구지원이나 푸드뱅크와 같은 직접사업을 수행하면서 행정업무와 서비스업무를 병행하는 경우가 많아지고 있다.

(4) 생활시설과 이용시설

앞에서 살펴본 서비스기관은 주거의 제공여부에 따라 다시 이용시설과 생활시설로 나누어진다. 생활시설은 주거서비스를 포함한 제반 사회복지서비스를 제공하는 시설이다. 〈표 2-1〉에 제시된 것처럼, 「사회복지사업법」에 따라 설치된 많은 시설이 생활시설에 포함되어 있다. 생활시설에 거주하는 클라이언트는 주거 외에도 치료 등의 특수한 욕구를 가진 경우가 많다. 따라서 의식주를 제공하는 것 이외에 생활인의 치료나 재활, 요양, 사회복귀를 돕기 위한 서비스를 시설 내에서 함께 제공하는 경우가 많다. 최근에는 대규모로 운영되는 다수인 거주시설의 문제로 인해 공동생활가정과 같은 소규모 형태로 전환되는 추세이며, 개인의 독립적인 주거공간과 분리하여 사례관리나 지원서비스를 제공하면서 사생활을 보장하도록 하는 지원주택 형태의 공급이 많아지고 있다.

이용시설은 주거 이외의 사회복지 관련 서비스를 제공하는 기관을 통칭한다. 주거서비스를 제공하지 않기 때문에 자신의 가정에 기거하는 클라이언트가 주 대상이 되는 경우가 많다. 최근에는 지역복지서비스의 확대로 지역주민의 다양한 욕구를 충족시키기 위한 이용시설 형태의 서비스기관들이 더욱 늘고 있다. 이용시설의 예로는 지역사회복지관, 재가노인복지시설(주야간보호센터, 방문요양서비스 등), 지역아동센터, 청소년문화의 집, 장애인복지관, 건강가정지원센터, 다문화가족지원센터 등이 있다. 이용시설에서 제공하는 서비스는 개별상담, 가족치료 및 상담, 교육, 집단프로그램, 직업훈련 및 취업알선, 자립지원서비스 등의 직접적 서비스와 프로그램 개발 및 평가, 자원개발 및 모금, 후원자 모집 및 결연사업, 자원봉사자 모집 및 교육, 홍보 및 출판 등의 간접적 서비스가 있다.

표 2-1 생활시설과 이용시설 분류표

소관 부처	시설 종류	세부 종류		관련법
		생활시설	이용시설	
보건복지부	노인복지시설	노인주거복지시설 노인의료복지시설 학대피해노인전용쉼터	재가노인복지시설 노인여가복지시설 노인보호전문기관 노인일자리지원기관	「노인복지법」
	복합노인 복지시설	농어촌 지역에 한해 「노인복지법」 제31조 노인복지시설을 종합적으로 배치한 복합노인복지서설을 설치 · 운영 가능		「농어촌주민의 보건복지 증진을 위한 특별법」
	아동복지시설	아동양육시설 아동일시보호시설 아동보호치료시설 자립지원시설 공동생활가정	아동상담소 아동전용시설 지역아동센터 아동보호전문기관 가정위탁지원센터	「아동복지법」
	장애인 복지시설	장애유형별 거주시설 중증장애인 거주시설 장애영유아 거주시설 장애인단기 거주시설 장애인공동생활가정 피해장애인쉼터	장애인지역사회재활시설 장애인직업재활시설 장애인의료재활시설 장애인생산품판매시설	「장애인복지법」
	어린이집		어린이집	「영유아보육법」
	정신보건시설	정신요양시설 정신재활시설 중 생활시설	정신재활시설 중 이용시설	「정신건강증진 및 정신질환자 복지서비스 지원에 관한 법률」
	노숙인시설	노숙인자활시설 노숙인재활시설 노숙인요양시설	노숙인종합지원센터 노숙인일시보호시설 노숙인급식시설 노숙인진료시설 쪽방상담소	「노숙인 등의 복지 및 자립지원에 관한 법률」
	사회복지관 결핵 · 한센시설	결핵 · 한센시설	사회복지관	「사회복지사업법」

	지역자활센터		지역자활센터	「국민기초생활 보장법」
	다함께 돌봄센터		다함께돌봄센터	「아동복지법」
여성 가족부	성매매피해 지원시설	일반지원시설 청소년지원시설 외국인지원시설 자립지원공동생활시설	자활지원센터 성매매피해상담소	「성매매방지 및 피해자 보호 등에 관한 법률」
	성폭력피해 보호시설	성폭력피해자보호시설	성폭력피해상담소	「성매매방지 및 피해자 보호 등에 관한 법률」
	가정폭력 보호시설	가정폭력피해자보호시설	가정폭력상담소 긴급전화센터	「가정폭력 방지 및 피해자 보호 등에 관한 법률」
	한부모가족 복지시설	모자가족복지시설 (기본, 공동, 자립) 부자가족복지시설 (기본, 공동, 자립) 미혼모자가족복지시설 (기본, 공동) 일반지원복지시설	한부모가족복지상담소	「한부모가족지원법」
	다문화가족 지원센터		다문화가족지원센터	「다문화가족지원법」
	건강가정 지원센터		건강가정지원센터	「건강가정기본법」
	청소년 복지시설	청소년쉼터 청소년자립지원관 청소년치료재활센터 청소년회복지원시설		「청소년복지 지원법」

출처: 보건복지부(2021a).

지금까지 살펴본 실천현장의 분류기준 외에도, 서비스 제공을 목적으로 하는 비영리기관(nonprofit agency)과 이윤추구의 목적이 있는 영리기관(for-profit agency)으로 분류가 가능하다. 또한 지리적 영역 또는 행정구역에 따라 시 · 군 · 구나 특정 지역을 중심으로 그 지역 거주자로 서비스의 이용을 제한하는 기관과 전국적 또는 세계적 조직망을 갖고 서비스를 전달하는 기관들로 특성을 구분할 수 있다. 그 외, 전통적인 기관 형태와 달리, 독립적으로 서비스를 제공하는 개인개업실천(independent practice/private practice)이나 복지사무소 등이 새로운 형태의 실천현장으로 생겨나고 있다.

2. 사회복지기관에서의 사회복지사 실무역량

사회복지사는 사회복지실천현장별로 특정 대상이나 문제에 적합한 실천역량과 기술을 갖추어야 하는데, 이 절에서는 이에 앞서 사회복지기관 또는 조직의 업무를 수행하는 데 일반적으로 요구되는 사회복지사의 기본적인 실무역량에 대해 알아보고자 한다.

1) 조직에 대한 이해와 효율적 기관운영을 위한 업무

사회복지사는 기관의 일원으로서 그 조직의 규범과 기대에 알맞은 업무수행을 해야 한다. 사회복지사는 이를 위해 기관의 목적이나 조직체계, 프로그램이나 서비스 전달방식을 포함하는 기관의 조직적 특성을 이해하며, 필요한 경우 클라이언트에게 이를 정확히 전달해야 한다. 또한 기관의 목적이나 운영방향 등은 가치적인 요소를 많이 포함하며 업무수행과정에서 다양한 윤리적 갈등을 초래할 수 있기 때문에 사회복지사 개인의 또는 전문가로서의 가치와 기관의 가치를 비교 · 검토하는 것이 중요하다.

2) 업무량 관리 및 자기개발

제한된 시간에 많은 양의 업무를 처리하기 위해서는 효율적인 업무관리가 필요하다. 이를 위해서는 담당업무에 대한 이해와 일에 대한 계획, 우선순위의 설정, 효과적인 서류 및 보고서 작성 기술, 컴퓨터를 활용한 정보 기술, 시간활용 기술 등이 필요하다. 아울러 전문가로서의 전문 지식과 기술을 개발하기 위한 노력뿐 아니라, 업무와 관련한 부정적인 스트레스에 효과적으로 대처하고 신체적 · 정신적 소진을 피하기 위해서는 스트레스 관리나 시간관리, 작업환경 조성, 직장 내 인간관계, 건강관리에도 관심을 가져야 한다(Sheafor & Horejsi, 2015).

3) 프로그램 개발과 모금

한정된 자원을 가진 사회서비스기관에서 일하는 사회복지사는 클라이언트를 위한 효과적인 프로그램의 기획과 관리를 위해 기금개발업무도 병행해야 한다. 정부기관이나 민간재단으로부터 보조금을 확보하기 위해 정보를 얻고 신청서를 작성하는 준비업무가 필요하며, 보조금을 받는 경우 계획된 대로 프로그램이 진행되는가를 모니터링하며, 절차에 따른 예산집행과 평가업무, 문서화작업 등이 필요하다. 또한 지역사회로부터 기금을 조성하기 위해서는 다양한 마케팅 전략을 활용한 후원자 개발과 모금행사 업무도 한다.

4) 기관 간 협조와 연계 업무

지역사회 내 사회복지기관들 간의 자원이나 정보의 공유나 교환은 서비스의 중복을 줄이고 부족한 서비스를 개발하는 데 필요하다. 그러나 기본적으로 서비스 전달체계가 확립되어 있지 않고 정부나 기타 재정적 지원이 불충분하기 때문에 대부분의 기관들은 자원과 클라이언트를 확보하고 프로그램을 유지하기 위해 경쟁적 관계에 놓이는 경우가 있다. 또한 기관의 목적이나 가치의 차이나 이로 인한 참여

주체들 간의 접근방식의 불일치, 새로운 활동과 교류를 계획하고 실행하는 데 필요한 직원들의 시간과 노력의 부족도 체계적인 협조나 서비스 연계가 이루어지지 못하는 이유라고 할 수 있다.

기관 간 조정과 협조를 원활히 하기 위해 사회복지사가 수행해야 할 과제는 다음과 같다. 첫째, 각 기관별로 개별적인 활동영역과 기관 간의 협조가 필요한 활동영역을 구분한다. 둘째, 협조와 조정의 수준에 따른 행정적 · 법적 · 재정적 · 조직적 문제를 검토한다. 특히 정부기관이나 기관장의 참여나 지원 없이 이루어지는 실무자들 간의 노력만으로는 한계를 갖는 경우가 많기 때문에 이러한 활동에 참여하는 기관들의 대표나 관련기관으로부터 인가를 얻을 필요가 있다. 셋째, 기관 간의 연계목적과 활동에 구체적으로 합의하며 각 기관과 관련 실무자들 간의 역할을 분명히 한다. 넷째, 활동에 필요한 자원이나 직원들의 시간을 포함한 활동계획을 수립하는 것 등이 있다.

5) 지역주민과의 협력 및 지역사회 활동

기관의 서비스가 전달되는 환경적 맥락을 이해하고, 서비스에 대한 지역주민들의 태도와 인식, 지역사회 내의 주요 관심사나 지역문제 등을 파악하기 위해서 지역사회에 관한 조사업무를 수행한다. 지역사회조사는 실질적인 지역방문이나 설문조사가 있을 수 있으며, 인구통계 자료나 정부자료, 지역에 관한 기존의 연구자료도 참고할 수 있다. 또한 사회복지사는 지역에서의 홍보활동과 교육, 주민행사에 참여하여 지역주민의 서비스 욕구를 파악하고 이를 기초로 한 프로그램에 주민이 적극적으로 참여하며 자원봉사자 또는 후원자로서 기관과 긴밀한 협력관계를 갖도록 하는 것이 중요하다.

3. 사회복지실천분야별 현장과 실천기술

사회복시사가 활동하는 현장(setting)은 기관이 속한 실천분야별 특성을 갖고 있으며, 사회복지사가 갖추어야하는 실천역량과 기술은 실천분야의 특징적인 업무나 전문적인 서비스 유형 등에 따라 달라질 수 있다. 다음은 실천분야별로 주요 실무기관의 유형을 살펴보고, 각 분야별 실무에서 강조하는 사회복지사의 역할을 알아본다.

1) 아동복지 분야

아동복지는 아동이 가족과 사회의 일원으로서 육체적 · 정신적으로 건강하게 성장 · 발달할 수 있도록 보호 · 지원하는 분야이다. 「아동복지법」은 모든 아동이 건강하게 출생하여 행복하고 안전하게 자라나도록 보장할 국가의 책임을 명시하고 있으며, 이를 지원하기 위한 아동복지시설이 「아동복지법」 제50조에 따라 설치되어 있다. 「아동복지법」 제52조에 따른 시설의 종류는 〈표 2-2〉와 같다(보건복지부, 2020).

아동복지 분야에서는 각 아동시설의 고유 업무와 함께 아동의 건전한 발달을 위하여 아동과 가족, 지역주민에게 상담 및 정보를 제공하거나 보호와 교육, 다양한 활동 및 체험 프로그램을 지원하게 된다. 아동복지 분야의 사회복지사가 전문적 역할을 수행하기 위해서는 아동을 이해하기 위한 전문지식과 아동의 욕구에 적합한 개입기술과 태도가 요구된다. 즉, 아동의 발달단계에 따른 언어와 행동을 이해하고 아동에게 효과적인 면접과 활동을 위해 의사소통 방법을 개발하고 필요한 도구를 준비해야 한다. 이때 사회복지사는 아동에게 안정감을 줄 수 있는 조력자 역할을 하면서 부모와 같은 주 양육자를 지원하며 아동과 가족에게 필요한 서비스를 연계하는 중개자 역할도 수행한다.

표 2-2 아동복지시설의 종류와 설치 목적

시설 종류	설치 목적
아동양육시설	보호대상아동을 입소시켜 보호, 양육 및 취업훈련, 자립지원 서비스 등을 제공하는 것을 목적으로 하는 시설
아동일시보호시설	보호대상아동을 일시보호하고 아동에 대한 향후의 양육대책수립 및 보호조치를 행하는 것을 목적으로 하는 시설
아동보호치료시설	아동에게 보호 및 치료 서비스를 제공하는 다음 각 목의 시설 -불량행위를 하거나 불량행위를 할 우려가 있는 아동으로서 보호자가 없거나 친권자나 후견인이 입소를 신청한 아동 또는 가정법원, 지방법원소년부지원에서 보호 위탁된 19세 미만인 사람을 입소시켜 치료와 선도를 통하여 건전한 사회인으로 육성하는 것을 목적으로 하는 시설 -정서적 · 행동적 장애로 인하여 어려움을 겪고 있는 아동 또는 학대로 인하여 부모로부터 일시 격리되어 치료가 필요한 아동을 보호 · 치료하는 시설
공동생활가정	보호대상아동에게 가정과 같은 주거여건과 보호, 양육, 자립지원 서비스를 제공하는 것을 목적으로 하는 시설
자립지원시설	아동복지시설에서 퇴소한 사람에게 취업준비기간 또는 취업 후 일정 기간 동안 보호함으로써 자립을 지원하는 것을 목적으로 하는 시설
아동상담소	아동과 그 가족의 문제에 관한 상담, 치료, 예방 및 연구 등을 목적으로 하는 시설

출처: 보건복지부(2020).

2) 노인복지 분야

〈표 2-3〉과 같이, 「노인복지법」상의 노인복지시설은 그 기능에 따라 재가노인복지시설(같은 제38조)과 노인주거복지시설(같은 제32조), 노인의료복지시설(같은 제34조), 재가노인복지시설 등이 있다. 노인주거복지시설과 노인의료복지시설은 주거를 함께 제공하는 생활시설에 속한다. 재가노인복지시설은 정신적 · 신체적인 이유로 혼자서 일상생활을 하는 데 불편이 있는 노인 가정에 각종 재가 및 보호 서비스를 지원하는 지역사회 내 이용서비스 제공시설이다. 노인복지시설 가운데 소규모이면서 가장 많이 설치되고 있는 시설 유형이다. 이전에 여가노인복지시설로

분류되어 있던 노인복지관, 경로당, 노인교실, 노인일자리 기관 등은 노인 사회활동 및 여가활동 지원시설로 되어 있으며, 노인보호전문기관과 학대피해노인쉼터 등은 노인돌봄 및 지원서비스 기관에 포함되어 있다(보건복지부, 2021b).

노인복지 분야의 사회복지사는 노년기의 정체감 상실과 역할 상실에서 오는 무력감 등에 대해 공감하며 노년기를 정서적으로 안정되게 꾸려 갈 수 있도록 돕는 역할을 한다. 돌봄서비스를 통한 일상생활 지원뿐만 아니라, 취업교육이나 사회교육, 여가활동지도, 치매노인을 위한 가족교육 프로그램 등 다양한 교육 프로그램을 개발하고 지도하는 역할도 강조된다. 특수 노인집단에게 필요한 프로그램과 서비스를 개발하며 다양한 노인복지서비스나 노인복지시설뿐 아니라 보건의료시설이나 다양한 재가지원서비스와 연계를 하고 물적 자원이나 후원자를 개발하는 미시적 차원의 중개자 역할과 기관 차원에서 협의 조정하는 중재자 역할도 담당한다. 이 외에도 방문상담이나 재가지원을 위한 현장개입과 통합적 서비스지원을 위한 사례관리 등의 전문가 역할도 점차 강조되고 있다.

표 2-3 노인복지시설의 종류와 설치 목적

시설 종류		설치 목적
노인 주거 복지 시설	양로시설	노인을 입소시켜 급식과 그 밖에 일상생활에 필요한 편의를 제공함을 목적으로 하는 입소정원 10명 이상 시설
	노인공동생활가정	노인에게 가정과 같은 주거여건과 급식, 그 밖에 일상생활에 필요한 편의를 제공함을 목적으로 하는 입소정원 5명 이상 9명 이하 시설
	노인복지주택	노인에게 주거시설을 분양 또는 임대하여 주거의 편의 · 생활지도 상담 및 안전관리 등 일상생활에 필요한 편의를 제공함을 목적으로 하는 30세대 이상 시설
노인 의료 복지 시설	노인요양시설	치매 · 중풍 등 노인성질환 등으로 심신에 상당한 장애가 발생하여 도움을 필요로 하는 노인을 입소시켜 급식 · 요양과 그 밖에 일상생활에 필요한 편의를 제공함을 목적으로 하는 시설로 입소정원 10명 이상
	노인요양공동생활가정	치매 · 중풍 등 노인성질환 등으로 심신에 상당한 장애가 발생하여 도움을 필요로 하는 노인에게 가정과 같은 주거여건과 급식 · 요양, 그 밖에 일상생활에 필요한 편의를 제공함을 목적으로 하는 시설로 입소정원 5명 이상 9명 이하

재가노인복지시설	방문요양 서비스	가정에서 일상생활을 영위하고 있는 노인으로서 신체적 · 정신적 장애로 어려움을 겪고 있는 노인에게 필요한 각종 편의를 제공하여 지역사회 안에서 건전하고 안정된 노후를 영위하도록 하는 서비스
	주야간 보호서비스	부득이한 사유로 가족의 보호를 받을 수 없는 심신이 허약한 노인과 장애노인을 주간 또는 야간 동안 보호시설에 입소시켜 필요한 각종 편의를 제공하여 이들의 생활안정과 심신기능의 유지 · 향상을 도모하고, 그 가족의 신체적 · 정신적 부담을 덜어 주기 위한 서비스
	단기보호 서비스	부득이한 사유로 가족의 보호를 받을 수 없어 일시적으로 보호가 필요한 심신이 허약한 노인과 장애노인을 보호시설에 단기간 입소시켜 보호함으로써 노인 및 노인가정의 복지증진을 도모하기 위한 서비스
	방문목욕 서비스	목욕 장비를 갖추고 재가노인을 방문하여 목욕을 제공하는 서비스
	재가노인 지원서비스	재가노인에게 노인생활 및 신상에 관한 상담을 제공하고, 재가노인 및 가족 등 보호자를 교육하며 각종 편의를 제공하여 지역사회 안에서 건전하고 안정된 노후생활을 영위하도록 하는 서비스
	방문간호 서비스	간호사 등이 의사, 한의사 또는 치과의사의 지시서에 따라 재가노인의 가정 등을 방문하여 간호, 진료의 보조, 요양에 관한 상담 또는 구강위생 등을 제공하는 서비스
	복지용구 지원서비스	장기요양기관이 수급자의 일상생활 · 신체활동 지원 및 인지기능의 유지 · 향상에 필요한 복지용구를 제공하거나 대여하는 서비스

출처: 보건복지부(2021b).

3) 장애인복지 분야

장애인복지 분야의 서비스기관은 장애인의 일상생활의 보호와 함께 자립생활에 필요한 지원서비스를 제공하는 시설이다. 이전에는 생활시설 중심이었으나 점차 지역사회 이용시설이 증가하면서 재가 장애인들을 위한 지역사회서비스가 늘고 있다. 장애인복지시설은 「장애인복지법」 제58조제1항에 근거하여 〈표 2-4〉와 같이, 장애인 거주시설, 장애인 지역사회 재활시설, 장애인 직업재활시설, 장애인 의료재활시설, 장애인 생산품 판매시설, 피해 장애인 쉼터로 구분되어 있다(보건복지부, 2021c).

표 2-4 장애인복지시설의 종류와 설치 목적

시설 종류		설치 목적
장애인 거주시설	장애유형별 거주시설 중증장애인 거주시설 장애영유아 거주시설 장애인 단기거주시설 장애인 공동생활 가정	거주공간을 활용하여 일반가정에서 생활하기 어려운 장애인에게 일정 기간 동안 거주 · 요양 · 지원 등의 서비스를 제공하는 동시에 지역사회 생활을 지원하는 시설
장애인 지역사회 재활시설	장애인복지관 장애인 주간보호시설 장애인 체육시설 장애인 수련시설 장애인 생활이동지원센터 수화통역센터, 점자도서관 점자도서 및 녹음서출판시설 장애인 재활치료시설	장애인을 전문적으로 상담 · 치료 · 훈련하거나 장애인의 일상생활, 여가활동 및 사회참여활동 등을 지원하는 시설
장애인 직업재활 시설	장애인 보호작업장 장애인 근로사업장 장애인 직업적응훈련시설	일반 작업환경에서는 일하기 어려운 장애인이 특별히 준비된 작업환경에서 직업훈련을 받거나 직업 생활을 할 수 있도록 하는 시설
장애인 의료재활시설		장애인을 입원 또는 통원하게 하여 상담, 진단 · 판정, 치료 등 의료재활서비스를 제공하는 시설
장애인 생산품 판매시설		장애인의 생산품의 판매활동 및 유통을 대행하고, 장애인생산품이나 서비스 · 용역에 관한 상담, 홍보, 판로개척 및 정보제공 등 마케팅을 지원
장애인자립생활지원센터		장애인을 대상으로 포괄적인 자립생활 정보제공, 권익옹호 활동, 동료상담, 자립생활기술훈련, 개인별 자립지원, 거주시설 장애인 탈시설 자립지원 등의 서비스를 통하여 장애인의 자립생활 역량강화와 지역사회에서의 다양한 사회참여 활동을 지원

출처: 보건복지부(2021c).

장애인거주시설에 포함되어 있는 장애인 공동생활가정(group home)은 가정에서 보호하기 어려운 장애인이 가정의 형태를 갖춘 지역사회의 소규모 주거시설에 거주하며 사회적 자립에 필요한 지원을 받는 곳이다. 최근 대규모 생활시설의 문제점을 줄이는 대안으로 고려되면서, 장애인 공동생활가정이 점차 확대되는 추세에 있다. 장애인을 위한 이용시설에는 주거서비스 이외에 지역사회 보호를 위한 복지, 교육, 의료, 직업재활 서비스 등을 제공하는 지역사회재활시설과 직업재활시설이 있다. 대표적인 장애인 지역사회재활시설로는 장애인복지관이 있다. 장애인에 대한 종합적인 복지서비스를 제공하며 사회적 인식 개선을 위한 계몽, 홍보, 조사, 연구 등을 통해 지역 장애인의 자활자립과 복지증진을 위한 장애인 종합복지센터로서의 역할을 수행한다. 지역사회재활시설에 속하는 주간보호시설은 재가 장애인을 낮 동안 보호함으로써 장애인 가족의 항시 보호부담을 경감시키고 가족 구성원이 사회 및 경제 활동을 유지하도록 돕는 시설이다. 한편, 「장애인복지법」 제54조에 근거하여 설치된 장애인자립생활지원센터는 자립생활 이념에 기반을 두고 장애인의 자기선택권과 결정권을 최대한 존중하며 장애인 당사자 주도로 기관을 운영하는 특징을 갖는다. 자립생활지원센터에서는 장애인의 개별적 욕구(자립생활, 교육·문화 등의 사회참여, 가족지원 등)에 대응하고 이를 위한 자원을 연계하며, 특히 장애인 거주시설로부터의 탈시설 전환과 지역사회 정착을 지원하는 업무를 수행하고 있다.

4) 정신장애인 보건/복지시설

정신건강 분야의 사회복지시설에는 정신재활시설과 정신요양시설이 있다(보건복지부, 2021d). 정신재활시설은 정신장애인에게 주거를 제공하는 생활시설과 재활훈련시설에 속하는 소규모 공동생활가정이 있다. 정신재활시설은 다시 지역사회에서 정신장애인의 직업 활동과 사회활동을 지원하며 상담·교육·취업·여가·문화·거주·사회참여 등 각종 재활활동 및 복지서비스를 제공하는 재활훈련시설과 생활, 주거 재활훈련 등의 기능을 동시에 제공하는 종합시설로 나뉜다. 한편, 정

표 2-5 정신재활시설의 종류와 설치 목적

<table>
<tr><th colspan="2">시설 종류</th><th>설치 목적</th></tr>
<tr><td colspan="2">생활시설</td><td>정신질환자등에게 작업 · 기술지도, 직업훈련, 사회적응훈련, 취업지원 등의 서비스를 제공하는 시설</td></tr>
<tr><td rowspan="5">재활훈련 시설</td><td>주간 재활시설</td><td>정신질환자등에게 작업 · 기술지도, 직업훈련, 사회적응훈련, 취업지원 등의 서비스를 제공하는 시설</td></tr>
<tr><td>공동 생활가정</td><td>완전한 독립생활은 어려우나 어느 정도 자립능력을 갖춘 정신질환자 등이 공동으로 생활하며 독립생활을 위한 자립역량을 함양하는 시설</td></tr>
<tr><td>지역사회 전환시설</td><td>지역 내 정신질환자등에게 일시 보호 서비스 또는 단기 보호 서비스를 제공하고, 퇴원했거나 퇴원계획이 있는 정신질환자 등의 안정적인 사회복귀를 위한 기능을 수행하며, 이를 위한 주거제공, 생활훈련, 사회적응훈련 등의 서비스를 제공하는 시설</td></tr>
<tr><td>직업재활 시설</td><td>정신질환자등이 특별히 준비된 작업환경에서 직업적응, 직무기능향상 등 직업재활훈련을 받거나 직업생활을 할 수 있도록 지원하며, 일정한 기간이 지난 후 직업능력을 갖추면 고용시장에 참여할 수 있도록 지원하는 시설</td></tr>
<tr><td>아동 · 청소년 정신건강 지원시설</td><td>정신질환 아동 · 청소년을 대상으로 한 상담, 교육 및 정보제공 등을 지원하는 시설</td></tr>
<tr><td colspan="2">중독자재활시설</td><td>알코올 중독, 약물 중독 또는 게임 중독 등으로 인한 정신질환자 등을 치유하거나 재활을 돕는 시설</td></tr>
<tr><td colspan="2">생산품판매시설</td><td>정신질환자 등이 생산한 생산품을 판매하거나 유통을 대행하고, 정신질환자 등이 생산한 생산품이나 서비스에 관한 상담, 홍보, 마케팅, 판로개척, 정보제공 등을 지원하는 시설</td></tr>
<tr><td colspan="2">종합시설</td><td>2개 이상의 정신재활시설이 결합되어 정신질환자등에게 생활지원, 주거지원, 재활훈련 등의 기능을 복합적 · 종합적으로 제공하는 시설</td></tr>
</table>

출처: 보건복지부(2021e).

신요양시설은 정신의료기관에서 의뢰된 정신질환자와 만성 정신질환자를 입소시켜 요양케어와 재활 지원을 하는 시설이다.

「사회복지사업법」상의 사회복지시설에 속하지는 않지만 「정신건강증진 및 정신질환자 복지서비스 지원에 관한 법률」에 근거하여 운영되는 정신건강분야의 기관에서 사회복지사가 정신건강사회복지사 또는 정신건강전문요원으로 활동하고 있다. 정신의료기관은 사회복지 이차현장으로서 정신병원, 병원급 이상의 의료기관에 설치된 정신과, 정신과의원이 포함된다. 이 외에도 정신건강 관련 서비스기관으로는 정신건강복지센터와 자살예방센터, 중독자통합관리지원센터 등이 있다. 「정신건강증진 및 정신질환자 복지서비스 지원에 관한 법률」에 근거하여 운영되는 정신건강복지센터는 지역사회정신건강사업의 수행을 위해 광역시·도 및 기초 시·군·구에 설치되어 있으며, 지역사회정신건강사업의 기획과 평가, 지역정신건강증진사업, 정신질환자 상담 및 사례관리, 사회활동 및 사회복귀 지원, 정신재활시설 및 사회복지서비스 등의 연계업무를 담당하고 있다.

5) 가족 및 여성복지 분야

여성의 권익과 사회참여를 강조하는 여성정책과 양성평등적 가족정책의 확대를 위해 여성가족부가 설치된 이후에는 보건복지부가 관장하는 아동복지정책과 여성가족부의 아동보육 및 청소년, 가족 정책을 분리하여 운영하고 있다. 여성가족부에서 관리·운영하는 주요 가족지원시설로는 건강가정지원센터와 다문화가족지원센터가 대표적이며, 모부자가족복지시설과 미혼모가족복지시설과 같은 생활시설 형태의 가족지원시설이 있다. 여성복지시설로는 성매매피해자지원시설과 성폭력피해자보호시설, 가정폭력보호시설 등이 있다 여성복지 분야의 시설은 일반 여성보다는 특수한 욕구를 가진 여성을 위한 생활시설을 중심으로 구성되어 있음을 알 수 있다(〈표 2-6〉 참조).

가족복지 분야에서 활동하는 사회복지사는 다양한 가족형태에 맞는 가족교육, 가족상담, 가족활동 프로그램을 제공하며 건강한 가족문화 조성에 기여하도록 한

표 2-6 가족 및 여성복지시설의 종류와 설치 목적

시설 종류		설치 목적
가족복지 시설	건강가정 지원센터	가족상담, 가족교육, 가족돌봄, 가족문화 서비스 등 가족과 관련된 문제를 종합적으로 상담하고 관련 서비스를 제공
	다문화가족 지원센터	결혼이민자 정착단계별 지원패키지, 성평등 · 인권교육 등 기본 프로그램과 함께 방문교육서비스 등 특성화 프로그램을 통해 다문화가족의 국내정착과 자립을 지원
	한부모가족 복지시설	저소득 무주택 한부모가족에게 한부모가족복지시설 등 주거 · 양육 지원을 통해 사회 · 경제적 자립 기반 조성
여성복지 시설	성매매피해 지원시설	성매매 피해자에 대한 구조에서 자활에 이르는 과정을 지원하여 사회복귀를 촉진하고 성매매로의 재유입을 방지하는 목적으로 성매매 피해자 보호 및 상담, 의료 · 법률지원, 치료회복프로그램 제공
	성폭력피해 보호시설	심리, 정서, 신체적으로 위기상태에 있는 성폭력 피해자 상담, 의료, 법률, 보호 등 서비스 제공을 통해 건강하게 사회복귀하도록 지원
	가정폭력 보호시설	가정폭력 피해여성들의 자립을 지원하고 사회적응 여건을 조성하기 위하여 피해여성과 그 가족들이 생활할 수 있는 주거공간 제공

출처: 여성가족부(2021).

다. 사회복지사가 다양한 가족형태와 가족의 필요에 맞게 서비스를 지원하기 위해서는 가족의 고유성에 대한 민감성을 갖는 것이 필요하며, 생애주기에 따라 발생하는 가족 내 다양한 갈등을 해결하기 위한 상담가로서의 역량도 중요하다. 여성복지 분야의 사회복지사는 모든 여성이 독립된 개인으로서 자신의 삶을 영위하는 데 필요한 정서적 지지 및 가족지원 서비스, 부족한 사회적 자원을 보충해 주는 역할을 담당한다. 특히 인권침해로 인해 발생하는 가정폭력, 성폭력/성희롱, 성매매 등의 문제와 관련한 서비스 욕구가 있는 경우에는 기본적인 생활지원과 함께 취입지원, 기타 자립생활에 필요한 정보와 서비스를 제공하는 역할을 담당하며, 지속적으로 관련제도나 법, 사회적 인식 등을 바꾸기 위한 적극적 개입과 옹호적 노력을 동반해야 한다.

6) 기타 분야: 사회복지실천현장의 개발과 기능 확대

(1) 고용복지 분야

국민기초생활보장제도를 도입하면서 저소득층에게 근로의 기회를 제공하고 자립을 지원하기 위해 설치가 시작된 지역자활센터는 복지와 일을 접목시킨 고용복지 분야의 대표적인 실천현장이다. 현재 전국 시 · 군 · 구에 설치되어 있는 지역자활센터는 보건복지부 산하의 사회복지시설로서 「국민기초생활보장법」상의 조건부수급자를 중심으로 저소득 지역주민의 자활을 위해 정보제공 · 상담 · 직업교육 및 취업알선, 사례관리, 지역자원연계 등의 자활지원서비스를 제공하고 있다. 한편, 고용노동부의 고용센터 기능을 확대하여 고용과 복지서비스를 단일창구를 통해 통합적으로 제공하고자 고용복지센터 또는 보다 규모가 큰 고용복지플러스센터를 설치하기 시작하였다. 지역에 고용관련 업무를 하는 고용센터나 일자리센터, 여성새일센터, 중장년일자리희망센터, 제대군인 지원센터 등의 구직자 취업지원서비스와 구인업체 인력지원서비스뿐만 아니라, 실업급여 지급이나 교육훈련비용 지원 등의 고용보험 관리업무, 사회복지급여나 복지서비스에 대한 상담과 신청, 서민금융지원 업무간 연계상담과 지원을 하고 있다. 고용복지 관련 별도의 전문자격은 없이 사회복지사나 직업상담사가 센터의 상담 및 지원업무를 담당하고 있다. 복지지원 및 사례관리 업무에서의 사회복지사의 전문성이 중요한 역할을 하기 때문에 고용복지센터의 확대와 함께 사회복지사의 고용복지 분야의 진출도 확대될 것으로 예상한다.

(2) 주거복지 분야

아동이나 노인, 장애인, 정신장애인의 탈원이나 탈시설 정책과 노숙인 등의 주거취약계층을 위한 주거복지정책의 확대로 인해 주거서비스 제공 기관이 늘어남에 따라 이 분야에서의 사회복지사의 역할도 확대될 수 있다. 기존에는 주거복지현장이 노숙인을 주 대상으로 하는 노숙인생활시설이나 쪽방상담소 등이 있는데 그쳤으나, 지방자치단체가 위탁 운영하는 주거지원센터나 LH 한국토지주택공사에서 운영하는 마이홈센터가 늘면서 주거복지 분야가 확장되고 있다. 주거복지사는 주거문제를 해결하기 어려운 가구의 주거안정을 위해 주거복지서비스를 지원하는 전문 인력으로서, 국가 및 지방자치단체 주거복지업무 부서나 공공 및 민간 주거복지지원센터, 지역주거복지 관련 기관, 주거복지관련 NGO나 사회적 기업 등에서 활동을 한다. 주거복지사제도는 「주거복지사 자격검정 운영규정」에 따라 국가공인 민간자격으로 운영되고 있다. 학력에 관계없이 관련 직무분야에서 4년 이상 실무에 종사한 자이거나, 3년제 전문대학졸업자 등은 1년 이상 실무에 종사(2년제는 2년 이상)한 자, 4년제 대학졸업자 등 또는 그 졸업예정자가 지정된 주거복지교육기관을 통해 과목을 이수하고 한국주거학회에서 관리 · 운영하는 자격시험을 통해 주거복지사 자격을 취득하게 된다. 주요 업무는 지역의 주거복지실태조사 및 분석, 주거복지 대상자 발굴, 주택개조 지원서비스 제공, 주생활 상담 및 거주 고충상담, 주거복지 프로그램 상담 · 정보제공 및 사례관리, 민 · 관 · 공과의 주거복지 네트워크 구축, 주거복지서비스 지원을 위한 외부자원 발굴 및 연계, 주거복지 관련 주민교육 및 홍보 등 다양하다. 현재는 주거복지 분야가 별도의 자격제도를 마련하여 실무인력을 양성하고 있으나, 사회복지역량과 실천기술을 갖추고 주거복지서비스 이용자에게 상담과 안내, 사례관리를 비롯한 주거지원서비스를 체계적으로 지원할 전문 사회복지인력의 역할이 강화될 필요가 있다.

(3) 금융복지 분야

저소득취약계층의 채무조정이나 신용회복을 지원하기 위해 생겨나기 시작한 금융복지상담 분야는 사회복지사의 새로운 실천현장이 되고 있다. 금융복지상담사는 채무조정제도나 복지제도 등을 활용하여 내담자의 재무적인 문제해결을 돕는 동시에 법률지원이나 일자리, 주거, 복지 관련 서비스와의 연계를 하여 자립을 지원하는 역할을 한다. 금융복지상담사 1 · 2급 자격은 국가가 인정한 공인자격이 아닌 민간자격이다. 학력에 제한 없이 한국금융복지상담협회가 인정하는 금융복지상담사 양성교육을 2급은 60시간(금융복지상담철학/제도와 상품 이해/금융복지상담실무), 1급은 40시간(금융의 이해 심화/채무조정의 이해 심화/금융복지상담실무 심화) 이

수하고 금융복지상담사 자격시험에 합격하여 취득하고 있다. 금융복지상담사는 광역이나 기초자치단체에 설치되고 있는 금융복지상담센터 등에서 채무 및 신용관리에 관한 상담과 교육, 채무조정 및 신용회복의 알선과 지원, 종합적인 취업지원 연계서비스 제공, 과다 채무로 인한 위기가정에 대한 복지서비스 연계 등의 업무를 담당한다. 금융복지상담 분야는 금융이나 재무관련 전문성을 갖추는 것도 필요하나, 경제적 어려움으로 인한 생활상의 복합적 문제까지 통합적으로 접근하며 서비스연계와 조정을 효과적으로 지원하기 위해서는 사회복지사의 전문역량과 실천기술이 협력적으로 제공될 필요가 있다.

연습문제

1. 사회복지실천현장을 분류하는 기준들을 살펴보고, 각 분류기준에 해당하는 기관을 예로 들어 보시오.

2. 특정 클라이언트나 문제에 대해 전문적으로 개입하는 실천현장과 다양한 대상에게 통합적 접근을 하는 실천현장의 특성을 비교해 보시오.

3. 아동, 노인, 장애인, 정신장애인, 여성 및 가족 복지 등의 주요 실천분야 이외에, 사회복지사들의 진출이 필요한 분야나 현장에는 어떤 것이 있는지 토의해 보시오.

제3장

실천모델과 기술(1)

제3장과 제4장, 제5장에서는 개인과 가족, 집단을 대상으로 개입하기 위한 사회복지실천모델에 대해 살펴본다. 사회복지사가 실천에서 적용할 수 있는 모델은 매우 다양하다. 다양한 실천모델들 가운데 이 장에서는 사회복지실천에서 가장 기본적으로 활용할 수 있는 모델로서 심리사회모델, 행동주의모델, 인지행동모델을 살펴본다. 이어 다음 장들에서는 기본모델의 발전 혹은 통합 접근으로서 과업중심모델과 해결중심모델, 동기강화모델, 위기개입모델을 살펴본다.

실천모델(practice model)은 개입을 위한 일련의 개념들과 원리를 제시한다는 점에서 이론과 구분되는 개념이다. 이론(theory)은 인간의 행동 혹은 문제들의 원인과 전개과정을 기술하고 이런 행동과 상황을 변화시키는 방법을 설명한다. 실천모델은 변화를 위한 개입방법을 제시한다는 점에서 이론과 유사하다. 하지만 행동 혹은 상황에 대한 하나의 특정 이론에 얽매이지 않는다는 점과 개입방법을 구체적으로 제시한다는 점에서 이론과 다르다. 예를 들어, 심리사회모델은 정신역동이론뿐 아니라 체계이론, 역할이론, 의사소통이론 등 다양한 이론들을 적용하여 개입을 위한 구체적인 방법과 기술, 기법을 제시하는 실천모델로 이해할 수 있다.

사회복지실천모델을 살펴보기 위해서는 모델의 근간이 되는 다양한 이론들에 대한 이해가 필요하다. 그런데 사회복지실천모델의 이론적 배경은 인접 사회과학과 행동과학에서 빌려 온 매우 방대한 지식에 기초한다. 실천모델에서 제시하는 기술과 기법 역시 다양한 이론들에 기초한 많은 내용을 포함한다. 따라서 이 책에서 실천모델들을 하나하나 깊이 있게 살펴보려는 작업 자체가 무리일 수 있다. 하지만 사회복지사는 전문원조자(professional helper)로서 사회복지실천을 위한 기본 지식과 기술을 숙지하고 클라이언트에게 가장 도움이 되는 개입방법을 적용할 수 있어야 한다. 이러한 맥락에서 핵심 내용을 중심으로 주요 실천모델들을 살펴보고자 한다.

한편, 사회복지실천현장에서 사회복지사는 하나의 실천모델을 개입과정 전반에 적용하기보다는 클라이언트의 욕구와 상황에 맞추어 다양한 모델과 방법들을 활용한다. 이때 선택의 기준은 사회복지사 자신이 아니라 클라이언트가 되어야 한다. 즉, 사회복지사가 자신의 지식과 경험에 따라 실천모델을 선택하기보다는 클라이언트의 욕구를 충족시키기 위해 가장 적합한 모델을 선택하고 적용할 수 있어야 한다. 따라서 사회복지사는 다양한 실천모델들과 기술들을 잘 알아야 하고 지속적으로 발전하는 실천방법을 끊임없이 공부해야 한다.

1. 심리사회모델

모델의 명칭에서 알 수 있듯이, 심리사회모델(psychosocial model)에서는 인간이 경험하는 문제를 심리적(혹은 정서적)이고 사회적(혹은 환경적)인 문제로 이해한다. 즉, 대부분의 개인 내적인 문제는 심리적인 요인뿐 아니라 사회환경적인 요인의 영향을 받으며, 역시 대부분의 사회환경적인 문제도 이를 경험하는 개인의 개별적 요인에 따라 문제의 정도와 내용에서 개인 차이가 크다.

예를 들어, 맞벌이 부모의 일 · 가정 양립의 어려움은 우리 사회에서 대부분의 맞벌이 부모가 경험하는 문제이지만, 부모와 자녀의 개별 및 가족 상황에 따라 이들이 경험하는 어려움의 정도와 내용에서는 차이가 있을 수 있다. 따라서 일 · 가정 양립의 고충을 호소하는 맞벌이 부모에게 개입하기 위해서는 사회환경적 맥락과 부모와 자녀의 개별 상황과 정서 반응 등을 포함하여 심리사회적으로 이해할 필요가 있다.

이와 같은 맥락에서 심리사회모델에서는 '상황 속의 인간(person-in-situation)'을 강조한다. 즉, 인간을 상황(혹은 환경)과 분리하여 이해할 수 없을 뿐 아니라 상황이 인간에게 영향을 미치는 것처럼 인간 역시 상황에 영향을 미친다는 점을 강조한다. 또한 심리사회모델에서는 '클라이언트의 현재 상황에서 출발(start where the client is)'하는 실천원칙을 중요하게 여긴다. 현재 상황을 이해하고 변화를 모색하기 위해 클라이언트와의 관계 형성, 수용, 개별화 등의 개입방법을 강조한다. 이처럼 심리사회모델의 상당 부분은 이미 사회복지실천에 흡수되어 있다.

심리사회모델에서는 클라이언트가 자신의 행동과 감정을 이해하고 통찰함으로써 자신의 문제를 해결하기 위한 역량을 강화하도록 원조하는 것을 목표로 삼는다. 나아가 클라이언트가 성장을 경험하고 잠재가능성과 열망을 최대한 실현하도록 원조하는 것을 강조한다.

1) 이론적 배경

우즈와 홀리스(Woods & Hollis, 2000)는 심리사회모델의 이론적 배경으로 생태체계론, 정신역동이론, 역할이론, 의사소통이론 등을 제시하였다. 그럼에도 불구하고 심리사회모델의 주요 이론적 배경은 정신역동이론(psychodynamic theories)[1]이다. 다음에서는 심리사회모델의 주요한 이론으로서 정신역동이론, 그 가운데 정신분석이론과 대상관계이론, 자기심리학에 대해 간략하게 살펴본다.

1) 정신역동이론은 프로이트의 정신분석이론, 프로이트 이후의 자아심리학, 대상관계이론, 자기심리학 등을 모두 포함한다.

(1) 정신분석이론

프로이트(Freud)는 모든 현상이 우연히 일어나는 것이 아니라 선행현상에 의해 결정된다는 심리적 결정론(psychological determinism)을 주장하였다. 프로이트의 심리적 결정론에 따르면, 정신병리, 꿈, 말 실수 등의 인간행동은 우연히 일어나는 것이 아니라 원인이 있는데, 대부분 무의식에 그 원인이 있다. 하지만 무의식의 과정을 직접 관찰할 수는 없기 때문에 특별한 방법을 사용해야 하는데, 이 방법이 프로이트가 오랜 세월에 걸쳐 발전시킨 정신분석(psychoanalysis)이다. 정신분석을 통해 정신병리 혹은 문제행동의 무의식적인 근원을 찾아낸다면, 인간은 자신의 상황에 보다 현실적으로 적응할 수 있는데, 이 같은 정신분석은 무의식적 소망을 표현하는 꿈을 분석하거나 자유연상(free association)을 통해 이루어진다.

프로이트에 따르면, 인간의 마음은 이드(id)와 자아(ego), 초자아(superego)로 이루어져 있다. 첫째, 이드는 생물학적 충동들, 즉 먹고 마시고 고통을 피하고 성적 쾌락을 얻으려는 욕구들로 구성되어 있다. 이드는 이와 같은 욕구들을 즉각적이고 맹목적·이기적으로 만족시키려는 성향을 가지며, 이런 과정은 무의식적으로 일어난다. 둘째, 자아는 이드의 본능적인 욕구와 현실 사이에서 이 둘을 중재하는 역할을 하며, 초자아와 현실, 초자아와 이드를 중재하는 역할도 수행한다. 자아는 이드로부터 분리되어 외부세계와의 상호작용과정에서 발달하는데, 자아의 분화는 생후 6~8개월 이내에 시작되어 2~3세까지 이루어진다. 자아는 현실적·논리적인 성향을 가진다. 셋째, 초자아는 사회의 가치와 도덕이 내면화된 것으로 쾌락보다는 완전을, 현실보다는 이상적인 것을 추구한다. 초자아의 분화는 10~11세가 되어야 이루어진다.

인간의 성격은 이드와 자아, 초자아가 조화롭고 균형 있게 발전할 때 성숙해진다. 하지만 만약 이드가 강하게 작용하게 되면 반사회적인 행동이 나타날 수 있으며, 초자아가 강하게 작용하면 지나친 죄책감이나 열등감, 수치감이 생길 수 있다. 자아의 주요 기능은 현실 검증(reality testing)이다. 즉, 이드의 본능이나 초자아의 이상적 수준의 도덕성 사이에서 현실에 적합한 반응을 하도록 기능한다. 자아가 이드의 충동이나 초자아의 이상적 수준의 도덕성에 대해 통제가 부족(undercontrol)

하거나 반대로 지나치게 통제(overcontrol)하는 경우 모두 대인관계에서 어려움을 가져올 수 있다.

앞에서 언급한 세 가지 성격구조에 따라 인간은 세 가지의 불안을 느끼게 된다. 첫째, 억압되어 있는 이드의 성적 충동과 공격적 충동이 분출되어 처벌될 것에 대한 신경증적 불안, 둘째, 현실세계에 있는 위협적인 상황에 대한 현실적 불안, 셋째, 도덕이나 양심에 위배되는 생각이나 행동을 할 경우 초자아에 의해 나타나는 도덕적 불안이다.

인간은 이런 불안을 야기하는 상황에 직접 대처할 수 없을 때 자신을 불안으로부터 보호하기 위해 무의식적으로 방어기제(defense mechanism)[2]를 사용한다. 방어기제는 억압(repression), 부정(denial), 회피(avoidance), 퇴행(regression), 투사(projection), 내면화(internalization), 합리화(rationalization), 반동형성(reaction formation), 취소(undoing), 격리(isolation), 지성화(intellectualization), 전치(displacement), 승화(sublimation), 동일시(identification) 등을 포함한다. 예를 들어, 어린 시절 관심과 사랑을 받지 못하고 성장한 대학생이 대인관계의 의미와 중요성을 무시한 채 인생을 철학적 · 관념적으로만 이해하고 해석하려 한다면, 이는 무의식적으로 지성화 방어기제를 사용하는 것으로 이해할 수 있다. 인간은 방어기제를 사용함으로써 일시적으로 불안에서 해방될 수 있다. 하지만 방어기제를 지나치게 사용하면 실제의 감정이나 충동을 인식하지 못하고 현실을 정확히 평가할 수 없게 되므로 비효율적 · 비생산적으로 행동할 수 있다.

(2) 대상관계이론

대상관계이론(object-relations theory)은 프로이트 이후 발전한 자아심리학(ego psychology) 이론들 가운데 하나로서 대표적인 학자들은 클라인(Klein), 페어베언(Fairbairn), 위니컷(Winnicott) 등이다. 프로이트의 정신분석이론이 인간의 심리내적인 부분을 강조한다면, 대상관계이론은 인간이 속한 환경과의 경험에서 발전한

2) 방어기제에 대한 자세한 설명은 '인간행동과 사회환경' 교과목의 교재 참조.

대인관계를 강조한다.

대상관계이론에 따르면, 인간은 과거 경험으로 형성된 기대에 따라 현재의 대인관계를 맺으며, 과거 경험은 내부 대상(internal objects), 즉 자기 자신과 대상, 관계에 대한 정신적 이미지로 남아 대인관계에 영향을 미친다. 인간은 다른 사람들의 실제 특성보다는 내부 대상과의 유사성에 따라 대인관계를 맺으며, 특히 생애 초기에 경험한 애착 대상과의 관계는 이후의 대인관계 유형을 결정짓는다.

대상관계이론에서 갓 태어난 아기는 자기와 외부대상을 구분하는 능력을 가지고 있지 않다. 따라서 자기가 아닌 바깥 세계는 존재하지 않는 것으로 받아들이며, 젖을 주고 기저귀를 갈아주는 어머니 혹은 주요 보호자를 외부대상이 아닌 자기 자신으로 경험한다. 이때 어머니는 객관적 대상이 아니라 자기 자신으로 체험하는 존재라는 뜻에서 자기 대상(self-object)이라고 한다. 자기와 외부대상이 분리되지 않은 이 시기에 어머니가 사랑과 기쁨을 가지고 아기를 돌보는 경우, 아기는 긍정적인 자기를 경험하게 된다. 하지만 어머니가 원망과 짜증으로 아기를 돌보는 경우에 아기는 부정적인 자기를 경험한다.

아기는 이유기가 되면서 자기와 어머니를 구분하게 되고, 아이가 걸을 수 있게 되고 운동능력이 발달함에 따라 어머니와의 분리를 위해 연습한다. 하지만 아직은 어머니와 떨어져 놀다가 어머니가 있는 곳을 확인하고 가는 행동을 반복한다. 이 시기의 아이는 어머니가 없을 때 어머니 대신 심리적으로 의존하고 안전감을 느낄 수 있는 대상인 과도기적 대상(transitional object)을 갖기도 하는데, 이불이나 베개, 젖병, 장난감 등이 과도기적 대상이 된다.

만 2세 전후가 되면서 아이는 어머니의 보호에서 벗어나 자기 고집대로 행동하려는 동시에 세상이 자기 뜻대로 되지 않는다는 것을 경험하게 된다. 이 시기에 어머니가 어떤 태도를 보이는지는 매우 중요하다. 아이가 자신의 능력에 심취해 어머니를 떠날 때 보내 줄 수 있고, 좌절을 경험하거나 어머니에게 되돌아오려 할 때 받아 줄 수 있어야 하는데, 이런 과정을 통해 아이는 서서히 분리-개별화(separation-individuation)를 경험하게 된다. 만일 아이가 어머니에게서 벗어나려 할 때 붙잡아두려 하다가 아이가 막상 되돌아올 때 쌀쌀하게 대한다면, 아이는 위험하지만 새로운 세상으로 나갈 것인지, 어머니의 품에서 안전을 보장받는 대신 성장을 포기해야 할 것인지 갈피를 잡지 못하게 된다. 만 3세가 되면 아이는 대상이 관찰되지 않아도 계속 존재하는 대상 영속성(object permanence)을 가진다. 또한 모든 대상이 좋은 점과 나쁜 점을 함께 가지고 있다는 것을 받아들이게 된다.

대상관계이론은 자녀의 성장 과정에서 부모의 '적절한 부모역할(good enough parenting)'이 무엇보다 중요함을 강조한다. 즉, 부모가 자녀의 의존과 독립에 대한 욕구를 적절하게 충족시켜 줄 수 있어야 자녀는 개별화를 성취할 수 있다. 하지만 부모가 자녀를 과보호하거나, 그 반대로 자녀를 적절히 보호하지 않은 채 방치하거나, 부모의 보호에 일관성이 없는 경우, 자녀는 안정적이고 독립적인 자기 개념을 형성하지 못한다.

자기 개념을 형성하지 못한 자녀는 특히 취학기, 청소년기, 성인 독립기가 되었을 때 어려움을 겪을 수 있다. 예를 들어, 청소년기 자녀가 부모의 지도감독에 반항하며 일탈적 행동을 반복하지만 사고 수습을 부모에게 맡기는 무책임한 행동을 한다면, 이 자녀는 연령에 적합한 부모와의 분리-개별화를 성취하지 못한 것으로 이해할 수 있다. 또한 대상관계이론에 따르면, 자기개념을 형성하지 못한 병리적인 대상을 자녀가 내면화한 경우, 이후 대인관계에서 문제를 경험하게 된다. 이 자녀가 결혼하여 새로운 가족을 형성한 후 병리적 대상의 내면화는 다음 세대로 이어질 수 있다.

(3) 자기심리학

자기심리학(self psychology) 이론을 정립한 코헛(Kohut, 1971, 1977)에 따르면, 모든 인간은 인정에 대한 열망을 가진다. 부모에게 인정받으며 자란 아동은 이를 내면화하여 자신감 있는 성격을 가지지만, 부모의 무반응 혹은 거부적인 양육을 받은 아동은 인정에 대한 열망을 충족하지 못한 채 성장한다. 인정 열망을 충족하지 못한 아동은 성인이 되어서도 주위의 관심을 받고자 하지만, 수용적 상황에서는 이를 표출하는 행동과 비수용적 상황에서는 이를 억제하는 행동을 번갈아 가며 반복한다.

2) 심리사회적 개입

앞에서 언급한 대로, 심리사회모델은 클라이언트가 자신의 행동이나 감정을 이해하고 통찰함으로써 문제해결을 위한 역량을 강화하도록 개입한다. 심리사회모델을 활용하는 사회복지사들이 주로 어떤 활동에 주력하는지를 연구한 우즈와 홀리스(2000)는 심리사회모델의 개입 내용으로서 다음의 여섯 가지, 즉 ① 지지, ② 직접적 영향, ③ 탐색-기술-환기, ④ 인간-상황에 대한 고찰, ⑤ 유형-역동에 대한 고찰, ⑥ 발달적 고찰을 제시하였다.

심리사회모델을 적용하는 사회복지사는 특히 개입 초기에는 클라이언트가 지지와 환기를 경험하도록 원조한다. 클라이언트와 사회복지사의 관계가 형성된 이후에는 인간-상황, 유형-역동, 발달적인 고찰 활동을 통해 클라이언트가 과거 혹은 현재의 경험과 관련한 내적 갈등을 이해하고 통찰하도록 원조한다. 개입의 초점은 현재의 상황과 경험을 고찰하는 데 있으며 이를 통해 클라이언트가 성장을 경험하고 자신의 열망을 실현하도록 원조한다.

(1) 지지

지지(sustainment)과정은 심리사회모델에 따른 사회복지사의 활동 가운데 가장 기본적이고 핵심적이다. 지지과정이란 사회복지사가 클라이언트를 수용하고 클라이언트를 원조하려는 의지와 클라이언트의 문제해결능력에 대한 확신감을 표현함으로써 클라이언트의 불안을 줄이고 자존감을 증진하기 위한 과정이다. 특히 클라이언트가 죄책감과 수치감을 느끼거나 두려워하거나 분노를 느끼는 경우에 사회복지사는 지지기법을 적극 사용함으로써 클라이언트를 이해함을 보여 주어야 한다.

지지과정은 언어적 의사소통뿐 아니라 따뜻한 표정, 어깨를 다독이는 등의 비언어적 방법을 포함하며, 클라이언트의 당면한 문제에 대해 실질적인 도움, 예를 들어 경제적 지원, 가정봉사원, 보육서비스 등을 제공함으로써 사회복지사가 클라이언트를 수용하고 지지함을 나타낼 수 있다.

(2) 직접적 영향

직접적 영향(direct influence)이란 클라이언트의 행동을 변화시키기 위한 조언이나 제안, 직접 개입 등을 포함한다. 개입과정에서 클라이언트 자신이 문제해결을 위한 결정에 도달하는 것이 바람직하지만, 때로는 사회복지사가 이 결정에 직접적으로 영향을 미칠 수 있다. 사회복지사의 영향은 다양한 방법으로 이루어지는데, 클라이언트 생각을 강조하는 방법부터 사회복지사의 의견을 제안하거나 강하게 주장하거나 필요한 경우에는 직접 개입하는 방법 등이 있다.

사회복지사가 효과적으로 직접 영향력을 행사하기 위해서는 앞에서 기술한 지지과정을 통해 관계를 형성하는 것이 무엇보다 중요하다. 또한 사회복지사는 자신보다는 클라이언트의 욕구에 따라 조언해야 하며, 목표를 정하기 위한 조언보다는 클라이언트가 정한 목표를 달성하는 방법에 대해 조언하는 것이 바람직하다.

(3) 탐색–기술–환기

탐색(exploration)과 기술(description)은 클라이언트의 문제와 관련하여 클라이언트, 클라이언트의 환경, 혹은 클라이언트와 환경과의 상호작용에 관한 사실을 진술하고 설명하도록 원조하는 활동이다. 환기(ventilation)는 사실과 관련된 클라이언트의 감정을 끄집어냄으로써 카타르시스를 경험하도록 원조하는 활동이다. 탐색–기술과 환기는 연관되어 있는데, 사실을 진술하거나 설명하는 과정에서 자연히 감정이 표현되기 때문이다.

심리사회모델에서는 특히 분노, 상실에 대한 애도반응, 죄책감, 불안 등의 부정적 감정에 주의를 기울인다. 이런 감정들은 말로 표현되었을 때 강도가 현격히 줄어들 수 있는데, 무엇보다 타이밍이 중요하다. 즉, 방어하지 않고 편안하게 자신의 감정을 표현할 수 있을 때 클라이언트는 비로소 환기를 경험할 수 있다. 때로는 환기를 경험하는 것 자체로 문제가 해결되기도 한다.

심리사회모델을 가족 혹은 집단 개입에 적용하는 경우, 탐색과 기술, 환기가 성공적으로 이루어지기 위해서는 구성원들이 서로를 비난하기보다는 '나 전달법(I-message)'으로 대화하는 것이 바람직하다. 예를 들어, "엄마는 늘 나를 지적하기만 해."라고 말하기보다는 "엄마가 나를 이해하지 못한다는 생각이 들 때, 너무 서운하고 속이 상해."라고 말함으로써 부모 자녀가 서로를 공격하지 않고 자신의 감정을 표현하면서도 환기를 경험하도록 개입할 수 있다.

(4) 인간-상황에 대한 고찰

인간-상황에 대한 고찰(person-situation reflection)은 현재 혹은 최근 사건에 대한 고찰로서 심리사회모델을 적용하는 사회복지사가 가장 많은 시간을 할애하는 활동이다. 인간-상황에 대한 고찰은 다음의 여섯 가지를 포함하는데, 이 가운데 ①과 ②는 클라이언트의 외부 환경과 관련되며 ③, ④, ⑤는 클라이언트의 주관적인 내부 상황과 관련된다. 마지막 ⑥은 원조 상황과 관련된다.

사회복지사는 이와 같은 고찰을 통해 클라이언트가 자기 자신과 상황에 대해 이해하고 통찰하도록 원조한다. 이를 위해 개입 초기에 형성된 원조관계를 바탕으로 직면(confrontation)을 사용하기도 하는데, 이는 클라이언트의 행동·사고·감정에 있는 불일치나 모순을 직접 언급함으로써 클라이언트가 이를 깨닫도록 돕는 기법이다.

① 다른 사람들, 건강, 상황

인간은 정보의 부족이나 편견, 두려움 등에 의해 자신이 처한 상황과 가족이나 친구, 동료, 이웃 사람들의 감정과 행동을 정확히 이해하지 못하는 경우가 있다. 예를 들어, 동생의 출생 이후 첫째 자녀가 보인 퇴행행동을 이해하지 못하고 첫째 자녀를 심하게 나무라는 부모에게 형제자매 간의 경쟁심·질투심을 이해하도록 도울 수 있다. 사회복지사는 클라이언트의 상황에 대해 직접 설명하기도 하지만, 질문이나 언급을 통해 클라이언트가 스스로 깨닫도록 도와준다.

② 클라이언트의 행동이 자신과 다른 사람들에게 미치는 영향

사회복지사는 클라이언트가 미처 깨닫지 못했거나 간과한 결과에 주의를 기울인다. 예를 들어, 함께 어울리는 비행 친구들이 보는 앞에서 청소년 자녀를 심하게 야단치는 아버지는 자녀가 친구들의 인정을 받기 위해서는 아버지와 대항해야만 하는 결과를 가져오게 된 상황을 이해할 필요가 있다. 이 역시 클라이언트의 행동과 결과의 관계를 사회복지사가 설명하기보다는 질문이나 언급을 통해 클라이언트가 인과관계를 직접 깨닫도록 이끌 수 있다.

③ 클라이언트 행동의 성격

클라이언트가 자신의 숨겨진 반응, 사고, 감정의 성격에 대해 내부지향적인 이해를 하도록 원조한다. 예를 들어, 어머니가 자녀에 대해 분노의 감정을 가지고 있지만 이를 인지하지 못하는 경우, 혹은 인지는 하지만 부정하는 경우가 있을 수 있다. 사회복지사는 “어머니가 아드님에 대해 화가 많이 나 있으시군요.”라고 말함으로써 어머니가 자신의 감정에 대해 스스로 통찰할 수 있도록 원조한다.

④ 클라이언트 행동의 원인

클라이언트가 다른 사람들과의 상호작용이나 상황적 자극에 대해 나타낸 반응행동의 원인을 이해하도록 원조한다. 예를 들어, 아내의 취업을 반대하는 남편은 아내가 가족을 돌보는 것을 자신에 대한 사랑의 상징으로 생각해 왔으며, 아내가 취업한다는 것은 자신을 사랑하지 않는다는 의미로 생각하기 때문일 수 있다. 자신이 반대하는 이유에 대해 생각해 보도록 도움으로써 행동의 원인에 대해 통찰하도록 원조할 수 있다.

⑤ 자기평가

클라이언트의 도덕과 양심, 자기 이미지, 가치 등에 관한 자기평가를 원조한다. 사회복지사는 클라이언트가 현재 가지고 있는 자기 이미지가 현실에 근거하는지 질문하거나 클라이언트가 가지고 있는 가치를 명확히 하도록 언급할 수 있다. 예를 들어, 육아휴직 후 복직한 여성이 자신의 업무 능력에 대해 두려움을 가지고 있을 때, 휴직 이전에 자신이 받았던 동료들과 상사의 피드백에 대해 상기해 보도록 권유할 수 있다.

⑥ 사회복지사와 치료과정

사회복지사, 치료, 기관의 규칙 등에 대한 클라이언트의 반응과 이해 정도를 탐색하여 원조과정의 효과를 최대화한다. 클라이언트는 과거 인생경험에 의해 치료에 대한 적대감, 두려움 혹은 의존 욕구를 가지고 있을 수 있다. 때로 사회복지사에 대한 클라이언트의 반응은 클라이언트의 대인관계 유형을 이해하기 위한 주요 자료가 될 수 있다. 예를 들어, 계획대로 개입을 종결하려는 사회복지사에게 자신을 충분히 배려하지 않고 상담을 마치려 한다고 비난하는 클라이언트는 대인관계에서 의존성을 가지고 있고 이를 사회복지사에게 드러내는 것일 수 있다.

(5) 유형-역동에 대한 고찰

사회복지사는 클라이언트의 성격 혹은 행동의 유형과 이드 · 자아 · 초자아의 심리내적 역동에 대한 고찰(pattern-dynamic reflection)을 한다. 때로 클라이언트가 사용하는 방어기제를 분석함으로써 클라이언트의 이해와 통찰을 돕거나 클라이언트가 가지고 있는 내부대상, 분리와 개별화 정도 등에 대해 클라이언트와 함께 고찰한다.

또한 사회복지사는 클라이언트의 전이(transference)를 활용할 수 있다. 전이는 클라이언트가 과거에 중요하게 생각했던 사람에게 느꼈던 감정이나 욕구를 사회복지사에게 무의식적으로 나타내는 반응이다. 사회복지사는 클라이언트가 전이를 이해하도록 도울 뿐 아니라 전이를 활용하여 클라이언트의 변화를 도모할 수 있다. 예를 들어, 클라이언트가 어머니에 대한 분노와 의존 감정을 어머니와 비슷한 연령대의 사회복지사에게 전이하는 경우 어머니와는 달리 공격하거나 보복하지 않을 뿐 아니라 클라이언트의 의존 욕구를 이해하고 성장과 독립을 지원하는 반응을 보임으로써 클라이언트의 변화를 위해 함께 노력할 수 있다.

심리사회모델에서 사회복지사는 클라이언트의 역동에 대해 직접적으로 해석해 주기보다는 클라이언트 스스로 해답을 찾을 수 있도록 원조한다. 이를 위해 적절한 질문이나 코멘트를 활용한다. 예를 들어, 직장에서 주위 사람들에게 지나친 돌봄을 받으려는 유아적 사고에 고착된 클라이언트에게 사회복지사가 클라이언트의 행동을 일방적으로 해석해 주기보다는 “직장에서 일이 힘들거나 스트레스를 받을 때 어떻게 행동하세요?”라고 물을 수 있다. 이 물음에 답하면서 클라이언트는 성인에게 적절하지 않은 자신의 미성숙한 행동을 서서히 깨닫게 될 수 있다.

클라이언트의 이해와 통찰이 변화로 이어지는 것은 아니며, 많은 클라이언트들은 그간 익숙하게 사용해 왔던 방어기제, 역동 유형을 반복하며 변화에 저항한다. 통찰하고 저항에 대해 탐색하고 다시 통찰하는 과정을 반복함으로써 이해와 통찰이 더욱 정교화되고 확대되는 과정을 훈습(working through)이라 한다. 심리사회모델을 적용하는 사회복지사는 클라이언트의 훈습을 강조하고 이를 위해 노력한다.

(6) 발달적 고찰

인간-상황에 대한 고찰과는 달리 발달적 고찰(developmental reflection)은 성인기 이전의 생애 경험과 이런 경험이 현재 기능에 미치는 영향에 대해 고찰하는 것을 의미한다. 주로 과거의 고통스러웠던 감정이나 태도, 자기파괴적 행동, 다른 사람에 대한 공격적 태도나 행동 등에 주의를 기울인다.

발달적 고찰은 과거에 관심을 두지만, 현재 문제에 대한 과거의 영향이나 연결고리를 탐색하고 이를 새롭게 인식하도록 돕는다. 예를 들어, 남편의 무관심에 대해 지나치게 분노하는 아내가 어린 시절 자신에게 관심을 보여 주지 않았던 아버지에 대한 감정과 남편에 대한 감정에서 유사점을 깨닫도록 원조할 수 있다.

3) 심리사회모델의 환경적 개입

심리사회모델은 주로 클라이언트에게 초점을 두며, 개입의 초점이 클라이언트의 통찰 혹은 개인 내적인 과정에 치중되는 경향이 있다는 비판을 받는다(Woodrow, 1983). 하지만 필요한 경우 심리사회모델을 적용하는 사회복지사는 클라이언트의 환경에 개입한다. 〈표 3-1〉에서 보듯이, 사회복지사는 클라이언트에게 필요한 자원을 제공하고 발굴하며, 클라이언트와 다른 사람들 사이에서 중재하는 역할, 클라이언트를 옹호하는 역할 등을 수행한다.

표 3-1 심리사회모델의 환경적 개입과정

자원의 유형	
	사회복지사 자신의 사회복지기관
	사회복지사가 고용된 비사회복지기관
	다른 사회복지기관
	사회복지사를 고용하거나 전혀 고용하지 않은 비사회복지기관
	클라이언트와 도구적 · 정서적 관계를 가진 사람들
의사소통 유형	
	비밀보장, 지지, 직접적 영향, 환기, 고찰
역할 유형	
	자원 제공자
	자원 발굴자
	클라이언트를 다른 사람에게 설명하는 사람
	클라이언트와 다른 사람 사이에서 중재자
	클라이언트와 다른 사람 사이에 공격적 개입자

출처: Woods & Hollis (2000), p. 128.

2. 행동주의모델

행동주의모델(behavioral model)에서는 관찰가능한 행동과 환경에 초점을 두고 이를 분석하고 변화함으로써 클라이언트의 욕구를 충족시키고자 한다. 특히 행동주의모델은 구체적 · 객관적이며 관찰가능한 문제의 규정과 변화목표, 개입과정을 강조한다. 이와 같은 구체성과 객관성, 관찰가능한 것에 대한 강조는 사회복지사와 클라이언트의 상호이해를 도울 뿐 아니라 실천연구와 평가, 책무성(accountability)을 증진시킨다.

행동주의모델은 바람직한 행동의 학습이나 행동수정이 필요한 아동 · 청소년뿐 아니라 행동개선이나 사회기술의 향상을 원하는 클라이언트에게 적용할 수 있다. 또한 사회복지 이용시설뿐 아니라 쉼터, 보육시설, 양로시설 등과 같은 생활시설에서도 효과적으로 적용할 수 있다. 하지만 사회복지사가 행동주의모델을 성공적으로 적용하기 위해서는 행동주의 이론과 기술, 기법에 대한 정확한 이해가 필요하다. 다음에서는 행동주의 이론의 핵심 내용과 행동주의모델의 개입방법을 살펴본다.

1) 이론적 배경

행동주의자들은 인간의 행동은 학습되는 것이며, 인간이 느끼고 생각하고 행동하는 것은 학습사(learning history)의 결과라고 주장한다. 인간의 감정은 매우 중요하지만, 흔히 생각하는 것처럼 감정이 행동을 결정짓는 것은 아니며, 감정은 행동과 환경과의 관계에서 결과로 나타나는 것이라고 주장한다. 따라서 행동주의에서는 행동과 행동을 통제하는 환경, 즉 조건부(contingencies)에 초점을 맞춘다.

예를 들어, 대학생이 강의에 결석하는 행동은 그날 아침에 피곤하거나 기분이 우울해서가 아니라 결석 후 일어나는 결과에 따라 결정된다. 강의자가 출석을 확인하지 않거나 확인하더라도 점수에 크게 반영하지 않는다면, 학생은 결석을 쉽게 결정한다. 또 다른 예로서, 짜증이 나기 때문에 화를 내는 것이 아니라 화를 내는 행동에 따른 결과에 따라 비슷한 상황에서 화를 내는 행동의 발생 가능성이 증대되기도 하고 감소되기도 한다. 화를 내는 행동이 방출되었을 때 부정적 결과가 따라왔다면, 이후 비슷한 상황에서 화를 내는 행동의 발생 가능성은 감소된다.

행동주의자들에 따르면, 인간의 행동은 세 가지의 조건형성, 즉 반응적(혹은 고전적) 조건형성, 조작적 조건형성, 대리적 조건형성에 의해 학습된다. 다음에서는 각각에 대해 간략하게 살펴본다.

(1) 반응적 조건형성

반응적 조건형성에 의해 학습된 반응적 행동(respondent behavior)은 선행자극(stimulus)에 대한 반응(response)으로서 나타난 행동이다. 이런 경우 자극(S)은 반응(R)을 일으킨다는 공식이 성립된다.

$$S \rightarrow R$$

반응적 행동을 처음 관찰한 학자는 러시아 생리학자인 파블로프(Pavlov)이다. 파블로프는 개에게 종소리를 들려주면서 혹은 종소리를 들려준 직후에 음식을 제공하였더니 얼마 후에는 종소리만 들려주어도 개가 침을 흘리는 반응을 하는 것을 관찰하였다. 개가 음식을 보면서 침을 흘리는 것은 자연스러운 생리적 현상이지만, 종소리와 침을 흘리는 반응은 직접적인 연관이 없다. 하지만 종소리가 음식과 같이 제공되어 조건화된 자극(conditioned stimulus)이 되면, 음식이 제공되지 않은 채 조건화된 자극, 즉 종소리에 침을 흘리는 반응이 나타났다. 이와 같이 침을 흘리는 행동을 반응적 행동이라 하였다. 파블로프는 이 실험에서 음식을 제공하지 않은 채 종소리만 계속 들려주면 침을 흘리는 반응이 더 이상 나타나지 않는다는 것을 관찰하였으며, 이를 소거(extinction)라 하였다.

인간도 조건화된 자극에 대한 반응으로서 반응적 행동을 보이는데, 예를 들어 공포증이 이에 해당한다. 개 공포증의 경우, 일반적인 상황에서 개는 무섭기도 하지만 사랑스럽기도 한 중성 자극(unconditioned stimulus)이지만, 개에 대해 심한 공포감을 경험한 사람이 개를 보기만 해도 공포증을 나타낸다면, 개는 조건화된 자극이 되고 공포증은 반응적 행동이 된다. 이와 같은 공포증은 역조건을 형성함으로써 치료할 수 있다.

반응적 행동을 치료하기 위한 역조건 형성(counter conditioning) 방법으로 가장 잘 알려진 것은 체계적 탈감법(systematic desensitization)이다. 개에 대한 공포감을 일으키는 상황을 위계별로 구분하여 가장 공포감을 덜 느끼는 상황에서 긴장을 이완하고 둔감하게 반응하도록 연습하면서 서서히 강도를 높여 마침내 가장 공포감을 느끼는 상황에서도 둔감한 반응을 보일 수 있도록 치료한다. 사람들 앞에서 발표하거나 행동할 때 공포감을 느끼는 사회공포증(social phobia)의 치료에도 체계적 탈감법을 적용할 수 있다.

(2) 조작적 조건형성

스키너(Skinner)는 행동의 발생가능성은 결과에 의해 영향을 받는다는 것을 관찰하였다. 즉, 선행사건(antecedents) 상황에서 행동(behavior)이 발생하고 행동은 결과(consequences)에 영향을 미치며, 결과는 다음의 유사 상황에서 행동의 비율, 빈도, 형태 등을 결정한다. 이때 행동은 결과에 조작한다는 의미, 즉 결과에 영향을 미친다는 의미에서 조작적 행동(operant behavior)이라 하며, 선행사건(A)－행동(B)－결과(C)를 강화의 조건부라 한다.

A → B → C

강화의 조건부는 다음의 네 가지 유형, 즉 정적 강화, 부적 강화, 정적 처벌, 부적 처벌로 구분된다.

① 정적 강화

정적 강화(positive reinforcement)는 결과를 제시함으로써 행동의 발생 가능성을 증대시키는 것이다. 바람직한 행동을 했을 때 칭찬하거나 용돈을 준다면, 행위자가 다음에도 그 행동을 하게 될 가능성이 높다.

여기서 중요한 점은 칭찬, 용돈과 같은 정적 강화물은 행동이 방출되었을 때 즉시 구체적으로 제시해야 효과적이다. 예를 들어, 친구를 돕는 행동을 한 아이에게 시간이 한참 지난 후에 칭찬하기보다는 행동 직후에 칭찬하는 것이 효과적이며, "너는 참 좋은 아이구나."라고 말하기보다는 "너는 도움이 필요한 친구를 배려할 줄 아는구나."라고 구체적으로 말하는 것이 바람직하다. 또한 강화물은 행위자에게 영향력을 가질 때 유효하다. 사탕을 싫어하는 아이에게 사탕은 정적 강화물의 효력을 갖지 못한다.

강화를 제공하는 사람은 토큰과 같은 조건화된 강화물을 개발하여 사용할 수 있다. 예를 들어, 바람직한 행동을 보이는 아동에게 스티커를 나누어 주고 일정 양의 스티커를 모은 아동이 자신이 원하는 선물로 교환하도록 하는 방법 등 강화물을 창의적으로 적용할 수 있다. 식당이나 카페 등에서 스탬프를 찍어 주거나 마트에서 포인트 제도를 시행하는 마케팅 방법도 정적 강화에 해당한다.

사회복지사가 강화 조건부를 활용하기 위해 중요하게 기억해야 하는 또 다른 점은 행동은 강화를 제공하는 사람의 의도가 아닌 효과에 의해 결정된다는 것이다. 예로서, 어머니가 자녀의 친구들 앞에서 십대 아들이 늘 어머니의 결정에 따른다고 칭찬하는 것은 어머니의 의도와는 상관없이 결과적으로 아들의 이런 행동의 발생 가능성을 증가시키기보다는 오히려 감소시키는 효과를 가져올 수 있다. 이런 점에서 사회복지사는 초기 사정과 개입과정에서 클라이언트의 상황과 강화 조건부를 정확히 이해하기 위해 개별화된 접근을 해야 한다.

② 부적 강화

부적 강화(negative reinforcement)는 결과를 철회함으로써 행동의 발생 가능성을 증대시키는 것이다. 예를 들어, 바람직한 행동을 한 아동에게 숙제를 면제해 주거나 청소를 면제해 준다면, 아동은 다음에도 비슷한 상황에서 그 행동을 하게 된다. 또 다른 예로서, 자동차세를 연초에 선납하면 일정 비율을 할인해 주는 제도도 부적 강화에 해당한다.

③ 정적 처벌

정적 처벌(positive punishment)은 결과를 제시함으로써 행동의 발생 가능성을 감소시키는 것이다. 바람직하지 않은 행동을 야단치거나, 규칙을 어겼을 때 벌금이나 벌점을 부과하거나, 세금 납부기간을 넘기면 연체료를 부과하는 경우가 정적 처벌에 해당한다.

클라이언트의 행동을 변화시키기 위해 사회복지사가 실천현장에서 정적 처벌을 사용하는 방법은 적절하지 않다. 무엇보다 윤리적인 문제가 있으며, 처벌하는 사람이 있는 상황에서만 변화를 보임으로써 처벌의 효과가 크지 않을 수 있다. 특히 처벌만 하고 바람직한 대안 행동을 제시하지 않거나 강화하지 않는 경우 처벌의 효과는 낮다. 예를 들어, 친구들을 괴롭히는 행동을 처벌만 하고 그 상황에서 적절하게 대처하는 방법을 가르쳐주지 않는다면, 이후에도 같은 부정적 행동을 반복할 가능성이 높다. 이런 경우 공격적 행동 대신 주장적(assertive)으로 행동하는 방법을 학습하도록 도와야 한다.

④ 부적 처벌

부적 처벌(negative punishment)은 결과를 철회함으로써 행동의 발생 가능성을 감소시키는 것이다. 예를 들어, 바람직하지 않은 행동을 할 때 그간 보여 줬던 관심을 더 이상 보이지 않거나, 규칙을 위반한 결과로 감봉을 당하는 경우가 부적 처벌에 해당한다.

정리하면, 사회복지사가 클라이언트에게 바람직한 행동을 학습시키기 위해서는 정적 강화와 부적 강화를, 바람직하지 않은 행동을 변화시키기 위해서는 정적 처벌과 부적 처벌을 활용할 수 있다. 하지만 앞에서 설명한 대로 사회복지사가 처벌, 특히 정적 처벌을 클라이언트에게 사용하거나 클라이언트가 일상생활에서 사용하도록 지도하는 것은 바람직하지 않다. 이때 사회복지사가 활용할 수 있는 방법으로 소거가 있다.

⑤ 소거

소거(extinction)는 행동이 더 이상 환경에 영향을 미치지 않는 것, 즉 강화나 처벌되었던 행동에 대한 결과가 더 이상 나타나지 않는 것이다. 바람직하지 않은 행동이 유지되는 이유는 강화되고 있기 때문이므로 이런 행동을 더 이상 강화하지 않음으로써 이를 소거할 수 있다. 예를 들어, 어린 자녀가 자신의 요구를 들어 주지 않자 떼쓰며 소리를 지르고 부모는 이를 견디다 못해 자녀의 요구를 들어줬다면, 부모는 결과적으로 자녀의 떼쓰며 소리지르는 행동을 강화한 것이다. 이때 부모에게 그간 해온 것과는 달리 아무런 반응을 하지 않고 무시하도록 소거에 대해 교육할 수 있다.

소거는 시간이 걸리며 소거에 저항하는 행동이 나타날 수 있으므로 인내심이 필요하다. 앞의 예에서, 자녀가 더 큰 소리로 더 오랫동안 소리를 지르거나 더 거친 행동을 하는 등의 저항을 보일 수 있으므로 이에 대한 대처방법을 함께 다루어야 한다.

⑥ 자극 통제

클라이언트의 바람직하지 않은 행동을 변화시키기 위해 강화 조건부의 결과(C)가 아닌 선행사건(A)에 개입할 수도 있는데, 대표적으로 자극 통제(stimulus control)가 이에 해당한다. 예를 들어, 마트에서 과자를 사 달라고 떼쓰는 아이의 행동을 무시하는 것이 소거라면, 아이가 떼를 쓰는 즉시 장보기를 포기하고 아이를 데리고 마트에서 바로 나옴으로써 떼쓰는 행동이 일어나는 상황을 변화시키도록, 즉 자극을 통제함으로써 떼쓰는 행동이 일어나는 상황을 변화시키도록 부모에게 조언하거나 지도할 수 있다.

⑦ 강화계획

강화 조건부에서 강화계획(reinforcement schedule)은 매우 중요하다. 강화계획에는 연속(continuous) 계획과 간헐(intermittent) 계획이 있다. 연속 계획은 행동이 방출될 때마다 결과가 뒤따르는 계획을 의미한다. 예를 들어, 아이가 어머니의 심부름을 잘 했을 때마다 용돈을 주는 것이다. 행동을 새로이 학습시키기 위해서는 연속 계획이 효과적이다.

간헐 계획은 방출된 행동의 비율(ratio)이나 행동 간 간격(interval)이 어느 정도 되었을 때 결과가 뒤따르는 계획을 의미한다. 일정한 수의 반응 후, 예를 들어 심부름을 3회 잘했을 때 용돈을 주거나, 강화와 강화 사이의 간격이 어느 정도 되었을 때, 예를 들어 군대 간 친구에게 격주 주말마다 편지를 쓰는 것이 간헐 계획이다.

간헐 계획은 결과가 뒤따르는 비율이 일정하거나 강화와 다음 강화 사이의 간격이 일정한 경우에는 고정비율 계획 혹은 고정간격 계획이라고 하며, 결과가 뒤따르는 비율 혹은 강화 간 간격이 일정하지 않고 변동적일 경우에는 변동비율 계획 혹은 변동간격 계획이라 한다. 앞의 예에서 어떤 때는 심부름을 3회 잘했을 때 용돈을 주다 어떤 때는 2회, 또 다른 때는 5회 잘했을 때 용돈을 주는 경우는 변동비율 계획으로 강화가 이루어지는 것이다. 군대에 간 친구에게 격주 주말마다 편지를 쓰다 어떤 때는 월 1회, 또 다른 때는 수시로 소식을 전하는 경우 변동간격 계획으로 강화가 이루어지게 된다.

연속 강화로 유지된 행동은 강화물이 더 이상 제시되지 않을 때 간헐, 특히 변동 계획적인 강화로 유지된 행동보다 빨리 소거된다. 예를 들어, 재활용 쓰레기를 버릴 때마다 용돈을 받았던 아이는 쓰레기를 버려도 더 이상 용돈을 받지 않게 되었을 때, 쓰레기를 버리고 용돈을 받을 수도 있고 받지 않을 수도 있었던 상황에 비해 쓰레기를 버리는 행동이 더 빨리 소거된다. 따라서 긍정 행동을 학습시키기 위해서는 연속 혹은 고정 계획으로 시작하여 변동 계획으로 매듭짓는 것이 바람직하다. 반면, 변동 계획으로 강화된 부정적 행동을 소거하는 것은 쉽지 않은데, 예를 들어 도박행동은 변동 비율계획에 의해 강화된 행동이기 때문에 강화가 이루어지지 않더라도 오랫동안 유지된다.

앞서 언급하였듯이, 행동은 강화를 제공하는 사람의 의도가 아닌 효과에 의해 결정된다. 부모의 자녀에 대한 비일관적 행동은 부모의 의도와는 상관없이 변동비율 계획으로 자녀의 부정적 행동을 강화하는 결과를 가져올 수 있으며, 변동비율 계획으로 강화된 행동은 소거가 쉽지 않다. 예를 들어, 마트에서 아이스크림을 사 달라고 떼쓰는 아이의 요구를 어떤 때는 들어주다가 또 다른 때는 들어주지 않으면, 부모의 의도와는 상관없이 변동비율 계획으로 아이의 떼쓰는 행동을 강화하는 효과를 가져오게 된다. 사회복지사는 강화 조건부 분석을 기반으로 부모에게 일관성 있는 자녀양육 방법에 대해 교육해야 한다.

(3) 대리적 조건형성

밴듀라(Bandura)에 따르면, 인간은 자신이 직접 경험하지 않더라도 행동을 학습할 수 있는데, 이런 행동을 대리적 행동(vicarious behavior)이라 한다. 인간은 다른 사람들의 행동을 따라할 수 있고, 다른 사람들의 행동에 따른 결과를 관찰함으로써 행동을 학습할 수 있다. 예를 들어, 앞에 있는 아이가 줄을 제대로 서지 못해 선생님에게 지적받는 것을 뒤에서 본 아이가 선생님이 지적하지 않아도 줄을 잘 맞추어 서는 행동을 한다.

밴듀라는 학습과 수행(performance)을 구분하였는데, 학습은 대리적으로 일어날 수 있으나 학습된 행동의 수행은 강화에 의해 결정된다는 것을 관찰하였다. 예를 들어, 다른 친구들을 놀리는 행동을 보고 학습한 아이가 이 행동을 바로 따라 하는 것은 아니며, 자신이 놀리는 행동을 따라 할 때 보상이 주어지면 이 행동을 수행한다는 것이다.

사회복지사는 클라이언트에게 새로운 행동을 학습시키거나 행동을 변화시키기 위해 모델의 행동을 관찰하고 따라 하도록 하는 모델링의 방법을 활용할 수 있다. 대리적 학습을 활용한 실천기법과 프로그램은 모델링 외에도 역할연습, 사회기술훈련 등을 포함한다. 사회기술훈련(social skills training)[3]은 대인관계에서 불편함을 느끼거나 지나치게 위축되는 사람, 공격적인 사람, 혹은 자기중심적이며 다른 사람들에게 관심이 없는 사람의 사회기술을 향상시키기 위한 프로그램이다. 다양한 행동주의 기법들을 종합적으로 사용하는데, 모델링, 역할연습, 행동시연(behavioral rehearsal), 강화, 코칭(coaching), 문제해결기술에 대한 교육, 과제 부여 등을 포함하며, 주로 집단 프로그램으로 이루어진다.

2) 행동주의모델의 개입과정

행동주의모델에 대한 오해 가운데 하나는 개입과정이 기계적이고 비인간적일 것이라는 것이다. 일반적인 원조과정과 마찬가지로 행동주의모델에서도 사회복지사는 클라이언트를 수용·지지하며, 클라이언트의 강점을 강조하고, 클라이언트의 문제해결에 대한 능력과 자신감을 격려한다. 오히려 클라이언트의 문제가 클라이언트의 행동과 환경과의 관계, 즉 강화 조건부에 기인하는 것으로 전제하기 때문에 클라이언트를 병리적인 시각에서 문제 혹은 결함이 있는 사람으로 간주하지 않는다.

3) 사회기술훈련의 자세한 내용은 제10장 '집단대상 실천기술의 이해' 참조.

객관적 · 구체적이며 관찰 가능한 행동과 환경을 강조하는 행동주의모델을 적용하는 사회복지사는 클라이언트에게 문제가 되는 행동과 행동 전후에 어떤 상황과 결과가 있었는지를 분석하고, 클라이언트의 행동과 환경을 변화시키기 위한 목적으로 개입한다. 먼저, 클라이언트의 문세를 구체적으로 규정하고, 강화 조건부를 사정하여 이를 변화시키기 위한 개입방법을 결정한 후, 사회복지사와 클라이언트가 동의하는 사항에 대해 계약한다. 개입은 클라이언트가 바람직한 최종 행동목록(repertoire)을 달성하도록 원조하는 데에 초점을 두며, 개입과 동시에 진행과정을 모니터링하고 기록 · 평가한다. 특히 클라이언트의 일상생활에서의 강화 조건부가 중요하므로, 클라이언트를 도와줄 수 있는 가족이나 친구, 이웃 사람들을 찾아내어 클라이언트의 환경에서 강화가 이루어지도록 개입하는 것을 강조한다.

다음에서는 행동주의모델의 개입과정을 사정 · 개입 · 종결 단계로 구분하여 간략하게 살펴본다.

(1) 사정과 계약

슈바르츠와 골디아몬드(Schwartz & Goldiamond, 1975)는 행동주의모델에서 클라이언트의 문제를 사정하기 위해 사용할 수 있는 구조화된 질문들을 〈표 3-2〉와 같이 제시하였다.

표 3-2 행동주의모델에 따른 초기 구조화된 질문들

결과(outcomes): 개입의 목표

- 제시된 결과-우리가 성공한다면, 어떤 결과가 되겠습니까?
- 관찰가능한 성과-성과가 이루어졌을 때, 다른 사람들이 무엇을 관찰하겠습니까?
- 현재 상태-이것이 현재 상황과 어떻게 다릅니까?
- 예-예를 들어 주십시오.

변화되는 혹은 변화되지 않는 영역들: 잘 되고 있는 부분들과 잘 되지 않는 부분들

- 변화되지 않는 영역들-인생 영역들 가운데 어떤 영역들이 우리 프로그램의 영향을 받지 않겠습니까?
- 부산물-우리가 노력하는 영역들 외에 프로그램의 영향으로 변화될 영역들이 있습니까?

변화사: 변화를 위한 노력들 현재 시도-왜 지금 시작하십니까? 첫 시도-언제 처음으로 변화를 시도하였습니까? 어떤 시도를 했습니까? 어떻게 되었습니까? 이후 시도-그 이후 어떤 시도를 했습니까? 어떻게 되었습니까?
자산: 기술과 강점 관련 기술-우리 프로그램과 관련하여 어떤 기술과 강점을 가지고 있습니까? 다른 기술-다른 기술들을 가지고 있습니까? 자극 통제-현재의 문제가 문제가 되지 않는 상황이 있습니까? 관련 문제해결 레퍼토리-과거에 현재의 문제와 관련한 문제를 성공적으로 다룬 적이 있습니까? 어떤 프로그램을 사용하였습니까? 어떻게 했습니까? 다른 해결된 문제들-성공적으로 해결했던 문제들이 있습니까? 과거 통제-현재의 문제 영역을 한번이라도 성공적으로 다룬 적이 있습니까? 있다면 언제, 어떤 상황이었습니까? 어떻게 했는지 생각할 수 있습니까?
결과(consequences) 정적 강화물-문제가 특정 이득이나 배려를 가져온 적이 있습니까? 구체적인 예를 들어 주십시오. 부적 강화물-문제의 결과로서 무언가로부터 배제되거나 무언가를 박탈당한 적이 있습니까? 비용-현재 문제로 인해 어떤 어려움을 겪고 있습니까? 가능한 행동적 강화물-정말로 어떻게 행동하고 싶습니까? 높은 가능성의 행동-대신 어떤 행동을 하고 있습니까? 사회적 강화물-누가 당신의 변화에 관심이 있습니까? 과거 사회적 강화물-과거에 누가 도움을 주었습니까? 이들이 어떻게 도왔습니까? 어떻게 이들의 도움을 받았습니까?

출처: Schwartz & Goldiamond (1975), pp. 79-81.

〈표 3-2〉에 제시한 질문들을 활용하여 사회복지사는 클라이언트와 함께 문제를 규정하고, 객관적이며 관찰할 수 있는 개입의 목표를 설정한다. 초기 단계의 마지막 부분에서 사회복지사는 클라이언트와 계약을 맺는다. 계약은 개입의 결과는 무엇인지, 클라이언트와 사회복지사는 각각 개입과정에서 어떤 활동을 수행하는지를 분명

하게 제시하고 서로 동의하기 위한 것이며, 개입을 진행하면서 수정할 수 있다.

(2) 개입과 평가

개입의 목적은 클라이언트가 자신의 강점과 현재 행동목록을 사용하여 자신에게 필요한 강화물을 획득하고 계약에서 합의한 최종 행동목록을 달성하도록 원조하는 것이다. 이를 위해 사회복지사는 클라이언트에게 행동주의 접근의 논리를 교육한다.

바람직하지 않은 행동을 처벌하는 방법보다는 바람직한 행동을 보상하는 방법이 행동변화를 위한 전략으로 효과적이다. 따라서 사회복지사는 회기 중에 클라이언트가 바람직한 행동을 학습하도록 격려하고, 바람직한 행동을 보상받는 방법을 모색한다. 필요한 경우, 사회복지사는 바람직한 행동을 모델링한다. 또한 클라이언트가 학습한 새로운 행동을 실제 생활에서 언제, 어디서, 어떻게 수행할지 계획하고, 클라이언트의 수행과정과 결과를 모니터링한다.

사회복지사는 개입의 과정과 결과를 모니터링하기 위해 먼저 개입 이전의 행동을 분석하기 위한 기초선(baseline)을 설정한다. 이후 개입이 진행되면서 나타나는 행동 변화를 모니터링하고 기록 · 평가한다. 모니터링 방법으로 회기 밖에서 일어나는 사건에 대한 클라이언트의 서면 기록인 로그를 사용하거나, 클라이언트가 말로 보고하도록 하거나, 혹은 사회복지사가 직접 관찰하는 방법 등을 사용한다.

개입의 초점은 클라이언트가 현재의 행동목록으로부터 점차 원하는 상태의 조건부를 형성하고 최종 행동목록을 달성하도록 지도하는 것이다. 사회복지사는 목표를 한 번에 달성하려 하기보다는 하위목표로 나누어 진행하는 것이 바람직하다. 즉, 한 주에 달성할 수 있는 하위목표를 설정하여 변화과정을 모니터링하고, 모니터링 결과에 따라 다음 주의 하위목표를 설정한다. 하위목표를 달성함으로써 결국은 최종 목표를 달성하도록 지도한다.

(3) 종결

계약에 의한 최종 목표를 달성하였을 때 개입을 종결한다. 행동주의모델에서는 클라이언트의 문제가 해결되었을 뿐 아니라 개입 이후에도 비슷한 혹은 다른 문제 상황에서 클라이언트가 스스로 계획하고 변화과정을 모니터링 할 수 있는 행동분석가(behavior analyst)가 되도록 원조하는 것을 강조한다.

3. 인지행동모델

인지행동모델(cognitive-behavioral models)은 하나의 실천모델이 아니라 1960년대부터 등장한 다양한 인지행동모델들을 총칭하는 용어이다. 하지만, 모델들의 다양성에도 불구하고 인지행동모델은 기본적인 가정을 공유한다. 첫째, 인지활동은 행동에 영향을 미친다. 둘째, 인지활동은 모니터링되고 변경될 수 있다. 셋째, 바람직한 행동의 변화는 인지 변화의 영향을 받는다(Dobson & Dozois, 2019).

인지행동모델은 문제에 초점을 둔 시간제한적인 접근으로서 클라이언트가 자신의 사고와 행동을 통제하기 위한 대처기제를 학습하는 교육적 접근을 강조한다. 또한 인지변화는 감정의 변화로 쉽게 이어지지만, 인지변화가 자동적으로 행동의 변화를 수반하는 것은 아니므로 인지변화를 행동변화로 이끌기 위한 다양한 행동주의 기술과 기법들을 적극 활용한다. 예를 들어, 연초에 금연을 결심하지만 금연에 성공하기 위해서는 흡연 행동을 변화시키기 위한 실제적인 방법이 필요한 것과 마찬가지다.

다음에서는 인지행동모델 가운데 사회복지사가 실천현장에서 적용할 수 있는 합리정서행동치료와 인지치료, 문제해결치료에 대해 각각 살펴본다.

1) 합리정서행동치료

인지행동 접근의 선구자인 엘리스(Ellis)는 인간은 비합리적인 경향이 있으나 비합리성을 변화시킬 수 있는 능력이 있다고 주장하였다. 또한 인간의 사고와 감정은 깊게 연관되어 있으며, 부정적 감정과 증상들은 비합리적 신념에서 비롯된다고 설명하였다(Ellis, 1962). 구체적으로, 우리가 어떤 일에 슬픈 감정이 드는 것은 적절하지만 우울증에 빠지는 것은 적절하지 않으며, 후회할 수는 있으나 죄책감에서 벗어나지 못하는 것은 적절하지 않고, 괴로울 수는 있으나 분노하는 것은 적절하지 않은데, 이와 같은 후자의 감정은 부정적 감정이며 비합리적 신념에서 비롯된다는 것이다.

엘리스가 이론화한 합리정서행동치료(Rational Emotive Behavior Therapy: REBT)는 비합리적 신념(irrational beliefs)에 개입의 초점을 둔다. 치료의 목표는 부정적 감정의 뿌리가 되는 비합리적 신념을 규명하고 도전함으로써 이를 재구조화하는 것이며, 신념의 변화가 바람직한 정서와 행동으로 이어지도록 돕는 것이다.

(1) 비합리적 신념

합리정서행동치료에서 주목하는 비합리적 신념은 생각 저변에 깔려 있는 믿음이다. 부정적 감정을 가져오는 비합리적 신념에는 '반드시' '절대로' '모든' '완전히' '전혀' '파멸적인(catastrophic)' '해야만 한다(must)' 등이 저변에 깔려 있다. 예를 들어, 부정적 감정을 가져오는 비합리적 신념이란 '나는 실천기술론 과목에서 A 학점을 받아야 한다.'라는 생각을 말하는 것이 아니라 '나는 실천기술론 과목에서 A 학점을 받아야 하고, 만일 A를 받지 못하면 졸업 후 취업하지 못하고 비참한 삶을 살게 될 것이다.'라는 후반부 신념을 말하는 것이다.

엘리스는 사람들이 흔히 가지고 있는 비합리적 신념과 이를 반박하는 합리적 근거를 다음과 같이 제시하였다(Ellis, 1962).

① 성인이 모든 주요 타자들로부터 사랑과 인정을 받는 것은 절대적으로 필요하다.

아동에게 사랑과 인정이 매우 필요하며, 성인도 주요 타자들로부터 사랑과 인정을 받는 것이 바람직하다. 하지만 모든 주요 타자들로부터 사랑과 인정을 받는 것이 절대적으로 필요하다는 신념은 이룰 수 없는 완벽주의적 믿음이다. 이런 신념을 가지면, 자신의 욕구를 포기한 채 주요 타자들로부터 사랑과 인정을 받기 위해 노력하게 된다. 이는 자기지향적이지 않을 뿐 아니라, 이런 노력에도 불구하고 주요 타자들은 편견이나 선호에 의해 자신을 좋아하지 않거나 무관심할 수 있다.

② 가치 있는 사람이 되기 위해서는 가능한 모든 면에서 완전히 능력 있고, 적합해야 하며, 성취적이어야 한다.

대부분의 사람들은 하나의 주요 영역에서도 완전히 뛰어날 수 없다. 이런 믿음을 가진 사람은 항상 자신을 다른 사람들과 비교하지만, 다른 성공적인 사람들의 능력과 성취를 자신이 통제할 수 없는 상황에서 이들과 자신을 비교하는 것은 의미가 없다. 따라서 '잘하는 것'보다는 '하는 것' 자체가 중요하며, 결과보다는 과정이 중요하다. 또한 잘하려고 노력할 때, 다른 사람들을 이기기 위해서보다는 자신의 발전을 위해 노력하는 것이 바람직하다.

③ 어떤 사람들은 악하고 나쁘며, 이런 사람들은 자신들의 악행에 대해 심하게 비난받고 처벌받아야 한다.

일부 사람들은 무지해서 혹은 어리석거나 정서 문제로 인해 악행을 하며, 악행을 하는 사람이 반드시 악한 사람은 아닐 수 있다. 더욱이 악행을 처벌함으로써 악행이 줄어들기보다는 오히려 악화되기도 한다.

④ 상황이 원하는 대로 되지 않는다면 이는 끔직하고 파멸적이다.

원하지 않는 상황이나 사람을 싫어할 수는 있지만, 현실이 현실이기 때문에 매우 괴로워한다면 이는 비합리적이다. 이런 경우, 현실을 도전으로 수용하고 자신의 삶에 유용하게 통합하는 방법을 배울 필요가 있다.

⑤ 불행은 외부 요인에 기인하며, 사람들은 자신의 슬픔과 근심을 조절할 능력이 거의 없거나 전혀 없다.

자신의 부정적인 감정은 다른 사람들이나 사건들이 만들기보다는 자기 자신이 만드는 것이다. 즉, 자신이 슬픈 것은 다른 사람들이 자신을 슬프게 만든 것이 아니라 스스로가 자신을 슬픈 감정에 빠지도록 했기 때문이다.

⑥ 위험하거나 두려운 것에 대해 매우 염려해야 하며, 이것이 일어날 가능성을 늘 염두에 두어야 한다.

사전에 대비하는 것은 필요하지만, 아직 일어나지 않은 것에 대해 지나치게 염려하고 불안해하며 두려워하는 것은 오히려 이에 대한 대처능력을 떨어뜨린다. 또한 지나치게 염려함으로써 이런 일이 실제로 일어나는 데 기여할 수도 있다. 예를 들어, 입사 면접을 지나치게 염려하고 불안해하며 잠을 설친 지원자가 면접에서 집중력이 떨어져 면접관의 질문 의도를 제대로 파악하지 못하고 실력을 발휘하지 못하는 경우를 생각해 볼 수 있다.

⑦ 인생의 어려움과 책임을 대면하는 것보다는 회피하는 것이 쉽다.

회피한다고 책임이 없어지는 것이 아니며, 실제로 책임을 수행함으로써 자신감을 얻게 된다. 계속 회피하다 보면 불필요한 고통이 커질 수 있으므로, 싫더라도 자신이 해야 하는 것들을 수행하는 것이 바람직하다.

⑧ 우리는 다른 사람들에게 의존해야 하고, 의존할 수 있는 강한 사람을 필요로 한다.

다른 사람에게 의존하면 할수록 더 의존하게 되고, 결국 인생이 자신의 사고와 행동보다는 다른 사람들의 결정과 처분에 의해 결정된다. 인생에서 어느 정도 외로움은 감내해야 한다. 또한 인생에서 혼자 애쓰며 어떤 목적을 달성하지 못했다고 인간으로서의 가치를 잃는 것은 아니다.

⑨ 과거는 현재 행동의 전적인 결정요인이며, 과거에 영향을 미친 것은 현재에도 비슷한 영향을 미친다.

과거가 현재에 영향을 미치는 것은 사실이지만, 현재는 미래의 과거이다. 따라서 현재를 변화시킴으로써 현재보다 나은 미래를 얼마든지 만들 수 있다.

⑩ 우리는 다른 사람들의 문제에 대해 매우 근심해야 한다.

다른 사람들의 문제에 관심을 가질 수 있지만, 다른 사람들의 문제나 사람을 변화시키는 데 한계가 있는 상황에서 이에 대해 매우 근심해야만 한다는 생각은 비합리적이다. 예를 들어, 부모가 성인 자녀의 직장 스트레스에 대해 지나치게 근심한다면, 이는 비합리적이다.

⑪ 인간 문제에는 옳고 정확하며 완벽한 해결이 있는데, 이런 해결책을 찾지 못한다면 파멸적이다.

인간 문제에는 완벽하고 확실한 절대적 진리가 있는 것이 아니므로, 여러 가능한 해결책과 대안들 중에서 가장 현실적인 선택을 하는 것이 바람직하다.

(2) 합리정서행동치료의 개입방법

합리정서행동치료에서는 클라이언트가 비합리적 신념을 합리적인 신념으로 바꾸도록 지원한다. 사회복지사는 클라이언트가 자신의 부정적 감정 혹은 행동과 연관된 비합리적 신념을 찾아내도록 돕고, 비합리적 신념이 옳은지 그른지에 대해 클라이언트와 함께 토론하며, 클라이언트가 비합리적 신념과 합리적 신념을 구분하도록 교육한다. 또한 클라이언트의 심리적 고통이 인생을 지나치게 진지하게 받아들인 결과일 수 있으므로 유머를 적극 사용하기도 한다.

사회복지사는 토론과정에서 클라이언트에게 일방적으로 설명하지 않으며 소크라테스 산문법(dialogic method)을 주로 사용한다. 즉, 클라이언트의 비합리적 신념에 대해 질문하고 이에 대한 클라이언트의 답변에 대해 반복적으로 질문함으로써 결국 클라이언트가 자신의 논리를 비판적으로 검토하도록 원조한다. 예를 들어, "당신이 반드시 그렇게 해야 하는 근거가 어디에 있습니까?" "당신이 그것을 원하면 반드시 이것을 해야 한다고 어떻게 생각할 수 있습니까?" 등의 질문들을 사용한다.

드라이든과 엘리스(Dryden & Ellis, 2001)는 클라이언트의 신념을 변화시키기 위해 활용하는 양식을 제안하였는데, 이 양식은 다음의 내용으로 구성된다. ① 부정적 감정 혹은 행동에 선행하는 사건(예, '너무 긴장하는 바람에 과제 발표를 잘 못했다.'), ② 부정적 감정 혹은 행동(예, '심난하고 우울하다.'), ③ 부정적 감정 혹은 행동으로 이끈 비합리적 신념(예, '유능함을 인정받기 위해 발표를 잘 했어야 했는데, 나는 한

심한 사람이 됐다.'), ④ 비합리적 신념에 대한 반박(예, '발표를 한번 잘 못했다고 한심한 사람이 되는 것인가?'), ⑤ 효과적인 합리적 신념(예, '결과보다 최선을 다하는 과정이 중요하고 열심히 하다 보면 나아질 것이다.'), ⑥ 합리적 신념에 따르는 감정과 행동(예, '지금 잘하고 있고 오늘도 최선을 다하자.') 등이다.

2) 인지치료

인지치료(Cognitive Therapy)의 대표적 학자인 벡(Beck)에 따르면, 인간은 자극에 대해 선별적으로 주의를 기울이면서 자극을 유형으로 결합하고 상황을 개념화한다. 또한 사람들은 같은 상황에 대해 서로 다르게 개념화하지만, 같은 사람은 비슷한 상황 혹은 사건에 대해 일관성 있게 반응한다. 예를 들어, 유사한 공간에 대해 어떤 사람은 재미있는 곳으로 인식하지만, 다른 사람은 불편하고 빨리 벗어나고 싶은 공간으로 인식할 수 있다. 하지만 재미있는 곳으로 인식한 사람은 비슷한 상황에 대해 일관성 있게 재미있는 공간으로 인식하는 반면, 불편한 공간으로 인식한 사람은 일관성 있게 불편한 공간으로 인식한다. 이는 특정 상황을 자신의 상대적으로 고정된 인지 유형에 따라 해석하기 때문인데, 이런 고정된 인지 유형을 '도식(schema)'이라고 한다.

인간은 특정 상황에서 상황과 연관된 도식을 활성화하고 이 도식에 따라 정보를 조직화하고 처리한다. 이 과정에서 논리적 오류가 있는 역기능적 도식에 따라 정보를 처리하게 되면, 현실을 부정적으로 왜곡하게 되고 우울, 불안 등의 정서 문제를 나타낸다. 인지치료에 따르면, 정서 문제는 인지 오류의 결과이다.

(1) 인지 오류

벡은 생활사건에 대한 왜곡된 사고나 비현실적인 인지 평가의 결과로 우울, 불안과 같은 정서 문제가 발생하는 것으로 설명한다. 벡이 제시한 인지 오류(cognitive errors)는 다음과 같다(Beck, Rush, Shaw, & Emery, 1987).

① 임의 추론(arbitrary inference)

결론을 지지하는 증거나 없거나 오히려 반대 증거가 있음에도 불구하고 그와 같은 결론을 내리는 것을 말한다. 예를 들어, 자신의 생일파티에 친구들이 거의 오지 않은 것은 자신이 인기 없는 사람이기 때문이라고 결론을 내리지만, 실은 초대를 너무 늦게 했거나 다른 상황이 발생했기 때문일 수 있다.

② 선택적 요약(selective abstraction)

상황에 대한 보다 현저한 특성을 무시한 채 맥락에서 벗어난 세부 내용에 초점을 두는 것을 말한다. 자신의 많은 강점들에도 불구하고 몇몇 단점에만 집착하거나 잘한 것보다는 잘못한 것에 연연해하고, 현재 자신이 가지고 있는 것보다 가지고 있지 못한 것에 집착하는 경우이다. 후자의 부정적 사고는 부정적 감정으로 이어진다.

③ 과잉일반화(overgeneralization)

분리된 사건들에 대한 결론을 연관되거나 연관되지 않는 상황 전반에 적용하는 인지 오류를 말한다. 예를 들어, 좋아하는 여학생에게 데이트를 신청했다가 거절당한 남학생이 자신은 못생겼으며, 제대로 잘하는 것이 하나도 없는 무가치한 사람이라고 결론을 내리는 경우이다.

④ 확대와 축소(magnification & minimization)

사건의 의미나 크기를 왜곡하는 것이다. 우울증 환자들은 부정적 사건의 의미나 크기를 확대하는 반면, 긍정적 사건의 의미나 크기는 축소하는 경향이 있다. 예를 들어, 열 번 중 아홉 번을 성공한 경우에 성공한 아홉 번은 무시한 채 실패한 한 번에 집착하는 경우이다.

⑤ 개인화(personalization)

외부 사건이 자신과 관련이 없음에도 불구하고 자신과 연관시키는 것을 말한다.

특히 잘못된 외부 사건을 자신의 탓으로 생각하는 경우이다. 예를 들어, 자신을 포함하여 팀원들이 열심히 노력했음에도 불구하고 최상의 성적을 올리지 못한 이유는 자신이 부족했기 때문이라고 생각하는 것이다.

⑥ 절대적, 이분법적 사고(absolutistic, dichotomous thinking)

모든 경험을 상반되는 양 범주, 즉 결함이 전혀 없는 사람 아니면 결함투성이, 성자 아니면 죄인 등으로 이해하는 경향이다. 우울증 환자들은 자신 혹은 자신의 상황을 부정적 극단으로 생각한다. 예를 들어, 대학을 다니며 좋지 않은 경험도 있었으나 좋은 경험도 많이 했던 사람이 자신의 대학 시절은 생각하고 싶지도 않은 끔직한 시간일 뿐이었다고 말하는 경우이다.

(2) 인지치료의 개입방법

인지치료에서는 클라이언트의 학습과 교육을 강조한다. 사회복지사는 클라이언트가 자신의 왜곡된 인지를 보다 현실적인 인지로 대체하도록 클라이언트와 논박하고 클라이언트를 교육하는 개입에 주력한다.

인지치료에서 클라이언트의 학습과 교육을 돕기 위한 과정은 다음과 같다(Beck, Rush, Shaw, & Emery, 1987).

첫째, 클라이언트는 자신의 부정적 자동 사고를 모니터링한다. 자동 사고(automatic thoughts)는 어떤 상황이나 외부 자극에 의해 자신이 미처 인지하기도 전에 즉각적이고 자동적으로 이루어지는 생각들이다. 예를 들어, 아르바이트 채용면접 후 며칠이 지나도록 연락이 없는 상황에서 '역시 난 되는 일이 하나도 없어.'라고 생각하는 부정적 자동 사고를 찾아낸다.

둘째, 클라이언트는 자신의 인지와 정서, 행동의 연관성을 인식한다. 즉, 왜곡된 자동 사고가 부정적 기분이나 태도, 행동으로 이어지는 것을 이해한다. 앞의 예에서 부정적인 자동 사고를 한 후 기분이 울적해지고 혼자 술을 마시며 더욱 부정적인 생각을 이어 갔다면, 자신의 자동 사고가 부정적 기분과 음주 행동으로 이어진 것을 이해한다.

셋째, 클라이언트는 자신의 왜곡된 자동 사고를 뒷받침하거나 반박하는 근거를 점검해 본다. 예를 들어, '아르바이트 자리를 구하지 못했다고 내가 하는 모든 일이 잘 안 되고 있는 것인가? 잘되고 있는 일은 없나?'와 같은 점검을 해 본다.

넷째, 왜곡된 인지를 보다 현실지향적인 해석으로 대체한다. 예를 들어, '아르바이트 자리를 구하지는 못했지만, 좋아하는 전공을 열심히 공부하고 있고 동아리와 학과의 몇몇 친구들과 재미있게 잘 지내고 있다.'라고 현실적으로 생각한다.

다섯째, 왜곡된 인지 유형으로 기울어지게 된 저변의 가정들과 믿음을 규명하고

표 3-3 역기능적 사고 일지

날짜	상황	감정	자동 사고	대안적 반응	성과
	당신이 불쾌했을 때, 어디에 있었으며, 어떤 일이 있었나요?	그때 어떤 감정(슬픔, 불안, 분노 등)을 느꼈나요? 각 감정의 강도(0~100%)를 등급화하세요.	마음에 어떤 사고 혹은 이미지가 떠올랐나요? 자동 사고를 믿는 정도(0~100%)를 등급화하세요.	아래의 질문들을 사용하여 자동 사고에 대해 반응해 보세요. 자동 사고를 믿는 정도(0~100%)를 등급화하세요. 아래 가능한 왜곡 목록을 참조하세요.	자동 사고를 믿는 정도(0~100%)와 감정의 강도(0~100%)를 재등급화하세요.

–자동 사고가 옳다는 혹은 그르다는 증거는 무엇인가?
–사건을 대안적으로 설명하거나 상황을 대안적인 방법으로 볼 수 있는가?
–자동 사고가 옳다면, 그 함의는 무엇인가? 가장 불쾌한 것은 무엇이며, 가장 현실적인 이해는 무엇인가? 내가 무엇을 할 수 있는가?
–가능한 왜곡: 전부 아니면 전무로 보는 사고, 과잉일반화, 결론으로의 비약, 긍정적인 것들의 무시, 독심술, 점치기, 확대/축소, 감정적 추론, '해야만 한다'는 진술, 낙인, 부적절한 비난

출처: DeRubeis, Keefe, & Beck (2021), p. 227.

변경할 수 있도록 학습한다. 앞의 예에서 '그런 생각은 과잉일반화 오류이고 이번에는 아르바이트 자리를 구하지 못했지만, 계속 노력하다 보면 언젠가는 좋은 경험을 할 수 있을 거야.'라고 생각을 바꾼다. 생각을 바꾼 후 다시 활기를 찾게 된 변화를 이해하고, 다음에도 자동 사고의 근거를 생각해 보도록 학습한다.

인지치료에서는 클라이언트의 인지 왜곡을 점검하고 현실적으로 인지하도록 돕기 위해 역기능적 사고 일지(Daily Record of Dysfunctional Thoughts: DRDT)를 활용한다. 〈표 3-3〉에서 보듯이, 사회복지사는 클라이언트가 자신의 일상생활에서 불쾌한 감정을 경험할 때마다 상황 · 감정 · 감정에 선행한 자동 사고, 자동 사고에 대한 합리적 반응, 합리적 반응에 따르는 결과를 작성하도록 교육한다.

또한 인지치료에서는 사람들의 의미체계가 서로 다르다는 점을 강조한다. 사회복지사는 클라이언트가 왜 그렇게 반응했는지에 대해 추측할 것이 아니라 클라이언트의 계속되는 생각이나 이미지에 대해 물어보고 확인해야 한다. 이를 통해 클라이언트의 생각이나 이미지가 어떤 의미인지 파악하고, 개별 클라이언트의 의미체계를 이해하며, 이들을 보다 현실적으로 변화시키도록 클라이언트를 교육한다. 개입을 진행함에 따라 클라이언트는 보다 많은 책임을 지는 주도적 역할을 수행하고 사회복지사는 자문을 수행하는 것이 바람직하다.

3) 문제해결치료

즈릴라와 골드프라이드(D'Zurilla & Goldfried)는 문제해결이론을 인지행동모델에 적용한 문제해결치료(Problem-Solving Therapy)를 개발하였다. 인지과정에 초점을 두고 있는 문제해결치료는 다양한 사회복지실천현장에서 클라이언트의 합리적인 문제해결 과정을 지원하기 위해 적용할 수 있는 여지가 많다.

즈릴라와 골드프라이드에 따르면, 효과적으로 문제를 해결하는 과정은 다음의 다섯 단계를 거친다. ① 문제에 대한 지향, ② 문제의 규정과 형성, ③ 해결 대안의 창출, ④ 의사결정, ⑤ 해결책의 실행과 검증의 단계이다. 〈표 3-4〉는 문제해결치료의 5단계를 요약해서 보여 준다.

표 3-4 문제해결치료의 개요

문제 지향
문제에 대한 인식
문제에 대한 귀인(attribution)
문제에 대한 평가
개인적 통제
시간/노력의 헌신
문제 규정과 형성
관련 사실 정보의 수집
문제에 대한 이해
현실적인 문제해결 목표의 설정
문제에 대한 재평가
해결 대안들의 창출
양(quantity)의 원칙
판단 유보의 원칙
다양성(variety)의 원칙
의사결정
해결책의 결과에 대한 예측
해결책의 결과에 대한 평가
해결 계획에 대한 준비
해결책 실행과 검증
해결 계획의 실행
자기 모니터링
자기 평가
자기 강화
문제 고치기(troubleshooting)와 이전 단계로 돌아가기

출처: D'Zurilla (1988), p. 107.

(1) 문제 지향

문제에 적응적으로 대처하는 사람은 문제를 일상적이며 피할 수 없는 인생 사건으로 인식한다. 또한 문제가 환경적 상황에 기인하는 것으로 이해하거나 문제가 자신의 탓인 경우에도 자신의 고정적인 심각한 결함보다는 경험의 부족 등에 기인하는 것으로 이해한다. 즉, 인간은 완벽할 수 없으며 실수를 통해 배우는 것이라는, 자신에 대한 다소 관대한 입장을 취한다.

적응적인 사람은 문제를 도전이나 성장의 기회로 받아들이며, 문제를 해결하기 위한 시도를 전혀 하지 않는 것보다는 실패하더라도 시도해 보는 것이 낫다고 생각한다. 문제에는 해결책이 있고 자신은 해결책을 찾아내어 실행할 수 있다고 믿으며, 문제를 해결하기 위해서는 시간과 노력이 필요하다고 생각하고 계획을 세워 실행한다. 또한 문제를 해결하기 위한 노력을 쉽게 포기하지 않지만, 최선을 다했음에도 불구하고 성공하지 못한 경우에는 문제를 받아들이든지 다른 시각으로 문제를 이해한다.

클라이언트가 문제 지향 단계에서 부적응적으로 사고하는 경우, 사회복지사는 인지 재구조화를 통해 문제에 대해 적응적으로 이해하도록 돕는다. 만일 클라이언트가 문제를 과장된 위협으로 인식한다면, 이를 도전으로 받아들이도록 원조한다. 또한 왜곡된 또는 비현실적인 기대를 가지고 있는 경우에는 이를 현실적으로 수정하도록 원조한다. 클라이언트가 적응적 사고를 하기 위해 긍정적으로 자기진술(self-talk)을 하도록 교육하고 긴장 이완, 명상, 불안관리훈련 등을 활용한다.

(2) 문제 규정과 형성

사회복지사는 클라이언트가 문제와 관련된 객관적인 정보를 수집하고 수집된 정보를 이해하는 과정에서 인지 왜곡이 없도록 교육한다. 또한 클라이언트가 문제를 현재 상황과 바람직한 상황 사이의 차이로 이해하고, 이 차이를 극복하는 과정에서 방해가 되는 장애물을 찾아내도록 원조한다. 문제해결의 목표를 구체적이고 현실적으로 설정하도록 돕고, 문제해결에 대한 비용분석을 통해 문제를 재평가하도록 원조한다.

(3) 해결 대안들의 창출

해결 대안들을 창출하는 단계에서 사회복지사는 클라이언트에게 다음의 세 가지 원칙을 교육한다. 첫째, 대안들이 많을수록 바람직한 대안이 나올 수 있다는 양(quantity)의 원칙이다. 둘째, 대안들을 평가하기 이전에 상상력을 동원해 가능한 많은 대안들을 창출하고 판단을 유보할 때 바람직한 해결책이 나올 수 있다는 판단 유보의 원칙이다. 셋째, 다양한 대안들이 창출될 때 바람직한 해결책이 나올 수 있다는 다양성(variety)의 원칙이다.

(4) 의사결정

의사결정 단계는 해결 대안들을 객관적으로 평가하고 가장 바람직한 대안을 선정하는 단계이다. 사회복지사는 클라이언트가 이전 단계에서 창출된 대안들 가운데 적절한 대안들을 선택하여 선택한 대안 각각에 대해 예상되는 결과를 평가하도록 교육한다. 즉, 문제의 해결 정도, 정서적 결과, 필요한 시간과 노력, 전반적인 개인적 · 사회적 결과를 고려해 보도록 돕는다. 클라이언트가 바람직한 해결책을 선택하면 실행 계획을 세우고 준비하도록 지원한다.

(5) 해결책 실행과 검증

문제해결의 마지막 단계에서 사회복지사는 클라이언트가 해결 계획을 실행하고 실행과정을 스스로 모니터링하고 평가 및 강화하도록 교육한다. 해결책의 결과가 예측한 결과와 다를 경우에는 문제해결책을 모색하거나 이전의 단계로 돌아간다. 예를 들어, 필요한 경우 대안 창출 혹은 의사결정 단계로 돌아가 다시 문제해결을 시도할 수 있다.

연습문제

1. 심리사회모델을 적용하는 사회복지사들이 주로 수행하는 활동(지지, 직접적 영향, 탐색-기술-환기, 인간-상황에 대한 고찰, 유형-역동에 대한 고찰, 발달적 고찰)을 설명하고 각각의 예를 드시오.

2. 일상생활에서 자신의 변화하고 싶은 행동을 구체적으로 정하여 강화 조건부(선행사건, 표적 행동, 표적 행동에 따른 결과)를 분석하고, 이를 변경하기 위한 프로그램을 계획하고 실행해 보시오.

3. 자신이 경험하는 불안 상황(예, 여러 사람들 앞에서 의견과 생각을 발표하는 상황)에 엘리스의 비합리적 신념의 개념을 적용해 보고, 적용과정과 결과를 제시하시오. 즉, 불안에 선행하는 사건, 불안 감정, 불안으로 이끈 비합리적 신념, 비합리적 신념에 대한 반박, 효과적인 합리적 신념, 합리적 신념에 따르는 감정으로 나누어 설명해 보시오.

4. 벡의 인지치료에서 활용하는 역기능적 사고 일지(DRDT)를 적용해 보고, 적용과정과 결과를 제시하시오. 즉, 상황, 감정, 감정에 선행한 자동 사고, 자동 사고에 대한 합리적 반응, 합리적 반응에 따르는 결과로 나누어 설명해 보시오.

5. 이 장에서 살펴본 심리사회모델, 행동주의모델, 인지행동모델을 실제 혹은 가상 사례에 적용하는 연습을 해 보고, 적용과정과 결과를 토론해 보시오.

제4장

실천모델과 기술(2)

제3장에서는 사회복지실천을 위한 기본모델로서 심리사회모델, 행동주의모델, 인지행동모델의 주요 내용을 살펴보았다. 이 장에서는 기본모델 이후 발전한 모델로서 과업중심모델과 해결중심모델을 살펴본다.

과업중심모델에서는 클라이언트와 사회복지사의 과업 수행, 즉 목표를 달성하기 위한 활동을 강조한다. 해결중심모델에서는 사고의 패러다임을 문제에서 해결로 전환한 해결지향 개입에 초점을 맞춘다. 두 모델의 발전 배경과 주요 특성, 기술과 기법 등이 상당히 다르지만, 과업중심모델과 해결중심모델은 단기 개입을 전제로 목표 달성 혹은 해결을 강조한다는 점에서 공통점을 찾을 수 있다.

1. 과업중심모델

과업중심모델(Task-Centered Model)은 1970년대 미국 시카고대학교에서 진행한 개발연구 프로젝트의 결과물로서 제시되었다. 당시 엡스타인(Epstein)과 리드(Reid)가 진행한 프로젝트의 목표는 다음과 같다. 첫째, 사회복지사가 효율적으로 학습할 수 있는 전문원조 테크놀로지를 개발하고, 둘째, 직접 실천의 효과성을 증진시키며, 셋째, 실천을 평가하는 능력을 향상시킬 수 있는 모델을 개발한다(Epstein & Brown, 2002). 이를 위해 연구자들은 먼저 약 3년간 모델을 설계하였고, 설계한 모델을 시카고 지역의 13개 사회복지기관들에서 실제 사례에 적용하고 평가하는 검증 작업을 거쳤다. 그 결과, 다양한 기관에서 다루는 대인 간의 문제, 개인 내적인 문제, 개인과 환경 간의 문제를 효과적으로 경감시킬 수 있는 절충적 실천의 틀(framework)로서 과업중심모델을 제시하였다.

과업중심모델은 하나의 이론적 정향(theoretical orientation)에 기초하기보다는 여러 이론적 정향들을 절충하여 사용할 수 있는 사회복지실천의 틀을 제시한다. 다음에서는 과업중심모델의 특성에 대해 간략하게 살펴보고, 개입과정을 단계별로 살펴본다.

1) 모델의 특성

과업중심모델의 특성은 모델을 개발하기 위한 프로젝트의 목표와 연관된다. 즉, 과업중심모델에서는 사회복지사가 효율적으로 학습할 수 있고 직접 실천의 효과성과 효율성을 증진시키기 위한 요소들을 최대한 반영하고 있다. 이런 요소들은 단기 개입, 구조화된 접근, 클라이언트의 자기결정권에 대한 존중, 클라이언트의 환경에 대한 개입의 강조, 개입의 책무성에 대한 강조 등을 포함한다(김혜란, 1996).

(1) 단기 개입

과업중심 접근은 약 2~3개월 동안 8~12회기 전후로 이루어진다. 이런 단기 개입은 대부분의 클라이언트들이 8회 이내에 상당한 개입의 효과를 보고한다는 메타분석 결과(Howard, Kotpa, Krause, & Rolinsky, 1986)에 근거를 두고 있으며, 단기 개입을 선호하는 미국 의료보험체계의 현실적인 이유도 영향을 미쳤다.

클라이언트가 장기 보호나 상담 혹은 사례관리를 받고 있는 경우, 과업중심 접근을 연속적으로 실시하거나 필요한 시점, 예를 들어 보호 초기, 위기 상황, 종결 시점 등에서 과업중심모델을 적용할 수 있다(Epstein & Brown, 2002).

(2) 구조화된 접근

과업중심모델은 다른 어떤 모델보다도 구조화되어 있다. 과업중심모델은 모두 다섯 단계로 이루어지며, 각 단계에서 사회복지사와 클라이언트가 다루어야 하는 구체적인 내용을 자세하게 제시한다.

(3) 클라이언트의 자기결정권에 대한 강조

사회복지실천에서 클라이언트의 자기결정권(self-determination)은 윤리적 · 실제적인 이유로 중요하게 여겨져 왔다. 나아가 과업중심모델에서는 이를 실천과정에서 적용할 수 있는 실천방법을 구체적으로 제시한다.

사회복지사는 표적 문제를 규명하는 과정에서 클라이언트의 견해를 우선적으로 반영하고, 개입에 대해 클라이언트와 계약함으로써 개입과정을 클라이언트에게 명확하게 제시한다. 또한 클라이언트가 과업을 설정하고 실행 · 평가하는 문제해결 작업에서 주체자의 역할을 수행하도록 지원함으로써 클라이언트의 자기결정권을 강조한다.

(4) 클라이언트의 환경에 대한 개입의 강조

과업중심모델에서 대부분의 클라이언트 문제는 자원(resources)이나 기술의 부족과 연관되는 것으로 본다. 따라서 문제와 관련한 자원에 대해 탐색하고 이를 활성화하기 위한 방안을 개입의 모든 단계에서 강조한다.

클라이언트가 의뢰된 경우에는 의뢰기관의 자원을 알아보고 활용할 계획을 세우며, 문제해결과정에서 클라이언트가 가지고 있는 환경 자원을 적극 탐색하고 활성화하기 위한 노력을 기울인다. 필요한 경우에는 클라이언트와 사회복지사 외에도 문제해결과정에 참여해야 하는 사람들을 적극 관여시킨다.

과업중심모델에서 과업은 클라이언트만 수행하는 것이 아니며 사회복지사는 클라이언트의 환경에 개입하는 과업을 주로 수행한다. 예를 들어, 사회복지사는 빈곤아동의 학교 적응을 돕기 위해 아동뿐 아니라 부모, 교사, 다른 아동들에게 개입하거나 가정의 물리적 · 사회적 환경, 학교 환경뿐 아니라 지역사회, 문화, 편견, 차별 등을 개선하기 위해 환경에 직접 · 간접 개입을 한다.

(5) 개입의 책무성에 대한 강조

모델을 개발하기 위한 목적 자체가 실천의 책무성(accountability)을 증진시키기 위한 것이므로, 앞에서 언급한 모델의 주요 요소들이 이 목적과 연관된다. 이 밖에도 개입의 과정을 객관적으로 기록하고, 진전 상황을 회기마다 모니터링하며, 개입과정과 사회복지사의 실천에 대한 클라이언트와 사회복지사 자신의 평가 등을 중요하게 여김으로써 책무성을 증진시키고자 한다.

2) 과업중심모델의 개입과정

과업중심모델에서 제시하는 실천의 틀은 시작하기, 표적 문제의 규명, 계약하기, 실행, 종결의 5단계로 이어진다. 이 단계들은 서로 겹치거나 또는 필요에 따라 이전 단계로 돌아가는 등 유연하게 변형될 수 있다. 하지만 바람직한 결과를 위해 개입과정은 체계적이어야 하고 단계에 따라 개입을 진행하는 것이 중요하다.

(1) 시작하기(Starting Up)

[그림 4-1]에서 보듯이, 클라이언트는 스스로 사회복지사를 찾아오거나 다른 기관이나 사람에 의해 의뢰된다. 클라이언트가 스스로 찾아온 경우에 과업중심모델에서는 바로 다음 단계, 즉 문제 규명 단계로 넘어간다.

클라이언트가 다른 기관이나 사람에 의해 의뢰된 경우에는 의뢰기관에서 클라이언트를 의뢰하는 이유는 무엇인지, 의뢰기관이 제시하는 클라이언트의 문제와 목표는 무엇인지, 이 문제와 목표가 클라이언트 자신이 제시하는 문제, 목표와 일치하는지에 대해 탐색한다. 병원에서 의사가 환자를 의료사회사업실에 의뢰한 경우, 교사가 학생을 학교사회사업실에 의뢰한 경우, 보호관찰소에서 관찰대상 청소년을 사회복지기관에 의뢰한 경우, 법원에서 가정폭력 가해자를 상담기관에 의뢰한 경우 등이 이에 해당한다.

예를 들어, 학교에서 폭력을 사용한 학생을 인근 사회복지관에 의뢰하여 상담을 받도록 한 경우, 교사의 목표는 학생의 반항, 공격행동에 대한 상담과 정서 지원이지만, 학생은 학교폭력대책위원회의 사회봉사 결정을 이행하는 데만 관심이 있을 수 있다. 이에 더해 부모의 목표는 사회복지사와의 상담을 통해 자녀가 마음잡고 공부해서 대학에 진학하는 것일 수 있다. 즉, 교사와 학생, 부모가 바라는 목표가 각각 다를 수 있다. 사회복지사는 이를 확인하고 필요한 경우 협의해야 하는데, 클라이언트가 반드시 이행해야 하는 목표를 우선적으로 고려할 필요가 있다. 만일 의

시작하기	클라이언트가 기관에 의해 의뢰	클라이언트가 독립적 · 자발적으로 지원
	찾아낸다 • 의뢰 기관의 목표 협의한다 • 의뢰 기관의 구체적 목표 • 목표를 달성하기 위한 의뢰 기관의 자원	필요 없음

그림 4-1 과업중심모델의 세부 지도: 시작하기

출처: Epstein & Brown (2002), p. 93.

뢰기관과 클라이언트가 일치하지 않는다면, 다음 단계로 넘어가기 전에 이에 대해 협의 · 조정해야 한다.

또한 시작하기 단계에서 사회복지사는 의뢰기관에서 제공할 수 있는 자원에 대해 확인해야 한다. 자원은 정서적 지지와 관심뿐 아니라 실제적 · 물질적 자원 등을 모두 포함한다.

(2) 제1단계: 문제 규명(Problem Identification)

사회복지사는 개입의 초점이 되는 표적 문제를 설정하기 위해 클라이언트가 제시하는 문제를 탐색하는 것에서 출발한다. 과업중심모델에서 '표적 문제(target problems)'란 클라이언트가 자신의 문제로 인식하고 이를 경감 혹은 해결하기를 원하며, 사회복지사도 전문적 판단으로 인정한 문제를 의미한다(Epstein & Brown, 2002).

표적 문제를 설정하는 과정에서 사회복지사는 클라이언트의 의견을 최대한 반영해야 하며, 설정한 표적 문제가 무엇인지 사회복지사와 클라이언트 모두가 분명하게 이해해야 한다. 간혹 클라이언트와 사회복지사의 견해에 차이가 있는 경우, 사회복지사는 클라이언트의 관심과 사회복지사 자신의 전문적 판단을 최대한 반영할 수 있는 방향으로 협의해야 한다. 예를 들어, 아동학대 사례에서 사회복지사는 가해 부모가 신체적 · 정서적 폭력이 아닌 적절한 자녀훈육방법에 대해 모르거나 실행하지 못하는 것으로 표적 문제를 설정하려 하지만, 가해 부모는 학대가 아닌 실직, 알코올중독, 부부 갈등과 같은 이차적인 문제를 표적 문제로 설정하려 할 수 있다. 기관에서 위임된 문제는 반드시 표적 문제로 다루어야 하며, 이 밖의 부분에 대해 사회복지사는 클라이언트와 협의할 수 있다.

과업중심모델을 효과적으로 적용하기 위해서는 무엇보다 표적 문제를 구체적으로 설정하는 것이 매우 중요하다. 표적 문제를 구체적으로 규정해야 무엇이 변화되어야 하는지, 변화를 가져오기 위해 무엇을 해야 하는지 등이 명확해지기 때문이다. 예를 들어, 표적 문제를 '사회성 부족' 혹은 '낮은 자아존중감'으로 설정하기보다는 사회성 부족 혹은 낮은 자아존중감으로 인해 나타나는 행동을 구체적으로 명시하는 것이 바람직하다. 'A는 다른 사람들과 같이 있을 때 어색하고 무슨 말을 해야 할지 모른다.' 혹은 'B는 자기 자신보다는 다른 사람들의 평가에 신경을 쓴다.' 등으로 설정하는 것이 바람직하다.

표적 문제는 우선순위에 따라 최대한 세 가지로 제한하는데, 이는 2~3개월 사이에 현실적으로 다룰 수 있는 문제의 수에 한계가 있기 때문이다. 과업중심모델에서는 중요한 혹은 시급한 순위에 따라 세 개의 문제를 다루다 보면, 다른 문제로까지 영향력이 번질 것이라고 가정한다.

표적 문제를 설정한 후, 사회복지사는 초기 신속한 사정(early rapid assessment)을 하게 된다. 이는 클라이언트와 계약을 하기 위한 예비 사정으로서 본격적인 사정은 제3단계, 즉 실행단계에서 이루어진다. [그림 4-2]는 문제 규명 단계를 보여 준다.

1단계	클라이언트의 표적 문제 규명
	찾아낸다 • 클라이언트가 규정한 문제들 • 클라이언트의 우선 순위(세 개까지) • 의뢰 기관의 우선 순위(위임된 문제들) • 예비적인 초기 신속 사정

그림 4-2 과업중심모델의 세부 지도: 문제 규명

출처: Epstein & Brown (2002), p. 93.

과업중심모델에 대해 제기하는 의문 가운데 하나는 단기 개입을 통한 외현적 변화에 초점을 두게 되면서 인간 내부 깊숙이 자리 잡고 있는 혹은 과거 발달과정에서 경험한 상처로 인한 문제에 적절하게 적용할 수 있는가이다. 이에 대해 엡스타인과 브라운(Epstein & Brown, 2002)은 이런 인간 내적인 과거의 영향도 현재의 상황을 개선함으로써 감소시킬 수 있을 뿐 아니라 인간 내적인 과거의 영향이라는 것이 그 근원을 찾을 수 없는 경우가 많다고 설명하고 있다. 하지만 클라이언트가 현재의 상황을 개선하는 노력을 할 수 없을 정도로 과거의 상처가 클 때는 장기 개입

혹은 집단상담이나 가족상담이 더욱 적절할 수 있다고 언급하고 있다.

(3) 제2단계: 계약하기(Contracting)

계약은 문제해결 방향에 대한 클라이언트와 사회복지사의 동의로서 서면 혹은 구두로 이루어진다. 계약에 포함하는 내용은 [그림 4-3]에서 보듯이, 표적 문제, 목표, 클라이언트의 과업, 사회복지사의 과업, 개입 기간과 일정, 면접 일정, 클라이언트와 사회복지사 외의 참여자 등이다.

2단계	계약
	포함한다 • 우선적인 표적 문제들(최대 3개) • 사회복지사가 인정한 클라이언트의 구체적 목표들 • 클라이언트의 일반적 과업들 • 사회복지사의 일반적 과업들 • 개입과정의 지속 기간(시간 제한) • 면접 일정 • 개입 일정 • 포함해야 하는 참여자

그림 4-3 과업중심모델의 세부 지도: 계약

출처: Epstein & Brown (2002), p. 93.

과업중심모델에서 '목표'는 표적 문제가 해결된 상태를 의미한다. 일반적으로 하나의 표적 문제에 대해 하나의 목표를 설정하며, 표적 문제와 목표는 클라이언트의 입장에서 주어와 서술어의 형식으로 구체적으로 서술한다. 다음은 바람직하지 않은 문제와 목표를 바람직한 문제와 목표로 변경한 예시다.

바람직하지 않은 표적 문제: 사회기술 부족

바람직한 표적 문제: A는 학과 친구들과 자연스럽게 어울리지 못한다.

바람직하지 않은 표적 문제: 대인관계 불안

바람직한 표적 문제: B는 친구들에게 거부당할까 봐 노심초사한다.

바람직하지 않은 목표: 진로 선택

바람직한 목표: C는 원하는 전공을 복수전공으로 선택한다.

바람직하지 않은 목표: 자존감 향상

바람직한 목표: D는 주위 사람들과 만족할 만한 관계를 형성한다.

'과업(tasks)'이란 목표를 달성하기 위해 클라이언트와 사회복지사가 수행해야 하는 활동으로서, 클라이언트와 사회복지사가 함께 계획하고 동의한 후 수행하는 문제해결 활동을 말한다(Epstein & Brown, 2002). 과업은 사회복지사가 클라이언트에게 일방적으로 부과하는 과제와 차이가 있으며, 앞에서 언급한 대로 클라이언트만 과업을 수행하는 것이 아니라 사회복지사도 이를 수행하는 경우가 일반적이다. 사회복지사는 주로 클라이언트의 과업 수행을 지원하기 위한 활동을 하는데, 다른 기관 혹은 클라이언트의 가족, 친구, 이웃 등과 협의하는 과업을 수행한다.

과업은 면접과정에서 수행하는 과업(in-session tasks)과 회기 사이에 가정(home tasks) 혹은 환경(environmental tasks)에서 수행하는 과업이 있다. 또한 혼자서 수행하는 과업(individual tasks), 두 사람 이상이 교환으로 수행하는 과업(reciprocal tasks), 두 사람 이상이 함께 수행하는 과업(shared tasks)이 있다. 일반적 과업(general tasks)은 보다 상세한 세부 과업(subtasks)로 나누어질 수 있다. 표적 문제, 목표와 마찬가지로 과업도 주어와 서술어의 형식으로 구체적으로 서술한다.

(4) 제3단계: 실행(Implementation)

실행단계는 개입과정에서 가장 많은 시간을 할애하는 단계이다. 예를 들어 8회기 개입이라면 제2회기부터 제7회기까지가 실행단계에 해당한다. 이 단계에서는 이전 단계에서 규정한 문제에 대해 집중적으로 사정하고, 대안들을 모색 · 결정하

3단계	문제해결, 과업 성취, 문제 경감 필요에 따라 선택
	표적 문제를 규정하고 구체화한다(최대한 3개까지) 문제를 다시 진술하고 명명한다(변화해야 할 특정 조건과 행동들) 사정한다(표적 문제와 목표와 연관) • 표적 문제 얼마나 자주 일어나는가(빈도) 어디에서 일어나는가(장소) 누구와 함께(참여자들) 선행사건들 결과들(영향) 의미(중요성) • 사회적 맥락(문제를 촉발하고 유지하는 사회 조건들) 직장–학교 상황들 경제적 지위 가족 또래 집단 주거 상태 문화 배경 • 인지정서적 상황 클라이언트 성격 기능양식 개인 자원 • 기타 사정 **대안을 창출한다** • 가능한 범위내의 문제해결 행동을 찾아내고 규명한다. **다른 사람들, 기관들과 지지적이고 협력적인 행동들에 대해 협의한다** **의사결정**(목표들을 확인하고 무엇을 할 것이지 선택하며 세부 개입전략을 계획) • 계약과 목표를 재확인한다. • 기본적인 개입방법을 결정한다. • 시간과 순서를 계획한다. • 참여자를 선정한다. • 클라이언트가 동의하고 이해하도록 한다(고지된 동의). • 다른 사람들이 동의하고 이해하도록 한다.

3단계

실행(전략 수행)
과업들을 개발한다.
- 과업들을 형성한다.
- 과업들에 대해 클라이언트가 이해하고 동의하도록 한다.
- 과업들에 대한 근거와 보상에 대해 이해하도록 한다.
- 과업들을 요약한다.
- 예견되는 어려움을 점검한다.
- 클라이언트의 과업 수행을 위한 계획을 세운다.
- 과업들을 요약한다.
- 클라이언트의 과업 수행을 위한 계획을 세운다.

과업 수행을 지원한다.
- 남은 회기 수를 점검한다.
- 자원을 획득하고 사용한다.
- 자원 제공의 장애물을 찾아낸다.
- 지시한다.
- 지도한다.
- 모의 훈련한다.
- 역할 연습, 지도 연습한다.
- 모델링과 옹호를 위해 클라이언트를 동반한다.
- 기타
- 과업 수행의 장애물을 찾아낸다.
  사회 환경: 자원 부족, 스트레스, 차별, 구조적 문제들
  대인간 상호작용: 결핍과 갈등, 협력 부족
  심리적 상태: 두려움, 의심, 지식 부족
- 장애물을 제거 · 감소 · 변경하기 위한 행동을 계획한다.
- 기술 부족, 다른 사람들의 협력과 지지의 부족, 자원 부족 등 과업 수행의 실제적인 장애물을 개선한다.
- 과업 수행의 인지적 장애물을 경감한다: 두려움, 의심, 지식 부족, 부정적 신념에 대해 토의한다.
- 사회복지사의 과업에 대해 계획하고 진술한다: 클라이언트에게 사회복지사의 과업들에 대해 알려주고, 과업 실행과 문제 상태를 점검한다.

검증한다(개입의 가능한 효과들을 점검 · 확인 · 구체화)
모니터링한다(문제 상태에 대해 정규적으로 기록-구조화된 표기법, 차트, 그래프, 간결한 이야기체 코멘트를 사용)

3단계	다음의 상황이 발생하면 계약을 수정 혹은 일부 변경한다. • 진전이 만족스럽지 못함 • 진전이 기대 이상 • 새로운 문제가 발생함 • 문제가 다른 성격을 취함 • 과업들이 수행되지 않거나 제대로 수행되지 않음 • 지지와 자원이 비효과적임 • 사회복지사의 과업들이 비효과적이거나 비현실적임

그림 4-4 과업중심모델의 세부 지도: 실행

출처: Epstein & Brown (2002), pp. 94-95.

며, 문제를 해결하기 위한 과업들을 수행하고 과업 수행의 정도를 점검하고 모니터링한다.

[그림 4-4]에서 보듯이, 사정은 ① 표적 문제, ② 사회적 맥락, ③ 클라이언트의 장점을 포함한 인지적 · 정서적 상황에 대해 포괄적으로 이루어진다. 사회적 맥락에 대한 사정에서는 직장 혹은 학교 상황, 사회경제적 지위, 재정 상태, 주거 상태, 건강, 가족, 또래집단, 문화적 배경 등을 포함하며, 클라이언트에 대한 사정에서는 성격과 기능 양식, 문제를 해결하기 위한 과거의 노력과 결과 등에 대해 탐색한다.

문제해결을 위한 대안들을 실행하기 위해 클라이언트와 사회복지사는 과업들을 개발하고 수행한다. 더불어 과업을 수행하는 과정에서 예견되는 어려움과 장애물을 검토해 보고 이를 제거 · 감소 · 변경하기 위한 활동을 계획한다. 특히 과업 수행을 방해하는 장애물은 사회 환경과 대인 간 상호작용, 클라이언트의 심리 상태에서 찾을 수 있으며, 이를 제거 · 감소 · 변경하기 위한 행동을 클라이언트와 함께 계획한다. 예를 들어, 자원 부족, 다른 사람들의 협력과 지지 부족, 클라이언트의 기술 부족 등을 찾아내 이들을 개선하도록 노력한다.

사회복지사는 회기마다 과업 수행을 확인하고 문제의 상태와 변화를 점검하며, 구조화된 표기법, 차트, 그래프, 간결한 이야기체 코멘트 등을 사용하여 과업 수행 과정을 모니터링한다.

(5) 제4단계: 종결(Termination)

과업중심모델에서 종결은 클라이언트와 사회복지사 모두가 예상하는 가운데 이루어진다. 이는 이미 계약단계에서 개입 일정에 대해 서로 동의하고, 실행단계에서 과업 수행을 통한 문제해결의 정도가 분명하게 드러나며 사회복지사가 남은 회기수에 대해 확인하기 때문이다.

종결단계에서 사회복지사는 개입과정을 통해 성취한 것에 대해 점검하고 필요한 경우, 연장하거나 사후 지도한다. 종결단계에서 변화와 성과뿐 아니라 종결과 관련된 감정을 다루고, 종결 이후에도 변화가 지속되는 방법도 다룰 필요가 있다. 예를 들어, 종결하기 전 사회복지사의 역할을 할 수 있는 자원이 클라이언트의 환경에 있는지 확인하고 이를 활용하는 방안을 모색해야 한다.

4단계	종결
	종결한다 연장한다–클라이언트의 헌신이 있는 경우 모니터링한다–법률, 법원 명령, 공식적 기관의 요구가 있는 경우

그림 4–5 과업중심모델의 세부 지도: 종결

출처: Epstein & Brown (2002), p. 95.

3) 과업중심모델 적용 사례

사례 개요[1)]

12세 남자인 철수(가명)는 큰아비지와 함께 이동상담소를 찾이오게 되었다. 큰이버지는 철수의 잦은 가출과 도벽, 학교 부적응을 문제로 제시하였다. 철수는 어려서 부모님을 잃고 할머니와 함께 살았으나, 약 3개월 전에 할머니가 뇌출혈로 돌아가시자 큰아

1) 서울특별시립동부아동상담소(1995), p. 408에서 발췌 · 요약.

버지 집에서 살게 되었나. 할머니와 살 때에도 종종 가출하곤 해서, 할머니가 철수를 찾으러 다니며 무척 애를 태우셨다고 한다. 큰아버지 집에서 살게 된 최근 3개월 동안 철수는 4~5회 정도 가출했으며 한번 가출하면 일주일 이상이 지나서야 찾게 되는데, 대부분 파출소에서 연락이 와서 데려오곤 하였다. 철수는 가출하여 대부분 할머니와 살았던 동네로 가곤 하며, 가출하여 지내는 동안 슈퍼마켓 등에서 음식이나 물건을 훔치는 경우가 많았다. 학교에는 흥미가 없으며 자주 결석한다.

과업중심모델을 효과적으로 적용하기 위해서는 무엇보다 표적 문제를 적절하게 설정해야 한다(김혜란, 1996). 철수의 사례에서 표적 문제를 기계적으로 설정하는 경우, 예를 들어 표적 문제를 '철수는 종종 가출한다.'로, 개입의 목표를 '철수는 가출하지 않는다.'로, 그리고 과업을 '철수는 가출하고 싶은 생각이 들 때 사회복지사에게 의논한다.' 등으로 설정한다면, 철수가 사회복지사에게 사전에 의논하지 않고 가출하는 경우에 개입은 실패하게 된다. 개입에 성공하기 위해 사회복지사는 철수의 욕구와 문제, 상황을 개별화할 필요가 있는데, 철수가 할머니의 죽음으로 인한 상실감으로 얼마나 괴로워하는지, 큰아버지 집에서 지내면서 어떤 어려운 점들이 있었는지, 철수가 자신의 거취에 대해 어떤 생각을 가지고 있는지, 할머니와 살았던 동네에서 어울리던 친구들의 가출 압력을 어느 정도 받고 있는지, 또래들에 비해 철수의 학습능력은 어느 정도인지 등을 탐색해야 한다. 탐색결과에 따라 표적 문제를 다음과 같이 설정할 수 있다.

표적 문제 1: 철수는 할머니의 죽음으로 인해 매우 힘들어한다.
표적 문제 2: 철수는 큰집 식구들(큰아버지, 큰어머니, 사촌 형제들)이 간섭하는 것을 싫어한다.
표적 문제 3: 철수는 또래들에 비해 학습능력이 부족하다.

이와 같이 표적 문제를 설정한다면, 개입의 목표와 목표를 달성하기 위한 과업들이 보다 구체화될 수 있다. 표적 문제 1의 경우, 철수가 할머니의 죽음으로 인한 슬픔과 애도 감정을 사회복지사에게 말로써 표현하도록 원조하고, 혹시 할머니의 죽음을 자신의 잘못으로 생각하거나 자신의 나쁜 행동에 대한 처벌로 생각하고 있다면, 잘못된 생각을 바로잡도록 원조할 수 있다. 표적 문제 2를 해결하기 위해 동수가 큰아버지 식구들과 의사소통을 하기 위한 방법들을 모색해 볼 수 있으며, 표적 문제 3을 해결하기 위해 철수의 기초 학습능력을 증진하도록 자원봉사자를 활용하거나 학교 교사나 친구들의 도움을 받는 등의 방법들을 모색해 볼 수 있다. 이에 따라 철수의 과업과 사회복지사의 과업을 구체화하고, 구체화된 과업을 수행함으로써 목표를 달성할 수 있다.

2. 해결중심모델

해결중심모델은 문제의 원인을 파악하기보다는 해결책을 강구하는 데 보다 주안점을 두는 실천모델이다. 클라이언트에게 문제해결능력이 있음을 스스로 인식하도록 함으로써 해결능력을 강화하는 것을 목표로 한다. 이러한 해결중심모델은 클라이언트 중심의 강점관점 접근으로서 단기간의 개입을 선호하는 효율적인 실천모델이기 때문에 가족치료 및 사회복지실천현장에서 비행, 정신건강, 중독 등 다양한 문제를 가진 개인과 집단을 대상으로 널리 활용되고 있다. 다음에서는 해결중심모델의 이론적 배경, 기본 가정 및 실천원리에 대한 이해에 기반하여 실천지침과 실천과정을 살펴본다.

1) 이론적 배경

해결중심모델은 1978년 설립된 미국 위스콘신주 밀워키 단기가족치료센터(Brief Family Therapy Center: BFTC)에서 드세이저(de Shazer)와 버그(Berg)가 주축이 되어 기존 이론이 아니라 현장을 기반으로 관찰과 실천을 통해 귀납적으로 개발한 모델이다

(De Jong & Berg, 2013). 초기 해결중심적 접근에서는 특정한 심리학 이론을 의식적으로 사용하지 않았다. 그러나 해결중심적 접근을 정교화하는 과정에서 주요 개념과 치료전략은 베이트슨(Bateson)의 의사소통이론과 밀턴 에릭슨(Milton Erickson)의 전략적 심리치료로부터 영향을 받았다. 또한 인식론적 가정과 철학적 토대는 사회구성주의로부터 주로 영향을 받았다(De Jong & Berg, 2013; Nelson & Thomas, 2007).

(1) 전략적 심리치료

해결중심모델의 주요한 실천전략은 밀턴 에릭슨[2]의 전략적 심리치료로부터 영향 받았다. 의료 최면으로 저명한 밀턴 에릭슨은 특정 심리치료이론보다 상담자 개인의 특성에 기반한 치료적인 의사소통을 더욱 중시했으며, 창의적인 해결책을 도출하는 무의식에 대한 접근법으로 유명하다. 밀턴 에릭슨은 정신분석을 공부했지만 실제 정신분석을 상담현장에서 적용해 보면서 지나치게 시간이 많이 걸리고, 방법적인 측면에서도 비효율적임을 인식하고, 전략적 심리치료를 고안하게 된다.

밀턴 에릭슨의 접근법 중에서도 긍정적인 것에 대한 강조는 초기 해결중심모델에 가장 큰 영향을 미친 원칙이다. 초기 해결중심모델을 만든 드세이저(de Shazer)는 클라이언트의 강점과 자원을 활용하고, 클라이언트가 가진 문제에 집중하되, 문제의 원인을 규명하기보다 해결에 도움이 되는 새로운 행동 유형을 모색하는 등 전략적 치료의 주요한 가정을 해결중심모델에 반영하였다. 또한 수정구슬 기법과 같이 밀턴 에릭슨이 상담과정에서 사용하는 질문들에 주목하여 질문기법을 개발하였으며, 해결에 초점을 맞추고 예외적인 상황을 찾는 해결중심모델의 원리를 도출했다. 이와 같이 밀턴 에릭슨은 문제의 원인을 파악하고 이해하는 대신 10회기 이내의 단기간 동안 문제에 대해 효과적으로 생각하고 실용적인 해결방법을 찾는 데 초점을 두었다(정문자 외, 2017).

2) 심리사회적발달단계로 널리 알려진 에릭 에릭슨(Eric H. Erikson, 1902~1994)과 혼돈을 피하기 위해 밀턴 에릭슨으로 표기한다.

(2) 의사소통이론

해결중심모델의 상호작용과 의사소통의 강조, 체계적 관점 등은 베이트슨(Bateson)의 의사소통이론으로부터 영향을 받았다. 베이트슨은 인간의 의사소통 행위를 치료적으로 활용하고자 했던 체계적 가족치료자들에게 가장 큰 영향을 미친 체계이론가로도 알려져 있다. 생물학, 언어학, 인류학의 학문적 배경을 가지고 있던 베이트슨은 의사소통과 대인관계, 상호작용에 관심을 가지고 있었다. 캘리포니아 팔로알토에 있는 MRI(Mental Research Institute)에서 헤일리(Haley) 등 동료 연구자들과 가족 내 언어적·비언어적 상호작용을 실증적으로 기록하고 관찰함으로써 의사소통 과정에 대한 연구를 심화시켜 나갔다. 특히 언어적 의사소통과 비언어적 의사소통의 불일치나 가족 내 역기능적인 의사소통 유형 등을 이론화함으로써 다양한 실천분야에 영향을 미쳤다(김춘경 외, 2016).

(3) 사회구성주의

사회구성주의에서 지식이란 발견되는 것이 아니라 구성되는 것이며, 그 구성은 한 개인의 사색에 의해서가 아니라 관계 속에서 살아가는 사람들에 의해서 구현되는 것이다. 따라서 대화를 통한 해석과 공유, 연관된 경험의 과정이 인간의 '지식'을 창조한다는 것이다. 즉, 개인의 심리내적 경험보다는 상호 의존과 상호작용이 심리적 탐구와 설명의 주된 초점이다(Nelson & Thomas, 2007).

주관적 인식, 사회관계, 상호작용에 대한 강조와 같은 사회구성주의의 주요 개념은 해결중심모델의 치료적 가정과 철학에 영향을 미쳤다. 사회구성주의에서는 단 하나만의 진리가 존재한다는 생각에 도전할 뿐만 아니라 무엇이 '사회적 현실'인가를 정확히 아는 것은 불가능하다고 전제한다. 이러한 사회구성주의 가치에 기초한 해결중심모델에서는 클라이언트를 둘러싼 상황에 대해 클라이언트가 주관적으로 인식하는 것이 실재하는 사실이라고 받아들인다. 또한 사회구성주의에서는 개인을 타인과 상호작용하면서 새로운 의미를 구성하고 이를 발달시키는 존재로 이해한다(김춘경 외, 2016).

해결중심모델에서 예외 상황이나 대처방식에 대한 질문을 통해 클라이언트의 과거 상황을 언어로 새롭게 재구성하게 하는 것은 사회구성주의 철학으로부터 영향받은 것이다. 또한 클라이언트를 둘러싼 중요한 관계를 통해 함의를 얻고자 하는 관계성 질문기법에서도 사회구성주의의 가치를 읽을 수 있다(노명숙, 2013).

2) 기본 가정

해결중심모델의 실천원리와 특성은 기본 가정을 통해 살펴볼 수 있다. 기본 가정은 드세이저의 '단기가족치료의 유형(Patterns of Brief Family Therapy)'에서 언급된 이후로 오랜 기간에 걸쳐 다각적인 분석과 평가 등을 통하여 발전되어 왔으며 여전히 진화 중이다. 이러한 가정들 중 모델형성에 대한 초기 저서에서부터 최근의 실천연구에 이르기까지 비교적 지속적으로 중요하게 언급되는 가정을 중심으로 모델의 특성을 정리하면 다음과 같다(노명숙, 2013; Nelson & Thomas, 2007).

표 4-1 해결중심모델의 기본 가정

기본 가정	내용
문제해결에 대한 가정	• 문제와 해결책 간에는 반드시 논리적인 관계가 있어야 하는 것은 아니다. • 문제의 원인보다 해결에 초점을 둔다. • 과거의 문제보다 현재와 미래의 새로운 적응과정에 초점을 둔다.
클라이언트에 대한 가정	• 클라이언트는 자신의 경험에 있어 최고의 전문가이다. • 클라이언트는 긍정적인 변화 욕구를 가지고 있다. • 클라이언트는 개인적 · 환경적 자원과 장점을 가지고 있다.
실천가에 대한 가정	• 실천가는 클라이언트와 협력적인 동료관계이다. • 실천가는 클라이언트가 스스로 해결방안을 모색하도록 돕는 역할을 한다.
변화에 대한 가정	• 변화는 지속적이며, 피할 수 없다. • 작은 변화는 더 큰 변화로 나아간다.
효과에 대한 가정	• 효과에 초점을 둔다. • 효과가 있었다면 그 방법을 더 많이 시도한다.

(1) 문제해결에 대한 가정

해결중심모델에서는 문제와 해결책 간에는 반드시 논리적 관계가 있어야 한다고 보지 않는다. 오히려 대부분의 해결책은 문제와 직접적인 상관이 없다고 본다. 문제의 원인을 파악하고 진단을 해야 해결책을 찾을 수 있다고 보지 않기 때문에 문제와 관련된 정보 수집에 지나치게 많은 시간을 투입하거나 문제상황을 만들어 낸 잘못한 방법을 찾기 위해 노력하지 않는다. 문제의 원인과 내용보다는 새로운 해결방안을 모색하고, 과거의 문제보다 현재와 미래의 새로운 적응과정에 초점을 둔다. 과거 실패의 원인을 파악하거나 문제진단에 관심 갖기보다 과거에서의 성공경험과 예외상황, 대처방법을 탐색함으로써 현재와 미래에 어떤 적응적인 삶을 만들어 갈 것인가에 초점을 둔다(노명숙, 2013; Nelson & Thomas, 2007).

(2) 클라이언트에 대한 가정

해결중심모델에서는 클라이언트를 자신의 문제에 대해 가장 잘 알고 있는 전문가로 존중하고, 클라이언트의 잠재적인 변화 욕구과 자원, 장점에 대해서도 긍정적인 믿음을 가지고 있다. 즉, 클라이언트는 현재 문제를 겪고 있지만 자신이 궁극적으로 원하는 삶에 대해 알고 있고, 이를 위해 누구보다 많은 방법을 생각하고 시도한 경험이 있다고 믿는다. 대부분의 클라이언트들은 힘든 문제 상황 속에서도 자신의 삶이 지금보다 나아지길 원하며, 그에 필요한 자원이나 장점도 가지고 있다는 긍정적인 가정에 기반하여 원조가 이루어진다. 따라서 사회복지사는 클라이언트가 이미 가지고 있는 지식, 믿음, 동기, 강점, 성격적 특성, 사회적 지지망 등을 적극적으로 활용하여 해결방안을 모색한다(노명숙, 2013; Nelson & Thomas, 2007).

(3) 실천기에 대한 가정

사회복지사는 클라이언트와 협력적인 동료관계를 맺는다. 이때 협력은 특정한 목적을 달성하기 위하여 서로 힘을 합하여 돕는 것을 의미한다. 클라이언트는 사회복지사에게 의존하여 따라가야 하는 존재가 아니다. 해결중심모델에서 사회복지사는 클라이언트가 문제해결의 열쇠를 사용할 수 있도록 돕는 역할을 한다. 사회복지사는 기존에 클라이언트가 미처 인식하지 못했던 잠재적인 해결방안을 발견하고 확장하도록 돕는 것이다(노명숙, 2013; Nelson & Thomas, 2007).

(4) 변화에 대한 가정

해결중심모델에서는 '인간 삶에서 변화라는 것은 불가피하며, 긍정적인 방향으로의 변화도 있지만 기대하지 않은 방향으로의 변화나 부정적인 변화가 생기기도 한다'고 가정한다. 하지만 변화 자체에 의미를 부여하고, 상황은 멈춰져 있을 때보다 움직일 때 변화하기 쉽고, 작은 변화는 더 큰 변화로 발전할 수 있는 가능성을 가지고 있음을 강조한다. 사회복지사의 역할은 클라이언트가 작은 변화부터 시작해서 보다 큰 변화로 나아갈 수 있도록 돕는 것이다(노명숙, 2013; Nelson & Thomas, 2007).

(5) 효과에 대한 가정

해결중심모델에서는 클라이언트가 문제로 삼는 사안이 해결되는 과정에서 무엇이 효과가 있었는지에 초점을 둔다. 작은 변화이지만 클라이언트에게 효과가 있었다면 주목해야 한다. 클라이언트가 그동안 깨닫지 못했던 '효과적인 예외상황'을 인식하고, 그러한 예외적인 상황을 더 자주 반복할 수 있다면 클라이언트는 상황에 대한 통제감과 문제해결에 대한 자신감을 갖게 된다는 것이다(노명숙, 2013; Nelson & Thomas, 2007).

반면에 클라이언트가 다양한 방법을 시도해 봤지만 이러한 방법들이 전혀 효과가 없었다면, 사회복지사는 클라이언트에게 다시는 그 방법을 사용하지 말고 다른 방법을 탐색하고 시도할 것을 권한다. 얼마나 효과적이었는가와 상관없이 클라이언트가 사용했던 기존 방법을 검토해 보는 것은 중요하다. 클라이언트는 기존 방법을 열거하면서 자신의 시도가 다양하지 않았음을 인식하고, 새로운 시도를 해 보고자 하는 마음이 생겨나거나 실패로부터 새로운 아이디어를 얻기도 한다.

3) 협력관계 유형에 따른 실천지침

해결중심모델 개입의 성과 분석 연구들에서 발견한 가장 중요한 요인은 클라이언트와 전문가 간의 관계이다(Wampold, 2001). 해결중심모델에서는 사회복지사와 클라이언트 간의 관계 유형을 방문형, 불평형, 고객형으로 구분한다. 이러한 세 가지 관계 유형은 클라이언트 개인의 특성이나 장점을 의미하는 것이 아니라 사회복지사와 클라이언트의 관계 특성에 따른 유형화이다. 해결중심모델에서는 클라이언트와 상담자의 협력관계에 따라 개입의 효과가 달라질 수 있다고 보기 때문에 관계의 유형이나 상호작용을 중시한다. 이러한 관계는 고정적인 것은 아니며, 개입 초기에 방문형이나 불평형의 관계를 보이다가 점차 고객형 관계 유형으로 변화하기도 한다. 그러므로 사회복지사는 관계 유형에 대한 평가를 할 수 있어야 할 뿐만 아니라 관계 유형의 변화에 대해서도 민감하게 파악해야 하며, 관계 유형에 따른 적절한 실천지침을 알고 있어야 한다. 또한 방문형과 불평형 관계에서 고객형 관계 유형으로 나아갈 수 있도록 지원해야 한다(Berg & Miller, 1992).

(1) 방문형

비자발적인 클라이언트와 사회복지사 사이에서 발견되는 초기 관계 유형이다. 방문형 관계에서 클라이언트는 문제를 해결하려는 의지가 없고, 스스로 문제를 인식하고 있지 않다. 문제가 자신이 아닌 다른 사람에게 있다고 보기 때문에 사회복지사가 클라이언트와 공동의 목표를 설정하기 어렵고, 행동 과제를 주기도 힘들다. 방문형 관계에서 사회복지사는 클라이언트의 비자발적인 태도를 수용해 주되, 클라이언트가 사회복지사와의 관계에서 무엇을 얻고자 하는지 탐색하는 데 초점을 두고 개입해야 한다. 문제해결에 대한 의지가 없는 클라이언트이므로 회기와 회기 사이에 스스로 해야 할 과제를 주는 것은 효과적이지 못하다. 따라서 클라이언트가 처한 환경에서 하고 있는 행동 중 클라이언트 자신에게 유용한 것들을 칭찬하는 것으로 회기를 마무리하는 것이 좋다. 예를 들면, 상담에 온 것에 대한 어려움을 공감해 주고, 다음 회기에서 무엇을 할지에 대한 메시지를 전달하는 것이 좋다(Berg & Miller, 1992).

표 4-2 클라이언트-사회복지사 관계 유형에 따른 실천지침

관계유형		실천지침
방문형	특징	• 클라이언트는 비자발적 클라이언트로 문제 해결에 대한 인식이나 해결의 필요성을 인식하지 못한다.
	실천의 초점	• 클라이언트가 사회복지사와의 관계를 통해 무엇을 얻고자 하는 것을 찾아내는 것이다.
	질문하기	• 비자발적으로 오게 된 것을 인정해 주되, 함께할 수 있는 것이 무엇인지 질문한다. [예시] "어쩔 수 없이 상담을 오게 되었다고 하더라도, 어차피 여기 온 이상 시간과 에너지가 아깝지 않으려면 오늘 이 시간 우리가 어떤 이야기를 하는 게 좋을까요?"
	과제주기	• 과제는 주지 않는다. 클라이언트의 자율적인 의사를 존중해 주되, 만남은 계속되어야 하며, 다음 만남에서 무엇을 하는 게 좋을지를 이야기해 본다.
불평형	특징	• 클라이언트는 문제는 인지하나 해결에 대한 의지는 약하고, 타인에게 그 탓을 전가하며, 타인의 변화를 원한다.
	실천의 초점	• 클라이언트의 문제 인식에 도전하기보다는 존중하되, 문제상황 개선을 위해 클라이언트가 노력할 과제가 무엇일지 생각해 볼 수 있도록 지원한다.
	질문하기	• 클라이언트가 호소하는 문제가 해결된 후에 어떤 상황이 생길지 질문함으로써 문제 상황에 대한 이해를 높인다. [예시] "따님의 가출 문제가 완전히 없어진다면 선생님의 삶은 지금과 무엇이 달라질까요?"
	과제주기	• 문제인식은 있으나 남을 탓하므로 클라이언트가 불평하는 대상, 즉 '타인'을 관찰하는 과제를 준다.
고객형	특징	• 클라이언트는 문제 인식도 있고, 상담에서 무엇을 이루고자 하는지에 대해 스스로 생각해 보며, 이를 위해 자신의 노력이 필요하다는 것도 알고 있음을 표현한다.
	실천의 초점	• 클라이언트는 문제해결을 위해 상담자가 제시한 권고사항이나 과제를 적극적으로 수행하기 때문에 상담자는 기꺼이 변화하려는 클라이언트를 지지하고 칭찬함으로써 문제해결역량을 강화한다.
	질문하기	• 클라이언트의 걱정이 무엇이며, 그것을 해결하기 위하여 어떤 방법 등을 시도해 보았는지, 그 외에도 변화를 더 원하는 문제가 있는지 등을 질문하고 경청한다. [예시] "그 외에 또 다른 것을 시도한 적이 있는지요?"
	과제주기	• 효과적인 시도에 초점을 두는 과제를 준다.

(2) 불평형

불평형 관계에서 클라이언트는 문제가 무엇인지 적극적으로 진술하고, 문제해결이나 변화의 필요성은 인정하지만 그러한 변화를 위해 자신은 노력하지 않겠다는 입장을 취한다. 클라이언트는 자신이 문제라고 보는 사람을 사회복지사가 변화시켜 주기를 바라거나 그 사람으로 인한 자신의 좌절과 실망을 표현하는 데 집중한다(Berg & Miller, 1992).

따라서 불평형 관계에서 실천의 초점은 클라이언트의 관점을 스스로에게 돌릴 수 있도록 지원하는 데 두어야 한다. 즉, 클라이언트에게 문제상황을 개선하기 위해서 클라이언트 스스로 노력해 볼만한 과제가 무엇일지 생각해 볼 수 있도록 질문한다. 또는 클라이언트가 문제로 삼는 남편, 자녀, 직장 동료 등 '타인'의 문제가 해결된다면 모든 문제가 해결되는 것인지 생각해 볼 수 있는 질문을 하는 것이 좋다(Nelson & Thomas, 2007).

이러한 불평형 관계에서 과제로는 클라이언트가 주로 탓하는 '타인'을 관찰하는 과제가 유용하다. 예를 들면, 남편의 음주문제가 부부갈등의 주된 원인이라고 불평하는 클라이언트에게 매일 술을 먹던 남편이 술을 먹지 않고 귀가하거나 술자리에 갔다고 하더라도 일찍 집에 온 경우, 술 먹는 약속이 있었는데 취소한 경우 등 예외적인 상황이 있었는지, 작은 예외라도 있었다면 언제였는지, 그러한 예외상황에서 클라이언트가 영향을 미친 것은 없는지 관찰하고 기록해 오는 과제를 줄 수 있다.

(3) 고객형

고객형 관계 유형은 클라이언트가 원해서 상담을 요청한 경우에 주로 발견된다. 이러한 관계 유형에서는 클라이언트와 사회복지사가 공동의 목표와 해결의 방안을 공유한다. 클라이언트는 문제 인식도 있고, 상담을 통해 자신이 무엇을 얻고자 하는지 알고 있다. 또한 이를 위해 자신의 노력이 필요하다는 것도 알고 있다(Berg & Miller, 1992).

한편, 사회복지사는 클라이언트의 목표와 관점을 존중하되, 클라이언트의 해결책을 원조하는 전문가로서의 유능감과 자신감을 가지고 있다. 클라이언트는 자신을 문제해결의 주체로 생각하고 사회복지사의 의견을 존중하며, 사회복지사가 주는 과제 또한 적극적으로 수행한다(Nelson & Thomas, 2007).

따라서 사회복지사는 클라이언트의 이러한 적극적인 의지와 노력을 칭찬하고 지지하는 역할을 하게 된다. 사회복지사는 클라이언트의 문제해결 시도를 탐색하고 확장할 수 있는 질문을 하며, 다양한 시도 중에 어떤 시도가 가장 효과적이었는지 찾아 낼 수 있도록 돕고, 효과적인 것에 더욱 초점을 둘 수 있는 과제를 준다.

4) 실천기술

해결중심모델에서 가장 중요한 실천기술은 해결지향적 질문하기이다. 대표적인 해결지향적 질문법은 다음과 같다(송성자, 최중진, 2003; 최중진, 2018; Berg & Miller, 1992; Dejong & Berg, 2013; DeJong & Miller, 1995; Stith et al., 2012).

(1) 상담 전 변화에 대해 질문하기

해결중심모델에서는 삶 속에서 일어나는 지속적인 변화를 당연시한다. 일반적으로 클라이언트가 예약후, 상담을 받으러 오기 전에도 문제 상황에 중대한 변화가 생긴다. 그러나 클라이언트가 이러한 변화를 인식해서 직접 보고하는 경우는 드물다. 그러므로 사회복지사가 어떤 변화가 있었는지를 질문해 주어야 한다(Berg & Miller, 1992).

첫 상담에서 상담에 오기 전 어떤 변화가 있었는지에 대해 질문하자 음주문제를 가진 클라이언트가 첫 상담을 시작 전에 어떠한 이유에서건 다음과 같이 긍정적인 변화를 경험했다고 말할 수 있다.

> "최근 일주일간에는 술을 거의 마시지 않았고, 언성 한번 높이지 않았어요. 노력하니까 되더라구요. 그래도 제가 이런 상담에 꼭 와야 할까요?"

어떤 사회복지사들은 이러한 클라이언트를 보면서 상담에 오기 싫어서 저항하는 것으로 오해하기도 한다. 그러나 해결중심모델에서는 긍정적인 사전 변화를 목표 달성을 위해 적극적으로 활용한다. 비록 단기간의 작은 변화라고 할지라도 전문가의 도움 없이 클라이언트 스스로 성취한 변화나 호전에 대해서는 긍정적인 의미를 부여해 줌으로써 문제해결에 대한 클라이언트의 역량을 강화할 수 있기 때문이다. 이와 같이 상담 전 긍정적인 변화를 확인하기 위하여 다음과 같이 질문할 수 있다.

> "1주 전에 첫 상담 예약을 하셨네요. 어떤 분들은 상담을 결정하고, 이 자리에 오기 전까지 문제나 상황이 오히려 호전되는 경험을 하는 경우가 종종 있습니다. 혹시 선생님도 오늘 오시기 전에 긍정적인 변화가 있었다면 그 이야기부터 해 볼까요?"

(2) 예외를 찾기 위해 질문하기

클라이언트에게 최근 문제나 갈등이 없었던 예외적인 경우를 찾도록 돕는 질문기법이다. 예외질문기법에서 '최근'의 예외에 대해 초점을 맞추는 것은 '최근'일수록 클라이언트가 자세히 기억하고 있고, 다시 발생할 가능성도 높기 때문이다. 클라이언트 스스로 의식하지는 못했으나 성공했던 경험이나 잘하고 있는 것을 발견하여 적극적으로 강화해 주는 것이 중요하다. 한두 번의 중요한 예외를 찾아 계속 강조하면서 클라이언트의 성공을 확대하고, 강화해 줄 수 있다(Berg & Miller, 1992; DeJong & Miller, 1995).

> "최근에 문제가 없었던 때가 있었는지요? 완전히 없어진 것은 아니라도 문제가 조금이라도 호전되거나 나아진 적이 있었는지요?"
> "(예외적인) 그런 일들이 어떻게 가능할 수 있었을까요?"
> "예외적으로 문제가 발생하지 않았던 경우가 있었다면 그 경우는 평소와 어떠한 점에서 차이가 있었나요?"

사회복지사는 예외를 찾은 질문을 지속적으로 반복해서 하는 것에 익숙해져야 하며, 클라이언트 입장에서 사소하게 생각하는 예외라도 의미를 부여해서 찾을 수 있도록 민감하게 반응해야 한다. 또한 평소의 문제상황과 예외적으로 문제가 발생하지 않은 상황이 어떻게 다른지, 그러한 예외가 일어나도록 누가, 무엇을 했는지 파악해야 한다. 클라이언트에게 평소와 예외상황의 차이점을 간략하게 설명하고 요약해 주는 것이 이후의 해결책 마련에 도움이 되기 때문이다(DeJong & Miller, 1995).

(3) 기적에 관해 질문하기

기적질문은 클라이언트에게 '기적'이라는 용어를 써서 문제가 해결되면 자신의 생활이 어떻게 달라질 것인가를 상상하게 하는 질문기법이다. 기적질문의 목적은 문제가 해결된 상태를 상상해 보고, 해결하기 원하는 것들을 구체화하고, 명료화하며, 치료목표를 현실적이고, 구체적으로 정하는 데 있다(송성자, 최중진, 2003; 최중진, 2018).

문제상황에 놓여 있는 클라이언트가 갑자기 생각의 관점을 일시에 바꾸는 것은 '기적'이 아니고는 생각할 수 없기 때문에 사회복지사에게도 기적질문은 쉽지 않은 작업이다. 클라이언트가 문제중심에서 해결중심으로 초점을 전환할 수 있도록 적절한 시간을 기다려 주고, 친절한 어조로 안내해야 한다. 이때 사회복지사는 "무엇이 어떻게 달라질까요?" "기적의 표시는 무엇일까요?"와 같은 미래형 단어를 사용하며, 기적같이 문제가 해결되면 자신의 삶이 어떻게 달라질 수 있을지에 주목할 수 있도록 추가 질문을 해 나간다(송성자, 최중진, 2003; 최중진, 2018; Stith et al., 2012).

> "기적이 일어나 두 분을 포함해서 가족 모두가 행복해진 모습을 상상해서 설명해 주세요."
> "이제 기적처럼 문제가 깨끗이 해결되었다고 생각해 보세요. 남편이 퇴근 후 가족이 함께하는 가장 일상적인 저녁 시간이라고 가정하면, 각자가 무엇을 하고 있을 것 같은지 구체적으로 설명해 주세요."

"기적이 일어나서 모든 문제가 해결되었을 때 부인은 무엇이 달라질까요?"

"기적처럼 따님이 변화되면 누가 가장 먼저 알아볼까요?"

"기적이 일어난 것 같이 되려면 오늘부터 시작할 수 있는 일은 무엇인가요?"

"10년 이후 어떻게 살고 있을 것 같으세요? 기적에 가까운 희망에 관하여 이야기 해 주세요."

(4) 척도로 질문하기

척도질문은 척도를 이용해서 클라이언트가 인식하는 문제 정도, 해결의 가능성, 성과의 진전 정도나 관계의 정도 등 다양한 정도와 수준을 수치로 표현하도록 하는 질문기법이다. 숫자를 써서 문제를 표현하면 실천가는 쉽게 문제의 정도나 상태, 우선순위를 파악할 수 있다. 또한 클라이언트에게 점수의 근거를 구체적인 행동으로 제시하도록 격려함으로써 자신의 생각을 정리할 수 있도록 돕고, 기대와 성취, 변화 등을 스스로 확인할 수 있도록 도와준다(Nelson & Thomas, 2007).

"문제가 완전히 해결된 상황을 10점으로 하고, 최악일 경우를 1점이라고 할 때, 최근 가장 힘든 상황은 몇 점 정도 될까요?"

"전혀 가망 없음을 0점이라고 하고 반드시 일어난다는 것을 10점으로 표현할 때, 다음 주 가족 모임에서 남편이 술을 먹지 않을 가능성이 얼마나 된다고 생각하시는지요?"

"가장 힘들었을 때는 2점이라고 하고, 오늘을 3점이라고 했는데, 1점을 더 올려서 말씀하신 것은 어떤 근거에서인가요?"

(5) 대처방법에 내해 질문하기

대처질문은 클라이언트가 어려움을 어떻게 극복하고 대처해 왔는지, 희망을 버리지 않고 생존할 수 있었는지 질문하는 동시에 생존 능력에 대하여 간접적으로 칭찬하는 질문이다. 클라이언트가 좌절스러운 상황에서 벗어나기 힘들어할 때 클라이언트의 신념체계와 무력감에 대항해 보는 동시에 클라이언트에게 약간의 성공이라도 느끼도록 하는 대처방법이 있다면 그 방법이 무엇인지 질문할 수도 있다. 대처질문은 대처과정에서 클라이언트로 하여금 자신에 대한 자존감을 회복할 수 있도록 돕게 해 준다. 어려운 상황에서 견뎌 내고, 어떻게 더 나빠지지 않을 수 있었는지 그 방법을 발견하도록 도와주고, 이러한 측면을 자신의 강점으로 인식하도록 돕는 것이다(DeJong & Berg, 2013).

> "그러한 대처가 도움이 된다는 것을 당시에 어떻게 깨달을 수 있었는지요?"
> "극한 상황에서도 강한 책임감을 보여 주셨는데, 본인의 강한 책임감은 어떻게 생겼다고 생각하시는지요?"
> "역경을 극복한 경험이 본인과 자녀들에게 어떠한 도움이 될 것이라고 생각하시나요?"

(6) 관계에 대해 질문하기

관계에 대한 질문기법은 전형적인 해결지향적 질문기법이라기보다는 클라이언트가 다양한 관점에서 해결책을 구축할 수 있도록 해 주는 기법이다. 특히 가족 문제에서 폭넓게 사용될 수 있는 기법으로 가족 구성원 간의 관계 양식과 반응을 알고자 할 때 유용하다. 가족이나 주요한 타자가 동일한 상황에서 어떻게 서로 반응하는지 상호작용과 관계의 특성을 알 수 있다(Nelson & Thomas, 2007).

> "남편분이 지금 여기에 계시다고 가정해 보겠습니다. 남편분에게 문제가 해결되면 두 분 사이가 어떻게 달라지겠느냐고 묻는다면 어떻게 답변하실까요?"
> "엄마가 여기에 계시다면 너의 가출 문제를 해결하기 위해 엄마가 어떻게 노력하시겠다고 말씀하실까?"
> "부부간에 둘만의 시간을 좀 더 갖게 된다면 다른 식구들과의 관계는 어떻게 달라질까요?"

일반적으로 가족관계에서 많이 활용되지만 아동을 대상으로 하는 실천에서는 더 많은 상상력을 허용한다. 아동에게 중요한 사람이나 아동의 생각에 멋지고 힘있는 주인공에 대해 생각해 보도록 관계질문을 활용하기도 한다. 예를 들면, "아이언맨을 좋아하는구나. 너에게 기적과 같은 변화가 생기면 아이언맨(운동선수 혹은 가수)은 너에게 뭐라고 할까?"와 같이 아동에게 의미 있거나 동경하는 세계를 대표하는 사람의 관점에서 아동이 답할 수 있도록 함으로써 해결의 실마리를 얻을 수 있다(Nelson & Thomas, 2007).

5) 실천과정

해결중심모델의 과정은 일반적으로 해결책을 구축하는 단계와 치료효과를 유지하고, 강화하는 단계로 구분될 수 있다. 해결책 구축의 단계에서는 ① 문제의 기술, ② 예외를 찾아내고, 해결책을 정의하기, ③ 잘 형성된 목표로 발전시키기, ④ 메시지 작성과 전달의 피드백 과정을 거친다. 한편, 해결책 구축 이후의 상담에서는 일어난 변화와 진전을 지속적으로 평가하고, 유지시키며, 강화해 가는 과정으로 이루어진다(김춘경 외, 2016; Berg & Miller, 1992; DeJong & Berg, 2013; Nelson & Thomas, 2007).

(1) 문제 기술하기

해결중심모델에서도 클라이언트가 토로하는 문제로 시작하지만 문제 진술 자체에 많은 시간과 노력을 들이지 않는다. 클라이언트가 가지고 온 문제의 특성과 심각성에 대해서는 깊이 들어가지 않으며 문제의 원인이 될 만한 것들에 대해서도 자세하게 탐색하지 않는다. 사회복지사가 "어떤 도움이 필요해서 오셨는지요?"라고 질문하면 대부분의 클라이언트들은 해당 문제가 자신의 삶에 어떤 어려움과 영향을 미쳤는지를 중심으로 설명한다. 사회복지사는 이러한 클라이언트의 문제중심대화(problem talk)를 해결중심대화(solution talk)로 전환시킬 방법을 모색하면서 경청한다(DeJong & Berg, 2013).

(2) 예외 탐색과 해결책의 정의

최근에 문제가 일어나지 않거나 그나마 문제가 덜 심각한 경우에 대해서 질문해 본다. 또한 그러한 예외상황이 일어날 수 있도록 당시에 누가 무엇을 했는지에 대해 자세히 질문한다. 예외에 대한 탐색은 문제중심 대화를 해결중심 대화로 전환하도록 도와준다(Nelson & Thomas, 2007).

또한 목표달성을 위해 클라이언트가 제일 먼저 할 수 있는 가장 작은 실천이 무엇인지, 그것이 어떻게 도움이 될 것 같은지와 같은 질문 과정을 통해서 클라이언트의 관점에서 해결책이 정의되어야 한다.

(3) 잘 형성된 목표로 발전시키기

해결중심모델에서 잘 형성된 목표는 클라이언트에게 중요하면서도 상호작용적인 관계와 관련해서 설정된다. 클라이언트에게 자신의 문제를 설명하도록 하고, 자신의 삶 속에서 달라지기 원하는 것을 이야기하도록 권하면 다음의 예시와 같이 대부분의 클라이언트는 자신이 긴밀하게 상호작용하고 있는 중요한 타인을 언급한다.

> "문제는 딸아이가 학교에 결석하고, 가출을 일삼는 데다가 더 이상 제 말을 들으려고 하지 않는다는 거예요."
> "제 남편은 가부장적이에요. 아이 문제로 대화를 하려 하면 제 탓을 해요."

이때 사회복지사는 문제가 해결되었을 때 그들의 생활에서 무엇이 달라질 것인지에 대한 설명을 이끌어 냄으로써 상호작용적인 목표를 설정할 수 있도록 돕는다. 예를 들어, 클라이언트가 스스로 달라지길 원하는 것이 자신의 딸이 말을 안 들을 때 화를 내며 싸우는 대신 차분한 어조로 대화다운 대화를 하는 것이라고 말했다면 사회복지사는 다음과 같이 관계성 질문으로 반응함으로써 목표를 상호작용적으로 형성하도록 돕는다. 한 관계에서의 긍정적인 변화가 시작되면, 점진적으로 다른 관계에서도 긍정적인 결과를 초래한다는 것을 인식할 수 있도록 해야 한다.

"만약 그렇게 하신다면 따님과의 사이는 어떻게 달라질까요?"

"그렇게 되면 다른 가족들과의 관계에서는 또 어떤 것들이 달라질까요?"

또한 잘 형성된 목표는 '문제의 부재'보다는 '바람직한 행동의 실재'를 중심으로 설정되어야 하며, '결과'보다는 긍정적인 시도를 하는 '과정'으로 표현된다(Nelson & Thomas, 2007). 앞의 사례에서도 딸의 친구들과 놀러가기 위해 거짓말하고, 가출하는 것과 같은 문제행동이 없어지는 것을 목표로 하는 것보다는 딸과의 대화 시점과 방식을 긍정적이고, 새로운 방식으로 변경하는 것을 목표로 하는 것이 바람직하다.

새로운 행동의 변화와 같은 목표는 가능한 구체적인 상황에서 현실성 있게 설정되어야 하며, 측정 가능하면 더욱 좋다. 사회복지사는 기적 질문 등을 통해서 클라이언트가 구체적인 상황에서 바람직한 행동 변화로 나아갈 수 있도록 원조한다.

(4) 피드백 제공하기

해결책 구축을 위한 해결지향적 면접을 마치면서 칭찬과 제안을 포함한 메시지, 즉 피드백을 전달한다. 피드백은 사회복지사가 클라이언트와 목표 설정과 예외에 대한 대화를 할 때 얻은 정보에 근거한다.

피드백의 구조는 칭찬, 연결문, 과제로 이루어진다. 피드백을 칭찬으로 시작하는 것은 클라이언트가 자신의 문제를 해결하는 데 의미 있는 역할을 하고 있다는 것을 강조하는 데 효과적이기 때문이다. 연결문은 칭찬과 제안을 연결해 주는 피드백의 한 요소이다. 클라이언트가 사용한 단어나 어구를 활용하여 사회복지사가 클라이언트의 의견에 동의함을 표현한다. 제안은 클라이언트가 자신의 문제를 해결하기 위해 무엇을 더 실행해야 하는가를 말해 준다. 제안은 클라이언트 자신이 할 과제에 초점을 맞추고, 이때 과제는 관찰하는 과제나 직접 행동하는 과제 등으로 제안한다. 지금까지 설명한 피드백 구조를 예를 들어 설명하면 다음과 같다(DeJong & Berg, 2013).

> "지난 회기 후에 일주일 동안 스스로 분노의 감정을 조절하기 위해 매일 감정일기를 쓰는 구체적인 노력을 해오신 것에 대해 칭찬을 해드리고 싶습니다(칭찬하기). 어머님께서 욱하는 감정을 없애기 위해 따님과 평소 대화방식과 시간부터 변화하는 것이 필요하다고 하셨는데 그 말씀에 저도 전적으로 동감합니다(연결문). 저는 그래서 어머니 의견대로 대화 방식과 대화 시점을 바꾸기 위해서는 가장 자주 일어나는 상황으로 구체화해서 찾아봤으면 좋겠습니다. 다음 상담시간까지 따님이 집에서 친구들과 장시간 영상통화를 할 때 잔소리 대신 어떤 방식으로 따님에게 대화를 시도하는 것이 좋을지 구체적으로 찾아보는 것을 과제로 내어드리겠습니다(과제주기)."

(5) 변화에 대한 평가와 종결에 대한 대화하기

이미 해결책이 구축되었다면 사회복지사는 클라이언트가 만족할 만한 해결책을 달성하기 위해 어떻게 하고 있는지를 클라이언트와 함께 지속적으로 평가한다. 이때 이전 회기에서 제안한 과제를 달성했는지나 지난 회기 이후에 특별히 나아진 것이 있는지 등으로 좁혀서 질문하기보다는 단순히 "무엇이 나아졌습니까?"와 같은 개방질문으로 시작하는 것을 권장한다. 이러한 질문을 통해 클라이언트가 아무리 작은 성취라도 인식할 수 있게 돕고, 자신이 원하는 방향으로 나아지고 있음을 알게 한다. 사회복지사가 기대하는 대로 긍정적인 변화에 대해 이야기하는 클라이언트도 있지만 뚜렷한 변화는 모르겠다고 하거나 오히려 악화되었다고 말하는 경우도 볼 수 있다. 잘 모르거나 악화되었다고 응답하는 클라이언트에게도 예외적 경험을 떠올릴 수 있게 격려해야 한다. 사소하더라도 긍정적인 변화를 떠올릴 수 있도록 다음과 같이 격려한다.

> "잘 알겠습니다. 생각해 보니, 제가 어머니를 마지막으로 만난 것이 지난 금요일 아침이었네요. 그렇다면 저와 상담을 하셨던 금요일 오전에 비해 주말은 어땠는지요? 조금이라도 나아졌는지요?"

더 나아진 부분에 대해 클라이언트가 말하기 시작하면 사회복지사는 척도질문을 통해 진전의 정도를 함께 평가한다. 더불어 지금까지 성취한 것을 지속시킬 수 있는지에 대한 자신감의 변화도 척도질문으로 평가한다. 클라이언트의 진전과 자신감의 성취가 척도로 표시되게 되면 사회복지사는 종결 시점을 정할 수 있는 실마리를 얻을 수 있다.

> "처음 상담을 시작했을때가 0이고, 기적이 일어나서 더 이상 따님과 싸우지 않고, 이야기할 수 있게 된 상태가 10이라고 한다면, 이번 주는 몇 점 정도 줄 수 있을까요?"
> "더 이상 저와 상담하기 위해 이곳에 오지 않아도 되기 위해서는 몇 점이 되어야 합니까?"

해결중심모델에서는 첫 회기, 즉 목표를 설정하는 과정에서부터 종결에 대해 생각하고, 종결을 향해 나아간다. 클라이언트가 종결의 이슈에 대해 비교적 편안해하고, 변화를 유지할 수 있다는 자신감을 표현할 때 종결에 대한 준비가 되었음을 알 수 있다.

연습문제

1. 과업중심모델의 다섯 단계를 설명해 보시오.

2. 과업중심모델을 실제 혹은 가상 사례에 적용하는 연습을 해 보고, 적용과정과 결과를 토론해 보시오.

3. 해결중심모델의 주요 질문기법을 예를 들어 설명해 보시오.

4. 클라이언트와 사회복지사 간의 관계 유형(방문형, 불평형, 고객형)에 따른 실천지침을 설명하시오.

5. 문제중심 대화와 해결중심 대화를 예를 들어 비교 설명하시오.

제5장
실천모델과 기술(3)

제3장과 제4장에 이어 이 장에서는 사회복지실천모델로서 동기강화모델과 위기개입모델을 살펴본다. 동기강화모델은 개입과정에서 클라이언트의 동기를 이끌어 내고 강화하기 위한 방법에 주력한다는 점에서 다른 모델들과 차이가 있다. 위기개입모델은 다양한 위기 상황에 개입하기 위해 이전 장들에서 살펴보았던 심리사회모델, 행동주의모델, 인지행동모델을 통합적으로 적용한다는 특성이 있다.

1. 동기강화모델

동기강화모델은 클라이언트 내부의 동기를 이끌어 내고 이를 강화하기 위해 만들어진 '기술과 태도의 복합체' 또는 변화에 대한 양가감정을 다룸으로써 변화행동으로의 결심을 돕는 '협력적인 대화방식'으로 소개되기도 한다. 개발 초기에 알코올중독자를 원조하기 위해 시작되었으나 다양한 분야로 활용 범위가 확장되고 있으며, 다양한 유형의 클라이언트들에서 그 효과가 입증되었다. 이 장에서는 동기강화모델에 영향을 미친 이론적 배경, 정신, 주요한 핵심 기법, 실천과정 등을 사례를 통해 학습한다.

1) 이론적 배경

동기강화(Motivational Interviewing: MI)[1)]모델은 밀러(Miller)와 롤닉(Rollnick)이 개발한 개입 방안으로서 변화를 위한 동기를 강화하는 대화방법이다. 사회복지실천현장과 같이 동기수준이 낮고 비자발적인 클라이언트가 많은 경우에는 더욱 유용하게 활용될 수 있다. 이러한 동기강화모델에 영향을 미친 대표적인 이론으로는 클라이언트중심상담이론, 인지부조화이론, 자기지각이론, 초이론적 변화모델 등을 들 수 있다(신수경, 조성희, 2009; 이채원 외, 2014).

(1) 클라이언트 중심 상담이론

동기강화모델은 로저스(Rogers)의 '클라이언트 중심 상담(client-centered counselling)'에 뿌리를 두고 있다. 로저스는 클라이언트가 가지고 있는 성장요인을 강조하고, 내면의 중심인 자아의 경험이 성장과 변화의 주요한 동기라고 설명했다(김춘경 외, 2016; Miller, 2005). 클라이언트 중심 상담은 전문가가 판단이나 해석을 하거나 특정한 방향으로 이끌어 가기보다는 진실성, 수용성, 공감성을 바탕으로 적극적으로 경청함으로써 성장을 촉진하도록 하기 때문에 '비지시적(non-directive)' 상담으로 분류된다.

동기강화모델에서 공감을 표현하는 구체적인 전략으로서 사소한 성취라도 인정해 주기, 열린 질문하기 등은 로저스로부터 영향을 받은 것이라 할 수 있다. 그러나 동기강화모델은 클라이언트 중심적이지만 '지시적 또는 목표지향적(directive)'이

---

1) 밀러와 롤닉의 Motivational Interviewing(MI)는 국내에서 동기면담 또는 동기강화면담으로도 번역되었으며, 이 책에서는 사회복지실천모델의 하나로서 '동기강화모델'로 지칭하고자 한다.

다. 동기강화모델에서는 개인의 행동변화는 쉽지 않은 목표이며, 이를 위해 실천은 변화를 지향하는 분명한 방향성을 가져야 한다고 설명한다.

(2) 인지부조화이론

일반적으로 우리는 생각과 태도 그리고 행동의 일관성을 유지하고자 한다. 따라서 자신의 생각, 신념, 태도 등과 행동 간에 불일치나 부조화가 생기면 심리적으로 불편하게 되고, 이를 해소하기 위해 자신의 태도나 행동을 변화시키고자 한다. 예를 들면, 평소에 현장에서 직접 클라이언트를 만나는 사례관리 업무가 적성에 맞다고 하는 '신념'을 가진 사회복지사가 행정직으로 이직하는 '행동'을 하면서 자신의 신념과 행동의 '인지부조화'를 해소하기 위해 "행정직이 내 적성에 맞는 것 같아요."라고 하면서 신념(태도)을 변화시켜 현재의 행동과 일치시키려고 하는 것이다. 동기강화모델에서 클라이언트의 양가감정이나 불일치감에 초점을 두어 인지부조화 상태를 만들어 낸 다음 클라이언트에게 도움이 되고, 긍정적인 방향으로 인지부조화 해결을 할 수 있도록 안내하는 것은 이러한 인지부조화이론에서 영향을 받은 것이다(곽호완 외, 2008).

(3) 자기지각이론

자기지각이론에서는 인간의 태도나 행동 의도는 적극적인 대화에서 자신이 스스로 말한 후에 형성된다고 설명한다(Bem, 1972). 별다른 인식 없이 행동을 하지만 그러한 행동을 태도의 표출이라고 인식한다고 설명하는 이론이다. 사람들이 처음에는 무심코 말하지만 스스로 말한 후에는 더욱 몰입하는 경향이 있다는 것이다.

자기지각이론으로부터 영향받은 동기강화모델에서는 변화가 필요한 이유를 클라이언트 스스로가 표현하도록 하는 것을 강조한다. 클라이언트가 변화를 원하고, 변화의 이유나 필요성, 또는 변화와 관련된 자신의 능력에 대해 말할 수 있도록 이끌어 내고, 이에 대하여 적극적으로 반응하는 전략적 기법들을 강조하는 것이다. 이 과정에서 클라이언트는 스스로 말한 것에 더욱 몰입하게 되고, 스스로 동기화된 의사결정을 하게 된다.

(4) 초이론적 변화모델

초이론적 변화모델(Transtheoretical model of change: TTM)에서는 인간의 문제행동변화를 과정으로 이해해야 하며, 대상과 문제에 관계없이 5단계의 변화단계(인식전단계, 인식단계, 준비단계, 행동실천단계, 유지단계)를 거친다고 설명한다. 대표적인 심리치료 이론들이 클라이언트 문제의 원인과 변화의 대상에 대해서는 서로 다른 견해를 보이면서도 '변화의 과정'에 대해서는 대체로 유사한 의견을 보이고 있음을 발견하고, 중심 변화과정을 찾아냈다(김수미, 송효정, 김남초, 2003; 박남희 외, 2003; Procheska & DiClemente, 1986).

- 인식전단계(pre-contemplation): 변화하고자 하는 생각이 없는 단계
- 인식단계(contemplation): 문제에 대해 염려하고 변화를 생각하지만, 양가감정으로 인해 변화에 대한 확신이 없는 단계
- 준비단계(prepeartion): 변화하려는 마음이 굳건하고 행동계획을 세우지만, 여전히 생각 중인 단계
- 행동실천단계(action): 적극적으로 변화하고 있으나, 아직 안정상태는 아닌 단계
- 유지단계(maintenance): 초기 목표를 달성하고 유지하고 있으며 계속 노력 중인 단계

동기강화모델과 초이론적 변화모델은 거의 유사한 시기에 독립적으로 개발되어 상호보완적으로 발전했다. 초이론적 변화모델이 변화과정 자체를 이해하는 틀을 제공하였고, 동기강화모델은 이러한 변화과정의 촉진을 위한 내용과 구체적인 방법론을 제공해 준 것이다. 변화단계를 잘 이해하면 클라이언트가 현재 어느 단계에 있는지 알 수 있고, 면담의 방향을 이해하는 데 도움이 된다. 동기강화모델에서 클라이언트가 보이는 변화의 준비도에 따라 변화의 단계를 구분하고, 이러한 단계에 따른 지원과 도움을 강조하는 것은 초이론적 변화모델(TTM)로부터 영향을 받은 것으로 볼 수 있다(김수미 외, 2003).

2) 동기강화모델의 이해

(1) 정의

동기강화모델은 클라이언트 자신의 변화의 동기와 결심을 견고히 하도록 돕는 협동적인 대화스타일이다. 밀러와 롤닉은 동기강화모델을 일반적 정의, 실천적 정의, 기술적 정의로 다음과 같이 설명한다(Miller & Rollnick, 2012).

- 일반적 정의: 변화동기와 행동변화에 대한 결심을 돕는 협력적 대화 방식
- 실천적 정의: 변화에 대한 양가감정 문제를 다루는 클라이언트 중심의 면담 방식
- 기술적 정의: 변화대화에 주목하는 협력적이고, 목표 지향적인 대화 방식

요약하면, 동기강화모델은 클라이언트에게 내재되어 있는 변화동기를 유발하고, 변화와 저항에 대한 양가감정을 해결함으로써 행동변화를 촉진하는 협력적인 대화 방식이다. 이와 같이 다양한 학자들이 동기강화모델을 실천 원리와 전략적 특성을 중심으로 설명할 때 거론되는 핵심적 키워드는 클라이언트 중심(client-centered), 협력(cooperation), 내적 변화동기(intrinsic motivation), 양가감정(ambivalance), 목표지향적(directional)이다(Arkowitz, Miller, Westra, & Rollnick, 2008).

(2) 전문적 관계에 대한 이해

동기강화모델을 적용할 때 상담(counseling)이나 치료(therapy)라고 하지 않고, '면담(interviewing)' 또는 '협력적 대화'라고 강조하는 것은 사회복지사와 클라이언트 간에 권위의 차이가 없음을 보여 주는 것이다. 치료나 상담에서는 지식, 능력, 권위를 더 많이 가지고 있는 '전문가'가 그렇지 못한 또는 병리적인 '클라이언트'에게 무엇인가를 해 준다는 의미가 내포되어 있지만, 동기강화모델에서는 클라이언트를 자신의 문제에 대해서 가장 잘 알고 있는 파트너로서 존중한다(Rollnick, Miller, & Butler, 2008).

(3) 변화에 대한 이해

동기강화모델에서는 내적 변화동기를 강조한다. 변화동기를 강화하기 위해 외부적인 설득이나 보상 등을 사용하기보다는 클라이언트의 내적 가치관과 목표를 탐색하고, 이를 활성화함으로써 행동변화를 자극한다. 현재 상태와 자신이 원하는 상태 또는 개인의 가치와 실제 행동 간의 불일치감(discrepancy)을 인식할 수 있도록 원조함으로써 내적 변화동기를 증진시키는 것이다. 클라이언트는 변화하고 싶기도 하고 그렇지 않기도 한 양가감정에 사로잡혀 있는 경우가 많다. 동기강화모델에서는 이러한 양가감정의 갈등을 이용해서 변하지 않으려고 버티는 힘을 이겨 낼 수 있을 때까지 불일치감을 더욱 경험하도록 자극시키고 증폭시켜야 변화로 나아가는 것을 강조한다(Rollnick, Miller, & Butler, 2008).

(4) 저항에 대한 이해

동기강화모델에서는 저항을 변화에 대한 양가감정이 외부로 표현되는 자연스러운 행동기제로 받아들인다. 따라서 저항하는 클라이언트를 직면시키거나 논쟁하는 대신 클라이언트의 인식틀과 동기를 이해하기 위해 반영적으로 경청하면서 저항을 다루고, 변화에 대한 양가감정을 해결한다. 저항에 주목하되 저항에 맞서지 말라는 의미로 '저항과 함께 구르기(rolling with resistance)'라는 표현을 사용한다. 클라이언트가 저항을 하거나 자신의 행동을 정당화하는 주장을 시작하면 사회복지사는 충분히 이해를 표현하되, 클라이언트가 다른 시각으로 생각해 볼 수 있도록 의미를 부여하고, 해석해 주는 것이 좋다(Rollnick, Miller, & Butler, 2008).

3) 동기강화모델의 정신과 사회복지실천

동기강화모델은 기술만으로 이루어지는 집합체가 아니라 실천과 관련된 주요한 정신(spirits)을 포함한다. 정신은 동기강화모델의 저변에 있는 인간에 대한 이해나 태도, 철학적 가치를 반영한다[2)](Miller & Rollnick, 2012).

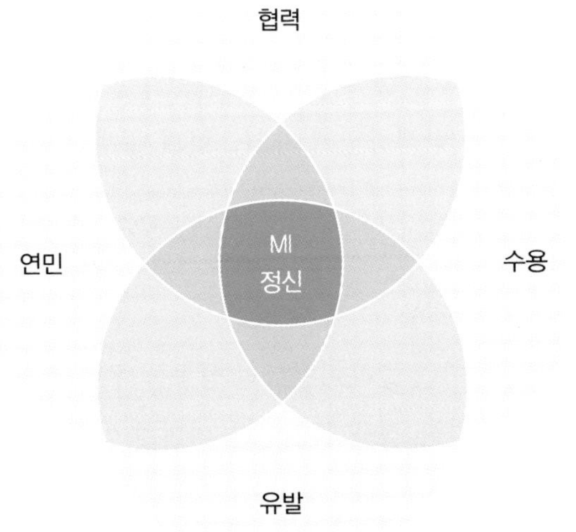

그림 5-1 동기강화모델의 정신

출처: Miller & Rollnick (2012), p. 22.

(1) 협력

협력(partnership or collaboration)의 정신이란 실천가와 클라이언트가 동등한 파트너로서 상호 협동해서 변화를 위한 최선의 선택을 해나가야 함을 의미한다. 사회복지사 자신의 열망(aspiration)뿐만 아니라 클라이언트의 열망을 잘 관찰하고 그의 열망에 사회복지사의 열망을 조화시켜야 한다는 것이다. 클라이언트의 행동변화라는 목표는 클라이언트의 협력 없이는 달성할 수 없기 때문이다(Miller & Rollnick, 2012).

(2) 유발

클라이언트는 변화를 위해 필요로 하는 많은 것들을 이미 가지고 있고, 전문가

2) 동기강화모델의 개발자인 밀러와 롤닉도 동기강화모델 1판(1991)에서는 동기강화모델의 정신에 대해 기술하지 않다가 2판(2002)에서 처음으로 언급했고, 3판(2012)에서 협동(collaboration or partnership), 유발(evocation), 연민(compassion), 수용(acceptance)으로 정리했다

가 해야 할 일은 그것을 클라이언트가 발견하고, 인식하도록 유발(evocation) 해 내는 것이다. 즉, 외부자인 전문가는 클라이언트 안에 내재되어 있는 동기를 유발해 내고, 강화하는 역할을 해야 함을 의미한다. 전문가는 클라이언트의 느낌이나 관점, 인생 목표, 가치관 등을 탐색하면서 자연스럽게 내재된 변화동기를 이끌어내야 한다(Miller & Rollnick, 2012).

(3) 수용

수용(acceptance)의 정신이란 클라이언트의 행동을 무조건 허용해야 한다거나 현재 상태로 머물러 있으려 하는 것을 묵인함을 의미하지 않는다. 수용은 절대적 가치 인정, 자율성 지지, 정확한 공감을 포함한다. 클라이언트에게 절대적 가치가 있고, 변화의 주도권과 책임이 있으며, 클라이언트의 강점과 노력을 인정하고 클라이언트 관점에서 정확한 공감이 필요함을 뜻한다(Miller & Rollnick, 2012).

(4) 연민

연민(compassion)의 정신이란 동기강화의 목적이 클라이언트의 복지 추구에 있으며, 전문가의 이득을 위해서 동기강화가 이루어져서는 안 됨을 의미한다. 여기에서 연민은 동정(sympathy)이나 동일시(identification)와 같은 사적인 감정이나 경험과는 구별된다. 원조 전문직으로서 추구하는 전문성을 갖춘 연민이다(Miller & Rollnick, 2012).

지금까지 살펴본 동기강화모델의 정신과 가치는 사회복지실천의 원칙과 유사하다. 다음의 표와 같이 사회복지실천에서의 원칙과 동기강화모델의 실천 간의 관계를 〈표 5-1〉과 같이 정리할 수 있다.

동기강화모델은 증거기반의 실천이나 문화적 역량 개념과도 잘 부합한다. 사회복지사가 전통적으로 개입해 온 클라이언트 집단과 다양한 문화 배경을 가진 집단에 대해서도 동기강화모델이 효과적이었다는 실증적 근거가 풍부하다. 또한 활용에 있어서도 동기강화모델은 단독으로 활용되기도 하지만 본격적인 개입 전에 사

표 5-1 사회복지실천 원칙과 동기강화모델 간의 관계

사회복지실천	동기강화모델
개별화 원칙을 강조한다.	동기강화모델에서는 클라이언트가 가지고 있는 문제에 대한 고유한 관점과 사고부터 변화동기를 유발한다.
클라이언트의 자기결정권을 존중한다.	클라이언트의 동의하에 조언을 해야 하고, 다양한 선택 대안을 제공해야 한다. 또한 선택과정에서 클라이언트의 능력과 자율성이 최대한 강조되어야 한다.
강점중심 접근을 강조한다.	동기강화모델에서 사회복지사의 과업은 클라이언트가 자신의 강점, 능력, 그리고 과거에 긍정적인 변화가 어떻게 일어났는지를 인식하게 한다.
역량강화 접근을 강조한다.	클라이언트의 자기효능감과 변화에 대한 역량을 강조한다.
클라이언트 중심적이다.	동기강화모델은 클라이언트와 동등한 파트너십과 참여를 강조하고 클라이언트가 자신의 삶에 대해 가지고 있는 인식을 중요시하는 인간 중심 접근에 기반한다.

출처: 이채원 외(2014), pp. 29-30; Homan (2021), p. 12의 표를 재구성.

전 개입으로 활용되거나, 인지행동치료와 같은 다른 개입방법과 결합하여 활용될 수도 있다. 특히 사전 개입으로 동기강화모델을 활용한 경우 프로그램의 출석률과 참여도를 향상시키기도 했다. 반면, 동기강화모델이 환경보다는 개인의 내적 변화동기에만 초점을 맞추는 미시적인 방법이라는 우려와 자율성을 존중해 주기 어려운 클라이언트, 예를 들면 자신이나 타인을 해칠 수 있는 클라이언트에게는 적용하기 어렵다는 한계도 있다(이채원 외, 2014; Hohman, 2021).

4) 실천기술

동기강화모델의 기술은 개방형 질문하기, 인정하기, 반영하기, 요약하기를 의미하는 OARS(Open question, Affirming, Reflecting, Summarizing)기술과 양가감정을 이해하고 다룸으로써 변화대화(change talk)를 이끌어 내는 기술, 변화대화하기 기술

로 요약된다. 이러한 실천기술들은 동기강화모델을 적용하는 개입과정 전반에 걸쳐 유용하게 사용된다(Miller, 2005; Miller & Rollnick, 2002; Miller & Rollnick, 2012).

(1) 개방형 질문하기

개방형 질문하기(open question)는 '예' 또는 '아니오'의 단답형 대답이 아닌 자신의 생각을 필요로 하는 긴 대답을 요구하는 질문 형식이다. 답변의 여지가 폭넓게 열린 형태로서 클라이언트에게 더 많은 자유를 허용하므로 답변하기 전에 조금 더 생각하게 만든다. 개입 초기 단계에서 클라이언트가 문제행동을 인식하고 있거나 변화에 대한 준비가 되어 있는 경우는 흔하지 않다. 그러므로 클라이언트가 자신의 문제 행동을 자유롭게 탐색하도록 분위기를 조성하는 것이 중요하다. 사회복지사는 개방형 질문을 통해 클라이언트가 보다 말을 많이 할 수 있도록 격려하면서 경청하고 있음을 표현해야 한다(Miller, 2005).

"상담시간에 무엇에 대해 말씀하시고 싶으신지요?"
"과제를 하면서 어떠한 점이 어려우셨는지요?"
"술을 마시면 어떠한 점에서 도움이 되는지요?"
"약을 하면서 걱정되는 점은 무엇인지요?"

(2) 인정하기

인정하기(affirming)는 긍정적인 부분을 강조하는 기술이다. 클라이언트의 행동이나 말의 긍정적인 측면을 언급해 주거나 사회복지사가 클라이언트의 행동이나 상황을 긍정적인 방향으로 재구성하고, 이에 대한 이해나 감사를 표현하는 것 등이다. 인정하기는 라포 형성뿐 아니라 목표행동을 향한 변화동기를 증진하는 데도 효과적이다(Miller & Rollnick, 2012).

"이렇게 오신 것 자체가 중요한 변화의 시작입니다."
"힘드셨을 텐데 큰 결심을 하셨네요."

"엄청난 스트레스였을 텐데 의지가 대단하군요."

"오늘 많은 대화를 해서 상황에 대해 좀 더 알게 된 것 같습니다."

"끝까지 포기하지 않으시는 모습이 인상적입니다."

"그렇게 하려면 매우 큰 결심이 필요했겠군요."

"이번 주에 정말 열심히 노력하셨네요."

(3) 반영하기

반영하기(reflecting)란 대화에서 클라이언트의 말을 사회복지사가 이해한 대로 말해 주는 것이다. 일반적으로 사람들이 대화를 할 때에는 자신이 하고자 하는 말의 의미를 자신이 하는 말 속에 완전하게 담아 내지 못하는 경우가 많다. 따라서 사회복지사는 클라이언트가 표현한 말을 정확히 듣고, 말하는 사람이 의도했던 본래의 의미가 무엇인가를 합리적으로 추측하여 이를 진술문의 형태로 반영해 주게 된다(Miller & Rollnick, 2002).

① 내용과 감정의 반영

가장 간단한 형태의 반영하기는 클라이언트가 사용한 언어와 비슷한 의미를 가진 새로운 단어를 사용하는 것이다. 보다 적극적으로 클라이언트 진술에서 합리적으로 추측 가능한 진전, 정도, 방향성 등을 파악해서 반영해 줄 수 있다. 클라이언트가 의미하는 핵심적인 내용을 반영해 주거나(내용반영) 그 상황에서 클라이언트가 경험할 정서를 반영해 주는 것도 도움이 된다(감정반영). 합리적으로 추측한다고는 하나 사회복지사의 추측이 얼마나 정확한지는 확신할 수 없다. 사회복지사는 클라이언트가 한 말의 의미에 대한 자신의 추측이 실제와 다를 수도 있음을 늘 인식하고 있어야 하며, 조심스럽게 진술해야 저항을 덜 유발할 수 있다(Miller & Rollnick, 2002).

② 양면반영

양가감정과 관련된 두 가지의 상반된 측면을 모두 읽어 주고 반영해 주는 것이다. 사실에 기반하여 판단을 하면서도 이를 부인하고 싶은 감정이 들거나 회피하고 싶은 마음이 들 수 있다. 이러한 상반된 내적 상황을 반영하려면 먼저 사회복지사가 반영적으로 생각하는 훈련을 해야 한다. 반영적으로 생각한다는 것은 어떤 말을 들었을 때 그 말의 의미를 생각해 본 후, 가장 가능성이 높은 의미를 추측해 내고, 추측한 의미가 맞는지를 점검해 보는 것이다(Miller & Rollnick, 2002).

> 사회복지사: 과거에도 지금과 비슷한 문제가 있었나요?
>
> 클라이언트: 아닙니다. 고등학교 때부터 술을 마셨고, 하루 종일 마셔도 까딱 없었어요. 그런데 작년부터인가 간간이 필름이 끊겼어요.
>
> 사회복지사: 술 먹고 기억이 끊기기 시작한 건 지난 해부터라는 말씀이시군요. (내용반영)
>
> 클라이언트: 네. 최근에 길거리에 쓰러져 파출소에 신고된 적이 있어요. 깨어나서 파출소 CCTV를 봐도 그때 어떻게 쓰러진건지 전혀 생각이 나지 않고…….
>
> 사회복지사: 길에서 쓰러지셨던 일이 기억도 잘 안 나고 해서 두렵고 걱정되시는 거군요. (감정반영)
>
> 클라이언트: 네. 딱 한 번이에요. 한 번 쓰러졌다고 해서 중독까지는 아니겠지요?
>
> 사회복지사: 그 사건 때문에 걱정은 되지만 알콜 중독을 치료받을 정도로 술 문제가 심각한 건 아니라고 생각하시는 거군요. (양면반영)
>
> 클라이언트: 네. 처음이었으니까요. 중독이라고는 생각하지 않아요. 오히려 알콜 중독보다 더 심각한 병일까 봐 겁나요. 혹시 젊은 사람들한테 생기는 치매일 수도 …… 조기 치매같은 거…….

(4) 요약하기

요약하기(summarizing)는 기본적으로 반영하기이다. 클라이언트가 말한 것들 중에서 몇몇을 함께 모아 반영해 주는 것이다. 클라이언트의 말 전체를 연결하고 지금까지 대화한 내용들을 강조 또는 정리하기 위해 사용된다. 효과적인 요약하기의 특성은 여러 개의 반영 조각들을 모아 '전체 그림'을 보여 주는 특성을 가지고 있다. 이러한 요약하기에는 다음의 세 가지가 있다(Miller & Rollnick, 2002).

① 수집 요약

클라이언트와 대화를 이어 가면서 변화대화가 등장할 때 하는 것이다. 수집 요약(collecting summary)은 이야기를 수집하면서 서로 연결되었던 항목들을 떠올리게 한다. 보통 몇 문장만으로 구성되도록 짧게 하고, 클라이언트의 이야기 흐름을 방해하지 말아야 한다. 수집 요약의 마무리에는 "지금까지 하신 말씀 외에 또 하실 말씀은 없으신지요?"와 같이 클라이언트가 말을 계속하게 만드는 언급을 하는 것이 좋다. 수집 요약을 너무 자주 하면 자연스러운 탐색을 방해하기도 하므로 적절하게 사용하는 것이 중요하다. 이렇게 '그 밖에 다른 것들'이라는 말을 통해서 클라이언트가 더 이상 말할 것이 없을 때까지 자유롭게 이야기할 수 있게 해 주어야 한다(Miller & Rollnick, 2002).

사회복지사: 1년 후 선생님의 일상적인 생활이 어떻게 변해 있기를 원하나요?

클라이언트: 저는 지금도 나쁘지는 않아요. 입원한 다음에는 애들과 잘 지내고 있고, 아내하고도 싸우지 않아요. 퇴원 후에도 계속해서 지금처럼 지내고 싶어요. 그러려면 일단 술 때문에 병원에 왔으니 제가 술을 끊어야겠지요. 그리고 식구들에게 신세만 지고 살았는데 경제적으로 작은 도움이 될 만한 일거리라도 찾으면 좋겠어요.

사회복지사: 술을 끊고, 직업도 가져서 좋은 남편과 아버지로서 가족들에게 도움이 되고 싶으신 거군요. 이 외에도 선생님의 삶이나 생활에서 변했으면 좋겠다고 생각하는 것이 또 있는지요? (클라이언트가 말한 여러 가지 내용을 수집해서 요약)

② 연결 요약

연결 요약(linking summary)은 클라이언트가 앞서 했던 말과 지금 하고 있는 말을 연결시키는 것이다. 이전에 이야기했던 두 가지나 그 이상의 내용들 간의 관계를 클라이언트가 다시 생각해 보게 하는 요약법으로 양가감정을 명료화할 때 도움이 될 수 있다. 클라이언트가 변화해야 할 이유와 변하지 않고 그대로 있을 이유와 같이 두 가지 생각 사이를 왔다 갔다 하며 망설일 때 사용한다. 객관적 검사 결과나 법원이나 가족에게서 나온 정보 등을 클라이언트 자신의 말에다 연결하는 방식으로도 요약할 수 있다(Miller & Rollnick, 2002).

> 클라이언트: 제가 지금 술을 끊는다고 해도 뭐가 달라질까 싶어요. 취직도 어렵구요. 막상 일자리를 구해도 직장 생활이라는 게 만만한 것도 아니구요.
>
> 사회복지사: 술 문제가 해결되어도 일자리를 새로 가질 수 있을 것인지, 직장 생활을 잘할 수 있을지에 대한 두려움이 크시군요. 여기 처음 오셨을 때 술 문제로 직장에서도 지각과 결근이 잦았다고 이야기를 하셨던 것으로 기억합니다. (이전 회기의 클라이언트가 언급과 연결하여 요약)

③ 전환 요약

전환 요약(transitional summary)은 한 초점에서 다른 초점으로 이동을 알리고자 할 때 사용되고, 회기의 끝에 전체를 요약할 때도 사용된다. 한 회기 끝에 전환 요약을 하면 그 회기를 통해 깨닫게 된 것을 초점화할 수 있어서 유용하다. 전환 요약을 할 때 요약 진술 안에 무엇을 포함하고 무엇을 강조할지는 사회복지사가 결정해야 한다. 사회복지사가 요약을 하고, 클라이언트가 내용을 더하거나 수정하도록 하는 것이 좋다. 회기를 마무리하면서 전환 요약을 할 때는 다음 회기에 무엇을 할지 공식적으로 언급하는 것이 좋고, 다음 회기를 시작할 때 이전 회기에 했던 요약을 간략하게 언급하도록 한다(Miller & Rollnick, 2002).

> 사회복지사: 자, 오늘은 퇴원 후 생활에 대한 대화를 했습니다. 요약해 보면, 선생님은 부모님으로부터 독립해서 병원 가까운 곳으로 이사를 원하신다고 했습니다. 외래를 다니면서 차근차근 복직을 준비하시겠다는 거구요. 혹시 이 외에 제가 빠뜨린 것이 있나요? …… 다음 시간에는 구체적인 계획과 방법에 대해 이야기하도록 하지요. (구체적인 계획으로 전환하기 위한 요약)

(5) 양가감정 다루기

양가감정을 다루기 위해서는 클라이언트가 느끼는 양가감정이 어떻게 표현되는지 민감하게 파악해야 한다. 클라이언트의 변화 준비도에 따라 양가감정도 다르게 표현될 수 있다. '인식전단계'에 있는 클라이언트는 아직 변화하고자 하는 마음이 없기 때문에 변화를 시도할 수 없다. '인식단계'에 있는 클라이언트는 문제를 인식하고, 걱정과 우려를 표현하며, 변화를 고려하기는 하지만, 변화를 위해 실제 무엇인가를 시도하는 것에 대해서는 양가감정을 가지고 있으며, 자신감도 없다. '준비단계'의 클라이언트는 가까운 미래에 변화하고자 하는 의지가 뚜렷하고, 행동계획도 세우지만 아직 실행보다는 생각만 하는 단계이다. '행동실천단계'의 클라이언트는 적극적으로 변화하고 있지만, 아직 그 변화가 안정적인 상태는 아니다. '유지단계'의 클라이언트는 초기의 변화 목표들을 달성하고, 그러한 변화상태를 유지하고 있으며, 이를 유지하기 위해 계속 노력 중이다(Miller, 2005).

이와 같이 동기강화모델에서는 '인식전단계'나 '인식단계'에 있는 클라이언트가 변화를 준비하고, 계획, 실행하는 단계로 옮겨 가도록 돕는다. 이를 위해 변화를 원

표 5-2 변화단계에 따른 양가감정 예시

변화단계	양가감정의 예시
인식전단계	남에게 피해 주지 않고, 혼자 술 마시는 행동이 왜 문제가 되는지 알 수 없다. 아내와 부모님까지 내가 술 마시는 게 문제라고 걱정하니 어쩔 수 없이 가족의 강권으로 상담받으러 왔다.
인식단계	내가 변화하면 우리 가족의 생활이 달라질 것 같다. 그러나 변한다는 것을 상상할 수 없다.
준비단계	변하기로 결정하고 나니 한편으로는 좋은데, 계속할 수 있을지 모르겠다.
행동실천단계	지난 3주 동안 선생님께 말씀드린 계획대로 해 봤더니 기분은 정말 좋나. 그러나 내 마음 한 구석은 여전히 초조하고, 허전하다.
유지단계	지난 6개월 동안 계획대로 했더니 정말 내가 변했고, 나름 잘 회복하고 있다는 것을 느낀다. 그러나 계속 이러한 계획과 실천이 필요할지는 좀 의문이다.

출처: Miller (2005)에서 재구성.

하면서도 동시에 변화를 원하지 않는 상태, 즉 양가감정에 주목한다. 양가감정은 클라이언트가 중요하게 인식하는 문제가 무엇인지를 알려 주는 실마리가 되기 때문이다. 변화와 관련된 모든 단계에서 양가감정과 내적 갈등은 있을 수 있고, 이러한 양가감정의 표현방식을 변화단계별로 살펴보면 〈표 5-2〉와 같다(Miller, 2005).

앞에서 설명한 OARS 기술이 양가감정을 다루는 데 활용될 수 있다. 양가감정으로 인해 망설이는 클라이언트에게는 중립적으로 개방형 질문을 하는 것이 효과적이다. 또한 클라이언트가 다소 편하게 말할 수 있는 측면을 먼저 이야기할 수 있도록 질문한 다음에 불편한 측면을 나중에 이야기하게 하는 것이 좋다.

질문과 질문 사이에 적절한 반영을 해 주면서 질문을 한다. '반영하기'와 같은 기법은 양가감정으로 인한 딜레마를 부각시켜 주는 데 사용할 수 있다. "그 직장을 그만두고 새로운 일을 하고 싶지만 다른 한편으로는 안전한 직장에 그냥 있는 게 나을 것 같은 생각 때문에 망설여진다는 거군요."와 같이 가끔씩 요약해 주면서 상황을 반영해 주면 변화지향적인 대화로 이끄는 데 도움이 된다.

실천과정에서 클라이언트가 양가감정을 해결하고자 하는 쪽으로 향하고 있다고 생각되면, "그럼, 이제 무엇을 하실 계획인가요?"와 같은 개방형 질문을 직접적으로 할 수 있다. 이렇게 질문하면, 클라이언트는 상반된 두 가지 대안 중에서 솔직하게 자신이 무엇을 하고 싶은지 답변하거나 아직 무엇을 해야 할지 모른다고 대답할 수 있다. 후자의 경우라면 사회복지사는 양가감정을 다루면서 클라이언트가 변화의 준비가 될 때까지 기다려야 한다(Arkowitz et al., 2008).

(6) 변화대화하기

동기강화모델의 핵심 과제는 클라이언트를 변화과정에 적극적으로 참여시키는 것이다. 적극적으로 참여시킨다는 것은 변화를 지시하거나 설득하는 것을 의미하지 않는다. 양가감정으로 변화를 망설이고 있는 클라이언트에게 변화를 종용하거나 설득한다면 오히려 변화에 저항하는 반응을 하기 쉽다. 클라이언트가 자신의 변화와 개선에 관심을 갖고 스스로를 동기화해야만 실제적인 변화가 가능하다.

클라이언트의 내적 동기화를 위해 변화대화(change talk)에 주목한다. 변화대화란 변화에 대한 열망(desire), 능력(ability), 이유(reason), 필요성(need) 등에 대해 클라이언트가 이야기하는 것을 말한다. 동기강화모델에서 사용되는 많은 기술들은 변화대화를 유발하고 강화시키도록 고안되었다. 일반적으로 변화대화의 표현은 크게 다음의 네 가지로 구분된다(Miller & Rollnick, 2002; Miller, 2005; Miller & Rollnick, 2012).

① 문제에 대한 인식 표현

클라이언트가 변화의 필요성이 있음을 인식하고 직접 말로 표현하는 것이다. 이것이 자기동기화 진술, 즉 변화대화의 시작이다.

② 문제에 대한 염려 표현

클라이언트가 변화가 필요하다는 생각뿐 아니라 관련된 감정을 내비치는 것이다. 이는 걱정이나 고민, 그리고 현재 상황과 그것이 초래할 결과에 대한 우려 등으로 나타난다. 클라이언트가 우려와 걱정을 표현할 때 반영적 경청하기를 하면서 클라이언트가 원하는 만큼 우려와 걱정을 표현할 수 있도록 기다려 준다.

③ 변화하려는 의도 진술

변화 의도는 변화의 후기 단계에서 표현되는 경우가 많다. 클라이언트가 스스로 변화에 대한 의도를 이야기한다면 사회복지사는 그러한 대화를 격려하고, 경청해 줌으로써 변화의 의도를 정확히 이해해야 한다. 클라이언트가 변화 의도를 표현하면서 구체적인 방법을 모색하게 되기 때문이다.

④ 변화에 대한 낙관성 진술

변화에 대한 낙관적 태도를 보이는 경우이다. 사신에게 변화에 대한 능력이 충분히 있다고 낙관적으로 표현하는 것이다. 변화 의도뿐 아니라 자신이 할 수 있다고 표현한다. 사회복지사는 변화와 관련된 낙관적 진술에 대해 주목해 주고, 클라이언트 스스로도 자신의 진술에 대해 주목할 수 있도록 돕는다. 클라이언트가 변화를 위한 실천으로 진전하고 있음을 암시하는 신호들은 〈표 5-3〉과 같다.

표 5-3 유지대화와 변화대화 비교하기

	유지대화(저항대화)	변화대화
문제 인식 표현	저는 문제가 전혀 없습니다.	저 때문에 집사람이나 애들이나 다 힘들죠. 다들 저를 걱정하고 있어요.
문제 염려 표현	술 먹으면 다 그래요. 술깨면 멀쩡해요.	자주 필름이 끊기니까 걱정이 됩니다. 실수할까봐 걱정되구요.
변화 의지 표현	병원에 절대 가지 않을 겁니다.	술 문제도 병원에서 치료할 수 있는지 알고 싶어요. 무슨과지요?
변화능력/ 낙관 표현	노력은 해 보겠지만 자신은 없어요.	저는 한번 한다면 하는 성격입니다. 마음 먹으면 술을 끊을 수 있어요.

5) 실천과정

동기강화모델의 실천과정은 네 가지 과정, 즉 관계 형성하기, 초점 맞추기, 변화동기 유발하기, 계획하기로 구분된다(신수경, 조성희, 2017; Miller & Rollnick, 2012).

(1) 관계 형성하기

클라이언트와 상호 교류하며 공감하는 과정이다. 클라이언트가 변화단계(인식전단계, 인식단계, 준비단계, 행동실천단계, 유지단계) 중 어느 단계에 있는가와 상관없이 관계 형성은 필수적인 과정이다. 동기강화모델의 정신에 입각하여 핵심 기술을 적절히 활용함으로써 형성되는 관계는 후속과정으로 나아가는 토대가 되기 때문이다. 클라이언트의 저항이나 방어를 다루기 위해서라도 관계 형성은 매우 중요한 의미를 갖는다. 전체 개입의 첫 회기뿐만 아니라 매 회기마다 새롭게 관계 형성을 해야 한다(신수경, 조성희, 2017; Rollnick, 2015). 사회복지실천의 라포 형성과 동일한 개념으로 이해하면 된다.

(2) 초점 맞추기

초점 맞추기 과정은 '무엇'에 해당한다. 초점이란 클라이언트가 가야 할 방향을 전제로 하는 것이다. 클라이언트로 하여금 자신의 양가감정을 인지하여 탐색하게 하고, 변화를 향해서 나아가게 함으로써 긍정적인 삶을 영위할 수 있도록 사회복지사가 전략적으로 초점을 맞추는 것이다. 이 과정에서 하나 이상의 변화행동 목표가 언급되고, 클라이언트가 변화행동 목표 간에 우선순위를 매기는 등 기꺼이 변화에 참여한다면 사회복지사는 클라이언트의 변화동기를 높이기 위한 과정에 돌입한다(신수경, 조성희, 2017).

(3) 변화동기 유발하기

변화동기 유발하기 과정은 '왜'에 해당한다. 클라이언트 스스로가 변화에 대한 이유와 욕구를 표현하고 행동실천을 결심하며, 이미 변화행동을 하고 있다면 지속적으로 변화행동을 유지하는 동기를 견고하게 하는 과정이다. 이 과정에서 클라이언트는 행동변화에 대해 많은 이야기를 하게 된다. 이 과정이 동기강화모델의 정신과 핵심 기술이 가장 활발하게 적용되는 단계라고 할 수 있다. 클라이언트의 변화대화 빈도가 높아지고, 반대로 유지대화의 빈도는 낮아지며, 클라이언트가 인식하는 변화의 필요성과 자신감 수준은 최대한 높아진다(신수경, 조성희, 2017).

(4) 계획하기

계획하기 과정은 '어떻게'에 해당하는 마지막 과정이다. 일반적으로 사회복지실천이나 다른 실천모델에서 계획하기가 실천의 초기과정인 것과는 매우 대조적이다. 동기강화모델에서는 변화에 대한 동기를 유발하는 과정이 가장 중요하다. 따라서 클라이언트의 변화동기가 유발되고, 행동실천을 결심하는 단계에 이르면 클라이언트는 개입이 종결되더라도 행동을 실천할 가능성이 매우 높기 때문에 계획하기 과정은 생략될 수도 있다(신수경, 조성희, 2017).

2. 위기개입모델

위기개입모델은 위기 상황에 즉각적으로 개입하여 전문원조를 제공하기 위한 모델로서 다양한 이론과 실천방법을 적용하는 통합 접근을 강조한다. 특히 제3장에서 기본모델로 살펴본 심리사회모델, 행동주의모델, 인지행동모델의 기술과 기법들을 개입과정에서 통합적으로 활용한다.

이 절에서는 위기이론에 대해 살펴보고, 위기에 개입하기 위한 실천방법을 제시한다.

1) 이론적 배경

(1) 위기의 정의 및 분류

위기란 "위협적 혹은 외상적 위험사건을 경험하고 취약해지면서 여태까지의 대처전략으로는 스트레스나 외상에 대처하거나 이를 경감시킬 수 없는 불균형(disequilibrium)의 상태가 되는 것"(Yeager & Roberts, 2015)을 말한다. 위기는 사건 자체보다는 사건에 대한 개인의 주관적 현실에 기초하는데, 같은 상황에서도 어떤 사람은 위기를 느끼는 반면, 다른 사람은 위기를 느끼지 않을 수 있다.

위기 상황은 일반적으로 다음의 세 가지 유형을 포함한다.

① 재해

자연재해와 인간에 의한 재해, 즉 인재를 모두 포함한다. 예를 들면, 수재, 화재, 지진, 여객기 추락사고, 건물 붕괴, 다리 붕괴 등이다.

② 발달적/변천적 위기

발달적 위기(developmental crisis)는 개인 · 가족 · 지역사회와 같은 사회체계의 발달 과정에서 경험하는 위기이다. 개인의 생애주기에 따른 위기로서 청소년의 정체성 위기, 중년의 위기, 노년의 위기 등을 들 수 있다. 가족도 생애주기에 따른 위기를 경험하는데, 예를 들어 자녀의 초등학교 입학 시기, 십대 자녀 시기, 자녀가 독립하고 부모만 남게 되는 시기 등에 위기를 겪을 수 있다. 변천적 위기(transitional crisis)는 변화에 따른 위기로서 이혼, 재혼, 이민 등으로 인한 위기를 예로 들 수 있다.

③ 상황적 위기

상황적 위기(situational crisis)는 누구에게 언제라도 일어날 수 있는 위기로서 신체적 질병, 실직, 가족 사망, 성폭력, 자살 등으로 인한 위기를 포함한다.

(2) 위기 이론의 가정

위기는 다섯 가지 요소들, 즉 위험 사건, 취약 상태, 촉발 요인, 실제 위기상태, 재통합으로 구성되어 있다(Golan, 1978). 위험 사건이 발생하고 취약한 상태에서 촉발 요인으로 인해 실제 위기상태가 되고 시간이 지나면서 재통합이 이루어진다. 골란(Golan, 1978)은 이런 요소들을 포함하여 위기에 대한 이론적 가정을 다음과 같이 제시하였다.

① 위험 사건

위기는 대개 위험 사건(hazardous event)에 의해 시작되는데, 위험 사건은 외부 스트레스 사건일 수도 있지만, 내부 압력일 수도 있다. 예를 들어, 배우자의 갑작스런 죽음은 외부 사건이며, 사춘기의 가치관 혼란은 내부 압력으로 이해할 수 있다.

또한 위험 사건은 하나의 재앙 사건일 수도 있고, 연속적으로 축적된 사건일 수도 있다. 예를 들어, 교통사고로 인한 장애, 해고, 이혼, 강간, 이민 등은 하나의 위험 사건이 될 수 있다. 연속적인 사건의 예는, 최근 직장에서 상사와 갈등이 있는 여성이 시부모의 건강문제, 남편과의 갈등, 자녀의 성적 부진 등을 연속적으로 경험하면서 위기에 빠지는 경우다.

② 취약 상태

위험 사건으로 항상적 균형을 잃으면 취약 상태(vulnerable state)가 된다. 취약 상태에서는 이전의 평형 상태를 회복하기 위해 평소 사용하던 문제해결 기제를 시도하며, 이에 성공하지 못하면 위기 상황에 대처하기 위한 새로운 방법을 활성화한다.

③ 촉발 요인

촉발 요인(precipitating factor)이란 긴장과 불안을 최고봉으로 올려놓음으로써 취약 상태를 불균형 상태로 만드는 요인이다. 어떤 위기 상황에서는 위험 사건이 압도적이어서 위험 사건이 동시에 촉발 요인이 되지만, 다른 경우에 촉발 요인은 위험 사건과 직접 관련이 없을 수도 있다. 예를 들어, 최근 이혼한 여성이 운전 중 접촉사고를 당하고 가까스로 유지해 오던 평형 상태가 깨지면서 실제 위기를 맞는 경우이다. 이혼이라는 위험 사건으로 취약 상태에 있던 여성이 위험 사건과 직접 관련이 없는 자동차 접촉사고가 촉발 요인이 되어 위기를 맞게 된 것이다.

④ 위기에 대한 인식 차이

위기에 대한 인식은 사람마다 다르다. 위기 상황이 진행되면서 어떤 사람들은 이를 '위협'으로 인식하고, 다른 사람들은 이를 능력에 대한 '상실'로 인식하며, 또 다른 사람들은 이를 '도전'으로 인식한다.

⑤ 정서적 반응의 차이

위기 상황을 주관적으로 어떻게 인식하고 해석하는지에 따라 이에 대한 정서 반응이 달라진다. 위기 상황을 '위협'으로 인식하는 사람들은 높은 수준의 불안을 경험하고, 이를 '상실'로 인식하는 사람들은 우울이나 결핍감, 애도의 반응을 보이며, 위기 상황을 '도전'으로 인식하는 사람들은 어느 정도의 불안을 경험하지만 희망과 기대를 잃지 않는다.

⑥ 과거 갈등의 재현

위기 상황은 과거에 해결되지 않았거나 부분적으로 해결된 갈등을 재활성함으로써 현재의 대처능력을 저하시키기도 한다. 예를 들어, 청소년 자녀가 가출하자 자녀 양육을 부인의 전적인 책임으로 전가해 온 남편과 이에 대해 항상 불만스러웠던 아내 사이에서 부부 갈등이 재현되고 이로써 부모가 자녀의 가출 상황에 적절히 대처하지 못하게 될 수 있다.

위기개입은 과거와 현재 사이의 연결성을 단절하고 현재의 곤경에 초점을 맞추거나 필요한 경우 현재의 문제에 영향을 미치는 과거의 갈등을 해결하려 시도하기도 한다. 앞선 예에서 자녀 가출을 계기로 부부가 자녀 양육의 책임을 어느 정도 공유하도록 변화한다면, 현재의 위기 상황뿐 아니라 과거 갈등을 해결하는 기회가 된다.

⑦ 예측 가능한 반응

모든 위기 상황이 그런 것은 아니지만, 일부 위기는 예측할 수 있는 단계를 거치고 사람들은 각 단계에서 예측할 수 있는 정서 반응과 행동을 드러낸다. 예를 들어, 말기암을 진단받은 환자는 부정(denial), 분노, 타협, 우울, 수용의 단계를 거치는 정서 반응과 행동을 드러낸다(Kübler-Ross & Kessler, 2014). 따라서 클라이언트가 특정 단계에 고정되거나 단계를 생략한다는 것은 위기를 해결하기 위해 어떤 부분에 초점을 맞추어야 하는지에 대한 단서를 제공한다.

⑧ 위기의 시간 제한성

위기는 오랜 기간 지속되는 것이 아니라 시간 제한적이다. 위기 상황의 성격, 위기를 극복히기 위한 인지적·정서적·행동적 과업, 사회환경적 지지와 자원 등에 따라 달라지지만, 골란(1978)은 일반적으로 불균형을 경험하는 실제 위기(active crisis)는 대개 4~6주 정도 지속되는 것으로 설명하였다. 이는 4~6주가 지나면 위기를 극복한다는 의미가 아니며, 이 기간이 지나면 나름의 적응적 혹은 비적응적 행동유형을 습득하게 된다는 뜻이다. 따라서 위기개입은 실제 위기 기간을 넘지 않는 4~6주 이내에 이루어지는 것이 바람직하다.

⑨ 위기개입의 효율성

위기 상황에서 사람들은 현재의 대처기제가 적절하지 못하다는 것을 경험하고 외부 영향과 원조에 쉽게 반응한다. 따라서 외부 원조에 개방적인 위기 상황에서 사회복지사는 적은 원조로 큰 효과를 가져올 수 있다. 위기개입에서 적은 원조는 일반적인 상황에서의 집중적인 원조보다 효과적일 수 있으므로 효율적이다.

⑩ 재통합

재통합(reintegration) 단계에서 사람들은 자신에게 일어난 문제에 대해 인지적으로 이해하게 되고, 위기 관련 감정을 방출하고 변화를 수용하며, 새로운 대처 행동유형을 개발한다. 또한 위기 상황을 극복함으로써 숙달감, 자아존중감의 향상을 경험한다. 이 단계에서 학습한 새로운 적응기제를 장래 다른 상황에 효과적으로 대처하기 위해 적용할 수 있다.

하지만 위기 상황에서 부적절하고 부적응적 행동유형을 학습한다면, 앞으로의 상황에 적절하게 대처하는 능력이 손상될 수 있다. 예를 들어, 위기 상황에서 알코올중독, 게임중독, 폭력, 학대 행동을 형성하거나 '아무것도 소용없다.'는 학습된 무기력감(learned helplessness)을 습득하거나 우울, 고립에 빠지는 경우에는 위기 상황 이전보다 전반적인 기능이 떨어질 수 있다.

2) 위기개입의 목표 및 과정

위기개입은 매우 초점화된 단기 개입으로서 위기개입의 목표는 제한적이다. 래포포트(Rapoport, 1970)는 위기개입의 목표를 다음과 같이 제시하였다. 이 목표들 가운데 처음 네 개는 최소한 달성해야 하는 목표이며, 마지막 두 개는 상황이나 기회, 클라이언트의 성격 등이 허락하는 경우 달성할 수 있는 목표이다.

첫째, 위기로 인한 증상을 제거한다.

둘째, 위기 이전의 기능 수준으로 회복한다.

셋째, 불균형 상태로 만든 촉발 사건에 대해 어느 정도 이해한다.

넷째, 클라이언트나 가족이 사용하거나 지역사회 자원에서 이용할 수 있는 치료 기제에 대해 규명한다.

다섯째, 현재의 스트레스를 과거의 생애경험, 갈등과 연결한다.

여섯째, 새로운 인식, 사고, 정서 양식을 개발하고 위기 상황 이후에도 사용할 수 있는 새로운 적응적 대처기제를 개발한다.

위기개입의 과정은 초기와 중기, 종결기로 나눌 수 있으며, 과정별로 사회복지사가 활용할 수 있는 활동과 지침들은 다음과 같다(Golan, 1978).

(1) 초기

초기는 대개 클라이언트를 처음 대면하는 첫 회기로 이루어진다. 초기에 사회복지사는 위기 상황에 즉각적으로 초점을 맞추고 '지금 여기(here and now)'에서 출발해야 한다. 특히 이 단계에서는 클라이언트의 주관적 반응을 이끌어 냄으로써 환기(ventilation)를 경험하도록 하는 것이 중요하다. 사회복지사는 클라이언트의 반응에 대한 해석이나 직면(confrontation)보다는 클라이언트가 감정을 표현함으로써 보다 합리적·이성적으로 위기 상황에 대처할 수 있도록 원조하는 것이 중요하다.

또한 사회복지사는 현재 클라이언트의 곤경에 대해 평가하며, 클라이언트가 가장 중요한 문제를 무엇으로 보는지 탐색하고, 클라이언트와 함께 하나의 표적 문제를 설정한다. 구체적 목표와 과업을 설정한 후 앞으로의 활동에 대해 클라이언트와 계약한다.

사회복지사의 위기개입 초기 활동은 〈표 5-4〉와 같다.

표 5-4 위기개입모델-초기

사회복지사의 활동	지침
A. 위기 상황에 대한 즉각적 초점	
1. 지금 여기에서 출발한다. 클라이언트를 의뢰하거나 찾아오게 한 사건, 즉 촉발요인에 초점을 두고 범위, 관련 인물들, 결과, 영향, 시간을 탐색한다.	클라이언트 자신이 상황에 대해 말함으로써 자신의 상황을 인지하는 것이 중요하다.
2. 사건에 대한 주관적 반응을 이끌어 낸다. 사건과 관련하여 자신 혹은 다른 사람들의 역할에 대한 정서적 반응을 알아본다.	현재 상황에 대한 정서적 반응(울음, 분노, 비난, 죄책감 등)을 표현하도록 돕는다.
3. 감정이 누그러짐에 따라 위험 사건과 악화된 변화에 대해 알아본다. 이것이 가능하지 않으면, 적어도 언제부터 상황이 나빠지게 되었는지 알아본다.	이 시점에서는 해석이나 직면하지 않도록 주의한다.
4. 취약 상태의 성격과 지속 기간을 확인한다. 문제를 다루는 능력에서의 변화, 문제에 대처하기 위한 이전의 시도, 원조를 구하려 했던 노력에 대해 알아본다.	사정을 시작한다. 클라이언트의 불안 수준, 정서 반응의 정도, 감정과 현실 인식의 적절성, 변화동기, 사고와 감정, 행동, 생리적 능력, 기능 수준, 이전 문제 해결유형, 작업 관계에 관여할 수 있는 능력 등.
5. 실제 위기 상황에 대해 사정한다. 역기능 영역이 전반적인지, 부분적인지, 상황이 고정되었는지, 아직도 진행 중인지.	
B. 현재 곤경에 대한 평가	
1. 무슨 일이 일어나고 있는지, 가장 중요한 문제가 무엇인지, 초점을 두어야 하는 부분이 어디인지를 결정하는 진술을 한다.	개입 초점을 일반적 · 물질적 지원에 둘지, 개인적 · 심리사회적 지원에 둘지 결정한다.
2. 클라이언트가 상황을 어떻게 이해하는지, 가장 중요한 문제를 무엇으로 보는지, 가장 먼저 작업하고 싶은 부분이 무엇인지에 대해 묻는다.	해결하고자 하는 문제를 선정하기 어려운 경우, 문제의 크기를 줄임으로써 희망과 가능성을 가지도록 한다.
3. 클라이언트와 함께 하나의 표적 문제를 설정한다. 서로 연관된 두 개의 문제를 설정할 수도 있다.	
C. 앞으로의 활동에 대한 계약	
1. 구체적 목표와 과업에 대한 임시 동의안을 만든다. 클라이언트, 사회복지사 혹은 다른 사람들이 해야 할 일에 관한 작업 계획을 세운다.	위기 상황에서도 자신의 역할을 수행하는 성숙하고 기능적인 성인으로 클라이언트를 대한다.

출처: Golan (1978), pp. 84-88에서 재구성.

(2) 중기

위기개입이 4~6 회기에 걸쳐 이루어진다면, 실행단계인 중기는 첫 회기부터 4회기까지 진행된다. 초기 단계와는 달리 중기에서는 클라이언트의 주요 주제들, 예를 들어 상실감, 자아존중감의 손상 등에 대해 깊이 탐색하고, 필요한 경우에는 과거에 대해서도 탐색한다. 사회복지사는 클라이언트의 정서가 적절한 경우 공유하고, 감정은 적절하지만 대상이 적절하지 않은 경우 보다 현실적인 방향으로 돌리며, 감정이 적절하지 않은 경우 문제를 제기한다. 초기와는 달리 이 단계에서는 클라이언트가 보다 이성적으로 대처할 수 있도록 직면 기법을 사용하기도 한다.

중기의 주요 활동은 위험 사건 이후의 자료를 조직화하고, 단기에 성취할 수 있는 목표와 목표를 달성하기 위한 과업들에 대해 작업함으로써 행동변화를 초래하는 것이다. 특히 클라이언트가 목표를 달성하기 위한 구체적인 과업들을 수행하도록 함께 작업한다.

클라이언트가 목표를 달성하고 자율성을 회복함에 따라 사회복지사는 소극적 역할로 전환할 필요가 있으며, 클라이언트의 일상생활에서 활용할 수 있는 자원과 지지체계를 찾아내어 클라이언트가 적극 활용할 수 있도록 지원한다.

사회복지사의 위기개입 중기 활동은 〈표 5-5〉와 같다.

표 5-5 위기개입모델-중기

사회복지사의 활동	지침
A. 자료의 조직화	
1. 위험 사건 이후의 상황과 관련 자료를 보충한다. 무슨 일이 일어났고 현재 진행 중인지에 대해 보다 명확하고 일관된 그림을 그린다.	원조 관계가 형성된 후, 대부분의 클라이언트들은 보다 합리적 · 이성적 · 협력적으로 변화한다. 따라서 정확하고 세부적인 내용에 초점을 둔다.
2. 여러 개의 주요 주제들(예, 상실, 자아존중감에 대한 공격) 가운데 선택한다. 주제들의 현재와 적절한 경우, 과거에 대해 묻는다.	이 부분은 개입의 핵심이 될 수 있다. 초기 단계와는 달리 주제에 대해 깊이 탐색하고 해석하며 반복되는 주제들에 대해 언급한다. 클라이언트의 정서가 적절한 경우에는 공유하고, 감정은 적절하지만 대상이 적절하지 않은 경우에는 보다 현실적인 방향으로 돌리며, 감정이 적절하지 않은 경우에는 문제를 제기한다.
B. 행동변화의 초래	
1. 초기 행동 계약(C1)으로 돌아가 과거에는 상황에 어떻게 대처했는지, 결과는 어떠했는지, 위기 상황을 다루고 균형을 회복하는 데 얼마나 효과적이었는지 규명한다.	중기 개입의 주요 영역이다.
2. 단기에 성취할 수 있는 전반적인 과업 영역 혹은 달성할 수 있는 중간 목표를 설정한다.	
3. 목표를 달성하기 위한 구체적인 과업들에 대해 작업한다. 과업들은 행동 지향적이며 수행의 변화를 가져올 수 있어야 한다.	과업을 부여함으로써 클라이언트가 시작하도록 도울 수 있다. 문제를 다루는 모델의 역할을 보여 준다. 특히 새로운 활동을 과업으로 수행하는 클라이언트를 지지하고 격려한다.
4. 과업은 클라이언트가 행동과정 혹은 이를 수행하는 방법을 결정하도록 사고지향적일 수 있다.	지시와 활동에 깊이 관여하는 역할로 시작하지만 클라이언트가 자율성을 회복함에 따라 소극적 역할을 수행한다.

출처: Golan (1978), pp. 88-91에서 재구성.

(3) 종결기

종결기는 마지막 한두 회기로 이루어진다. 종결기에서 사회복지사는 종결에 대한 클라이언트의 저항을 다루어야 한다. 또한 성취한 과업, 목표, 변화뿐 아니라 성취하지 못한 것들에 대해 점검하며, 클라이언트의 활동 계획에 대해 논의한다. 클라이언트가 사회복지사에게 의존하지 않도록 격려함과 동시에 필요한 경우에 클

표 5-6 위기개입모델-종결기

사회복지사의 활동	지 침
A. 종결 결정	
1. 계약에 따른 남은 시간 혹은 남은 회기에 대해 상기시킨다.	
2. 계약을 맺지 않았다면, 종결 가능성을 가지고 회기의 공백을 둘 것을 제안한다.	
3. 종결에 대한 클라이언트와 사회복지사 자신의 저항을 다룬다.	종결 반응은 세 가지로서 계약이 종료됨에 따라 종결을 원하는 경우, 종결에 대한 방어로서 지속적인 개입을 원하는 경우, 지속적 개입이 적절하며 이를 원하는 경우가 있다. 클라이언트의 현재 기능 수준에 따라 결정한다.
B. 진전에 대한 점검	
1. 최종 혹은 최종 이전 회기에서 첫 대면부터의 진전에 대해 요약할 것을 제안한다.	
2. 주요 주제들인 정서적 이슈들의 진전에 대해 점검한다.	
3. 성취한 과업들, 목표들, 변화들과 이루지 못한 일에 대해 점검한다.	
C. 앞으로의 활동 계획	
1. 현재 상태와 장래에 대한 클라이언트의 계획에 대해 논의한다.	
2. 문을 닫지만 조금은 열어 둔다.	클라이언트의 독립을 강조하는 한편, 필요한 경우 언제든지 찾아올 수 있도록 한다.

출처: Golan (1978), pp. 91-94에서 재구성.

라이언트가 활용할 수 있는 지지원으로 사회복지사를 인식할 수 있도록 한다.

사회복지사의 위기개입 종결기 활동은 〈표 5-6〉과 같다.

3) 위기개입모델의 적용

앞에서 위기개입의 일반적인 내용을 살펴보았으나, 위기가 어떤 유형인지에 따라 사회복지사에게 필요한 지식과 경험, 기술은 상당히 다르다. 예를 들어, 자연재해로 인한 위기와 이혼으로 인한 전환적 위기의 성격은 매우 다르며, 같은 상황적 위기일지라도 자살, 성폭력, 말기암 발견 등으로 인한 위기의 성격도 각기 매우 다르다. 따라서 다양한 유형의 위기에 전문적으로 개입하기 위해 해당 지식과 직접·간접 경험을 쌓으며 준비해야 한다. 사회복지사가 실천현장에서 부딪힐 수 있는 다양한 위기상황에 전문적으로 개입하기 위한 방법은 제6장과 제7장에서 사례 중심으로 자세히 살펴본다.

연습문제

1. 다음의 질문을 개방형 질문으로 다시 진술해 보시오.

질문	개방형 질문으로 바꾸기
1. 음주 문제로 여기 오셨군요? 그렇지요?	
2. 슬하에 자녀가 있으세요?	
3. 단주 모임에 가는 것이 좋다고 생각하시는 거지요?	
4. 스스로도 술을 너무 자주 마신다고 생각하시나요?	
5. 이전에도 상담을 받으신 적이 있나요?	

2. 다음의 양가감정을 보이는 클라이언트의 변화단계를 분석하고, 사회복지사로서 반응해 보고, 어떠한 기술을 활용했는지 그 이유는 무엇인지 서술하시오.

"이렇게 매 맞고 평생 사는 건 아니라는 걸 알아요. 그러나 애들도 있는데 이혼하는 것만이 답일까 하는 생각도 들어요. 제 인생을 통째로 부정하는 건 아닐까? 가정까지 잃으면 제 인생에는 남은 게 없어요. 허무하고, 힘들 것 같아요."

1) 클라이언트의 변화단계:

2) 사회복지사로서 반응하기:

3) 사용한 기술과 이유:

3. 동기강화모델에 저항을 어떻게 이해하고 다루는지 설명하시오.

4. 자신이 인생에서 경험한 위기는 무엇인가? 위기 상황 이후 자신의 사회기능이 이전과 어떻게 달라졌는가? 위기를 경험함으로써 새로운 행동을 학습하였다면, 이 새로운 행동은 적응적인가 혹은 부적응적인가?

5. 이 장에서 살펴본 동기강화모델과 위기개입모델을 실제 혹은 가상 사례에 적용하는 연습을 해 보고, 적용과정과 결과를 토론해 보시오.

제6장

개인대상 실천기술의 이해

개인대상 사회복지실천은 사회복지실천의 대표적 접근방법의 하나이다. 개별 클라이언트에게 개입하는 데 필요한 실천기술의 유형을 전문적 원조관계에서의 실천기술과 문제해결과정에서의 실천기술로 나누어 살펴본다. 전문적 원조관계에서의 실천기술은 대화의 기술을 중심으로 실천역량과 기술을 제시하고 있다. 문제해결과정에서의 실천기술은 사회복지실천론에서 학습한 실천과정별 과업과 역할을 중심으로 준비단계의 기술, 초기단계와 탐색단계의 기술, 사정단계의 기술, 계약단계의 기술, 개입단계의 기술, 평가와 종결단계의 기술로 나누어 살펴본다. 복합적 욕구를 가진 개별 클라이언트 대상의 실천이 갖는 특징과 함께, 다중적 문제 상황에 대해 효과적으로 접근할 수 있는 실천기술에 대해 살펴본다.

1. 개인대상 사회복지실천과 실천기술

1) 개인대상 사회복지실천의 개념

전통적으로 사회복지실천의 개입방법은 클라이언트체계의 수준에 따라 개인을 대상으로 하는 실천, 집단을 대상으로 하는 실천, 그리고 지역사회를 대상으로 하는 실천으로 분류해 왔다. 개인과의 일대일 관계를 통해 이루어지는 접근방법은 개별지도 또는 개별사회사업으로 불렸으며, 대부분의 사회복지실천현장에서 가장 빈번하게 활용하는 접근방법으로 알려져 왔다. 리치몬드(Richmond, 1944)는 개별사회사업(social casework)을 "개인과 사회 환경 간의 개별적인 의식적 조정을 통해 인격발달을 도모하는 과정"으로 정의하고 있다. 리치몬드는 클라이언트의 문제에 대한 조사와 과학적인 접근을 강조하면서 사회복지 최초의 전문화된 방법론인 개별사회사업을 체계화시킨 인물이다. 그녀는 개인의 기능에 영향을 미치는 환경의 영향을 인식하며 개인의 부적응에 대한 치료적 개입을 강조하고 있다. 초기 사회복지실천은 다수가 경험하는 사회문제에 대한 거시적 관점보다는 개별화된 문제의 다양성과 적응방식에 초점을 둔 미시적 접근을 중심으로 하였다(DuBois & Miley, 1996). 이와 같은 전통적인 접근방법의 흐름은 임상사회복지실천(clinical social work) 분야의 발전에 영향을 주었다. 미국사회복지사협회(National Association of Social Workers: NASW)는 임상사회사업을 "클라이언트의 사회적 기능을 향상시키기 위해 심리치료를 포함한 정보제공, 의뢰, 자원연결, 지역사회 조직, 연구활동을 포함"하는 개념으로 정의하는데, 전통적 개념의 개별실천과 유사하다. 우리나라에서 임상사회복지실천은 의료사회복지나 정신건강 분야를 중심으로 개별적이며 직접적인 개입을 강조하는 실천 활동으로 알려져 있다.

이후, 사회복지실천은 '인간의 존엄성과 사회정의의 실현을 통해 개인의 최적의 삶의 질을 보장하려는 기본 목적'을 중심으로 방향성이 변화되기 시작하였다. 특히 통합적 접근이 등장하면서, 개인의 문제를 사회적 환경과의 관련성 속에서 삶의 문제(problem-in-living)로 이해하고 다양한 수준에 체계적으로 개입할 것을 강조하게 되었다. 개인의 내적 문제로부터 일상의 삶에서 경험하는 문제를 폭넓게 해결하기 위해, 인간과 환경 간의 상호적인 변화를 가능하게 하는 개입방법에 관심을 갖는다. 개인대상의 실천에서 강조하는 지향과 초점의 변화에 따라, 개인에 대한 심리내적 적응과 개입을 강조하는 개별지도(casework)보다는 대상체계의 수준을 강조하는 '개인대상의 실천(social work practice with individuals)'이라는 용어가 널리 쓰이기 시작하였다.

클라이언트의 내적 기능이나 외부 환경 조건이 불충분할 때에 클라이언트의 욕구 충족은 정상적으로 이루어지기 어려우며, 이때 외부의 전문적 도움을 통해 변화를 갖고자 한다. 개인을 대상으로 하는 실천에서는 개인의 인식이나 경험을 알기 위한 인간발달에 관한 전문 지식과 함께, 개인의 상황과 욕구를 파악하고 클라이언트의 생활 환경을 이해하기 위한 기초 지식이 중요하다. 다음은 개인을 대상으로 하는 사회복지실천이 필요한 클라이언트의 상황을 예로 든 것이다.

- 생애주기별 또는 발달단계에 따른 변화
- 성격/자아개념, 삶에 대한 인식과 경험
- 인지 · 정서 · 행동, 적응능력
- 신체건강 및 정신건강
- 경제적 조건 및 생활환경

개인대상의 실천에서 전문가의 개입방식은 크게 대면접촉을 통해 서비스를 제공하는 직접 실천, 그리고 자원연계나 환경적 조정과 같은 개입을 하는 간접 실천으로 나누어진다. 직접 실천(direct practice)은 클라이언트와의 면접이나 상담을 주로 활용하여 개입하는 접근방식으로서, 주변체계에 대한 개입보다는 클라이언트 개인에 대한 직접적인 실천기술을 많이 활용하는 특징이 있다. 반면, 간접 실천(indirect practice)은 지역사회를 중심으로 클라이언트의 주변체계에 개입하여 사회지지체계나 관련자원들을 활용하는 방법이다.

개인대상의 실천은 서비스제공자의 수에 따라 단독형과 지지망형으로 구분하기도 한다(최옥채, 1999). 단독형은 1인의 클라이언트에게 사회복지사 1인이 개입하는 것으로서, 사회복지사 단독으로 개별사례를 맡아 문제해결과정에 직접 개입하는 것을 말한다. 단독형은 클라이언트의 문제에 대한 개입의 초점을 개인에게 두고 개인의 심리내적 기능이나 대인관계적 측면을 강조하는 전통적인 개별지도의 개념에 보다 가깝다. 반면, 지지망형은 1인의 클라이언트에게 사회복지사 외에 다수의 전문가가 개입하는 것이다. 사회복지사는 클라이언트의 문제해결을 위한 공식적 · 비공식적 지원체계를 조직하고 활용하며 다양한 서비스제공자들과 협의조정하면서 필요로 하는 서비스가 적절히 제공되는가를 모니터링하는 역할을 수행하기도 하는데, 이때 지지망형의 실천방식이 활용된다. 지지망형은 1인의 클라이언트체계이지만 다양한 행동체계와 자원을 활용하는 실천기술도 활용하기 때문에 통합적 접근에 가깝다. 최근에는 복합적 위기를 경험하는 개인을 대상으로 하는 개별실천의 접근방식으로 사례관리(case management)가 강조되면서, 클라이언트의 주변체계에 대한 개입과 서비스 전달체계 내의 자원을 연결하고 조정하는 중범위 차원으로 사회복지사의 역할이 확대되고 있다. 여기에서는 개념상의 혼란을 피하고 집단 · 가족 · 지역사회 대상의 실천과 구분하기 위해 개인대상 사회복지실천의 개념을 개별 클라이언트와의 일대일 관계(단독형)에서 이루어지는 실천의 개념으로 한정한다.

2) 개인대상 사회복지실천의 특징

앞에서 살펴보았듯이, 개인대상의 사회복지실천은 개인의 문제나 상황에 관심을 갖고 클라이언트와의 긴밀한 관계 속에서 개입이 이루어지는 사회복지실천방법의 하나이다. 개별 클라이언트를 대상으로 하는 사회복지실천의 특징을 살펴보면 다음과 같다.

① 1인의 클라이언트체계를 중심으로 이루어진다.

개인대상의 사회복지실천은 개별 클라이언트체계가 갖는 문제에 초점을 두고 클라이언트와 개별화된 원조과정을 진행하는 특징이 있다. 개별 클라이언트가 갖고 있는 개인적 성향이나 사회환경적 특성, 문화적 배경을 파악하면서 개인의 변화를 이끌어 내는 데 필요한 실천방법과 전략을 활용하는 것이 중요하다.

② 클라이언트와 사회복지사와의 전문적 관계를 강조한다.

개인대상의 실천에서는 관계형성과 의사소통의 기술이 중요한 도구로 활용된다. 사회복지사는 클라이언트와의 문제해결과정을 촉진하기 위해 클라이언트와 라포를 형성하며 전문적 원조관계를 형성하게 된다. 일대일 관계 속에서 클라이언트와 긍정적인 전문적 관계를 형성하기 위해서는 개인의 존엄성과 자기결정권을 강조하는 사회복지실천의 기본적 가치를 반영하고 개인의 개별적인 욕구와 문제상황에 대한 민감성을 키우는 것이 필요하다.

③ 개인의 문제해결을 위해 다양한 개입모델과 기법을 활용한다.

개인대상의 실천에서 만나는 클라이언트는 아동, 청소년, 성인, 노인 등 생애주기별로 다양하며, 행동발달, 정신건강, 신체적 질환이나 장애, 중독과 같은 문제부터 빈곤, 고용, 주거, 교육 등 다양한 영역의 문제를 갖는다(Holosko et al., 2013). 클라이언트의 문제에 대한 접근방법과 개입기술은 여러 학문적 배경을 가진 실천모델(전통적인 심리사회모델을 비롯한 인지모델, 행동주의모델, 단기개입, 위기개입, 과제중심모델 등)에 따라 다르기 때문에, 개인의 변화 또는 개인과 환경 간의 상호작용을 변화시키기 위한 개입의 목적에 따라 그에 적합한 모델의 선택과 적용이 중요하다.

3) 개인대상 사회복지실천의 주요 실천기술

개인대상의 사회복지실천에서는 클라이언트와의 일대일 관계 속에서 이루어지는 직접적인 만남을 통해 문제를 해결하는 방법에 관심을 갖는다. 따라서 주변체계에 대한 개입이나 간접적인 원조기술보다는 대면접촉을 통한 면접기술이나 상담기법을 실천과정 전반에 걸쳐 빈번하게 활용하는 특징이 있다. 사회복지실천현장에서 개인을 대상으로 개입할 때 활용하는 실천기술은 기능에 따라 크게 ① 관계를 형성하고 의사소통을 하는 데 도움이 되는 전문적 원조관계의 기술, 그리고 ② 목적지향적인 원조과정을 효과적으로 진행하는 데 필요한 실천과정의 기술로 나누어 볼 수 있다.

(1) 효과적 원조관계를 위한 실천기술

바우어스(Bowers, 1949)는 개별사회사업을 "클라이언트가 속한 환경에서 개인의 능력과 지역사회 자원을 동원하여 보다 나은 적응을 이룰 수 있도록 인간관계의 지식과 대인관계의 기술을 활용하는 예술"이라고 정의하였다. 클라이언트와의 전문적 관계는 문제해결의 중요한 도구가 되기 때문에 사회복지사는 효과적으로 관계를 형성하고 유지하기 위한 실천기술을 습득할 필요가 있다. 특히 사회복지사와 클라이언트와의 관계의 질적 측면이 클라이언트의 만족도와 개입의 효과성에 영향을 미친다는 연구결과가 제시되고 있다(Howe, 2008).

무엇보다 사회복지실천과정에서 사회복지사와 클라이언트의 상호교류는 필수적이며, 좋은 원조관계를 형성하고 전문적 관계를 유지 · 발전시키는 것이 사회복지사의 중요한 역량이자 과업이 된다. 클라이언트를 비롯한 주변체계와의 상호작용이나 문제해결과정을 원활하게 이끄는 핵심적인 실천기술에는 대화의 기술이 있다(Bear & Federico, 1978). 클라이언트와 효과적인 의사소통을 하기 위한 대화의 기술을 갖춘 사회복지사는 클라이언트의 언어적 · 비언어적 표현을 이해하고 해석하며 클라이언트의 의사표현을 보다 명확히 하도록 돕는다. 또한 클라이언트가 표현하는 욕구나 관심, 문제 등을 능동적으로 듣고 클라이언트의 현실적 상황을 적절히 이해하고 반응함으로써 클라이언트와의 관계형성과 개입과정을 용이하게 만든다.

클라이언트와 사회복지사와의 긍정적인 원조관계를 형성하는 대표적인 대화의 기술에는 말하기(talking)와 듣기(listening)가 있다. 사회복지실천기술훈련을 위한 워크북에는 기초적인 대인관계 기술로 말하기와 듣기가 주요하게 포함되어 있다(Cournoyer, 2016). 효과적으로 말하기 위해 사회복지사는 자신의 목소리나 억양, 속도 등을 포함하는 언어적 표현과 얼굴표정, 자세나 기타 신체적 언어를 통한 비언어적 표현을 기술적으로 사용하는 방법을 습득해야 한다. 또한 효과적으로 듣기 위해 클라이언트가 표현하는 바를 능동적으로 듣고 클라이언트의 현실적 상황을 적극적으로 이해하려는 자세도 필요하다. 말하기와 듣기를 잘하기 위한 세부 대화의 기술을 살펴보면 다음과 같다.

① 정보제공

정보제공(information giving)은 클라이언트에게 유용한 내용을 전달할 때 사용하는 기술로서, 제공되는 정보는 클라이언트의 현재의 문제해결에 적절한 것이어야 한다. 사회복지사는 클라이언트가 선택할 수 있는 대안을 제시하거나 필요한 내용을 교육하게 되며, 이때 클라이언트의 자기결정이나 정보의 선택적 활용이 보장되어야 한다. 즉, 정보제공은 최상의 선택이라고 믿는 바를 클라이언트에게 제안하는 조언의 형태가 아니라 가능한 모든 대안들을 기초로 클라이언트가 선택할 수 있도록 필요한 자료를 제공하는 것이다.

② 감정의 반영

감정의 반영(reflection of feeling)이란 클라이언트의 정서적인 내용을 재서술하며 탐색하는 기술로서, 클라이언트가 자신의 주변 상황에 대해 어떻게 정서적으로 반응하는가를 이해하는 데 도움을 준다. 클라이언트가 가진 정서의 내용뿐 아니라 수준이나 강도에도 적절히 부합하기 위해, 사회복지사는 정서적 표현에 필요한 풍부한 어휘력을 갖추어야 하며 비언어적 표현에 대해서도 민감성을 가져야 한다.

③ 바꾸어 말하기

바꾸어 말하기(paraphrasing)는 클라이언트의 메시지 내용에 초점을 두어 클라이언트가 말한 바를 재진술하는 것이다. 이를 통해, 클라이언트는 자신이 생각하고 경험한 바를 살펴보며 다른 시각에서 생각할 기회를 갖게 된다. 클라이언트가 말한 바를 단순히 따라하는 것을 피하며, 사회복지사가 클라이언트 메시지를 이해하고 있는 바를 확인시키고 클라이언트의 피드백이 이어지도록 하는 기술을 적용해야 한다.

④ 명료화

명료화(clarification)란 클라이언트의 생각이나 감정, 경험을 명확히 이해하기 위한 것이다. 클라이언트의 메시지가 추상적이거나 혼란스러운 경우 보다 구체적으로 표현하도록 클라이언트에게 요청하게 된다. 사회복지사도 잘못된 해석이나 클라이언트의 상황에 대한 왜곡된 인식을 가질 수 있기 때문에 클라이언트의 메시지가 분명하지 않은 경우 명확히 할 것을 요청하며, 면접과정에서 전달된 메시지의 의미를 적절히 이해하고 있는가를 클라이언트의 피드백을 통해 확인할 수 있다.

⑤ 요약

요약(summarization)이란 클라이언트 메시지의 정서와 내용이 문장 안에 잘 축약되도록 하는 것이다. 요약의 기술은 면접을 시작할 때 지난 면접의 내용을 정리하거나 면접을 마칠 때 다음 모임의 내용을 정하는 데 활용하면 효과적이다. 면접 중에는 특정 주제에 초점을 맞추거나 다른 주제로 전환하고자 할 때 흔히 사용한다. 요약의 기술을 사용할 때는 열거하기보다는 초점이나 강조점을 중심으로 중심 내용을 재구성하는 것이 중요하다.

⑥ 해석

해석(interpretation)이란 클라이언트가 표현한 문제의 숨겨진 의미를 발견하고자 하는 것이다. 즉, 해석은 문제 이면에 담겨 있는 이슈들을 파악하는 과정으로서, 문제를 새로운 방식으로 또는 보다 객관적으로 바라보도록 도와준다. 이러한 해석의 기술은 정서적인 혼란이나 판단의 어려움이 있을 때 새로운 관점에서 변화에 대한 인식을 하게 함으로써 성공적으로 해결책을 찾는 데 도움을 준다. 이 기술은 클라이언트와 사회복지사 간의 라포가 잘 형성되어 있고 클라이언트가 자신의 문제를 탐색할 준비가 되어있을 때 효과적이다.

⑦ 직면

직면(confrontation)이란 클라이언트 메시지의 불일치된 내용을 지적할 때 사용하는 기술이다. 즉, 클라이언트가 말한 내용과 행동 또는 말한 내용들 간에 일치되지 않는 부분이 있을 때 왜곡된 부분을 살피며 상황을 명확히 인식하도록 돕는다. 이러한 상황에 대해 클라이언트는 방어적이 될 수 있기 때문에, 직면의 기술은 매우 지지적인 분위기에서 세심한 주의를 가지고 제한적으로 사용할 필요가 있다.

(2) 효과적 문제해결과정의 실천기술

실천과정은 사회복지사가 일정한 서비스 목표의 달성을 위해 합리적으로 과업을 수행해 나가는 절차이다. 실천과정의 기술은 클라이언트의 문제에 효과적으로 개입하여 해결해 나가는 데 필요하며, 특히 단계별 과업을 구체화하고 체계적으로 구성하는 데 유용하다. 개인대상의 실천에서는 개별 클라이언트의 문제에 대한 이해와 규명, 개입을 위한 계획과 실행, 원조과정을 점검하고 평가하는 기술이 포함된다. 문제해결과정의 단계별로 해당 역할을 수행하는 사회복지사의 역량은 개인 클라이언트뿐 아니라 가족이나 집단, 지역사회를 대상으로 하는 원조과정을 진행하는 데 유용하기 때문에, 다양한 사회복지 실천현장에 적용되고 있다(Bear & Federico, 1978; Middleman & Wood, 1990).

오헤어(O'Hare, 2009)는 사회복지실천의 핵심 기술(essential skills)을 사정(assessment)과 개입(intervention), 평가(evaluation)로 나누어 제안하고 있다. 미국사회복지교육협의회도 2022년도 학부와 석사과정을 위한 교육인증 기준에 이와 같은 문제해결과정의 실천역량을 강조하고 있다(CSWE, 2021). 문제해결과정의 실천기술을 쿠르누아예(Cournoyer, 2016)가 제시한 준비(preparing), 초기(beginning), 탐색(exploring), 사정(assessing), 계약(contracting), 개입(working), 평가(evaluating), 종결(ending) 단계별로 살펴보면 다음과 같다.

① 준비단계의 기술

클라이언트와의 첫 만남을 위한 준비는 전통적인 문제해결과정에서는 상대적으로 소홀히 다루어졌던 측면이 있으나, 앞으로 진행될 원조과정의 지속 여부와 방향을 결정짓는 중요한 과정이다. 사회복지사는 다음과 같은 준비단계의 실천기술을 활용하여 초기부터 서비스의 효과적인 전달이 이루어지도록 한다.

- 사전 분석하기: 기관이나 사회복지사에게 주어진 정보를 초기 접촉 이전에 검토하고 점검한다. 기초정보를 사전에 파악함으로써 이미 제공된 정보에 대해 클라이언트에게 반복적으로 요구하지 않게 되며, 클라이언트에 따라서는 사전에 면접에 필요한 물리적 조건이나 장비 등을 준비하는 것이 가능하다. 그러나 사전의 불완전한 정보로 인해 클라이언트에 대한 선입견을 가질 가능성도 크기 때문에 기초적인 자료로 제한해야 한다.
- 정보 수집하기: 초기 면접자나 의뢰인, 이전에 사례를 담당했던 직원들로부터 클라이언트(이름, 연령, 연락처, 주소, 기타 인적사항 등)와 문제 상황(문제의 특성, 심각성, 위급성, 활용 가용자원 등)에 관해 알아본다. 그러나 타인으로부터 얻은 정보는 클라이언트의 견해와는 다를 수 있으므로 객관적인 정보이기보다는 의견으로 참고하고 섣불리 선입견이나 가정을 하지 않도록 주의할 필요가 있다.
- 자문 구하기: 클라이언트와의 첫 만남이 이루어지기 전에 슈퍼바이저의 자문이나 동료로부터 조언을 구하는 기술이 필요하다. 잠정적으로 면접의 목적을 설정하고 관련된 실무적 사항들에 관해 논의를 하는 것은 면접의 효과를 높인다.
- 환경 조성하기: 면접을 방해하는 요소를 사전에 차단하고 의사소통이 원활히 이루어지도록 구체적인 준비의 기술이 필요하다. 사회복지사는 약속시간과 장소를 확인하고, 면접장소의 분위기나 가구 배치뿐 아니라 자신의 외모 등도 점검한다. 기관 외부에서 면접이 이루어지는 경우에는 소음이나 분위기 등 장소의 적절성을 확인하며, 클라이언트의 가정을 방문하는 경우에도 사전에 물리적 환경 등을 파악해 둔다.

- 공감적 이해하기: 예상되는 클라이언트의 문제와 상황에 대해 이해를 한다. 직접적인 대면접촉이 일어나기 전에, 서비스를 찾게 된 배경이나 클라이언트의 동기, 초기에 느낄 수 있는 클라이언트의 생각이나 감정 등에 대해 클라이언트의 입장에서 생각하는 기술이 필요하다. 사전 공감은 직접적인 만남 이전에 이루어지기 때문에 잠정적이며, 클라이언트와의 직접적인 의사소통에 의해 바뀔 수 있다.
- 사전 계획하기: 사회복지사는 클라이언트와 만나기 이전부터 면접에 관한 임시 계획을 세운다. 면접의 목적이나 동기, 방향성, 예상되는 결과, 전문가의 역할, 질문의 내용, 과정 등에 관한 잠정적인 계획은 클라이언트와 함께 실제 계획을 세우고 면접을 일관되게 이끄는 데 도움이 된다.

② 초기단계의 기술

클라이언트와의 첫 만남으로부터 시작되는 초기단계에는 면담의 목적이나 방향을 설정하고, 클라이언트의 기대를 확인하고, 기관의 정책이나 규정에 대한 검토와 서비스에 대한 합의를 돕는 다양한 실천기술이 활용된다.

- 신뢰관계 형성하기: 클라이언트가 불편함이나 거리감을 느끼게 되어 마음의 문을 닫으면 이후의 과정을 진행하기 어렵다. 따라서 클라이언트의 인식과 태도, 행동에 민감성을 갖고 클라이언트의 입장에서 상황과 문제를 인식하며, 클라이언트가 사회복지사와의 만남이 긍정적이며 생산적이라는 신뢰감을 갖도록 노력한다. 이때 서비스가 제공되는 맥락을 클라이언트가 이해하고 참여할 수 있도록 안내하고 상호 간에 신뢰감을 쌓을 수 있도록 대화의 기술과 관계 형성의 기술을 충분히 활용한다. 사회복지사는 클라이언트의 경험이나 인식, 의견 등을 존중하는 태도를 항상 유지하고, 클라이언트의 피드백에 대해 수용적이며 민감성 있게 반응하며, 클라이언트가 혼란스럽거나 복잡하게 느끼는 내용에 대해 타당하고 합리적으로 설명하기 위해 비언어적 · 언어적 기술을 활용한다.

표 6-1 신뢰관계 형성이 안 된 상황에서 볼 수 있는 클라이언트 행동 예시

- 방문이나 상담약속을 이행하지 않거나 거절함
- 자신에 관한 정보를 제공하지 않음
- 사회복지사와의 대화에 집중하지 않거나 의견을 무시함
- 이전의 생각이나 행동을 바꾸는 것에 대해 강하게 거부함

- 서비스 적격성 확인하기: 사회복지사는 클라이언트의 서비스 적격성 평가와 함께 클라이언트에게 기관의 서비스, 필요조건, 제한 등과 같은 정보를 제공한다. 이를 통해 사회복지사와 클라이언트는 서비스에 대한 합의점을 도출한다.

③ 탐색단계의 기술

클라이언트의 문제와 욕구, 상황을 이해하고 개입의 방향을 설정하는 초기단계에 필요한 기술이다. 클라이언트의 인식이나 판단을 탐색하고, 클라이언트의 문제 상황에 대한 이해를 높이기 위한 다양한 정보를 얻는 데 필요하다.

- 격려하기: 초기단계와 연결되는 탐색단계에서는 클라이언트의 사고나 감정, 주요 관심사나 상황 등을 공유하도록 클라이언트를 격려하는 기술이 필요하다.
- 정보 수집하기: 탐색단계에서는 클라이언트-문제-상황에 관한 많은 정보를 수집하는 기술이 필요하다. 클라이언트와 관련이 있는 다양한 정보를 수집하여 사례에 대한 판단의 근거를 마련하도록 한다. 일차적인 정보 수집을 위한 접수양식에는 성명, 성별, 연령, 가족사항 및 동거 여부, 혼인상태 등과 같은 일반적인 인구학적 정보 등이 포함된다.

④ 사정단계의 기술

탐색단계를 통해 많은 양의 정보를 얻은 후, 사정단계에서는 수집된 자료를 통해 클라이언트 개개인의 다양한 측면들을 인식하면서 클라이언트와 문제, 상황의 연

관성에 대한 이해를 높인다. 사정단계에 필요한 기본적인 실천기술은 다음과 같다.

- 기술적 정보 정리하기: 사회복지사는 클라이언트의 직접적 진술이나 가족, 친구와 같은 사회적 관계망 구성원이 제공한 정보, 클라이언트 환경에 대한 직접적 관찰, 이전 서비스 제공자로부터 얻은 정보, 서비스 기관의 기록 등을 종합적으로 분석하고 이를 통해 상황에 대한 인식과 클라이언트에 대한 전체적인 이해를 높이도록 한다.
- 임시적 사정틀 구성하기: 사정을 통해 사회복지사와 클라이언트는 문제 상황에 영향을 주는 요소들에 대해 이해하게 된다. 주요하게 파악하는 내용으로는 클라이언트의 욕구, 클라이언트의 능력, 공식적 지역사회 자원체계, 비공식적 사회적 관계망 및 사회적 지지 등이 있다.
- 전략 짜기: 실제 계획을 수립하기에 앞서, 문제를 정의하고, 주요 클라이언트체계를 결정하고, 개입과정에 참여하게 되는 체계들을 명확히 하고, 변화목표를 설정하고, 변화결과를 예측해 본다. 특히 변화과정에 발생할 수 있는 위험요소나 장애요인, 자원이나 강점을 찾아보고 문제해결에 활용할 수 있는 전략을 살펴본다. 아울러, 사정단계에 필요한 과제들을 체계적으로 기술하기 위한 다양한 양식들을 기관이나 사례의 성격에 알맞게 선택하여 활용하는 기술도 필요하다.

⑤ 계약단계의 기술

문제해결을 위한 변화의 방향과 목표를 설정하고, 클라이언트와 함께 구체적인 개입활동을 계획하고, 상호간 합의하는 단계에 필요한 기술이다.

- 계획하기: 클라이언트에 관한 사정 자료를 기초로 문제를 구체화하고, 세부목표를 설정하며, 효과적인 접근방법을 개발하며, 단계적 행동방법을 구상하고, 실행 및 평가계획을 세우는 실천기술이 필요하다. 서비스계획을 수립하는 일과 함께, 사회복지사는 클라이언트와 관련된 서비스 자원에 관한 정보를 획득

하고 접근이 용이하도록 자료를 조직화해서 자원목록을 작성하는 업무도 병행한다. 서비스의 잠재적 장애물과 장애물에 대한 해결책도 사전에 고려하고, 활동에 소요되는 자원과 시간, 비용 등에 대해서도 계획한다.

- 합의하기: 사회복지사는 클라이언트와의 공동 작업을 통해 목표를 확인하고 목표를 달성하기 위한 활동을 함께 진행하면서 클라이언트의 참여를 이끌어 내는 실천기술과 태도를 갖추어야 한다. 서비스의 분야별 우선순위를 정하고 핵심적인 변화 목표와 목표달성을 위한 활동계획을 세우는 데 있어서 클라이언트와 사회복지사 간에 상이한 목표와 견해가 존재할 수 있으며, 갈등적인 상황이 발생하는 경우에는 상호이해와 합의를 이끌어 내는 실천기술이 중요하게 활용될 수 있다.

⑥ 개입단계의 기술

개입단계에서는 사회복지사가 개별 클라이언트를 비롯하여, 클라이언트의 사회관계망 그리고 관련된 서비스 제공자나 기관 등을 변화시키기 위해 관여하게 된다. 직접적인 개입부터 간접적 개입에 이르기까지 문제해결과정에 가장 다양한 실천기술이 활용되는 단계이다.

- 개인의 역량 기르기: 개인을 대상으로 하는 사회복지실천에서, 사회복지사는 클라이언트의 기술과 능력을 향상시키거나 문제를 경감시키기 위한 직접적인 활동을 수행한다. 기본적으로 사회복지사는 클라이언트가 처한 문제를 잘 극복할 수 있도록 상담 등을 통해 클라이언트의 문제해결 역량을 기르고 서비스나 자원을 제공하고 활용하도록 돕는다. 또한 필요한 정보를 전달하거나 구체적인 방법을 알려 주고, 클라이언트의 특정 행동을 변화시키기 위한 개입기술을 활용하기도 한다. 사회복지실천모델에서 학습하게 되는 각 모델의 개입방법과 실천기술은 개인이 처한 다양한 문제 상황에 효과적으로 개입하고 클라이언트의 정서나 인지, 행동 등의 변화를 이끌어 내는 데 특히 유용하다. 개입과정에서 어떠한 실천기술을 선택하고 활용할 것인가는 사회복지사의 전문

표 6-2 개인대상 사회복지실천기술 활용 예시

- 무기력하거나 우울 상태의 클라이언트의 경우, 자아감을 증진하고 동기나 능력을 고취하기 위한 상담을 진행하면서 인지적 또는 행동적 변화 등을 유도하기 위한 실천기술을 활용한다.
- 알코올문제를 가진 클라이언트의 경우, 음주 상황에 필요한 거절기술을 교육함으로써 알코올문제에 대한 주도적 판단과 행동을 할 수 있는 역량을 강화하도록 돕는다.
- 정신장애를 가진 클라이언트의 경우, 지역사회의 일상생활 영위나 대인관계 증진에 필요한 사회기술을 직접 훈련하기 위한 활동을 계획하고 제공함으로써 유사 상황에 적응하고 사회활동과 참여에 대한 자신감을 얻도록 한다.

지식과 신념, 경험 등에 따라 다를 수 있으며, 특정한 개입방법을 선택하는 데 따르는 명확한 근거와 전문적 판단이 중요하다.

- 환경적 변화 촉진하기: 사회복지사는 개별 클라이언트의 변화를 위해 직접적으로 개입하는 것 이외에, 클라이언트와 관련을 맺고 있는 주변체계나 클라이언트의 변화를 이끌어 내는 데 관여하는 행동체계나 변화매개체계 등과 함께 일한다. 클라이언트의 변화와 문제해결에 필요한 지역사회의 자원 · 서비스 · 기회 등을 활성화하고 연결시키는 기술, 가용 서비스와 자원을 적극적으로 조정하며 적절히 연계되는가를 확인하고 모니터링하는 기술, 클라이언트나 소비자의 욕구에 반응적인 새로운 서비스의 개발이나 기존의 지역사회서비스 및 자원체계의 개선과 향상을 위해 개입하는 기술, 사회적 정의에 입각하여 소외된 약자들이 권리를 찾고 기회를 얻도록 옹호하는 실천기술 등이 포함된다.

⑦ 평가단계이 기술

평가단계의 기술은 계획에 따른 개입의 과정과 성과를 평가하고 클라이언트의 변화나 문제해결에 효과적인 개입활동을 파악하는 데 필요한 실천기술이다.

- 모니터링 및 평가하기: 목적달성을 위해 진행해 온 실천의 전반적인 개입과정이

표 6-3 개인대상 사회복지실천의 모니터링

- 클라이언트 수준의 모니터링 실무
  - 클라이언트는 목표달성을 위해 노력하고 있는가?
  - 클라이언트의 자기보호 노력은 적절한가?
  - 클라이언트에게 제공되는 서비스는 욕구충족과 변화에 기여하는가?
  - 클라이언트에게 새로운 욕구나 문제가 발생되고 있는가?
- 제공자 수준의 모니터링 실무
  - 클라이언트의 서비스계획은 적절하게 수행되고 있는가?
  - 서비스와 지원은 적시에 적절하게 지속적으로 제공되고 있는가?
  - 제공되는 서비스가 클라이언트의 욕구충족과 변화를 위해 필요한 것인가?
  - 서비스제공자들 사이 또는 서비스제공자와 클라이언트 사이에는 갈등이 존재하지 않는가?

적절히 수행되었는가를 정기적으로 모니터링하고 클라이언트의 긍정적인 변화를 평가하기 위한 사회복지사의 실천기술과 역량이다. 과정과 성과를 측정하기 위해서는 개입 이전과 이후의 클라이언트의 상황과 욕구의 변화 등에 관한 객관적 자료의 수집과 기록의 기술, 서비스의 효과와 개입 성과 등을 평가하기 위한 질적·양적 도구의 활용 등 다양한 평가기술이 필요하다. 서비스의 개입 내용을 모니터링하고 평가할 때, ① 서비스의 구조적 차원(사회복지사에게 할당된 클라이언트 수, 사회복지사의 자격, 클라이언트 변동률 등), ② 서비스의 과정 차원(1개월 동안의 가정방문 회수, 초기면접에서 서비스 제공까지 걸린 시간 등), ③ 서비스의 결과 차원(서비스의 변화, 클라이언트의 만족 여부 등)으로 나누어 살펴보는 것도 유용하다(장인협, 우국희, 2001).

- 환류하기: 사회복지사가 제공한 서비스나 원조활동의 성과를 평가한 이후에는 이전의 사정이나 계획, 개입단계에 대해 확인을 한다. 만일 평가를 통해 변화가 없거나 부정적인 결과가 나타난 경우에는 〈표 6-4〉와 같이 욕구의 재확인이나 서비스계획의 재수립, 개입전략의 수정이나 추가 등의 환류과정을 거치는 것이 필요하다.

표 6-4 환류의 내용

• 욕구 재사정 –클라이언트의 환경에 변화가 발생하여 재검토가 필요한 경우 –서비스가 진행되면서 심각한 새로운 욕구 또는 문제가 발생한 경우
• 서비스 제공계획을 재수립 –서비스의 양 또는 횟수에 대해 클라이언트가 다르게 요청하는 경우 –사회복지사의 판단 결과 서비스의 양 또는 횟수의 변경이 필요한 경우 –욕구 재조사 결과 서비스의 종류 변경이 필요할 경우 –서비스제공자의 여건 변화로 계획한 서비스 제공이 어려운 경우
• 종결을 위한 사례평가 –클라이언트의 상황이 호전되어 개입이 불필요한 경우 –클라이언트의 이사, 연락 두절 등으로 계속 진행이 어려운 경우 –클라이언트가 지속적으로 서비스를 거부 또는 포기하는 경우

⑧ 종결단계의 기술

종결단계는 클라이언트의 문제해결이나 상황의 변화로 인해 사회복지실천과정을 마치는 단계이다. 이 단계에서는 공식적 관계를 종료하기에 앞서, 실천과정을 통해 얻은 클라이언트의 변화와 전문적 관계를 통해 얻은 경험을 공유하는 것이 중요하다.

- 성과와 의미 확인하기: 종결단계에서 사회복지사는 클라이언트와 함께 실천과정을 돌아보며 과업과 성과를 검토하고, 최종 평가를 통해 앞으로의 방향에 대해 논의를 하게 된다. 클라이언트 스스로 변화를 주도하고 성과를 지속하기 위한 방법에 대해서도 안내하고 격려하는 실천기술이 필요하다.
- 감정 공유하기: 종결단계에서는 원조관계가 끝나는 데 대한 종결 소감을 클라이언트와 공유하고, 클라이언트 스스로가 주도적 변화를 이끌어 낼 수 있도록 격려하고 지지하는 임상적 실천기술의 역할이 중요하다.

2. 복합적 욕구에 대한 이해

1) 복합적 욕구를 가진 클라이언트에 대한 접근방법

개인을 대상으로 하는 사회복지실천이 인간과 환경 간의 상호작용에 관심을 갖고 생태체계의 중요성을 고려하게 된 배경에는 사회복지현장에서 개인들이 겪는 문제들이 동시다발적으로 발생하며 그 문제의 내용과 특성이 더욱 다양하고 심각해지기 때문이다. 복합적이며 빈번하게 나타나는 클라이언트의 문제들을 살펴보면, 아동·청소년 발달과 적응상의 문제, 가족관계, 만성질환과 노화, 장애, 정신질환과 약물남용, 고용, 주거, 법적 문제 등 매우 다양하다. 복합적인 문제를 가진 개인을 대상으로 할 때는 심층적이며 집중적인 개입과 동시에 포괄적이며 통합적으로 대응하기 위한 접근을 필요로 하는데, 이때 강조하는 내용을 살펴보면 다음과 같다.

① 환경 속의 인간

환경 속의 인간(person-in-environment)의 인식틀은 사회적 기능에 영향을 주는 다양한 사회체계와의 상호작용을 강조하며 문제를 상황적 맥락에서 분석하고 개입하는 데 도움을 준다. 이와 같은 인식은 생태체계이론에 기초한 통합적 방법론과 맥락을 같이하며, 클라이언트의 변화를 위한 직접적 개입에 한정하지 않고 자원의 조정을 포함하는 환경적 개입으로까지 개입 범위를 확대한다.

② 강점 관점

강점 관점(strength perspective)에서는 문제의 초점과 원인에 대한 임상적 시각에서 벗어나 클라이언트의 문제 상황을 포괄적으로 이해하고 환경적 맥락을 인식하는 것이 중요하다. 이때 문제의 원인에 대한 피해자 비난의 시각으로부터 클라이언트 중심의 시각으로 변화하는 것이 필요하며, 클라이언트를 행동의 주체로 보고 강점, 잠재력, 성장 가능성, 능력 등을 확인하고 개발하는 데 역점을 둔다.

③ 다양한 체계의 개입

복합적인 욕구나 문제에 대응하기 위해서는 미시부터 중범위, 거시 차원의 다차원적 개입에 관심을 갖고 실천의 개입 범위를 확대하는 것이 필요하다. 즉, 사회복지사는 문제의 해결을 위해 변화가 필요한 개인, 가족, 집단, 지역사회에 개입하기 위한 실천기술, 조직이나 기관차원의 중범위 접근, 정책 및 체계 변화를 위한 옹호 등의 다양한 접근을 하게 된다.

④ 다주체 간 협력적 팀 방식

사회복지사는 복합적인 문제를 가진 클라이언트를 위해 필요한 서비스와 자원을 효과적으로 연계하고 조정하여야 한다. 이를 위해서는 다주체 간 협력적 팀 방식을 기반으로 지역사회 내의 기관이나 비공식적인 지지망의 지지체계를 활성화하며 간접적인 서비스 기능을 활용하도록 한다.

2) 복합적 욕구를 가진 클라이언트를 대상으로 하는 실천기술

복합적 문제나 사례에 개입을 할 때에도 일반적인 사회복지실천의 문제해결과정이나 단계를 동일하게 거치게 된다. 개인대상의 일반적인 실천기술과 유사한 점이 많으나, 복합적인 욕구를 가진 클라이언트와 일할 때 보다 강조되는 내용을 살펴보면 다음과 같은 특징이 있다. 첫째, 다양한 문제 영역에 대해 개입한다. 둘째, 포괄적인 서비스를 체계적이고 통합적으로 제공하기 위한 접근방법을 강조한다. 셋째, 문제해결을 위해 다양한 주체들이 협의 조정하면서 다양한 직간접적 개입역할을 수행한다는 특징이 있다. 앞에서 살펴본 효과적 원조관계를 위한 실천기술과 문제해결과정의 실천기술의 활용과 함께, 복합적 문제를 가진 개별 클라이언트의 문제를 해결하는 데 강조해야 할 실천기술을 살펴보면 다음과 같다.

(1) 복합적 욕구와 위기수준을 사정하는 기술

복합적 문제를 가진 클라이언트의 욕구를 파악하기 위해서는 전반적인 생활영역에 걸쳐 자료를 수집하고 분석하는 기술이 필요하다. 이때 향후의 변화 가능성을 확인하기 위한 사전 기초자료나 효과적인 개입을 위해 파악해야 하는 정보를 스크리닝하는 실천역량이 중요하다. 주요 욕구영역에 따라 다를 수 있으나, 일반적으로 복합적 문제를 가진 클라이언트의 정보를 수집하는 데 있어서 일상생활 유지, 신체적·정신적 건강 수준이나 병력, 경제적 수준이나 고용상태, 주거 및 생활환경, 가족 및 사회적 관계 등의 문제들을 파악하고 있다. 또한 복합적 문제를 가진 개인이라 하더라도 개입의 시급성이나 심각도가 다르며 클라이언트가 가진 각 욕구영역별로 개입의 필요도가 다르기 때문에, 복합적인 문제로 나타나는 전체적인 상황뿐 아니라 개별 욕구영역에 대한 정확한 사정이 중요하다. 클라이언트가 가진 복합적인 문제의 수준과 내용을 파악하기 위한 주요 문제영역을 살펴보면 〈표 6-5〉와 같다.

표 6-5 복합적 욕구가 있는 사례의 주요 문제영역

욕구영역	세부영역	현상
안전	가족 내 안전유지	폭력, 성추행/성폭력, 유기, 방임, 학대, 실종
	가족 외부로부터 안전유지	폭력, 성폭력, 협박·위협, 학대, 착취
건강	신체적 건강유지	신체장애, 일시적 질병 및 상해, 만성질환, 희귀·난치성 질환, 비만, 영양결핍
	정신적 건강유지	환청/환각/망상, 자해(자살행위), 약물 오남용·중독, 식사거부, 수면문제, 음주문제, 공격적 행동, 대인기피, 운둔/칩거, 의사소통장애, 위생관리문제, 이상한 행동, 불안감
일상생활	의식주 관련 일상생활유지	식사 및 준비 곤란, 의복착용곤란, 외출곤란, 약물복용곤란, 위생관리 곤란, 긴급상황 대처곤란
	여가생활 활용	여가활동 부족, 부족절한 여가활동

가족 관계	관계형성	부부갈등, 부모-자녀 갈등, 고부갈등, 형제자매 갈등, 가족 간 관계소원, 가족 간 관계단절, 가족 간 갈등
	가족 돌봄	장애인돌봄곤란, 노인돌봄곤란, 아동돌봄곤란, 환자돌봄곤란
사회적 관계	친인척 및 이웃 간 관계형성	친인척과 갈등, 친인척관계소원, 친인척관계단절, 이웃 간 갈등, 이웃 간 관계소원, 이웃 간 관계단절
	소속된 집단 및 사회생활	직장생활 어려움, 학교생활 어려움, 종교생활 어려움, 기타 사회생활 어려움
경제	기초생활 해결	식비부족, 주거비부족, 의복비부족, 난방비부족, 공과금체납, 통신비부족, 의료비부족
	자산관리	자산관리능력 부재, 부채, 과태료·벌금, 과소비·낭비
교육	기초지식 습득 및 향상	읽기·쓰기·말하기 문제, 수리계산능력 부족, 그 외 기초학습능력 부족
	교육환경개선	수업료·급식비 등 부족, 특수교육문제, 상급학교 진학의 어려움, 무단결석, 학업성적 부진
고용	취(창)업	실업·실직, 열악한 근로환경, 저임금, 비정규직, 구직의 어려움, 창업의 어려움, 기술교육의 필요, 취업동기 부족
	고용유지	잦은 직장이동, 반복적인 재취업/창업실패, 실업상태에 익숙해짐, 취업동기 부족, 사업체 유지의 어려움
생활 환경	주거 내부 환경개선	화장실열악, 주방시설열악, 위생환경열악, 도배·장판열악, 냉난방열악, 전기/가스시설열악, 상하수도시설열악, 지붕노후, 벽/담 등 노후, 주택 내 이동곤란, 사생활공간 부족
	주거 외부 환경개선	학습환경열악, 교통접근성열악, 상습침수, 철거 등 공공수용, 거주지 이전, 화재·폭발위험물에 노출, 생활환경열악
권익 보장	법률적 지원	법률처리(재산/위자료 등)문제, 신분상실, 사고보상처리, 파산/신용불량, 국적문제
	권익보장	차별대우, 권리침해

출처: 보건복지부, 한국사회보장정보원(2021).

(2) 다분야 자원과 서비스를 동원하는 기술

복합적 욕구를 가진 클라이언트의 다양한 욕구에 능동적으로 대응하기 위해서는 지역사회에 있는 여러 유형의 자원과 서비스를 적극적으로 개발하고 효과적으로 활용하는 실천기술이 무엇보다 중요하다. 클라이언트의 복잡하고 다양한 욕구를 충족시키기 위한 자원과 서비스의 종류, 양과 질에 대한 충분한 지식과 정보를 갖고 클라이언트에게 가장 필요하고 적합한 형태의 자원을 선택하여 적절히 연결될 수 있도록 조정하고 관리해야 한다. 또한 클라이언트의 복합적 문제를 해결하는 데 필요한 자원을 개발하고 확보하기 위한 활동과 방법을 계획한다. 자원개발 전략으로는 네트워킹 기술, 자원 개발 및 동원 기술, 조직화 기술, 옹호 기술 등을 활용할 수 있다(홍선미 외, 2010).

표 6-6 자원 현황 분석을 위한 질문

- 자원의 양은 충분한가?
- 자원의 내용은 적절한가?
- 자원의 질은 양호한가?
- 자원제공방법은 적절한가?
- 자원 또는 서비스를 제공하는 기관과의 협력은 원활한가?
- 자원의 누락이나 중복이 나타나는가?
- 복지대상자와 자원제공자(기관) 사이에 갈등이나 어려움이 있는가?
- 복지대상자의 욕구가 해결되었는가?

① 네트워킹 기술

클라이언트가 필요로 하는 서비스를 얻을 수 있도록 적극적으로 지역사회 내 관계를 강화하여 연계망을 형성하고 적절한 자원에 연결하는 기술이다. 이 기술은 클라이언트의 문제 해결을 위해 다양한 자원들이 공동으로 대응하고 협력할 수 있도록 자원을 동원하고 자원 간 의사소통을 원활히 하는 데 필요하다. 클라이언트가 지역사회의 유용한 자원에 대한 정보나 그것을 이용할 능력이 부족할 때 효과적이다. 세부 기술로는 사회적 행위자들 간의 영역에 대한 이해 재구조화하기, 공유의식에 기초한 지역사회 재구축하기, 연결망이 신축적이면서도 경직되지 않게 하기, 의사소통 최대화하기, 네트워크의 추진체계 및 자원 동원하기 등이 있으며, 세부내용은 〈표 6-7〉과 같다.

표 6-7 네트워킹 기술의 종류

- 사회적 행위자들 간의 영역에 대한 이해 재구조화하기
  상호 존경, 자기에 대한 인식 및 성찰, 상호 호혜성에 대한 인식, 상호 연결성에 대한 인식을 기초로 상호 공유할 수 있는 영역이 존재하고 이에 기반하여 관계형성을 하는 노력이 필요함을 인식
- 공유의식에 기초한 지역사회 재구축하기
  참여하는 사회적 행위자들의 집합적인 정체성의 개발과 제고, 참여가 갖는 기회적 요소의 강화를 통한 네트워크의 역량 제고, 참여하는 사회적 행위자들 간의 상호지지를 강화
- 연결망이 신축적이면서도 경직되지 않게 하기
  네트워크에 참여하는 사회적 행위자들이 클라이언트의 욕구와 문제에 보다 반응적인 대응을 하기 위해 제도적으로 구분된 영역을 뛰어넘는 공유된 책임감을 갖고 이에 기초하여 공조의 기회 포착
- 의사소통 최대화하기
  상호신뢰에 기초하여 모두에게 개방된 의사소통과 일부로 한정된 의사소통의 두 가지 방식을 적절히 활용하여 정보가 빠르고 효과적으로 전달되도록 의사소통 관리를 하며 정보가 독점되지 않고 공유
- 네트워크의 추진체계 및 자원 동원하기
  네트워크 추진체계 구성원들 활동의 조정, 네트워크 간의 관계를 형성하고 네트워크를 구성하는 조직들이 공유하는 자원을 효과적으로 동원

출처: Trevillion (1999); 홍선미 외(2010)에서 재인용

② 자원 개발 및 동원 기술

인적자원과 물적자원의 개발 및 동원 기술이 포함된다. 지역사회 내 다양한 공공 및 민간 기관, 가족이나 이웃 등 비공식 인적지원망의 특성을 파악하여 참여가능성을 조사하고 참여를 권유한다. 자원의 개발방법으로는 우편, 전화, 방문 등을 통한 개별 접촉, 인터넷, TV, 라디오, 신문, 잡지, 기관회보 등의 매체를 활용한 미디어 모금, 이벤트나 사업제안서(프로포절) 제출, 기업의 사회공헌활동이나 기업의 제품판매와 공익활동을 연결하는 착한소비 마케팅(cause-related marketing) 방식 등이 있다.

③ 조직화 기술

클라이언트의 문제를 해결하는 데 필요한 인적 · 물적 자원 제공자의 참여를 촉진하도록 동기부여를 하고 체계적으로 활동할 수 있도록 조직하는 기술이 필요하다. 개별 또는 집합적으로 참여를 독려하고 정보를 제공하며 이 과정에서 참여자들의 욕구를 이해하고 적극적이고 개방적인 태도로 반응하는 기술을 활용한다.

④ 옹호 기술

복합적인 문제를 겪으며 위기상황에 처한 대부분의 클라이언트는 서비스에 접근하는 데 여러 장애물이 있거나, 기존의 정책이나 서비스가 필요에 맞게 제공되지 않아 어려움을 겪는다. 사회복지사는 이와 같은 상황을 공감하고 클라이언트의 입장을 대변하면서 필요한 자원이나 서비스에 대한 접근성을 높이는 활동을 한다. 사회복지사는 개인이나 집단, 지역사회 차원의 다양한 옹호를 위해 타인을 설득하고 클라이언트의 의견을 대변하는 데 필요한 의사소통의 기술을 갖춘다. 또한 갈등적 관계나 상황에서 합리적 수준의 전술을 선택하고 협상과 중재를 이끄는 실천가의 역량을 기르도록 한다.

(3) 통합적 지원을 위해 조정 · 연계하는 기술

복합적인 문제를 가진 클라이언트에 개입할 때에는 일반적인 실천과정에 비해 문제 상황의 복잡성이나 관계형성의 어려움, 문제해결에 관련되는 여러 주체들과의 관계 등으로 인해 사회복지사의 숙련성이 더욱 요구된다. 클라이언트와의 관계 형성 및 의사소통의 기술, 사정의 기술 외에도 각 욕구영역별 개입의 필요성과 우선순위 등을 판단하고 이를 통합적으로 조정하는 실무역량과 실천기술이 강조된다. 개별적인 서비스 지원방식과 가장 차별화되는 점은 클라이언트의 다양하고 복잡하게 얽혀 있는 문제의 상황을 풀어 가기 위해 다양한 기관과 전문가들의 의견을 수렴하고 적합한 자원과 서비스를 의뢰하거나 연계하고 이를 통합적으로 조정하는 실천방식이다. 이와 같이 개인대상의 실천활동을 지역사회 내의 포괄적인 서비스 전달망으로 확대하고 다분야 연계와 조정을 통해 통합적 접근을 하기 위해서는 사회복지사의 일하는 방식과 업무 환경의 변화가 필요하다. 특히 복합적이고 다양한 욕구에 대응하기 위해서는 클라이언트의 자원 활용능력을 강화하는 것뿐만 아니라, 공식적 · 비공식적 자원 및 서비스체계들과 협업체계를 구축하고 서비스 전달망을 확대하고 전달방식을 이용자 중심으로 활성화하는 것이 필요하다. 또한 복합적 문제를 가진 개인이 겪는 위기의 유형에 따라 전문적인 개입기술이 요구되므로 전체적인 문제해결과정을 담당하는 사회복지사 외에 전문기관으로의 의뢰나 연계 또는 팀접근을 중요하게 활용한다.

특히 클라이언트의 문제해결에 도움을 주거나 관련된 실무자들이 함께 모여 실천과정에 대한 의견을 교환하고 동료자문이나 슈퍼비전을 받는 과정이 필요하다. 담당사회복지사 개인의 독자적인 판단과 개입을 통해 다양한 서비스의 연계와 조정을 진행하기보다는 사례회의를 통해 지역 내 관련 기관의 실무자 및 전문가가 참여하여 협조와 팀협력을 이끌어 내는 방식이 널리 활용되고 있다. 이때 담당사회복지사는 해당 클라이언트의 복합적인 욕구와 상황에 부합하게 서비스 및 자원 계획을 수립하고 적합한 개입전략에 관한 의견을 수렴하고 선택할 수 있도록 다양한 서비스 조직과 전문가들 간의 상호작용을 조정하고 활성화하는 실천기술이 필요하다. 최근에는 다양한 사례조정을 위한 공식적인 협의체들이 분야별로 또는 지역별로 운영되고 공공 및 민간 차원에서 사회복지사들의 연계와 협력, 협의와 조정 활동이 활발해지는 추세이므로, 이와 같은 중범위 차원의 사회복지사의 실천기술을 습득하고 훈련하는 것이 더욱 강조되고 있다.

연습문제

1. 개인을 대상으로 하는 사회복지실천기술이 가족이나 집단, 지역사회 등을 대상으로 할 때의 실천기술과 다른 점은 무엇인지 토의해 보시오.

2. 개별 클라이언트에게 개입하는 데 필요한 관계형성의 기술과 대화의 기술을 익히기 위한 효과적인 방법들에 대해 의견을 말해 보시오.

3. 복합적 욕구를 가진 개인을 효과적으로 돕기 위해 고려해야 할 점, 그리고 이때 필요한 사회복지실천기술은 무엇인지 알아보시오.

제7장

개인대상 실천기술의 적용

이 장에서는 사회복지현장에서 접하는 전형적인 클라이언트 문제를 중심으로 개인대상 실천기술의 적용과정을 학습한다. 사회복지 클라이언트들의 대부분이 어려운 클라이언트들이지만 특히 비자발적인 클라이언트, 폭력적인 클라이언트, 자살 위기의 클라이언트, 폭력의 피해자로서 보호가 필요한 클라이언트 등은 초심 사회복지사가 다루기 어려운 클라이언트 유형들이다. 따라서 이러한 클라이언트의 문제와 심리적 특성을 이해하고, 실제적인 원조 전략, 실천지침 등을 학습한다.

1. 비자발적인 클라이언트

사법체계에서 사회봉사수강명령을 받은 음주운전자(알코올중독자), 아동학대 가해자, 마약중독자, 보호관찰 청소년들은 사법체계 혹은 교정기관의 의뢰에 의해 비자발적으로 원조과정에 참여하게 되기 때문에, 스스로 도움을 청하는 클라이언트보다 훨씬 비협조적이어서 관계 형성 자체가 특수하고 어렵다. 따라서 비자발적인 클라이언트와 일할 때 가장 중요한 실천의 핵심은 초기에 그들의 심리사회적 특성과 저항을 잘 이해하고, 어떻게 참여를 동기화할 것인가이다.

1) 초기 실천지침

(1) 실천과정에 대한 기대 명확화하기

클라이언트와의 첫 상담 이전에 협상의 대상이 될 수 없는 요구들과 클라이언트가 활용할 수 있는 선택과 대안들을 분명히 한다. 클라이언트와 처음 만날 때 클라이언트가 기관에 오게 된 이유에 대해 솔직하게 알려 주고, 잘못된 기대가 있다면 개입 전에 바로 잡아야 한다. 클라이언트를 의뢰하게 된 문제에 대해 의뢰자와 클라이언트 간에 심각한 견해 차이가 있을 경우에는 의뢰기관에 확인하여 개입 문제에 대해 명확히 하는 것이 바람직하다. 클라이언트를 위해 사소한 기관의 규칙을 위반해서는 결코 안 된다. 사소한 양보나 유연한 규칙 적용 등은 더 많은 요구 혹은 사회복지사를 협박하거나 압력을 행사하는 방식의 상황으로 이끌 수 있다(Sheafor & Horejsi, 2015).

사회복지사는 서비스 개입과정과 내용에 대해 설명하고, 클라이언트와 사회복지사 각자의 역할과 책임에 대해 이야기해야 한다. 자신이 어떻게 도울 것인지를 알려 주는 과정을 통해 클라이언트가 가질 수 있는 오해나 비현실적 기대를 수정할 수 있다. 클라이언트에 대한 사회복지사와 기관의 기대를 분명하고, 정직하게 설명하고, 협조하지 않을 때 발생할 수 있는 부정적인 결과 또한 고지해야 한다.

그러나 서비스를 무조건 강제하는 것은 아니다. 충분한 설명을 들었음에도 불구하고 서비스를 받지 않겠다는 선택을 한다면, 그러한 경우에도 클라이언트의 자기결정권한을 존중한다. 다만 이로 인한 사법적 불이익이나 책임도 클라이언트가 져야 하며, 스스로 바람직한 의사결정 기회를 포기했음을 상기시킨다(Sheafor & Horejsi, 2015).

(2) 비밀보장의 제한 가능성 알리기

사회복지사는 비밀보장의 원칙과 더불어 예외적 경우에 비밀보장 원칙이 제한될 수 있는 것에 대해서도 설명해야 한다. 클라이언트의 참여 상황이나 관련 정보를 해당 기관에 제공해야 하는 경우가 여기에 속한다(Goldstein & Noonan, 2010).

- 사법기관의 명령으로 상담이나 교육 프로그램에 참여하는 경우
- 클라이언트가 자신이나 타인을 해칠 위험이 있는 경우
- 아동학대나 방임이 의심되는 경우
- 마약과 같은 금지된 행위를 하지 않는지 등을 모니터링해야 하는 경우
- 양육권이나 집행유예 결정 등 사법기관의 명령 종결을 위해 보고서를 작성하는 경우

실천적 개입이 시작되는 시점에서 사회복지사는 면접이나 상담 과정에서 주고받았던 클라이언트에 대한 정보를 어떻게 사용할 것인지에 대해 분명하게 설명해야 한다. 클라이언트는 이에 대해 알 권리가 있을 뿐 아니라 처음부터 솔직하게 알려 주는 것이 클라이언트와의 신뢰관계를 형성하는 데 도움이 되기 때문이다. 대부분 실제로 정보를 타인에게 제공하기 전에 클라이언트에게 먼저 알리는 것이 바람직하다(Goldstein & Noonan, 2010).

2) 저항에 대한 이해와 참여 동기화

(1) 저항 이해하기

사법기관의 명령에 의해 어쩔 수 없이 사회복지사의 상담을 받게 된 클라이언트들은 억지로 상담을 받게 된 상황에 대해 억울한 감정을 토로하는 경우가 많다. 이러한 클라이언트들은 실천과정에 참여하면서도 소극적이고, 변화에 대한 저항이 심하며, 상담을 받기는 하나 상담에 대한 기대나 의지가 부족하다. 실천과정에 참여하게 된 것 자체가 스스로 결정한 것이 아니기 때문에 외부의 통제를 받고 있다는 사실로 인해 무력감과 두려움을 느끼기 때문이다. 즉, 사회복지사의 도움을 받는 것을 더욱 꺼리는 경향이 있다(Goldstein & Noonan, 2010). 다음의 마약사범을 상담하고 있는 사회복지사의 사례에서와 같이 법원의 명령 등으로 오는 비자발적 클라이언트는 의식적 · 무의식적인 저항을 표현한다.

사회복지사: 대마초를 가지고 입국해서 친구들과 피운 혐의로 집행유예를 선고받은 A는 상담 약속에 번번이 늦습니다. 아예 안 오는 날도 있어요. 상담 약속을 자주 잊어버렸다고 하거나 병원 예약과 겹쳤다는 전화를 상담시간이 넘어서야 연락하지요. 정작 상담에 와서도 하는 주된 말은 억울하다는 말뿐입니다. 많은 나라가 합법화하고 있는 대마초를 왜 우리나라에서만 못하게 하는지, 담배가 더 나쁜 건데 공공연히 피우게 하면서 대마초만 이런 처벌을 받는 것 자체가 억울하다는 거죠. 집단상담에 한 번 들어왔는데, 일방적으로 불만과 억울함을 표현하고 다른 성원들의 말은 주의 깊게 듣지 않습니다. 과연 이런 그에게 상담이 도움이 되는 걸까 하는 생각이 들어요. 집행유예가 끝나면 대마초를 합법적으로 피울 수 있는 나라로 이민을 가겠다고 합니다.

이 사례에서와 같이 자주 약속을 어기거나 반복되는 실수의 기저에 클라이언트의 무력감과 두려움이 내포되어 있다는 것을 이해하지 못한다면, 사회복지사도 클라이언트를 무의식적으로 거부하게 되거나 쉽게 소진될 수 있다. 따라서 비자발적인 클라이언트를 원조할 때는 클라이언트의 저항을 민감하게 포착하고, 적절하게 대처하는 것이 중요하다. 다음은 전형적인 비자발적인 클라이언트의 저항이다(Mathew, 1995).

- 상담에 항상 늦게 오는 행동
- 사전연락 없이 약속 시간에 나타나지 않는 행동
- 사회복지사나 기관의 다른 사람들과 자주 언쟁하거나 싸움
- 사회복지사의 말을 전혀 경청하지 않고, 신뢰하지 않음
- 사회복지사를 비난하거나 마주 앉아서도 시선 맞추기를 거부함

비자발적인 클라이언트의 이러한 저항의 기저에는 분노, 슬픔, 부끄러움, 죄의식 등의 감정이 있다. 클라이언트가 사회복지사를 만나러 오는 것 자체가 그들의 숨기고 싶은 과거의 불법적인 행동과 감정을 드러나게 해 주기 때문이다. 이러한 감정과 인식을 가진 클라이언트에게 있어서 개입과 실천과정은 오히려 많은 스트레스를 가져다준다(Mathew, 1995).

비자발적 클라이언트에게는 사회복지사의 일관적인 태도와 긍정적인 관점 등이 저항을 감소시키는 데 도움을 준다. 사회복지사는 가능한 한 클라이언트가 이야기하고 싶어 하는 것에 관심을 보이면서 적극적인 경청과 공감을 통해 신뢰관계를 구축해야 한다. 변화에 대한 동기 자체가 없이 상담에 참여하는 클라이언트일지라도, 자신들의 자율성을 인정해 주는 상담자를 만나게 되면 변화 의지를 갖게 되고 상담목표에 합의하는 모습을 보일 수 있다(Miller & Rollnick, 2012).

비자발적인 클라이언트는 부정을 비롯한 다양한 비적응적 방어기제를 빈번히 사용하기 때문에 사회복지사는 개입과정에서 클라이언트가 스스로 모순과 불일치를 직면하도록 하는 경우가 있다. 직면기법은 '언제' '어떻게' 하느냐가 중요하다. 개입 초기의 성급한 직면은 자신에 대한 공격이나 위협으로 느끼고, 방어와 거부가 심해질 수 있기 때문이다. 바로 직면시키기보다는 그 행동의 배경에 대한 이해와

공감을 먼저 표현하는 것이 바람직하다. 즉, 클라이언트의 절실한 문제상황과 감정 상태를 충분히 이해한다는 것을 표현하면서 그럼에도 불구하고 과거의 행동이 문제해결에 효과적이지 않았고, 오히려 결과를 악화시켰다거나 대처전략이 클라이언트의 평소 생각과 불일치했다는 점 등을 지적할 수 있다.

(2) 강제에 대한 감정 다루기

법원의 명령 등으로 사회복지사와 강제로 만나게 된 것에 대해 클라이언트가 보이는 적대감, 분노 등의 감정과 방어적 행동들은 매우 흔한 공통적인 반응이다.

따라서 비자발적이고 접근이 어려운 클라이언트를 개입에 참여시키기 위해서는 사회복지사와 사회복지기관 등 권위를 상징하는 대상에게 클라이언트가 느끼는 거부감을 표출할 수 있는 기회를 주는 것이 매우 중요하다. 또한 이들의 분노와 거부감과 무관심을 수용하고, 선택의 폭을 넓혀 주는 노력이 요구된다. 이러한 역할을 수행하기 위해 사회복지사는 클라이언트 입장에서 그들의 관점으로 세상을 바라볼 수 있어야 한다. 초기에 마음을 열고 비판단적으로 이야기하는 것이 중요하지만, 이후의 개입과정에서도 지속적으로 클라이언트의 감정을 다루는 작업은 반드시 필요하다(Sheafor & Horejsi, 2015).

(3) 이득과 도움 제공하기

비자발적인 클라이언트라고 해도 동기화가 불가능한 것은 아니다. 사회복지사는 클라이언트에게 도움이 되고 싶다는 전문가로서의 의지와 능력을 구체적으로 알려 줄 필요가 있다. 사소하더라고 개입과정에서 얻을 수 있는 긍정적 가치와 이득을 클라이언트가 인식하게 함으로써 참여 동기를 향상시킬 수 있다. 예를 들면, 상담에 열심히 참여함으로써 보호관찰이 잘 종료될 수 있으며, 이는 궁극적으로 클라이언트 본인에게 이득이 되는 것임을 언급하는 것이다.

사회복지사: 저는 보호관찰관이나 판사를 대신해서 ○○님을 감시하는 사람이 아니예요. ○○님께서 재범 없이 보호관찰기간을 잘 마무리할 수 있도록 돕

고 싶습니다. 저와 상담하는 동안 상담에 잘 참여하고, 마약을 끊고자 노력하여 본인이 원하는 평범한 일상으로 돌아가실 수 있게 돕고 싶어요. 그러려면 우리가 매주 상담시간에 만나서 구체적으로 어떤 목표를 중심으로 상담해 나갈 것인지 이야기해 볼까요?

또한 실제적인 문제해결에 도움이 되는 서비스와 다양한 자원을 연결함으로써 참여를 독려할 수 있다. 단순히 정보를 주는 데에서 그치는 것이 아니라 필요하면 신청서를 함께 작성하거나 자격요건, 구체적인 대응방법 등을 알려 주고, 클라이언트 편에 서서 권익을 옹호하고, 중재해야 하는 경우도 있다(Sheafor & Horejsi, 2015).

2. 폭력적인 클라이언트

폭력적인 클라이언트가 일상생활에서 항상 폭력적인 것은 아니기 때문에 사회복지사가 평소에 그들의 잠재적인 폭력성이나 위험을 민감하게 감지하는 것은 쉽지 않다. 따라서 폭력의 위험이 있는 클라이언트와 일하는 사회복지사는 환경과 상황을 최대한 안전하게 준비해서 최악의 상황을 예방하는 것이 가장 바람직하다. 정신건강, 교정복지, 아동보호 현장에서 활동하는 사회복지사는 다른 실천현장보다 충동적 공격성을 가진 클라이언트와 자주 접촉한다. 예를 들어, 학대부모로부터 학대받는 아동을 분리시키는 과정에서 신체적 · 언어적 폭력 위험은 항상 수반된다. 극도로 화를 내고, 잠재적으로 폭력적인 사람과 상호작용할 때 사회복지사는 다음과 같은 실천지침을 준수해야 한다(Goldstein & Noonan, 2010).

1) 폭력성과 폭력행동에 대한 개입

(1) 잠재적 폭력성 사정하기

사회조사나 가족력 조사 과정에서 공격성이나 폭력과 관련된 정보가 있을 때 주의를 기울여야 한다. 정신장애나 기질적 뇌손상 등으로 인해 충동성이나 공격성 조절이 어려운 사례, 과거의 폭력 전과 기록이 있는 사례, 알코올중독 등으로 인해 술에 취하면 심각한 신체적·언어적 폭력행동을 보이는 사례, 어려서부터 지속적으로 폭력에 노출된 사례 등은 잠재적인 폭력성을 가질 수 있다. 이러한 개인력이 있는 클라이언트가 평소와 달리 정신적으로 불안해 보이거나 부적절해 보이면 무슨 일 때문에 그런 반응을 보이는지 주의를 기울여야 한다. 클라이언트가 미성숙할수록 공개적인 굴욕 상황이나 높은 스트레스를 경험하면 잠재되어 있는 폭력성을 행동화하게 함을 기억해야 한다(Goldstein & Noonan, 2010).

(2) 분노 다루기

흔히 공격적인 행동의 표출은 분노, 즉 화를 내는 상황으로 나타난다. 누구나 일시적으로 화가 날 수는 있지만 공적인 상황에서 스스로 화를 멈추지 못하는 클라이언트라면 상식적인 수준의 분노라고 볼 수 없다. 일반적으로 사람들은 화가 나더라도 힘겹게 참거나, 자신도 모르게 화를 내더라도 화를 냈다는 사실에 수치심을 느끼면서 2~3분 내에 바로 잠잠해진다.

그러나 공격적이고 분노조절이 안 되는 사람들은 화를 낼수록 점점 더 화가 증폭된다. 주먹을 꽉 쥐고, 노려보거나 거칠고 급한 호흡과 팽창된 동공을 보이고, 앞뒤가 맞지 않는 비일관적인 말이나 과격한 행동을 보인다면 이는 화가 났다는 위험 신호이다. 이러한 경우에는 자극하지 않도록 주의해야 한다. 특히 자제시키기 위해 신체적인 접촉을 시도하거나 함께 맞서 고성을 지르게 되면 클라이언트를 위협하는 것처럼 보일 수 있다. 무리하게 다가서거나 맞대응하지 말아야 한다. 위협적이지 않게 보이기 위해서는 물리적으로 약간 떨어져서 주변에 의자가 있다면 천천히 앉는다. 클라이언트 또한 앉도록 권하는 것이 좋은데, 이는 의자에 앉는 것 자체가 고양된 감정을 가라앉히는 데 도움이 되기 때문이다. 클라이언트가 언성을 높일수록 사회복지사는 언성을 낮추고 차분하게 대하는 것이 좋다. 사회복지사는 유사시 빨리 일어나서 대피하거나 테이블 밑으로 숨을 수 있도록 의자에 살짝 걸터 앉는 것이 좋다(Goldstein & Noonan, 2010).

(3) 폭력행동 이면의 감정을 이해하기

타인에 대한 폭력은 두려움으로 인한 반응일 수 있다는 점을 기억해야 한다. 사회복지사는 클라이언트가 가지고 있는 불특정 다수에 대한 두려움이나 현장 상황 또는 낯선 타인에 대한 두려움을 감소시키기 위해 노력해야 한다. 어조는 부드럽고 친절하게 하며, 직설적인 충고 등은 최대한 자제한다. 사회복지사의 실수나 부적절한 말이 클라이언트를 화나게 했다면 잘못을 인정하고 바로 사과한다(Goldstein & Noonan, 2010).

공격행동은 제한되어야 하지만, 그들이 느낀 좌절감과 분노에 대해서는 적극적으로 경청하고 충분한 공감을 표현한다. 대부분의 클라이언트는 사회복지사의 공감적 반응과 적극적 경청에 차분해진다. 그럼에도 불구하고 비난과 갈등이 고조되어 클라이언트의 폭력적인 행동이 우려된다면 무리하게 일대일 상담을 진행하기보다는 잠깐 10분 정도 쉬는 시간을 갖고 클라이언트가 진정하고, 차분해질 수 있도록 기다려 준다(Mathew, 1995).

클라이언트: (격앙된 큰 목소리로) 먹고 살기도 바쁜 내가 왜 이런 데 와야 하는지요? 애 엄마가 핏덩이를 두고 가출했어요. 그래도 어떻게든 길러 보려고 십년간 재혼도 하지 않고, 막노동해 가면서 최선을 다했습니다. 딸아이가 남자애들과 어울려서 며칠밤 집에 들어오지 않고 하는 것을 그냥 둘 부모가 있겠습니까? 할 수 없어서 머리 빡빡 밀고 집에서 못나가게 했더니 신고를 했더라구요. 정말이지 화가 나서 견딜 수가 없어요. (주먹으로 책상을 내리치면서) 부모가 사람 만들겠다는데 그게 신고할 일입니까? 제가 범죄자입니까?

사회복지사: (침착한 어조로) 신고 때문에 많이 화가 나신 것 같습니다. 말씀을 듣고 보니 나름 따님을 위해 열심히 살았는데 범죄자처럼 신고가 되었다 하니… 이 자리에 오신 게 억울하고, 화가 나신 것 같습니다(행동 이면의 감정에 대한 공감). 하지만 아이들이 학교에 장기결석을 하게 되면 저희 같은 아동보호기관에서는 상황을 파악하고 확인해야 할 의무가 있습니다(객관적

사실과 정보 중심으로 메시지 전달). 바쁘고 힘든 와중에도 따님을 위해 이 자리에 참석하셨으니 일단 앉으셔서 아버님의 입장에서 상황과 문제점을 차분하게 설명해 주셨으면 좋겠습니다(적극적 경청에 대한 의지 표현).

2) 안전한 실천을 위한 준비

(1) 안전하게 기관 내 실천하기

공격적인 클라이언트와 면접을 할 때는 너무 좁지 않은 상담실에서 큰 테이블을 사이에 두고 일정 정도 거리감이 있게 배치하여 앉는 것이 좋으며, 사회복지사가 위기 시 출입구에 쉽게 접근할 수 있도록 자리 배치를 해야 한다. 커터칼이나 꽃병 등 흉기가 될 수 있는 도구는 상담실에 없어야 한다. 테이블의 하단에 경찰서나 경호업체와 연결된 응급벨을 설치하는 등 위기 시 협력 방안을 준비하는 것이 바람직하고, 일면경과 CCTV가 설치되어 있는 상담실에서 상담을 하는 것이 좋다.

분노조절이 잘 되지 않는 폭력적인 클라이언트일수록 상대방이 약해 보이거나 두려워하는 것처럼 보이면 더 공격하기 쉽기 때문에 사회복지사는 가능한 한 공식적인 옷차림을 하고, 대화나 행동에서도 자신감 있고, 차분하게 대처하는 것이 필요하다. 만약 클라이언트가 흉기를 가지고 위협하는 경우에는 강제로 흉기를 빼앗으려고 시도하지 말고, 해칠 의도가 없음을 설명하면서 천천히 뒤로 물러나거나 그 상황에서 대피하고, 경찰 등 외부에 원조를 요청한다.

(2) 안전하게 가정방문하기

폭력적인 클라이언트를 집과 같이 사적이고 고립된 장소에서 만나는 것은 피해야 한다. 아동학대 가해자로부터 아동을 분리하기 위해서나 신고 후 조사를 위해 방문하는 경우에도 경찰과 동행하거나 두 명 이상이 사회복지사가 함께 가야 한다. 기관에 가정방문 일정과 동행자 등을 알리고, 방문 후에도 안전한 방문이 마무리되었음을 기관에 보고한다(Goldstein & Noonan, 2010).

클라이언트의 집 앞에 도착했을 때 안에서 고성이나 싸우는 소리가 들리면 바로 들어가지 말고 핸드폰이나 초인종을 이용해서 밖에 사람이 와 있음을 알리고, 잠시 격앙된 감정을 가라앉힐 수 있는 시간을 두고 들어가는 것이 좋다. 계속 내부 상황이 위험해 보이면 바로 들어가지 말고 경찰에게 알려서 도움을 청한다. 충분한 안내나 고지 없이 개인 공간에 들어가게 되면 클라이언트를 자극할 수 있기 때문이다. 집에 들어갈 때는 가능한 한 천천히 주위를 살펴 가며 들어가는 것이 좋다. 필요하면 출입구 등을 열어 놓고, 계단의 위치 등을 확인해 둠으로써 위기 시 피할 수 있는 경로 등을 확보해 놓는 것이 좋다.

3. 자살 위기의 클라이언트

우리나라의 자살률은 매우 높으며, 10대와 20대 사망원인 1위가 자살로 알려져 있다. 많은 사람들이 자살로 인한 직간접적인 영향을 받고 있지만, 우리 사회에서 자살은 금기시되어 있다. 자살에는 사회적 낙인(stigma)이 따르며, 사람들은 대개 자살을 부정하고 회피하거나 비밀로 간직하는 경우가 많다. 자살은 회복할 수 없는 치명적인 사건이지만, 많은 경우에 자살은 예방할 수 있다. 다음에서는 자살 예방과 자살에 대한 위기개입의 기본 내용과 실천방법에 대해 살펴본다.

1) 자살에 대한 이해

(1) 자살에 대한 잘못된 신념

우리는 자살을 금기로 여기면서 자살 혹은 자살과 관련한 반응에 대해 잘못된 믿음을 형성해 왔다. 자살에 대해 정확히 이해하기 위해 나음의 잘못된 믿음(LivingWorks Education, 1999)을 검토해 볼 필요가 있다.

① 대부분의 자살은 하나의 갑작스러운 외상적 사건에 의해 일어난다.

하나의 갑작스러운 외상적 사건이 자살을 촉발할 수 있지만, 대부분의 경우에 자살에 기여하는 사건들이나 감정은 상당 기간에 걸쳐 일어난다. 따라서 주변 사람들이나 전문원조자들은 자살의 위험이 있는 사람에게 원조를 제공할 기회를 가진다.

② 대부분의 자살, 특히 청소년 자살은 사전경고 없이 일어난다.

자살의 위험이 있는 대부분의 사람들은 자살로 이끄는 사건들에 대한 반응과 감정에 대해 경고 신호들을 보낸다. 이런 경고 신호들은 말(예, '내가 없으면 모든 사람들이 행복할 것이다', '내 모든 문제들은 곧 끝날 것이다.' '아무도 지금 나를 도와줄 수 없다.' 등), 신체적 신호(예, 외모에 대한 무관심, 식욕 부진, 수면 장애 등), 감정적 반응(예, 절망감, 분노, 죄책감, 무가치감, 외로움, 무기력감 등), 행동적 단서(예, 소유품을 나눠 줌, 가족 · 친구 · 학교 · 직장으로부터 철회, 극도의 행동 변화, 충동적 행동, 자해 등)의 형태로 나타난다. 충동적인 청소년의 경우에도 자살은 신중한 결정이며, 자살로 이르는 신호들을 보내는 경우가 많다.

③ 자살의 위험이 있는 사람과 자살에 대해 이야기해서는 안 된다.

자살에 대해 이야기함으로써 자살의 위험은 증가하는 것이 아니며, 오히려 감소한다. 자살 가능성을 규명하기 위한 가장 좋은 방법은 자살에 대해 직접 묻는 것이다. 자살에 대해 생각하고 있는 사람과 이에 대해 개방적으로 이야기하고 솔직한 관심을 보인다면, 자살의 즉각적인 위험을 예방할 수 있다. 하지만 자살에 대해 회피하고 관심을 보이지 않는다면, 자살 위험이 있는 사람은 더욱 외로움을 느끼게 되고 도움을 요청하기가 더욱 어려워진다.

④ 자살에 대해 이야기하는 사람은 자살하지 않을 것이다.

자살을 시도하는 대부분의 사람들은 이를 행동으로 옮기기 전에 자신의 의지에 대해 직접적 혹은 간접적으로 이야기한다. 하지만 다른 사람들이 이를 심각하게 받아들이지 않는다면, 이는 자살을 촉발하는 요인이 될 수도 있다.

⑤ 치명적 결과를 가져오지 않는 자살 시도는 주의를 끌기 위한 행동이므로 도움을 제공할 필요가 없다.

치명적이지 않는 자살 시도는 절박하게 도움을 요청하는 행동일 수 있다. 이런 경우에 도움을 제공하지 않는다면, 자살의 위험은 더욱 증가할 수 있다.

⑥ 자살하는 사람들은 정말 죽기를 원한다.

자살하는 사람들의 대부분은 죽기 바로 직전까지도 자신의 생각에 대해 확신하지 못한다. 일부 사람들은 죽기를 원하지만, 다른 일부 사람들은 돌이킬 수 없는 상황에서도 살기를 원하기도 한다. 또한 과거에 자살을 시도했던 대부분의 사람들은 자살 시도 이후 살기 위해 노력한다.

⑦ 이전에 자살을 시도한 사람은 다시는 자살하지 않을 것이다.

자살을 시도했던 대부분의 사람이 다시 자살을 시도하지 않는 것이 사실이지만, 자살을 시도했던 상당수의 사람이 다시 자살을 시도하는 것도 사실이다. 미국의 경우, 이전에 자살을 시도한 사람들의 자살률은 일반 사람들의 자살률보다 40배나 높은 것으로 나타났다. 따라서 이전 자살행동은 자살 위험을 증가시키는 주요 예측변인이다.

⑧ 자살하는 사람들은 문제를 해결하기 위한 쉬운 방법을 선택한 것이며, 따라서 도움을 받을 자격이 없다.

자살을 시도하는 대부분의 사람들은 문제를 해결하기 위한 자원이 일시적으로 고갈된 상태에서 현실에 적응하기 위한 능력의 한계에 도달한 사람들이다. 이들은 도움이 필요한 사람들로서 누군가에게 자신의 문제와 상황에 대해 말하고 싶어 한다.

(2) 자살의 위험 징후

일반적으로 사랑하는 사람의 죽음과 같은 갑작스러운 상실경험, 사업 실패나 파산과 같은 급격한 경제적 어려움, 따돌림, 괴롭힘, 성희롱, 화상, 재해나 사고 등의 정신적 외상 사건(trauma)이 급격한 스트레스를 야기하여 자살의 위험을 높일 수 있다. 생활 속에서 발견할 수 있는 자살의 위험을 예고하는 징후들은 다음과 같다(이홍식, 2007).

- 죽음에 대한 언급을 자주 한다.
- 자살에 대한 인터넷 검색을 하거나 SNS, 일기나 노트 등에 자살에 관련된 언급을 한다.
- 최근 음주가 많이 늘었다.
- 직장에서 자주 휴가 등을 내고, 아프다며 무단결석을 한다.
- 자신의 물건들을 주변 사람들에게 나누어 주는 등 신변을 정리한다.
- '감사했다' '잘 지내라' 등 갑작스러운 안부 인사를 한다.
- 여러 약국이나 병원을 다니면서 수면제, 진통제, 감기약 등의 약을 모은다.
- 자신이 죽으면 주위 사람들이 어떻게 반응할지에 대해 관심을 갖는다.

이와 같이 공통적인 자살의 징후도 있지만 발달단계에 따라 상이하게 나타나는 특성도 있다. 예를 들면, 청소년기에는 유명인의 자살을 모방하거나 성적비관, 가정불화, 따돌림 등을 이유로 극단적인 선택을 충동적으로 하는 경우가 많다. 또는 겉으로 보이지 않는 곳에 치명적이지는 않지만 반복적인 자해를 하거나 농담처럼 자살을 미화하고, 자살 시도 전에 즐거워하는 모습을 보이기도 해서 주변인이 진지하게 위험을 인식하지 못하는 경우도 있다.

반면, 노인의 자살은 계획적 · 의도적인 목적을 가지고 치명적인 방법을 선택하는 경우가 많아서 자살 시도 시 성공률이 높다는 특성을 가진다. 또한 자살생각에 대해 정확하게 표현하지 않아 자살을 미리 발견하거나 사정하기가 쉽지 않다. 노인의 경우, 배우자의 죽음, 직업과 위치의 상실, 수입의 감소, 건강 악화 등 부정적 생각을 할 생애사건 요인이 다른 연령대에 비해 많다(최인, 황혜민, 2015).

2) 자살 위기에 대한 개입과정

자살 위기에 대한 개입의 목표는 자살의 발생을 예방하는 것이다. 따라서 자살 생각이나 행동을 유발하는 오래된 문제나 생활 유형을 해결하기보다는 자살의 즉각적인 위험을 줄이고 클라이언트가 지지 자원을 활용할 수 있도록 개입하는 것이다. 자살예방 개입은 탐색, 이해, 행동의 세 단계를 통해 이루어진다(LivingWorks Education, 1999).

(1) 탐색

탐색단계에서 사회복지사는 클라이언트의 상황에 대해 탐색하고 관여한다. 위기는 사건 자체보다는 사건에 부여하는 클라이언트의 감정이나 의미와 연관되기 때문에 클라이언트가 자신의 상황을 어떻게 이해하는지 탐색한다. 사회복지사는 클라이언트가 자신의 문제를 이야기하고 감정을 표현하도록 격려하며, 개방적·수용적·지지적인 태도를 보임으로써 라포(rapport)를 형성하여야 한다. 또한 탐색단계에서 사회복지사는 클라이언트가 자살을 생각하고 있는지 확인하기 위해 자살 생각을 직접적으로 물어본다. 자살 생각에 대해 간접적이고 모호하게 물어본다면 클라이언트의 답변도 간접적이고 모호할 수 있으므로, 구체적이고 분명하게 물어본다. 예를 들어, "자살을 생각하고 있습니까?"라고 묻는다(LivingWorks Education, 1999).

(2) 이해

이해단계에서 사회복지사는 자살의 이유를 클라이언트의 시각에서 이해하고, 자원과 강점을 물어보며, 자살 위험의 정도를 평가한다. 이 단계에서 사회복지사는 클라이언트가 자신의 문제에 관한 감정을 환기하도록 돕는 것이 중요하다. 클라이언트는 자신의 문제와 자살 생각을 이야기하고 감정을 환기함으로써 오히려 자살에 대한 몰두에서부터 벗어날 수 있다. 자살을 생각하고 있는 대부분의 사람들은 자살에 대해 이중적인 면, 즉 자살하고자 하는 생각과 살고자 하는 생각을 동시에 가지고 있다. 클라이언트가 사회복지사와 자살을 이야기한다는 것은 삶을 생각하고 있기 때문이며, 사회복지사는 클라이언트의 이런 삶에 대한 의지를 활용하여 문제해결 활동을 제안할 수 있다(LivingWorks Education, 1999).

자살의 위험 정도를 평가하기 위해 현재 자살 계획, 이전 자살행동, 자원에 대해 직접적으로 물어본다. 예를 들어, "어떤 방법으로 자살할 계획을 가지고 있습니까?" "언제 시행할 계획입니까?" "이전에 자해한 적이 있습니까?" "가까운 사람들 가운데 자살한 사람이 있습니까?" "다른 사람들과 자살에 대해 이야기한 적이 있습니까?" 등으로 물어본다.

표 7-1 자살 위험 사정과 관련된 실천지침과 질문 유형

사정 내용	실천지침	세부 질문
자살 가능성	• 자살 계획과 생각을 질문하고, 위기도를 사정 • 계획의 구체성과 현실성 사정	• 자살 생각을 했는가? 얼마나 자주, 오랫동안 생각했는가? • 자살 계획을 세웠는가? 언제 어디서 자살을 하고자 했는가? • 자살 방법을 구체적으로 계획했는가?
긴급 출동 정보	• 긴급출동 시 필요 정보를 추가 파악 • 연락을 유지하면서 긴급출동	• 현재 자살을 어떤 방법으로 시도하려고 하고 있는가? • 지금 있는 곳의 위치는? 앞으로의 계획은? • 연락할 수 있는 방법에는 무엇이 있는가?
촉발 사건	• 현재 대처에 영향을 미친 사건과 주요 요인 발견 • 사건을 현실적으로 인지 또는 왜곡하고 있는지 검토	• 자살을 생각하게 된 최근의 촉발 사건이 무엇인가? • 과거 유사한 상황에서 어떻게 대처했는가? • 이 일이 자신에게 어떤 영향을 줄 것으로 보는가? • 자신에게 이 사건은 어떤 의미가 있는가? • 자신에게만 의미있다면 그 이유는 무엇인가?
사회적 지지체계	• 클라이언트의 생활환경에서 중요한 타자와 지지 체계를 사정	• 혼자 살고 있는가 또는 가족과 혹은 친구와 살고 있는가? • 누구와 가깝게 지내고, 누가 그를 이해하며 힘을 주는가? • 당장 도움을 줄 수 있는 사람이 있는가? • 살아갈 이유가 될 만한 중요한 가족이나 타인이 있는가? • 주변에 도움을 줄 만한 성직자나 전문가가 있는가?

자살 위기 촉발사건에 대한 인식에서 자살자들이 가지는 공통적 특징은 과거의 경험을 부정적으로만 인지하고, 현재의 고통에 압도당하고 있다는 점이다. 현재의 고통이 앞으로도 영원히 지속될 것이며, 변화의 가능성은 전혀 없다고 믿는 것이다. 따라서 사회복지사는 클라이언트의 왜곡되고 부정적인 사고를 사정하고, 이를 클라이언트가 객관적으로 검토할 수 있게 원조할 필요가 있다(이광자, 2009).

(3) 행동

마지막으로 행동단계에서 사회복지사는 자살의 즉각적인 위험을 예방하기 위한 행동을 계획하고 실행한다. 행동 계획은 위험 정도에 따라 구체적인 지시 정도나 협력의 방안이 달라질 수 있다. 행동 계획에 대해 클라이언트와 합의하고, 자원에 대한 정보를 제공하며, 주요 타자들을 관여시킨다(LivingWorks Education, 1999).

만약 전화상담이나 사이버상담 상황에서 긴급출동이 필요할 정도로 심각한 자살 시도 상황으로 판단된다면 현재 클라이언트가 있는 장소와 위치, 연락방법 등을 추가로 확인해야 한다. 일단 긴급출동을 관련 기관에 요청한 후에 지속적으로 클라이언트와 연락을 유지하면서 응급구조대가 도착하여 클라이언트의 안전이 확인될 때까지 대화를 이어 가면서 상담을 지속하는 것이 좋다(이영선 외, 2012).

클라이언트가 적극적으로 도움을 청하지 않더라도 자살 계획의 내용이 매우 현실적이고 자신뿐 아니라 타인을 해칠 수 있다고 판단되면 입원을 시켜서 클라이언트 및 주변인을 보호해야 한다. 주변에 사회적 지지체계나 자원이 부재한 자살 위험 클라이언트는 입원이 보다 안전하고 효과적인 행동계획이다(이광자, 2009).

4. 보호가 필요한 클라이언트

1) 아동학대 피해자

(1) 아동학대의 발견과 신고

어린 아동일수록 외부의 도움을 직접적으로 요청하기 어렵다. 따라서 아동복지 서비스 분야의 최일선에서 일하는 사회복지사들은 영유아의 상처나 멍에 민감해야 하며, 아동이 말하기 전에도 주의 깊게 행동을 관찰하는 훈련이 필요하다. 예를 들면, 스스로 움직이거나 이동하기 어려운 월령의 영유아가 화상을 입었거나 두개골 골절로 병원에 왔다면 이는 방임이나 학대의 징후일 수 있다.

일반적으로 학대 피해를 받지 않은 아동들은 자신의 상처를 자랑하기도 하는 반면, 학대 피해를 입은 아동들은 옷으로 상처를 감추려고 하고, 상처에 대해 과도하게 부끄러워하며 말하기를 꺼린다. 또한 주변 성인을 경계하여 신체적 접촉에 두려움을 보이고 피하는 양상을 보인다(Sheafor & Horejsi, 2015).

또는 발달단계에 맞지 않는 문제행동, 예를 들면 가출, 자해, 자살 시도, 폭력행동

표 7-2 신체적 학대와 성학대의 위험 징후들

유형	신체적 학대	성학대
위험 징후	• 원인 모를 상처나 매질 흔적 • 한곳에 집중된 복합적인 상처 • 목이나 어깨에 손가락 형태의 상처 • 발목 등 끈으로 묶은 듯한 선 모양 상처 • 담배불로 지진 듯한 화상 상처 • 성인의 이로 문 것 같은 상처 • 억지로 먹임 등으로 인한 입 안의 상처 • 원인 모를 팔다리 골절이나 두개골 골절 • 원인 모를 머리 상처나 혈종	• 성기 부분에 멍이나 부풀어오른 상처 • 속옷에 핏자국 • 기저귀를 뗀 유아의 성기 부분 발진 • 다리 위쪽 허벅지 부분의 찰과상 • 방광염의 잦은 재발 • 아동의 충동적 · 강박적 자위행위 • 인형 등으로 이상한 성적인 놀이행동 • 다른 아동에게 강제적인 성 행동 • 어른에게 부적절한 성적 접촉 시도

출처: Sheafor & Horejsi (2015)에서 재구성.

등 심각한 문제행동을 보이거나 어른들의 성행위를 흉내내는 놀이 같은 것도 학대의 징후일 수 있다. 성학대 피해아동의 경우는 목욕, 수영 등에 대해 과도한 공포감을 표현한다거나 계절에 맞지 않게 옷을 겹겹이 겹쳐 입는 등 몸을 드러내려고 하지 않는 경우가 많다. 특정한 성인이 변명해 주는 학교 결석이 잦아지기도 하고, 직접 이유를 질문해도 두려워하거나 수치심 때문에 쉽게 이야기하지 못한다(Sheafor & Horejsi, 2015).

일단 학대 사실이 확인되면 사회복지사는 위험의 정도, 즉 현재 당면한 위기의 정도와 즉각적인 분리와 보호가 필요한지 사정해야 한다. 위기도는 아동의 연령이 어릴수록, 발달장애 등 장애가 있거나 이전의 학대경험이 있을수록, 가해자가 가정폭력 등 다른 폭력 전과가 있거나 정신장애, 알코올이나 약물 의존의 문제가 있을수록 더욱 심각한 위험 상황으로 평가된다.

(2) 피해아동의 보호와 응급조치

폭력 피해를 입은 클라이언트를 돕는 가장 중요한 첫 단계는 위험한 환경으로부터의 안전한 보호, 즉 폭력적인 행위자나 위험한 상황이 있다면 그러한 행위자나 상황으로부터 분리보호가 가장 우선적으로 이루어져야 할 개입이다. 아동학대범죄 신고를 접수한 아동보호전문상담원은 경찰과 동행하여 지체 없이 출동해서 신고 내용을 확인하고, 조사해야 한다. 아동학대위험도 평가척도, 아동학대 통합사례회의 등을 통해 아동학대 여부나 심각성을 판단한다. 부모와 아동이 심각한 학대로 인식하지 못하고 한 행동일지라도 그 결과가 치명적일 수 있다면 아동 보호적 측면에서 적극적인 분리가 필요하다.

위험한 상황으로부터 아동을 분리하기

- 신고 사유: 중학교 2학년 딸(14세)을 혼자 양육하고 있는 한부모 가정의 어머니(40세) 김 씨가 이웃에 의해서 아동학대로 신고되었다. 아동이 방과 후에 엄마 대신 닭고기를 갈아서 대형견 사료를 만드는 일을 하고 있는데 그 상황이 너무 위험해 보인다는 이웃의 신고로 접수되었다.

- 전문 사례회의 경과: 현장에 나가서 찍어온 사진과 인터뷰 기록을 중심으로 정신과의사, 사회복지학과 교수, 변호사 등이 함께 참여하는 전문 사례회의를 진행했다. 전문가들은 생고기를 가는 기계 자체가 자칫 잘못하면 아동 손목이 절단될 수도 있을 정도로 위험하다는 데 동의했다. 다만 어머니가 아동을 위해 대형견 사육이라는 생업을 변경할 수 있는지를 파악해 볼 것을 권고했다.
- 조치 및 사례계획: 사례회의 결과를 알리자, 어머니는 자신의 행위가 학대행위임을 인식하지 못했음을 인정했다. 전문가 권고대로 생업을 정리하는 동안 아동을 분리하여 시설보호를 하는 데 동의하고, 아동에게도 직접 설명하기로 했다. 담당 사회복지사는 주기적으로 아동과 어머니가 서로 만날 수 있도록 모자의 동의하에 사례관리를 진행하기로 계획했다.

아동학대행위로 확인되면 아동보호전문기관의 장은 아동학대행위자로부터 아동을 즉각 분리하거나, 치료가 필요할 경우 아동보호전문기관 또는 의료기관에 의뢰하는 등 안전하게 아동이 보호받을 수 있도록 조치해야 한다.

더욱이 여러 명의 형제자매가 있는 가정에서 발생한 학대는 신고된 아동만을 피해아동으로 평가하고 개입해서는 부족하다. 학대 상황에 놓인 형제아들을 사정해 보면 항상 더 맞은 아이와 덜 맞은 아이가 있을 뿐 특정 아동만 학대에 노출될 수는 없기 때문이다. 따라서 가해자나 피해자 중심의 사정이 아니라 가구 중심의 사정, 즉 다른 형제자매의 피해상황에 대해서도 사정하고 확인해야 한다. 다음은 아버지의 학대를 피해서 가출한 가족의 사례이다.

클라이언트: 아빠가 있는 집이 너무 싫어서 다 같이 나왔어요. 큰누나와 엄마가 제일 많이 맞았어요. 큰누나의 머리를 변기에 넣었어요. 그 후에 누나가 이상해진 것 같아요. 아빠 소리만 들려도 큰누나는 부들부들 떨면서 쓰러져 버려요. 저는 그래도 덜 맞았지만 정말 무서워요. 엄마가 있으면 엄마를 때리고, 엄마가 없으면 큰누나를 때려요. 두 번이나 다 같이 집을 나와

서 모텔 같은 데 숨어서 생활한 적이 있어요. 아무리 숨어도 아빠가 우리를 찾아냈어요. 경찰에 신고해도 소용없었어요. 제가 직접 아빠를 죽이고 싶은 마음이 들어요. 아빠만 없으면 모두 도망갈 필요가 없어요.

사회복지사: 그런 생각을 할 정도로 힘들었구나. 그렇다면 너는 아버지만 세상에서 없어지면 가족 모두가 행복할 거라고 생각했다는 거구나.

클라이언트: 아니예요. 행복하려고 그러는 게 아니예요. 그렇게 다 끝낸 다음에 저도 죽으려구요. 죽지 않으면 끝날 수 없으니까……. (흐느낀다)

이 사례는 아동학대 및 배우자폭력 문제가 모두 있는 경우로 가족과 가해자 간의 즉각적인 분리가 가장 중요함을 알 수 있다. 안전한 환경에서 그동안의 심리적 어려움을 토로하고, 자살이나 타살과 같은 극단적인 선택이 아닌 적극적인 도움 요청 행동을 할 수 있도록 안내해야 한다. 이러한 경우 즉각적인 분리만으로도 클라이언트나 가해자의 생명을 보호할 수 있다. 폭력이나 학대 사례에서 '분리'는 가해자와 피해자 모두를 위한 중요한 위기개입일 수 있다.

(3) 피해아동을 위한 정서상담

학대의 조기 발견으로 아동의 안전이 확보된 이후에도 학대 피해아동이 심리적으로 안정화되고, 학대의 트라우마로부터 회복되고 있는지 지속적인 임상적 주의와 관심이 필요하다. 부모로부터의 학대는 애착 형성과 정서적 발달에 영향을 주기 때문에 신체적 상처가 모두 치유된 다음에도 트라우마 치료와 자존감 회복을 위한 다양한 개입이 필요하다. 학대 피해아동을 정서적으로 지원하고, 상담하는 사회복지사의 실천과업을 정리하면 다음과 같다(김연수, 신창식, 2017; Urquiza & Winn, 2013).

- 아동이 학대와 방임으로 인한 분리가 자신의 탓이 아님을 이해하도록 돕는다.
- 원가정 분리 후에 경험하는 양가감정을 다룰 수 있도록 돕는다.
- 아동에게 성인-아동의 적절한 관계가 어떤 것인지를 보여 주는 역할 모델을

제공한다.

- 아동이 긍정적인 관계와 지지체계를 형성할 수 있도록 돕는다.

학대로 인해 원가정으로부터 분리되어 새롭고 낯선 곳에서 생활하는 것은 어린 아동에게 상당한 스트레스가 될 수 있다. 일단 분리가 된 피해아동들은 새로운 생활과 성인에 대해 긍정적이든 부정적이든 수용하는 태도를 보이지만 기존 원가정에서 생활하던 습관과 태도로 인해 갈등을 겪기도 한다(최은희, 윤여정, 류경희, 2005).

또한 피해아동들은 신체적 · 정서적 위험 상황에서 벗어났지만 원가정과 가족 구성원에 대해 죄책감과 불안을 갖고 있는 것으로 나타났다. 가해자였던 가족이 연행되거나 벌을 받고 이로 인해 다른 가족 구성원이 힘들어하는 상황에 직면하면서 특히 중요한 타인에게 거부당할까 봐 두려워하는 정서를 갖는다(김연수, 신창식, 2017).

클라이언트: 저는 제일 막내라서 아빠한테 덜 맞았어요. 누나들이 맞는 것을 보면서 도와주지 못한 것이 너무 미안해요. 그래도 내가 남자인데 엄마와 누나들을 지켜 줘야 했는데…. 엄마를 집에 두고 쉼터에 온 것도 너무 마음이 괴로워요.

기본적인 돌봄조차 받지 못하던 비위생적인 집이었지만 막상 분리가 되어 낯선 환경에 놓이면 원가정에 대한 그리움을 표현하는데, 이러한 피해아동의 전형적인 양가감정을 원가정 복귀의 신호로 이해해서는 안 된다. 사회복지사는 분리된 아동의 양가감정을 있는 그대로 표현할 수 있도록 하고, 이를 충분히 수용하고 공감해 주되, 가해자인 부모와 분리된 것이 아동 자신의 잘못이 아님을 알 수 있게 함으로써 스스로를 비난하지 않도록 돕는다. 가해자인 부모에 대한 부정적 감정이 안전하게 표현되지 못하고 억압되면 심각한 우울증, 자해, 자살 등으로 이어질 수 있다(김연수, 신창식, 2017; Urquiza & Winn, 2013).

사회복지사는 성인-아동의 적절한 관계에 대한 역할 모델을 제공하기 위하여 상담과정에서 일관되고 지지적인 양육자 역할을 수행해야 한다. 주 양육자와의 관계가 잘 이루어지면 이러한 긍정적 경험이 다른 관계로 확대될 수 있듯이 사회복지사와의 긍정적 대인 관계형성 경험은 자연스럽게 다른 사람들과의 관계로 확장될 수 있다.

2) 가정폭력 피해자

(1) 가정폭력 피해자의 심리적 특성

가정폭력 피해자들이 경험하는 정서적 어려움의 핵심은 '두려움'이다. 가해자의 폭력에 대한 두려움, 보복에 대한 두려움, 이혼을 하거나 별거를 하면 친권을 잃을 것에 대한 두려움, 피해 사실이 알려질 것에 대한 두려움, 주변인으로부터 비난받거나 고립당할 것 등에 대한 두려움을 가진다. 두려움은 시간이 지남에 따라 분노와 적개심, 우울 등의 문제로 발전할 수 있다. 폭력의 피해자 대부분이 사회적으로 위축되고 생산적인 방향으로 분노를 표출하지 못하므로 신체화 증상, 예를 들면 만성두통, 심장 두근거림, 화병 등으로 고통받거나 절망감, 무기력감, 쓸모없음, 공허감 등의 감정을 경험하기도 한다(홍창희, 1997; 유해선, 변상해, 2015).

그러나 이러한 심리적 무력감으로 인해 외부 도움을 적극적으로 요청하거나 폭력의 악순환으로부터 빠져나오려는 시도 자체를 포기하기도 한다. 오히려 받아들이기 힘든 현실을 부정하고자 자신이 가해자의 구타 행위를 촉발한 것과, 구타행위를 막지 못한 것에 대해 자책하는 경향이 심하다. 또한 가해자의 신체적 · 언어적 폭력을 개인의 존재 자체를 부정하는 의미로 받아들이기 때문에 자존감이 극도로 낮아진다(이훈구 외, 2000).

(2) 가정폭력 피해자 보호를 위한 실천

가정폭력은 피해자들에게 치명적인 신체적 손상과 정신적 황폐화를 야기한다는 점에서 일반적인 부부싸움과는 본질적으로 다른 범죄로 인식해야 한다. 피해자에게 결점이 있다고 하더라도 그것이 매 맞을 이유가 될 수는 없음을 가해자뿐만 아니라 피해자 스스로도 인식할 수 있도록 원조해야 한다.

실제로 심각한 가정폭력을 경험하고 있는 사람들은 정신적 · 육체적 무기력에 빠져 현 상황을 개선할 의지를 갖거나 대처방안을 강구하지 못한다. 가정폭력으로 신고한 경우에도 가해자를 법적으로 처벌하지 말고 그냥 사건을 덮어 주거나 훈계 후 용서해 달라는 피해자가 상당수에 달했으며, 일부 피해자들은 가해자와 지속적으로 함께 살기를 원하는 것으로 나타났다(이훈구 외, 2000).

이와 같이 계속되는 폭력에도 불구하고 떠났을 때 더 심해질지 모르는 폭력에 대한 두려움, 자신의 경제적 무능력, 가해자에 대한 감정적인 애착, 어린 자녀의 양육 문제, 가족을 유지해야 한다는 가부장적인 전통에 대한 신념 등으로 인해 참고 사는 경우가 많다. 또는 과거에 제도권에 도움을 요청했다가 제대로 된 도움을 받은 적 없는 클라이언트는 심리적 무력감에 빠져 참고 사는 선택을 하는 경우도 있다(이훈구 외, 2000).

사회복지실천에서 클라이언트의 자기결정권은 중요하며 존중되어야 하지만 생명존중의 가치보다 우선할 수는 없다. 피해자의 생명을 위협할 수 있는 폭력이 재발하거나 묵인되지 않도록 위기도를 사정하고, 실제적인 지원을 병행해야 한다. 즉, 위기도가 덜 심각하게 사정된 경우에도 가해자의 폭력적 행동이 근절될 수 있도록 가해자상담, 가족상담, 부부상담 등이 제공되어야 한다.

더욱이 폭력의 재발 위험이 높은 경우, 피해자가 폭력을 피해 안전하게 기거할 만한 공간과 경제적 · 심리적 독립을 위한 지원, 만성적 트라우마에 대한 상담서비스, 피해자 자조집단 참여 등의 구체적인 지원이 필요하다. 예를 들면, 피해자의 긴급 구조를 위해 119나 112 연계, 관련 상담 · 의료 · 법률구조 기관 또는 보호시설 등에 대한 정보제공, 피해자 본인과 동반자녀에 대한 임시보호를 제공할 수 있도록 해야 한다.

3) 학교폭력 피해자

(1) 학교폭력 피해자의 심리사회적 특성

학교 내에서 이루어지는 또래 간 폭력 문제는 가해자와 피해자뿐 아니라 방관자도 모두 개입 대상이다. 학교라는 공적인 장에서 은밀하고 지속적으로 폭력이 이루어지다 보니 피해자가 도움을 청하기도 쉽지 않고, 심각해진 다음에야 드러나는 경우가 많다. 따라서 피해학생의 대부분은 불안, 우울, 공격성, 대인관계 공포, 강박증상, 편집증, 신체화 증상 등을 호소한다(신성웅 외, 2000).

(2) 학교폭력 피해자 보호를 위한 실천

학교폭력 사례에서도 폭력 문제의 개입 원칙은 동일하게 적용된다. 가해자의 잘못을 드러내고 가해자의 폭력을 근절함으로써 폭력의 고리를 끊는 것이 중요한 목표가 되어야 하며, 피해자, 즉 희생자를 비난해서는 안 된다. 학교폭력 피해자를 보호하기 위한 개입과정에서 초기에 확인해야 할 사항은 다음과 같다(이영선 외, 2012).

- 내담자의 인적사항(나이, 연락처, 거주지) 및 보호자의 연락처 확보
- 지금 위급한 상황인가요? (위기, 일회성, 지속적 상담사례인지 파악)
- 어떤 도움이 필요한가요?
- 어떤 피해를 당했나요? (피해 및 가해자 신원과 사건에 대한 정확한 사실관계 확인)
- 지금 다친 곳이 있나요? (병원 치료 및 입원 필요 여부)
- 피해 사실과 관련된 증거물을 확보했나요? (증인, 진단서, 사진, 녹취록 등)
- 다른 사람에게 도움을 요청했나요? (부모 및 교사에게 알렸는지 여부)
- 도움을 요청하는데 무엇이 걱정되나요? (피해 사실을 알렸을 때 염려되는 것)
- 폭력 상황에서 벗어나기 힘든 이유가 있나요? (폭력이 지속적으로 이어질 수밖에 없는 상황)

조사과정에서 충분한 사실이 확인되었다면 이에 근거하여 위기도를 사정한다. 이때 심각한 고통을 경험 중인 고위험 상태로 평가되면 어려움을 충분히 공감해 주면서 부모님이나 교사에게 알리고 도움을 요청할 수 있도록 지원한다. 도움 요청의 과정에서 보복성의 학교폭력이 이루어지지 않도록 주의해야 하며, 필요하다면 피해학생 경호지원을 요청(117센터)하거나 가해학생과 분리할 수 있도록 한다. 피해학생의 심리적 외상의 심각성을 파악하고, 약물치료가 필요한 경우 의료기관과 협업해야 한다. 위기도가 심각할수록 초기대응이 중요하며, 교사의 중재와 대처가 상당히 큰 역할을 할 수 있다. 따라서 초기에 담임교사가 조치할 수 있도록 학교폭력 피해 사실을 피해자가 직접 이야기할 수 있도록 지지하고, 필요하면 클라이언트의 동의를 구하고 이러한 사실을 관련 전문가들과 공유할 수 있도록 해야 한다(이영선 외, 2012).

학교폭력 또한 폭력 문제이므로 관련 가해학생들의 행동 변화가 궁극적으로 중요하며, 가해학생 부모의 폭력 문제 상황에 대한 정확한 인식, 피해학생과 부모를 돕고자 하는 적극적인 협조와 지원이 필요하며, 자칫 희생자 비난하기로 흐르지 않도록 주의해야 한다. 문제 상황 종결 이후에도 피해학생이 일상적인 생활로 복귀할 수 있도록 지속적으로 지원하고 사후관리한다.

연습문제

1. 이 장에서 배운 (비자발적인 클라이언트, 공격적인 클라이언트, 보호가 필요한 클라이언트, 자살이나 자해 위험이 있는 클라이언트) 실천적 이슈를 포함하도록 예시 사례의 상담과정을 다양한 역할극으로 재구성해 보시오.

사례 예시

30대 초반의 A는 가정폭력 가해자이다. 술에 취한 채로 아내와 싸우는 과정에서 초등학생 자녀와 중학생 자녀를 흉기로 위협하고, 아내에게 상해를 입혀 집행유예를 선고받고, 재판부의 명령으로 상담을 받고 있다. 현재 1년 접근금지 명령을 받아 아이들(중학교 2학년 여학생, 초등학교 5학년 남학생)과 아내를 만나지 못하고 있으며, 아이들은 외할머니 집에서 지내면서 아내가 양육하고 있다. 아내와 아이들은 이혼을 원하고 있으나 A는 이혼까지는 원하지 않는다. 자신의 폭력과 술 문제를 깊이 반성하고 있으나 아내와 아이들에게 자신의 속마음을 전할 길이 없어서 초조하고 우울하여 자꾸 술 생각이 나고, 혼자 집에 있으면 욱하는 마음에 죽고 싶은 생각도 난다고 한다.

2. 재구성한 역할극을 직접 수행해 보고, 각자 자신이 맡은 역할(클라이언트 또는 사회복지사)의 입장에서의 어떠한 경험을 했는지 토론해 보시오.

제8장

가족대상 실천기술: 사정

사회의 변천에 따라 가족의 형태와 기능이 계속 변화하고 있지만, 가족은 오늘날에도 여전히 가족 성원의 생존과 사회의 존속을 위한 핵심적인 체계로 인식되고 있다. 사회복지사는 가족대상 사회복지실천을 전문으로 하는 시설뿐 아니라 다양한 실천현장에서 가족을 지원하는 활동을 전개한다. 제8장과 제9장에서는 가족을 지원하기 위한 사회복지실천 지식과 기술에 대해 살펴본다.

가족에 개입하기 위해 사회복지사는 가족을 이해하기 위한 기본 개념들을 알아야 한다. 이 장에서는 생태체계 시각과 발달적 시각, 다세대 시각에서 제시하는 기본 개념들을 살펴본다. 이어서 가족 개입의 첫 단계로서 가족의 욕구를 파악하고 변화 목표와 계획을 세우기 위한 가족 사정에 대해 알아본다. 다음 장에서는 사회복지사가 다양한 욕구를 가진 가족에게 개입하기 위한 기술들과 기법들을 자세히 살펴본다.

1. 가족의 이해와 가족대상 사회복지실천

1) 현대 가족의 특성

산업화 과정에서 나타난 핵가족화, 출산율 저하, 단독가구의 증가 등으로 현대 가족의 구조는 전통적 가족과 크게 다르다. 부부와 자녀로 이루어진 핵가족은 보편적인 가족의 형태이지만, 현대 가족은 한부모 가족, 무자녀 가족, 노인 가족 등의 다양한 형태를 포함하며, 이 밖에도 다문화 가족, 재혼 가족, 동거 가족, 동성애자 가족, 단독세대 가족 등의 가족 형태도 빠르게 늘어 가는 추세이다.

기능적 측면에서 현대 가족의 가장 중요한 특징 가운데 하나는 기혼여성의 취업률이 증가함에 따라 아동을 양육하고 노인과 장애인을 보호하는 가족의 전통적 기능이 약화되고 있는 것이다. 또한 여성의 역할이 상당히 변화하였음에도 불구하고 가족 성원들 사이에 변화를 수용하는 정도에서 차이가 발생하고 있다. 가부장제와 성평등의 가치가 혼재하고 있으며, 이로 인한 부부간의 갈등은 전통적 가족에서보다 심각하게 나타나고 있다. 이 밖에 부모세대의 권위 상실, 부모-자녀의 세대갈등, 노부모-성인자녀 관계의 갈등 등도 점차 심각한 문제로 나타나고 있다.

현대 가족 내 사회병리적 현상 가운데 하나는 배우자 폭력, 아동학대, 노인학대를 포함하는 가정폭력이다. 가정폭력은 더 이상 가족 내의 문제가 아닌 사회문제로 인식되고 사회적 지원이 이루어지고 있지만, 우리 사회에서 가정폭력은 여전히 상당한 비율로 발생하고 있다. 이 밖에도 청소년 비행, 분노조절 문제, 약물중독 등의 일탈 행동을 보이는 성원이나 정신장애를 가진 성원이 있는 가족뿐 아니라 성원들 간 소통의 문제, 부모-자녀 사이에서 분리-개별화의 어려움, 장애자녀나 치매부모에 대한 지나친 돌봄부담 등을 호소하는 가족을 지원하기 위한 가족 서비스에 대한 욕구는 계속 증가하고 있다.

또한 현대 가족의 빈곤 문제는 여전히 심각하다. 여성 한부모 가족, 노인 가족, 장애인 가족의 빈곤 문제는 노동시장에서의 차별, 사회보장정책의 미흡 등 사회환경적인 요인들의 영향을 크게 받는다. 더욱이 저소득층 가족의 경제적 · 문화적 결핍은 자녀 교육의 문제로 이어져 빈곤의 세습화를 가져올 수 있다.

이처럼 현대 가족은 가족을 지원하는 사회정책과 예방적 · 치료적 차원의 프로그램과 서비스에 대한 다양한 욕구를 가지고 있다. 변화하는 사회에서 현대 가족의 기능을 강화하기 위해 사회복지 정책 및 제도를 보완해야 할 뿐 아니라 다양한 가족을 지원하기 위한 전문적인 예방적 · 치료적 프로그램과 서비스를 활성화할 필요가 있다. 아울러 가족상담 서비스를 제공하기 위한 전문 인력에 대한 교육과 훈련을 체계화할 필요가 있다.

2) 가족대상 사회복지실천

가족대상 사회복지실천의 목표는 다양한 문화와 기능 양식을 가진 가족이 최상의 기능을 수행하도록 전문원조를 제공하는 것이다. 사회복지사는 가족을 존중하고, 가족의 다양한 대처양식을 이해하며, 가족의 강점과 변화능력을 인식하고 격려하는 태도가 필요하다.

가족대상 사회복지사는 무엇보다 가족의 다양성을 인정하고 다양한 가족이 최상의 기능을 수행하도록 지원해야 한다. '정상 가족' 혹은 가족의 '정상성(normality)'의 개념은 주류 이데올로기를 반영하는 억압적 성격을 띤다. 주류에서 벗어나는 문화, 기능 양식을 병리적이며 문제, 결핍, 결함으로 규정하고 있기 때문이다. 예를 들어, 이혼, 사별로 인한 한부모 가족에게 '결손가족'이라는 용어를 사용함으로써 가족의 구조 자체에 문제가 있다는 낙인을 부여하고 있다. 사회복지사는 한부모 가족, 조손 가족, 다문화 가족, 노인 단독세대 가족, 장애 성원이 있는 가족, 알코올중독 성원이 있는 가족 등과 실천하면서 병리적 관점에서 결핍, 결함, 문제를 인식하기보다는 이들의 강점과 역량을 강화하도록 지원해야 한다.

또한 사회복지사는 가족을 공간과 시간의 관점에서 이해할 필요가 있다. 가족을 공간의 관점에서 이해한다는 것은 가족을 환경과 상호작용하는 하나의 사회체계로 이해하는 것이다. 즉, 가족을 성원들로 이루어진 체계임과 동시에 확대가족, 공식 · 비공식 지지체계, 지역사회, 문화 등과 지속적으로 상호작용하는 체계로 이해하는 것이다. 가족을 시간의 관점에서 이해한다는 것은 개인과 마찬가지로 가족도 생애주기에 따라 계속 변화할 뿐 아니라 가족의 관계유형, 가치, 전통, 문화 등이 이전 세대에서 다음 세대로 세대 간 전승된다는 것을 이해하는 것이다.

다음에서는 먼저 가족을 공간의 관점에서 이해하는 생태체계 시각의 가족 생태학(family ecology), 순환적 인과성, 환류고리, 가족 구조, 의사소통 개념에 대해 살펴본다. 이어서 가족을 시간의 관점에서 이해하는 가족 발달과 다세대 시각의 세대 간 변천 개념에 대해 살펴본다.

(1) 가족 생태학

가족은 사회환경과 끊임없이 상호작용하며, 사회환경과의 상호작용을 통해 기본 욕구를 충족하기 위한 필수 자원과 지지를 확보한다. 가족생활을 위한 기본 자원은 소득, 직업, 거주지, 이웃환경, 교육, 보건의료, 아동보육 등을 포함한다. 또한 가족은 확대가족, 이웃, 친구, 지역사회 조직들과 지지를 주고받는다. 대부분의 가족은 주변 환경과 상호작용하는 가운데 적응적 균형(adaptive balance)을 이루지만, 적응적 균형을 이루지 못하는 가족은 자원이 결핍되거나 고립되어 환경적 스트레스를 받는다.

가족은 주변 환경과 상호작용하는 가운데 환경체계들과 구분되는 경계(boundary)를 형성한다. 기능적인 가족은 환경체계들과 분명히 구분되는 동시에 개방적이고 융통적이며 적응적인 경계를 가진다. 하지만 가족이 환경체계들과 지나치게 밀착되거나 지나치게 유리된 경계를 가지는 경우 가족의 기능에 문제가 생길 수 있다. 예를 들어, 확대가족 체계와의 경계가 불분명하고 일부 가족 성원이 확대가족과 지나치게 밀착되어 있는 경우, 남편이 자신의 어머니와 지나치게 밀착되어 주요 의사결정에서 아내를 배제하거나 아내보다는 어머니와 더 소통하는 경우에 남편과 아내의 부부로서의(부부 하위체계) 기능뿐 아니라 자녀들의 부모로서의(부모 하위체계) 기능에도 문제가 생길 수 있다.

사회복지사는 가족이 환경과 적절한 상호작용을 하고 있는지, 환경과의 상호작용에서 가족 성원들 간 차이가 있는지, 가족과 환경체계들과의 경계가 분명하면서 동시에 개방적인지 등에 대해 살펴야 한다.

(2) 순환적 인과성

가족 내 한 성원의 변화는 다른 성원들과 가족 전체에 영향을 미치며, 이런 영향은 다시 변화를 처음 가져온 성원에게 순환적으로 영향을 미친다. 따라서 가족 성원의 행동을 단선적(linear)이 아닌 순환적(circular) 반응으로 이해해야 하며, 작용(action)이 아닌 반작용(reaction)으로 이해해야 한다.

순환적 인과성(circular causality) 개념에 따르면, 가족이 가진 문제를 해결하기 위해서는 문제의 원인 혹은 근원을 밝히는 것보다는 문제를 유지하는 가족의 상호작용에 초점을 둘 필요가 있다. 즉, 가족이 변화하기 위해서는 누가 문제를 시작했는지 혹은 누구에게 문제의 책임이 있는지를 가려내는 것보다는 현재의 역기능적인 상호작용이 어떻게 유지되는지, 이를 어떻게 변화시킬 수 있는지에 초점을 둘 필요가 있다. 예를 들어, 부모-자녀의 오랜 갈등을 해결하기 위해 부모가 혹은 자녀가 먼저 시작했는지, 누구에게 더 큰 책임이 있는지에 초점을 두기보다는 현재 갈등의 고리가 어떻게 계속되고 있는지를 파악해 이 고리를 변화시키기 위한 개입에 주력해야 한다.

순환적 인과성의 개념을 가족 개입에 적용하는 경우 가족의 변화를 위해 반드시 문제의 근원이 되는 성원이 변화를 시도해야 하는 것은 아니다. 가족 성원들 가운데 변화할 수 있는 성원이 있다면, 이 성원이 변화함에 따라 문제의 근원이 되는 성원과 가족 전체가 변화할 수 있다.

(3) 환류고리

가족은 성원들이 서로 주고받는 환류고리(feedback loop)를 통해 가족 내 규범을 강화하고 변화에 적응하면서 항상적 균형 혹은 항상성(homeostasis)을 유지하려 한다. 가족체계는 현재를 유지하려는 형태유지성(morphostasis)과 변화에 적응하려는 형태발생성(morphogenesis)을 모두 가지는데, 이는 성원들 간에 이루어지는 환류고리를 통해 구현된다.

가족 성원들은 형태유지성에 따라 규범을 서로 강화하고, 규범으로부터 지나치게 벗어나려는 행동은 부적(negative) 환류과정을 통해 저지하려 한다. 예를 들어, 고등학생인 자녀가 이성 친구를 사귀자 이를 허용하지 않는 부모는 이성 친구를 만나지 못하게 하고 용돈을 주지 않거나 자녀의 휴대폰 사용을 통제하는 등의 반응, 즉 부적 환류를 통해 자녀에게 가족 규칙을 지키도록 요구하게 된다.

한편, 가족 성원들은 형태발생성에 따라 체계 안팎의 변화에 적응하려 하며 정적(positive) 환류과정을 통해 변화를 모색한다. 같은 예로서, 고등학생 자녀가 부모의 반대에도 불구하고 이성 친구와 계속 어울리자 부모는 자녀를 더욱 강하게 제재하게 되고 이에 대해 자녀는 부모에게 반항해 가출해 버린다면, 부모는 현실적 타협안을 찾음으로써 변화를 모색하게 된다. 이성교제를 허락하되 언제 어디서 만나는지 보고할 것, 성적이 떨어지지 않도록 노력할 것 등의 새로운 가족 규칙을 만드는 반응, 즉 정적 환류를 통해 가족 규칙을 재검토하고 청소년 자녀의 자기주장을 어느 정도 수용하게 된다.

(4) 가족 구조

가족체계는 구조, 즉 가족 성원들이 조직화된 상호작용 유형을 가진다. 가족을 형성하는 성원들의 구성에 따라 핵가족, 다세대 가족, 한부모 가족 등 다양한 구조가 있으며, 부모와 자녀들 간의 위계가 형성됨에 따라 가족 내 구조가 이루어진다. 또한 가족은 세대, 성(gender), 관심 등으로 구분되는 다양한 하위체계(subsystem)를 가진다.

대표적인 가족 내 하위체계는 부부 하위체계, 부모 하위체계, 부모-자녀 하위체계, 형제자매 하위체계 등이다. 가족 성원들은 동시에 여러 하위체계에 속한다. 어린 자녀가 있는 아버지는 아내와 부부로서 부부 하위체계, 부모로서 부모 하위체계를 형성하고, 부모 하위체계에 자녀를 포함하는 부모-자녀 하위체계를 형성한다. 또한 아버지와 아들, 어머니와 딸이 각각 하위체계를 형성하기도 하고, 같은 취미를 공유하는 어머니와 아들이 하위체계를 형성할 수도 있다.

가족은 가족 내 하위체계들 혹은 성원들 간의 경계에 의해 구분된다. 가족 내 경계는 밀착되거나 유리될 수 있다. 지나치게 밀착된 가족 성원들은 매우 응집되어 있으나, 서로에게 지나치게 관여함으로써 차별성에 대한 이해와 자율성이 부족하다. 반면, 지나치게 유리된 가족 성원들은 자기중심적이며 다른 성원들에게 관여하지 않는다. 자율성은 많으나 응집과 유대관계가 부족하며, 오히려 가족 이외의 사람들과 가깝게 지낸다.

(5) 의사소통

가족 성원의 모든 행동은 언어적 · 비언어적 의사소통으로 이해할 수 있다. 심지어 의사소통하지 않는 행동도 하나의 의사소통 방법이다. 의사소통에는 두 가지의 기능, 즉 내용(content) 기능과 관계(relationship) 기능이 있다. 의사소통의 내용 기능은 사실적인 정보와 의견, 감정을 전달하며, 관계 기능은 정보가 전달되는 과정에서 관계의 속성을 규정한다. 예를 들어, 어머니가 남편과의 갈등을 대학생 딸에게 호소한다면, 호소하는 메시지의 내용은 내용 기능이지만 어머니가 딸에게 정서적으로 의존하고 있는 정도를 나타내는 메시지는 관계 기능이다. 가족 성원들은 지속적으로 의사소통함으로써 서로의 관계를 규정하는 과정을 고정화한다. 앞의 예에서 어머니와 아버지가 모두 딸에게 어려움을 호소하는 경우 이 딸은 부모의 갈등 사이에서 정서적 지원과 소통의 통로 역할을 수행하게 된다.

의사소통은 개방적이며 직접적으로 분명하고 이루어지는 것이 바람직하다. 반면, 의사소통이 우회적이거나 모호하게 이루어지는 것은 바람직하지 않다. 예를 들어, 자녀들과 관계가 소원한 아버지가 아내를 통해 우회적으로 자녀들과 의사소통을 하는 경우, 또는 독단적인 어머니와의 갈등을 피하기 위해 자녀들이 어머니와 모호하게 의사소통하는 경우이다.

가족 내 바람직하지 못한 의사소통 방식으로서 '이중구속(double bind)'은 두 개 이상의 상반된 메시지를 담고 있으나 이런 일치성의 부족에 대해 언급하는 것이 힘든 상황이다. 가족치료 학자들(Bateson, Jackson, Haley, & Weakland, 1956)이 제시한 예는 다음과 같다. 병원에서 조현병 증상으로부터 회복하고 있는 아들을 방문한 어머니는 아들이 어머니를 보고 반가워 포옹을 하자 차갑게 대했고, 아들이 이에 위축된 반응을 보이자 아들에게 "나를 더 이상 사랑하지 않니?"라고 물었다. 아들이 얼굴을 붉히자, 어머니는 "애야, 그리 쉽게 당황하거나 네 감정을 두려워해서는 안 된다."고 말하였다. 어머니의 방문 후 아들은 폭력적으로 행동하여 격리실로 보내졌다. 결국 어머니와의 의사소통을 통해 아들은 자신의 감정을 표현할 수도 표현하지 않을 수도 없는 혼란스러운 상태에 빠지게 된 것이다.

사회복지사는 가족 내 의사소통이 적절히 이루어지는지, 의사소통에서 배제되는 성원이 있는지, 직접 소통하지 못하고 우회하는지, 소통이 모호하거나 명확하지 않게 이루어지는지 등을 살펴보아야 한다.

(6) 가족 발달과 세대 간 변천

가족은 가족 생애주기(family life cycle)에 따라 발달하며, 각 생애주기의 단계에서 수행해야 하는 발달적 과업과 욕구가 있다. 가족 생애주기는 가족유형(예, 다세대 가족, 한부모 가족, 재혼 가족 등)에 따라 혹은 사회문화적 차이에 따라 달라질 수 있다.

가족의 욕구와 문제들은 생애주기에 따른 발달과업과 연관되는 경우가 많다. 예를 들어, 40대인 아버지가 교통사고로 갑자기 사망한 가족은 예기치 않은 급작스러운 변화에 적응해야 하는 어려움뿐 아니라 가족 생애주기에 따라 자녀를 양육하고 교육해야 하는 발달과업의 수행과정에서 어려움에 부딪친다. 즉, 배우자의 사망은 일반적으로 가족 생애주기의 마지막 단계에서 일어나는 사건이지만, 자녀양육 단계에서 발생함으로써 남은 배우자는 자녀를 부양하는 과업과 자녀를 성인으로서 독립시키는 과업 등의 과도한 과업들을 수행하는 어려움이 따를 수 있다.

〈표 8-1〉은 니콜스와 데이비스(Nichols & Davis, 2017)가 제시한 가족 생애주기와 단계에 따른 발달적 과업을 보여 준다. 〈표 8-1〉에서 보듯이, 니콜스와 데이비스는 가족 생애주기를 여섯 단계로 나누어 성인이 원가족을 떠나 자신의 일을 찾고 정서적·경제적으로 독립하는 단계를 시작으로 부부만으로 이루어진 단계, 어린 자녀를 양육하는 단계, 청소년 자녀를 양육하는 단계, 자녀들이 떠나가는 단계, 그

표 8-1 가족 생애주기 단계

단계	전환의 정서적 과정	발달에 요구되는 가족 지위의 이차 변화들
집 떠나기: 젊은 비혼 성인	자신에 대한 정서적 · 경제적 책임을 수용	• 원가족 관련 자신을 차별화 • 친밀한 동년배 관계의 발달 • 일과 경제적 독립 관련 자아 확립
결혼으로 가족 형성: 새로운 부부	새 체계에 대한 헌신	• 부부체계의 형성 • 배우자를 포함하여 확대 가족들, 친구들과 관계 재정립
어린 자녀 가족	체계의 새로운 성원들을 수용	• 자녀의 공간을 만들기 위한 부부체계 조정 • 자녀 양육, 경제적 과업, 가사에 합류 • 부모 역할, 조부모 역할을 포함하여 확대가족과 관계 재정립
청소년 자녀 가족	자녀의 독립과 조부모의 약함을 허용하는 가족 경계의 융통성 증가	• 청소년의 체계 밖 이동을 허용하도록 부모-자녀 관계의 이동 • 중년 부부, 직업 이슈에 재초점 • 노인 세대 돌봄으로 이동 준비
자녀 진출과 이동	가족 체계로부터 많은 출입을 수용	• 2인으로서 부부체계 재협의 • 성인 대 성인 관계 발달 • 혼인으로 맺어진 인척들과 손자녀들을 포함하는 관계 재정립 • 부모(조부모)의 장애와 죽음 다루기
노년 가족	세대 역할의 이동을 수용	• 생리적 쇠락을 직면하며 자신, 부부의 기능과 관심을 유지, 새로운 가족, 사회 역할 선택을 탐색 • 중간 세대의 중심 역할을 지원 • 지혜와 경험을 위한 체계 내 공간 만들기, 과도하지 않은 노인 세대 지원 • 배우자, 형제자매, 다른 동년배들의 상실과 죽음 준비를 다루기

출처: Nichols & Davis (2017), p. 64.

리고 노년 가족 단계로 설명하였다. 이들은 특히 가족 성원들이 단계의 전환과정에서 전환기 과업들을 수행하며 환경적 · 발달적 어려움을 가질 수 있다는 점을 강조하였다. 전환기 과업들로 인한 어려움은 가족의 역기능을 의미하는 것이 아니라 재적응의 어려움을 나타내는 것이므로 사회복지사는 가족이 전환기 과업들을 적절히 수행하도록 지원할 필요가 있다.

가족은 생애주기에 따라 발달할 뿐 아니라 가족의 문화적 · 종교적 유산과 신념체계, 가치, 관계유형, 역할, 분위기 등을 이전 세대에서 다음 세대로 전승함에 따라 여러 세대에 걸쳐 발달한다. 더욱이 사회병리적인 행동 역시 세대 간 전승되기도 한다. 예를 들어, 가정폭력의 가해자 자신이 아동기에 가정폭력의 직접 · 간접 피해경험을 한 경우가 많으며, 알코올중독자의 자녀가 성인이 되어 알코올중독자가 되는 비율은 그렇지 않은 가정의 자녀보다 높은 것으로 알려져 있다.

2. 가족 사정

가족대상 사회복지실천에서 가족 사정은 매우 중요하다. 사회복지사는 가족을 다차원적으로 사정하고 이를 바탕으로 개입을 계획한다. 가족 사정을 위해 사회복지사는 개입 초기에 가족과 관계를 형성하는 기술, 가족을 면접하는 기술, 생태도와 가계도를 작성하고 분석하는 기술, 가족의 욕구와 문제를 분석하는 기술 등을 활용한다.

가족 성원들은 이미 오랜 기간에 걸쳐 가족 나름의 관계 유형을 발전시켜 왔으므로, 사회복지사는 가족이 있는 곳에 '합류(joining)'할 필요가 있다(Minuchin & Fishman, 1981). 가족과 합류한다는 것은 가족을 수용하고 가족에게 적응함으로써 가족의 신뢰를 얻는 것을 의미하며, 가족과 합류하기 위해서는 무엇보다 가족 성원들의 이야기를 경청하는 것이 중요하다. 또한 사회복지사는 가족의 문제를 해결해주는 전문가가 아니라 가족이 자신들의 목표를 찾아내고 목표를 달성하기 위한 노력과 책임을 기울이도록 지원하는 사람이라는 태도를 가져야 한다. 하지만 필요한 경우, 가족 혹은 가족의 주변 사회환경을 변화시키기 위한 역할을 적극 수행함으로써 개입 결과에 대한 책임을 공유할 수 있어야 한다.

가족을 사정하는 목적은 가족의 욕구와 문제를 파악하고 가족의 강점과 자원을 활용함으로써 가족의 목표를 달성하도록 지원하기 위한 것이다. 가족에 대한 사정은 네 가지 차원, 즉 가족이 제시하는 문제, 생태학적 사정, 세대 간 사정, 가족 내부에 대한 사정으로 이루어진다(Hartman & Laird, 1983). 가족의 욕구에 따라 각 차원에 대한 사정의 정도가 달라질 수 있는데, 예를 들어 노숙인 가족은 생태학적 사정에, 원가족과의 갈등으로 힘든 가족은 세대 간 사정에, 그리고 부모와 자녀 사이에 갈등이 심각한 가족은 가족 내부에 대한 사정에 더욱 많은 초점을 둘 수 있다.

다음에서는 가족 사정의 네 가지 차원을 구체적으로 살펴보고, 이어 생태도와 가계도의 작성과 분석 방법을 제시한다.

1) 가족의 욕구 사정

가족의 욕구를 사정하기 위해 사회복지사는 무엇보다 가족이 제시하는 문제를 살펴보아야 한다. 〈표 8-2〉에서 보듯이, 가족은 문제 혹은 욕구를 무엇으로 보는지, 가족 문제 혹은 욕구에 대해 가족 성원들 사이에 차이가 있는지, 관련 환경체계들은 가족의 문제를 무엇으로 보는지 등에 대해 탐색한다.

표 8-2 가족 사정: 가족의 문제 혹은 욕구 파악

I. 가족이 제시하는 문제 혹은 욕구
1. 어떤 욕구 혹은 문제로 접촉하게 되었는가?
2. 누가 이런 욕구 혹은 문제를 인식하는가?
3. 누가 접촉을 시작하였는가?
4. 다양한 가족 성원들은 문제를 어떻게 규정하는가?
5. 학교, 법원 등 다른 사람들은 문제를 어떻게 규정하는가?
6. 사회복지사가 느끼는 첫 인상은 어떠한가?

출처: Hartman & Laird (1983), p. 345.

가족 사정과정에서 가족이 제시하는 문제 혹은 욕구가 성원들 사이에 서로 일치하지 않는 경우도 흔하다. 예를 들어, 부모는 자녀의 게임 중독을 문제로 제시하지만, 자녀는 아버지의 음주와 폭력 사용, 어머니의 우울을 가족 갈등의 원인으로 제시할 수 있다. 이때 사회복지사는 가족 누구의 편도 아닌 중립성(neutrality)을 유지하는 것이 중요하다. 또한 문제해결의 주체는 가족이므로 어느 부분에 초점을 두고 진행할 것인지 가족이 결정하도록 지원할 필요가 있다.

2) 생태학적 사정

가족과 환경체계와의 관계를 파악하는 생태학적 사정을 위해 사회복지사는 주로 면접과 생태도를 활용한다. 생태학적 사정에서는 환경체계와의 관계에서 가족의 기본 욕구는 충족되고 있는지, 개별 성원들과 환경체계들 간의 관계는 어떠한지, 환경체계들과의 관계에서 개별 성원들 사이에 차이가 있는지, 가족과 환경체계들 간의 경계는 어떠한지, 가족과 사회복지사 혹은 기관과의 관계는 어떠한지에 대해 탐색한다(〈표 8-3〉 참조).

〈표 8-3〉에서 보듯이, 가족의 기본 욕구로는 소득과 주거 공간뿐 아니라 안전, 보건의료 자원, 사회지지체계, 집단경험, 자녀 교육, 직업교육, 문화생활, 성취경험 등의 다양한 욕구를 모두 포함한다. 사회복지사는 가족 사정에서 가족 전체와 환경과의 관계도 살펴보지만, 개별 성원들과 환경과의 관계에 대해서도 살펴본다. 즉, 가족 중 한 성원이 환경과 더욱 단절되어 있는지 살펴볼 필요가 있다. 예를 들어, 다문화 가족에서 한국어와 한국 문화에 익숙하지 않은 외국 출신 어머니가 외부 체계와 더욱 고립되고 있는지, 또 다른 예로서 중증 장애가 있는 자녀가 교육, 문화경험과 사회지지체계로부터 더욱 소외되어 있는지 살펴보아야 한다.

생태학적 사정에서 가족과 환경과의 경계도 중요하다. 경계가 개방적인지, 즉 성원들이 다른 사람들 혹은 조직과 개별적인 관계를 자유롭게 맺는지 살펴볼 필요가 있다. 만일 청소년 자녀가 친구들을 사귀기 위해 반드시 부모의 허락을 받아야 한다면, 가족의 경계는 개방적이지 않은 것으로 이해할 수 있다. 또한 가족과 환경

표 8-3 가족 사정: 생태학적 사정

II. 공간 속의 가족: 면접과 생태도를 사용한 생태학적 사정

1. 기본 욕구
   1) 기본 욕구를 충족할 만한 소득이 있는가?
   2) 양식과 거주지가 적절한가?
   3) 이웃이 안전하고 살기에 적당히 쾌적한가?
   4) 예방적 보건과 의료 자원에 대한 접근이 가능한가?
   5) 필요한 자원을 얻을 수 있는가? 아니면 위치나 교통수단, 전화 부족으로 단절되어 있는가?
   6) 이웃, 친구, 지역사회 조직들과 사회적으로 의미 있게 연결되어 있는가? 가족이 확대가족망의 일부인가?
   7) 가족 성원들이 집단활동에 속하거나 참여하는가?
   8) 다른 사람들과 문화적 혹은 다른 의미나 가치를 공유할 기회를 가지는가? 주변 환경과 갈등적이거나 일치하는 가치가 있는가?
   9) 자녀들의 교육경험은 긍정적인가? 자녀들 혹은 다른 성원들의 직업교육 혹은 문화생활에 대한 접근이 가능한가?
   10) 가족 성원들은 기대를 받고 능력을 향상할 기회를 가지는가? 성원들이 새로운 경험을 하고 무언가 새로운 것을 창출하며 성취한 것을 자랑스럽게 여긴 적이 얼마나 되었는가?

2. 개별 가족 성원들의 환경과의 관계
   1) 한 성원이 환경으로부터 더욱 단절되어 있는가?
   2) 한 성원이 스트레스를 유발하는 관계에 더욱 관여하고 있는가?
   3) 가족 성원들은 다른 사람들 혹은 체계들과 항상 함께 상호작용하는가? 아니면 성원들이 환경과 따로따로 관계하는가?
   4) 외부 세계에 접근하고 외부 세계와 교환하는 데에서 성원들 간의 차이가 있는가?

3. 기관-사회복지사 맥락
   1) 가족에게 관여하는 원조 기관이나 체계들이 유사한 혹은 갈등적인 목표와 행동을 추구하는가?
   2) 가족이 다르거나 혼동되는 기대를 하고 있는가?
   3) 갈등적 혹은 불분명한 규범과 목표가 사회복지사 목표의 효과성을 손상하는가?

4) 기관과 가족의 관계는 어떠한가? 기관의 서비스는 가족 욕구를 충족하기에 적절한가?
5) 기관이 다른 주요 체계들과 갈등적인가?
6) 사회복지사와 가족의 관계는 어떤 성격인가? 가족이 사회복지사를 어떻게 보는가?

4. 가족–환경 경계
1) 가족은 새로운 경험과 관계에 개방적인가? 성원들은 다른 사람들, 조직들과 개별적인 관계를 자유롭게 맺는가? 다른 사람들을 물리적 · 정서적으로 허용하는가?
2) 경계에 융통성이 있는가? 환경과의 관계에서 경계를 적응적으로 확장하고 축소할 수 있는가? 필요한 경우에 성원들을 보호하고, 적절한 경우에 차별화를 허용하는가?

5. 가족과 환경의 관계에 대한 전반적 사정
1) 가족은 주변 환경과 적응적 균형을 이루고 있는가?
2) 가족이 불균형 혹은 압도되는 위험 상태에 있는가?
3) 가족은 탈진되었는가?
4) 가족은 외부체계로부터 수용만 하는가?
5) 기본 욕구들을 충족할 필수적인 지지와 자원들이 환경에서 가능한가? 아니면 부족한가? 특히 어떤 영역들에서?
6) 가족이 이런 자원들을 사용하기 위해 지원 혹은 향상된 기술을 필요로 하는가?
7) 어떤 강점, 지지, 자원들이 활성화되거나 증진될 수 있는가?
8) 스트레스 혹은 갈등을 유발하는 특정 자료가 있는가?
9) 가족–환경 관계에서 가장 현저한 점을 무엇이라고 보는가? 예를 들어, 가족이 결핍되었는가, 사회적으로 고립되었는가, 지나치게 힘들어하는가?

출처: Hartman & Laird (1983), pp. 345–347.

과의 경계에서 가족 경계에 융통성이 있는지, 즉 환경과의 관계에서 경계를 확장하기도 하고 축소하기도 하며 적응하는지, 가족 성원들을 적절히 보호하는지 살펴보아야 한다. 예를 들어, 주로 비난하며 부정적으로 반응하는 확대가족과 거리를 둠으로써 성원들을 보호하는 경계를 확립하며 적응할 수 있다.

결국 생태학적 사정에서 중요한 것은 가족이 환경체계들과 적응적 균형을 이루는지, 즉 가족이 필요한 지지와 자원들을 환경체계와 적절히 주고받으며 상호작용하는지에 대해 파악하는 것이다. 빈곤 가족의 경우, 필요한 자원들과 지지를 받고 있는지, 이와 같은 자원들과 지지가 환경에서 가능한지, 이를 사용하기 위한 지원과 기술이 필요한지 등을 생태학적 사정을 통해 파악할 수 있다.

3) 세대 간 사정

세대 간 사정을 위해 사회복지사는 면접, 가계도, 자료들(문서, 편지, 사진 등)을 활용한다. 세대 간 사정은 여러 세대에서 반복되는 가족의 유형, 관계, 문제 등은 무엇인지, 이와 관련하여 확대가족과 어떤 관계를 맺고 있는지 등에 대해 탐색한다(〈표 8-4〉 참조).

표 8-4 가족 사정: 세대 간 사정

III. 시간 속의 가족: 면접과 가계도, 문서, 방문 등을 통한 세대 간 사정

1. 가족 유형
   1) 가계도 연구에서 나타난 가장 중요한 가족 유형은 무엇인가?
   2) 불시의 혹은 비극적 죽음, 이주, 별거 등을 통해 주요 상실을 경험하였는가?
   3) 수치감, 고통, 비밀로 간직하고 있는 특정 주제나 사건들이 있는가?
   4) 건강과 관련한 가족 세대 간 유형은 무엇인가?

2. 가족의 패러다임
   1) 가족을 스스로 어떻게 규정하는가? 가족의 정체성과 응집성, 현실 구성에 기여하는 주요 주제들은 무엇인가?
   2) 가족의 주요 이야기, 신화, 영웅들은 무엇인가?
   3) 가족의 긍지를 일으키는 전통 혹은 사건들은 어떤 것들인가? 이를 어떻게 기념하는가?
   4) 가족에게 중요한 의식들은 무엇인가? 이들의 의미는 무엇인가?
   5) 문화적 · 종교적 유산은 가족의 정체성과 관련하여 어떤 역할을 하는가?

3. 개별 성원들의 동일시
   1) 가족은 현재 가족 성원들을 누구와 연계하거나 동일시하는가? 어떻게 하는가? 단서(직업, 형제순위 등)가 무엇인가?

2) 성원들은 각자 어떤 공식적 역할을 수행하며, 과거 세대들의 역할과 어떻게 유사하거나 다른가?
3) 성원들은 어떤 비공식적 역할을 수행하는가? 과거에는 누가 이 역할을 수행했는가?

4. 현재의 가족관계
1) 확대가족과 긴밀한 관계를 맺으며 개방적으로 의사소통하는가? 모계와 부계 모두 혹은 한쪽하고만 관계하는가?
2) 모계 혹은 부계와 부모-자녀 간, 형제 간에 중요한 정서적 단절이 있는가?
3) 가족은 단절에 대해 어떻게 설명하는가? 어떻게 단절하게 되었는가? 누가 단절을 계속 유지하는가?
4) 가족 혹은 특정 성원들에게 단절은 어떤 영향을 미치는가?

5. 어려움의 근원
1) 해결되지 않은 심각한 세대 간 가족 문제가 있는가? 이것이 어떻게 전승되는가?
2) 부모 한쪽 혹은 모두가 조부모들과 지나치게 융합되어 적절히 기능하지 못하는가?
3) 심각한 정서적 단절이 있다면, 가족 혹은 특정 성원에게 어떤 영향을 미치는가?
4) 세대 간 문제를 피하거나 비밀을 유지하기 위해 가족의 상당한 에너지가 소모되는가?
5) 과거로부터 전승된 어떤 역기능적 역할을 성원들이 수행하는가?

출처: Hartman & Laird (1983), pp. 347-438.

〈표 8-4〉에 제시한 세대 간 사정을 통해 사회복지사는 여러 세대에 걸쳐 내려오는 가족 전통과 의식, 문화적·종교적 유산, 긍지 등에 대해 탐색한다. 이를 위해 긍정적 요소뿐 아니라 집안의 고통, 비밀로 간직하고 있는 주제나 사건, 예를 들어 자살, 학대, 중독 등에 대해서도 탐색한다.

또한 사회복지사는 세대 간 전수되는 성원들의 공식·비공식 역할도 살펴볼 필요가 있다. 가족은 이런 역할을 이미 인지할 수도 있고 가족 사정을 통해 새롭게 이해할 수도 있다. 예를 들어, 첫째 자녀에게 가족부양 역할을 과도하게 요구하거나 부모 사이의 갈등중재 역할을 딸에게 기대하는 경우가 부모-자녀 세대에 그치지 않고 여러 세대에 걸쳐 이어져오기도 한다.

사회복지사는 세대 간 사정을 통해 정서 단절, 해결되지 않은 가족 문제, 역기능

역할 등을 탐색할 수 있다. 확대가족과 긴밀한 관계를 맺으며 개방적으로 소통하는지, 세대 간 반복되는 부계 혹은 모계와의 정서적 단절이나 반대로 지나친 융합이 있는지, 어떻게 단절 혹은 융합하게 되었는지, 누가 이 단절 혹은 융합을 유지하고 누가 이로 인한 영향을 받는지 등을 탐색할 수 있다. 예를 들어, 지나치게 간섭하며 지배하려 했던 아버지와 결혼 이후 단절한 남성이 자신의 자녀들에게 지나치게 집중하면서 자녀들 역시 아버지에게 벗어나길 원하는 경우이다. 자녀들이 성장하면서 아버지와의 관계를 단절하거나 아버지와 소원하게 지낸다면, 아버지와 자녀들의 관계유형이 세대 간 이어지고 있는 것이다.

간혹 해결되지 않은 가족 문제(예, 고부 갈등, 부모의 분노폭발)나 가족 성원의 역기능적 역할(예, 희생양, 문제아)이 여러 세대에 걸쳐 반복되기도 하므로 세대 간 사정을 통해 이에 대해 탐색하고 개입을 모색해 볼 수 있다.

4) 가족 내부 사정

가족 내부에 대한 사정에서는 가족의 구조, 가족 내 하위체계, 역할, 의사소통 등에 대해 탐색하고 평가한다. 이를 위해 사회복지사는 관찰, 면접, 생태도 등을 활용한다.

(1) 가족 내 하위체계

가족 내 하위체계로는 부부 하위체계, 부모 하위체계, 부모-자녀 하위체계, 형제자매 하위체계를 들 수 있다. 이 밖에도 가족 성원들의 특성(예, 성별, 성향, 취미 등)에 따라 다양한 하위체계가 형성되고 성원들은 동시에 여러 하위체계에 속하게 된다.

① 부부 하위체계

부부 하위체계(spouse subsystem)는 남편과 아내로 이루어진 체계로서 사회복지사는 부부가 서로에게 도움이 되는 만족스러운 관계를 맺고 있는지, 서로에게 적응하는 동시에 자율성을 가지는지 등을 평가한다. 즉, 부부가 서로를 배려하며 서로에게 적응하기 위해 노력하는 동시에 서로의 차이를 인정하고 존중하는 관계를 맺고 있는지 살펴볼 필요가 있다.

또한 부부 하위체계는 자녀와 구분되는 명확한 경계를 가져야 한다. 부부 갈등을 두 사람 사이에서 해결하지 못하고 자녀를 끌어들여 우회하는 경우, 삼각관계(triangulation)가 형성된다. 삼각관계에 포함된 자녀는 한쪽 부모와는 지나치게 융합하게 되고 다른 한쪽 부모와는 갈등적 혹은 소원한 관계를 형성하게 됨으로써 결과적으로 부모 모두와 바람직한 관계를 맺지 못하게 된다.

② 부모 하위체계

부모 하위체계(parental subsystem)는 아버지와 어머니로 이루어진 체계로서 사회복지사는 부모가 적절한 부모기술(parenting skills)을 가지고 있는지, 부모역할을 위해 필요한 사회 지지와 자원을 가지고 있는지, 자녀를 통제하고 지도하는 권위를 가지는지 등을 점검한다. 부모는 자녀를 공동으로 양육하는 아버지와 어머니로서 서로를 지지하고 존중해야 한다. 예를 들어, 자녀 앞에서 한쪽 부모가 다른 한쪽 부모를 비난하며 부모로서의 권위를 손상시키는 행동은 부모 하위체계의 약화를 가져올 뿐 아니라 부모-자녀 하위체계에서 부모역할 수행에도 부정적 영향을 미친다.

③ 부모-자녀 하위체계

부모-자녀 하위체계(parent-child subsystem)에서 사회복지사는 부모와 자녀들의 애착의 질은 어떠한지, 부모가 자녀를 사랑하고 돌보며 인정하는지, 자녀는 부모를 사랑하고 존경하는지, 부모는 자녀 연령에 적합한 분리-개별화를 인정하는지, 부모가 자녀의 사생활을 존중하는지, 부모는 양과 질 측면에서 모든 자녀들과 고르게 상호작용하는지 등을 살펴본다. 만일 부모가 특정 자녀를 편애하거나 차별하는 경우에 자녀들은 서로 경쟁적으로 되거나 형제자매 간의 유대가 약화될 수 있다.

④ 형제자매 하위체계

형제자매 하위체계(sibling subsystem)에서 사회복지사는 형제자매 간의 관계가 갈등적이거나 경쟁적이거나 혹은 지지적인지, 형제자매 사이에서 감정적 유대관계를 형성하고 있는지 등을 탐색한다.

가족 내 하위체계에서 경계는 매우 중요하다. 하위체계 간 경계가 비투과적이거나 경직되면 의사소통이 어려워지고 관계가 소원해진다. 반면, 경계가 지나치게 느슨하면 하위체계 간 지나친 간섭이 이루어지게 되는데, 예를 들어 삼각관계가 형성되거나 부모역할을 하는 자녀 등의 문제가 발생한다.

(2) 역할

사회복지사는 가족 성원들이 가족 혹은 사회에서 적절한 역할수행을 하기 위한 기술과 능력을 가지고 있는지, 성원들의 역할 분담이 적절하고 균형적인지, 역할을 부여하는 과정에서 갈등 혹은 융통성이 있는지 등을 살펴보아야 한다. 예를 들어, 맞벌이 부부의 자녀양육과 가사 분담이 적절하게 이루어지는지, 역을 부여가 일방적이고 이로 인한 가족 갈등이 발생하는지 등을 살펴볼 수 있다.

또한 가족 성원들은 비공식 역할, 예를 들어 희생양, 보호자, 가족 연결자 등의 역할을 수행할 수 있다. 희생양(scapegoat)은 남의 죄를 대신 지는 사람이라는 의미인데, 가족 문제를 한 성원에게 돌림으로써 가족은 이 문제에서 벗어나게 되고 문제를 짊어진 성원은 희생양이 된다. 이런 경우에 사회복지사는 누가 어떻게 이 역할을 하게 되었는지, 가족 내에서 어떤 기능과 효과가 있는지, 이 역할을 수행하는 성원은 어떤 영향을 받는지 등에 대해 살펴보아야 한다.

(3) 의사소통

사회복지사는 가족 성원들이 서로 분명하고 일관성 있는 메시지를 주고받는지, 의사소통이 당사자들 사이에서 직접적으로 이루어지는지 혹은 제3의 성원을 통해 간접적으로 이루어지는지 살펴볼 필요가 있다. 또한 의사소통에서 누가 배제되는지, 성원들의 차이가 인정되는지 등도 중요하게 살펴보아야 하며, 모호한 메시지나 이중구속 메시지가 있는지, 가족 내 어떤 감정들이나 주제들이 표현될 수 있고 혹은 표현될 수 없는지, 상호 공감하는 의사소통을 하는지 혹은 비난하는 의사소통을 하는지 등을 평가한다.

가족 내부에 대한 사정의 구체적 내용은 〈표 8-5〉에 제시한다.

표 8-5 가족 사정: 가족 내부 사정

IV. 가족 내부: 관찰, 면접, 가족 조각, 가족 그림, 생태도 등을 통한 가족의 구조, 조직, 과정 사정

1. 가족 구조

1) 외부 경계

(1) 투과성

① 경계가 상대적으로 개방적인가? 예를 들어, 분명하지만 투과적인가?

② 경계가 상대적으로 폐쇄적인가? 예를 들어, 분명하지 않고 상대적으로 비투과적인가?

③ 경계가 무작위적인가? 예를 들어, 부적절하고 응집성이 없는가?

(2) 차이

① 일부 성원들은 다른 성원들보다 외부 세계와 더 많은 양질의 교환을 하는가?

② 이런 차별적 교환 관계가 개인과 가족 전체에게 어떤 영향을 미치는가?

(3) 성원의 지위

① 외부 경계가 어디까지인가? 누가 긴밀한 가족망에 포함되는가?

② 가족이 확대가족 혹은 원가족과 고립되는가?

③ 새로운 성원들(예, 결혼에 의한)을 환영하고 받아들이는가?

④ 외부 사람들을 환영하는가?

2) 부분-전체 관계: 분리와 연계

(1) 밀착 혹은 융합

① 부모가 자녀의 생활에 지나치게 관여하는가?

② 가족이 차이를 포용하는가?

③ 부모가 자녀에 대해 혹은 부부 서로에 대해 지나치게 걱정하는가?

④ 성원들은 가족 외부와 의미 있는 관계를 맺을 수 있는가?

⑤ 개별 성원들의 개별화 노력이 배신으로 경험되는가?

⑥ 가족 성원들이 '나-입장'을 취할 수 있는가?

(2) 해이 혹은 정서적 단절

① 부모가 자녀의 주요 정서적 혹은 신체적 욕구들에 주의를 기울이지 못하는가?

② 가족 성원들이 서로에 대해 둔감한가?

③ 긴밀한 정서적 혹은 신체적 접촉이 회피되는가?

(3) 사랑, 배려, 애착

① 가족의 정서관계를 어떻게 보는가?

② 가족 성원들 간 애착의 질은 어떠한가?

③ 가족 성원들은 서로를 사랑하고 돌보며 인정하고 이해하는가?

④ 가족 성원들은 서로에 대한 배려를 어떻게 나타내는가? 어떻게, 왜 나타내지 못하는가?

3) 사회문화적 주제와 가치

(1) 가족 구조는 어떻게 특정 종교적 영향을 받는가?

(2) 가치 있게 인정되는 것과 인정되지 않는 것들은 무엇인가?

(3) 문화적 요인들이 가족-환경의 경계, 가족-환경의 교환에서 개별 다양성, 가족 성원으로의 지위에 어떤 영향을 미치는가?

(4) 분리와 연계의 의미는 무엇인가? 예를 들어, 가족 충실성, 관여 정도와 질에 대한 기대에 영향을 미치는 문화 규범이 있는가?

(5) 이런 규범과 갈등은 문화적 환경, 전체 가족, 특정 가족 성원들과 융화하는가 혹은 갈등적인가?

2. 가족 조직

1) 내부 경계

(1) 가족 체계가 어떻게 조직되어 있는가?

(2) 하위체계들 간의 관계는 어떤가?

(3) 배우자 하위체계와 자녀 하위체계 간에 분명한 경계가 있는가?

(4) 성인들과 자녀들 양쪽은 서로 분리된 시간과 공간을 가지는가?

(5) 부모 하위체계는 지위, 기능, 역할의 일관성, 권위에서 분명한 경계를 가지는가?

(6) 부모 하위체계는 자녀에게 접근 가능한가?

(7) 배우자 간에 서로를 지지하고 지원하는가?

(8) 형제 하위체계는 상호 지지적인가 아니면 경쟁적인가?

2) 삼각관계

(1) 어떤 중요 삼각관계가 있으며, 어떤 목적을 가지는가?

(2) 삼각관계는 현재 문제행동과 논제와 관련하여 어떤 역할을 수행하고 있는가?

3) 역할

(1) 가족 역할

① 가족 역할들이 분명하고 역할들에서 일관성이 있는가?

② 역할들이 보완적인가? 균형이 맞는가?

③ 가족 성원들은 가족 혹은 사회 역할들을 수행하기 위한 기술과 능력이 있는가?

④ 역할 부여에서 경직되어 있는가? 융통성이 있는가? 갈등이 있는가?

⑤ 가족의 사회문화적 유산은 역할 부여에 어떻게 영향을 미치는가?

⑥ 역할 구조가 문제 혹은 역기능에 기여하고 있는가?

⑦ 역할 문제에 대한 가족의 해결책이 새로운 추가적인 문제들에 기여하고 있는가?

⑧ 조부모의 역할 혹은 다른 확대가족 성원들의 역할은 무엇인가?

⑨ 성원들은 서로의 말 혹은 자기 자신의 말을 인정하는가?

⑩ 어떻게 의사소통이 중단되는가?

4) 메타 규칙(가족 규칙을 개발 · 유지 · 변경하는 규칙)

(1) 가족의 메타 규칙에 대해 언급할 수 있는가? 변화과정이 있는가?

(2) 가족 규칙을 유지하는 의미, 가치, 의례, 의식, 신화, 유형을 통제하는 것들은 무엇인가?

(3) 이런 전반적 주제들과 행동들은 가족의 현실 구성에 어떻게 기여하는가?

(4) 가족이 완고하고 반복적인 의례 행동에 사로잡혀 이동할 수 없게 되었는가?

(5) 이 행동은 어떤 목적을 가지는가?

(6) 가족은 의식이 부족한가?

(7) 어떤 규칙들이 가족 문제 혹은 역기능을 유지하는가?

출처: Hartman & Laird (1983), pp. 345-347.

3. 생태도와 가계도

1) 생태도 작성과 분석

생태도(eco-map)는 가족과 환경체계들과의 관계를 이해하기 위한 도구이다. 생태도는 가족과 환경체계들 간의 자원 교환, 에너지 흐름, 스트레스와 관련된 자료뿐 아니라 중재되어야 할 갈등, 메워야 할 간극, 활성화되어야 할 자원 등을 시각적으로 나타낸다. 또한 생태도는 가족 전체와 환경체계들과의 관계뿐 아니라 개별 성원들과 환경체계들과의 관계도 나타낸다.

사회복지사는 가족을 사정하기 위해 생태도를 활용하기도 하지만, 개입을 진행하거나 종결하는 과정에서 변화를 확인하기 위한 도구로 생태도를 반복적으로 사용한다. 사회복지사가 생태도를 작성하고 분석하는 과정에서 무엇보다 중요한 것은 모든 작업을 가족과 함께 하는 것이다(Kaplan & Girard, 1994). 즉, 사회복지사가 일방적으로 생태도를 작성하고 이에 대해 가족에게 설명하는 것이 아니라 가족과 함께 생태도를 작성하고 작성한 생태도를 가족이 먼저 이해하고 분석하도록 격려해야 한다. 사회복지사가 분석할 때는 가족의 피드백을 계속 구하고, 가족의 결핍이나 문제보다는 강점을 먼저 언급하는 것이 바람직하다.

[그림 8-1]은 생태도의 기본틀을 보여 준다. 생태도 중앙에 위치한 동그라미에는 가족 혹은 가구원들에 대한 정보를 제시한다. 가계도와 달리 생태도에는 가족에 관한 정보가 최소화되는데, 성원들의 이름, 나이, 성별 정도만 표시한다. 가족과 관련된 주변 환경체계들을 각각 동그라미 안에 표시하고, 가족과 환경체계들과의 관계는 선으로 나타낸다. 실선(———)이 굵을수록 강한 긍정적 관계를, 점선(············)은 빈약한 관계를, 실선 위에 작은 막대기를 그어 표시한 선(┼┼┼┼┼┼)은 긴장 또는 갈등적인 관계를 나타낸다. 가족과 환경체계들 사이의 자원과 에너지 흐름은 화살표(→ → →)로 나타낸다. [그림 8-2]는 개입 이후 환경체계와 활발히 상호작용하는 가족의 생태도를 예시로 보여 준다.

이름: ______________

작성일: ____________

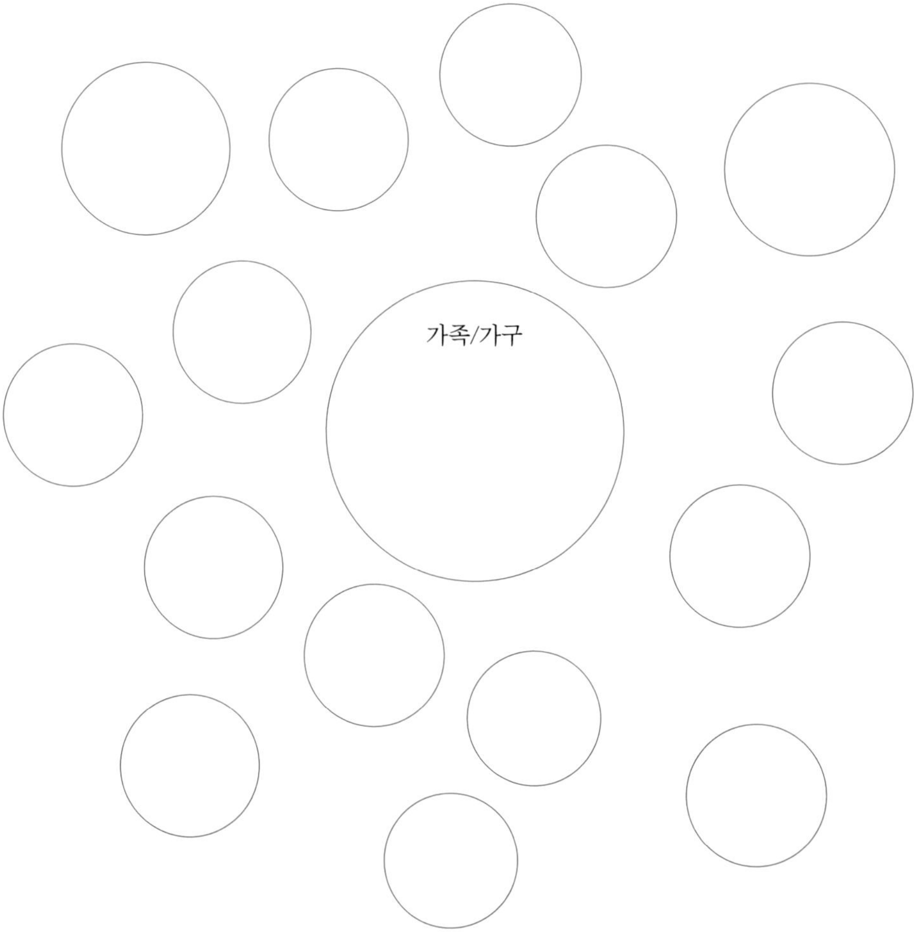

주요 자원, 인물들로 빈 원을 채운다.
관계를 연결한다. 관계의 성격을 기술하거나 선으로 표시한다.
—— 강한 관계, ········ 약한 관계, +++++ 긴장 관계
에너지, 자원의 흐름을 선 위에 화살표로 표시한다. →→→→

그림 8-1 생태도의 기본틀

출처: Hartman & Laird (1983), p. 160.

이름: Ora & Will Embree

작성일: 1982. 3. 27.

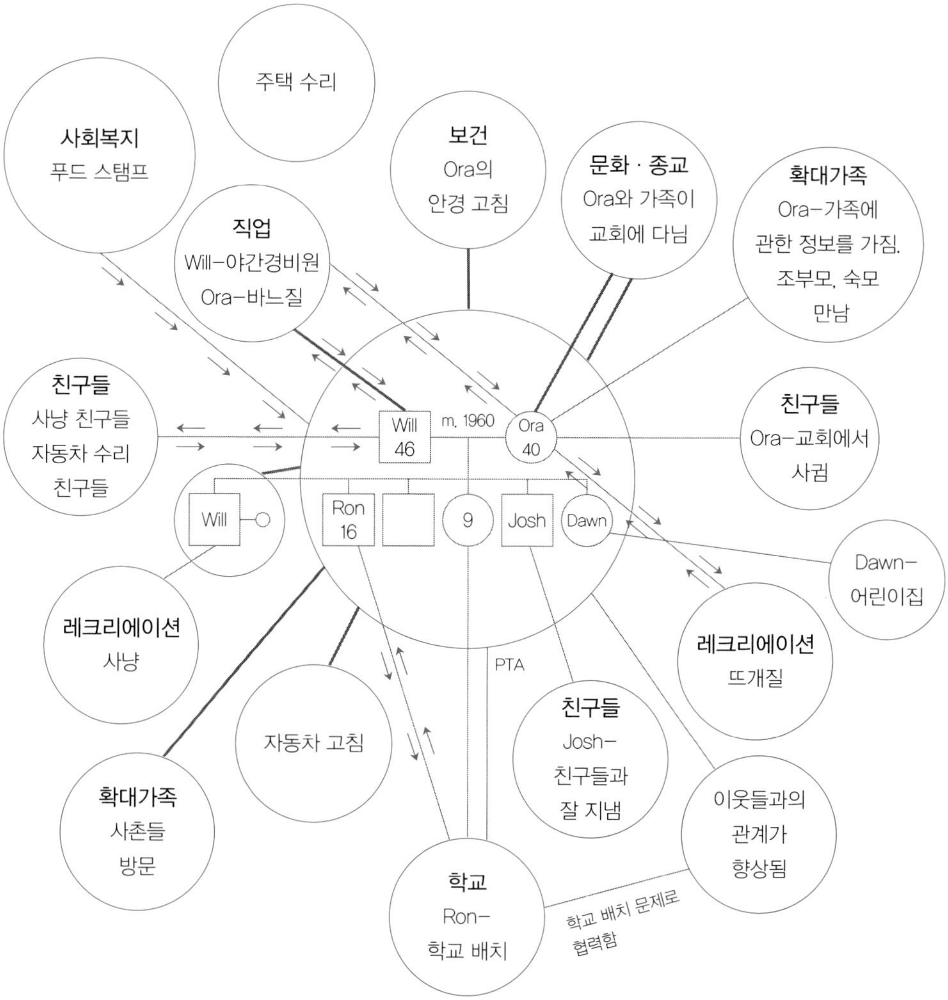

관계가 있는 경우, 연결한다. 관계의 성격을 말로 기술하거나 선으로 표시한다.
에너지, 자원의 흐름을 화살표로 나타낸다.
—— 강한 관계, ········ 약한 관계, +++++ 긴장 관계

그림 8-2 생태도의 예시

출처: Hartman & Laird (1983), p. 195.

사회복지사와 가족은 생태도를 다음의 세 가지 차원에서 이해하고 분석한다(Hartman & Laird, 1983).

첫째, 생태학적 환경에서 가족을 전체적으로 이해한다. 가족이 활용할 수 있는 주요 자원들은 무엇인지, 부족하거나 전혀 없는 자원들이나 지지는 무엇인지, 가족과 환경과의 관계는 어떠한지, 즉 필요한 자원들이 결핍되었는지, 오랜 결핍으로 탈진되었는지, 환경으로부터 소외되거나 고립되었는지 등을 이해한다.

둘째, 가족과 환경의 경계에 대해 이해한다. 에너지 혹은 투입과 산출의 흐름이 양방향인지, 환경으로부터 가족에게로 일방적인지, 가족으로부터 환경으로 일방적인지에 대해 이해한다. 예를 들어, 가족과 확대가족의 관계에서 지지와 자원을 서로 주고받는지, 확대가족으로부터 일방적으로 받기만 하는지, 확대가족에게 일방적으로 주기만 하는지 등을 살펴볼 수 있다.

셋째, 가족 내부에 대해 이해한다. 가족 성원들이 외부 체계와 서로 다르게 연결되는지, 한두 성원이 환경으로부터 단절되어 있는지, 혹은 외부 체계와 긴장 관계로 연결되어 있는지, 가족이 다 함께 혹은 개별적으로 다른 체계들과 상호작용하는지 등에 대해 이해한다.

이와 같은 이해와 분석을 통해 사회복지사는 가족의 환경체계를 변화시켜야 할 것인지, 가족과 환경체계들의 관계를 변화시켜야 할 것인지, 혹은 가족체계를 변화시켜야 할 것인지에 대해 결정할 수 있다.

2) 가계도 작성과 분석

가계도(genograms)는 가족 내 역동을 이해하거나 가족이 여러 세대에 걸쳐 발전시켜 온 가족의 역할, 유형, 관계 등을 가족과 함께 우호적이고 상호적인 방법으로 살펴보기 위한 도구로 사용된다. 생태도와 마찬가지로 가계도의 작성과 분석은 가족과 함께 이루어진다.

가계도에는 기본 가족 구성과 구조를 나타내는 기호들, 상호작용 유형, 가족병력, 기타 가족에 관한 정보(종교, 교육, 직업, 병무, 법적 문제, 신체적 혹은 성적 학대, 약

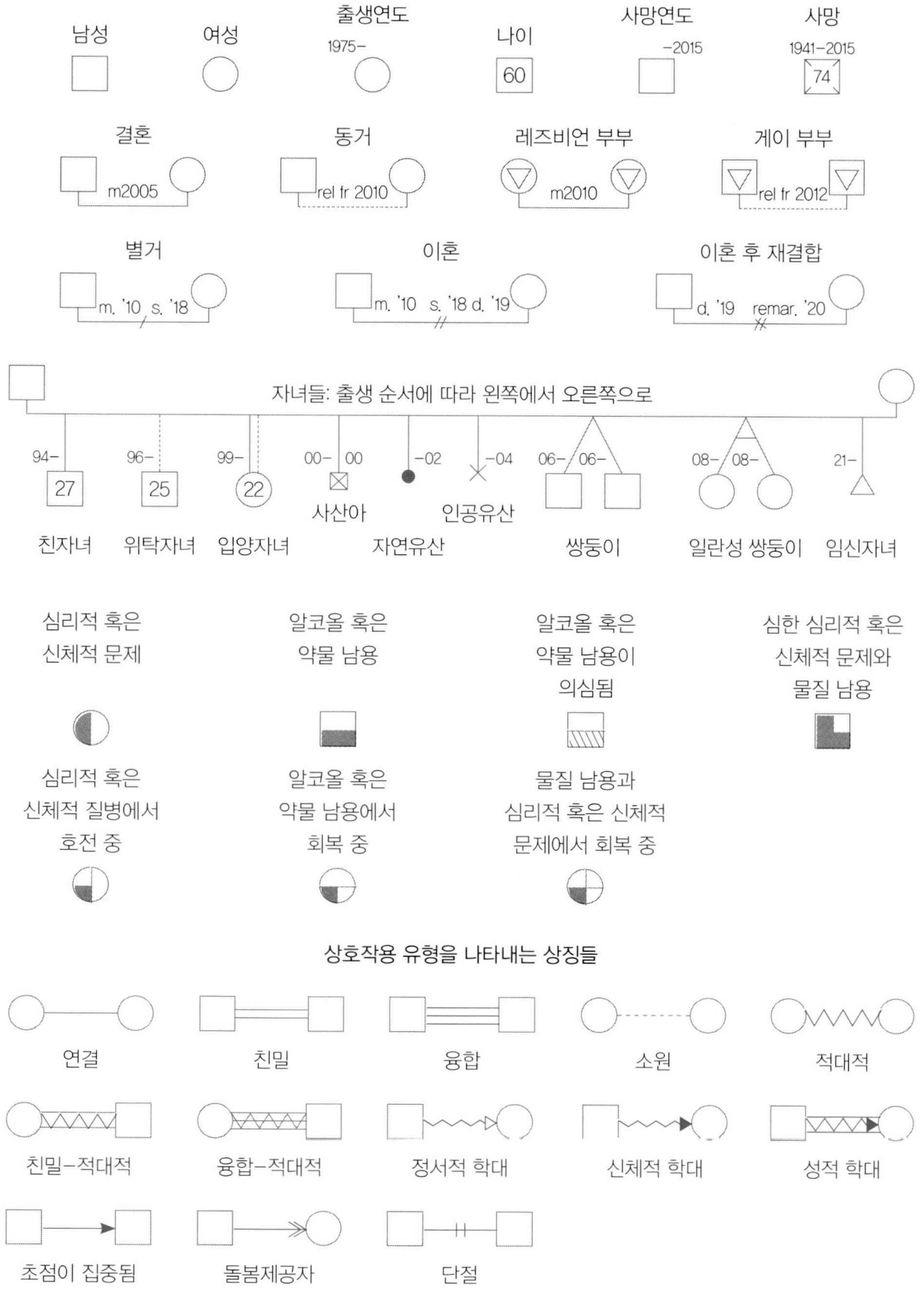

그림 8-3 가계도의 기호들

출처: McGoldrick, Gerson, & Petry (2020), pp. 40-43, p. 45.

물 남용 등)를 포함한다. 생태도에 비해 가계도에서 사용하는 기호들은 매우 다양하며 복잡한데, [그림 8-3]은 가계도에서 사용하는 기호들을 보여 준다.

맥골드릭과 동료들(2020)은 가계도를 작성하기 위해 사회복지사가 활용하는 질문들을 〈표 8-6〉과 같이 제시하였다.

표 8-6 가계도 작성을 위한 질문들

가족이 제시하는 문제에서 출발한다.

- 왜 지금 도움을 원하는가?
- 문제가 언제 시작되었는가?
- 누가 문제를 알았는가?
- 가족 성원들 각자는 문제를 어떻게 보는가?
- 문제 이전에 관계는 어떠했는가?
- 문제가 변화하였는가? 어떻게?
- 문제가 계속된다면 어떤 일이 일어나겠는가?

가구 맥락으로 이동한다.

- 가구 성원(이름, 나이, 성별)
- 어떤 관계인가?
- 다른 성원들은 어디에 사는가?
- 이전에 유사한 가족 문제가 있었는가?
- 과거에는 어떤 해결책(치료, 입원 등)이 시도되었는가?
- 최근에 어떤 일들이 있었는가?
- 최근의 변화 혹은 스트레스 요인들이 있는가?

부모의 가족에 대한 정보를 수집한다.

- 형제들의 수, 이름, 출생연도
- 출생순위
- 부모의 결혼(별거, 이혼, 재혼)
- 형제자매의 결혼(별거, 이혼, 재혼, 자녀)
- 사망 원인

다른 세대들에 대해 묻는다.

- 부모의 부모(이름, 출생연도, 사망연도, 직업, 건강)
- 사망 원인
- 형제(이름, 출생연도, 사망연도, 직업, 건강)

문화 요인들에 대해 탐색한다.

- 죽음을 다루는 의례
- 내세에 대한 믿음
- 죽음 혹은 상실과 관련한 낙인 또는 외상
- 주요 생애 사건들, 가족 관계와 역할, 개별 기능에 영향을 미치는 문화 요인들

성(gender)에 관한 태도를 알아본다.

- 성역할이 가족구조, 주요 생애 사건들의 처리, 개별 성원들의 기능에 미치는 영향
- 애도의 표현, 장례, 기념 의식 등에서 가족 내 성 규칙

주요 생애 사건들과 이런 변화에 가족이 어떻게 적응했는지 묻는다.

- 결혼
- 출생
- 사망, 질병, 장애
- 이사
- 직업 변동
- 자연재해, 전쟁 등의 외상적 사건

가족 관계에 대해 묻는다.

- 단절
- 연합
- 결혼 유형
- 부모-자녀 유형
- 지배/종속 유형

가족 역할에 대해 묻는다.

- 보호자? 병자? 문제?
- 선한 사람? 악한 사람?
- 성공한 사람? 실패한 사람?
- 좋은 사람? 냉정한 사람?

가족 강점에 대해 묻는다. • 적응유연성을 나타내는 행동 • 성원들의 성격특성: 충실, 용기, 희망, 유머, 지성 등 • 가족 자원: 외부 자원들과 연결하는 능력, 재원, 사랑, 이웃 지역사회, 종교, 일 등
개별 성원들의 기능에 대해 묻는다. • 일(직업, 변화, 실업, 만족) • 학교(성취, 문제) • 의료 문제 • 정신병(우울, 불안, 공포) • 중독(알코올, 약물) • 법적 문제(체포, 전문직 자격의 박탈, 현재 소송 상태)

출처: McGoldrick, Gerson, & Petry (2020), pp. 71-94.

사회복지사와 가족은 〈표 8-6〉과 같은 질문들을 통해 작성한 가계도를 다음의 네 가지 차원에서 분석한다(McGoldrick, Gerson, & Petry, 2020).

첫째, 가족의 구성과 구조를 분석한다. 이혼, 재혼 등의 결혼 상태와 형제 순위, 자녀에 대한 부모의 기대와 태도 등을 분석한다.

둘째, 가족의 생애주기를 분석한다. 가족이 생애주기에 따른 변화에 성공적으로 적응해 왔는지를 검토한다. 예를 들어, 가족의 상실 직후에 자녀가 결혼했다면 해결되지 않은 애도의 문제가 있을 수 있다.

셋째, 세대 간 유형의 반복이 있는지 분석한다. 적응유연성(resilience), 강점, 창의성 등의 적응적 유형과 가정폭력, 알코올남용, 자살 등의 부적응적 유형이 세대 간에 반복되는지, 또한 상호작용에서 친밀감, 소원함, 단절, 갈등, 삼각관계 등이 세대 간에 반복되는지를 검토한다.

넷째, 가족 성원들의 역할과 기능에서 균형이 이루어지는지 분석한다. 부부 간, 형제자매 간, 혹은 능력이나 부모의 선호, 가족 가치 등에서 차이가 있는 성원들 사이에 힘의 균형이 어떻게 이루어지고 있는지, 불균형이 있는 경우에는 가족이 이를 어떻게 해결할지, 평등한 균형을 이루기 위해 성원들이 어떻게 변화하여야 하는지

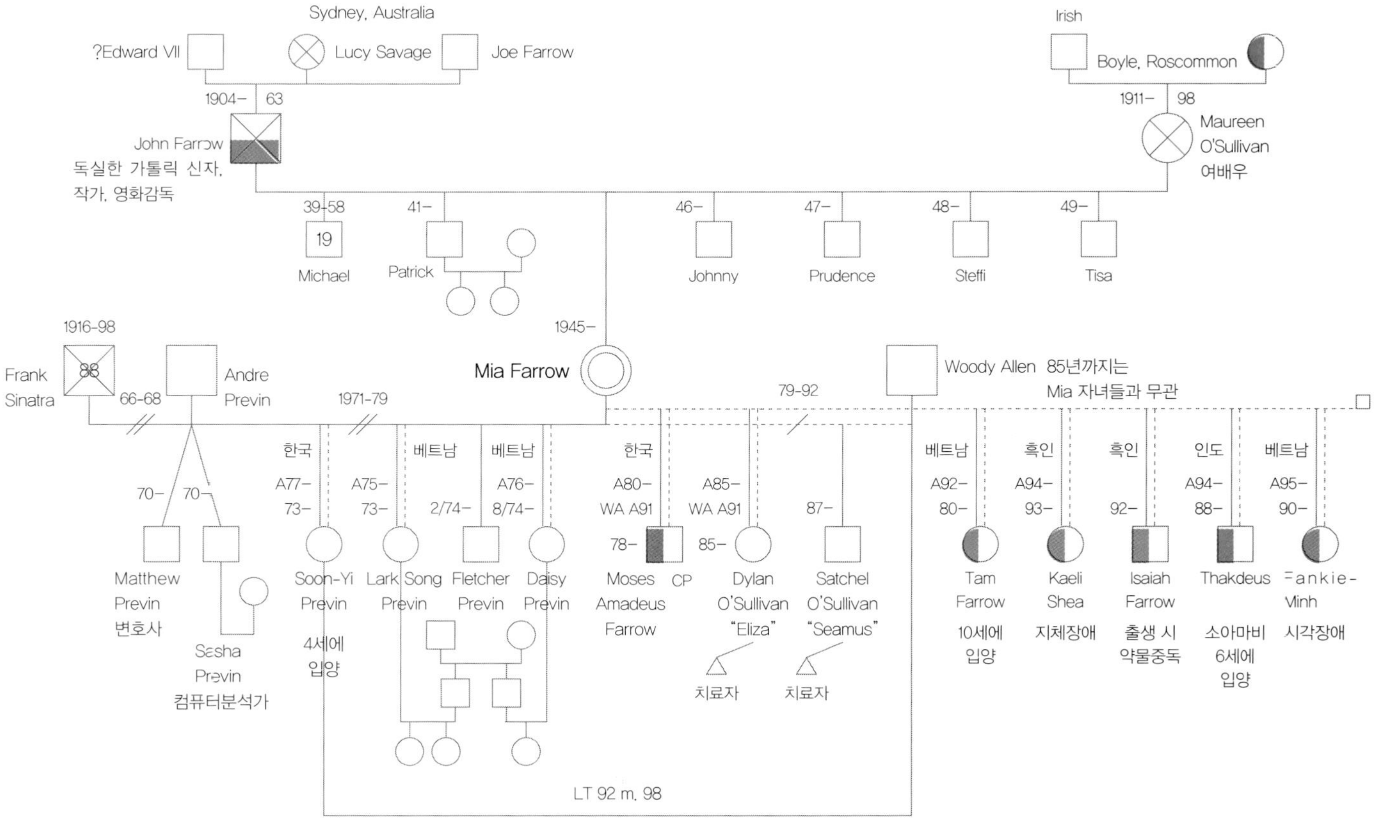

그림 8-4 가계도의 예시

출처: McGoldrick, Gerson, & Shellenberger (1999), p. 19.

등에 대해 검토한다.

[그림 8-4]는 가계도의 예로서 모두 14명의 자녀를 둔 미국의 여배우 미아 패로의 가계도를 보여 준다.

연습문제

1. 〈표 8-3〉에 제시한 가족의 생태학적 사정을 위한 구체적인 질문들을 활용하여 가족을 사정하는 연습을 해 보시오.

2. 〈표 8-4〉에 제시한 가족의 세대 간 사정을 위한 구체적인 질문들을 활용하여 세대 간 반복되는 역할, 관계, 어려움 등을 포함하여 가족을 사정하는 연습을 해 보시오.

3. 〈표 8-5〉에 제시한 가족 내부에 대한 사정을 위한 구체적인 질문들을 활용하여 가족의 구조와 기능, 경계, 역할, 의사소통 등을 포함하여 가족을 사정하는 연습을 해 보시오.

4. 가족 사례를 구하여 가계도와 생태도를 작성하고 분석해 보시오.

제9장

가족대상 실천기술: 개입

가족에 대한 기본적 이해와 가족 사정에 대해 살펴본 제8장에 이어 이 장에서는 가족대상 개입을 위한 구체적 방법에 대해 살펴본다. 먼저 환경체계 변화를 위한 가족옹호에 대해 간략하게 알아보고, 세대 간 혹은 가족 내부의 변화를 위한 가족치료 모델들을 중심으로 다양한 기술들과 기법들에 대해 살펴본다.

가족 개입, 특히 세대 간 혹은 가족 내부의 변화를 위한 개입 내용과 방법은 사회복지사가 어떤 이론과 실천모델을 적용하느냐에 따라 달라진다. 이 장에서는 대표적인 실천모델로서 보웬모델, 전략적 모델, 구조적 모델, 경험적 모델, 정신역동모델, 인지행동모델, 해결중심모델, 이야기모델을 제시하고, 사회복지사가 실천현장에서 활용할 수 있는 기술들과 기법들을 살펴본다.

1. 환경체계의 변화를 위한 개입

가족이 주변 환경체계들과의 상호작용을 통해 필요한 자원과 지지를 확보하지 못하는 경우, 사회복지사는 가족의 사회환경을 변화시키기 위한 환경적 개입을 계획한다. 환경적 개입은 다음의 세 가지 차원에서 이루어진다. 첫째, 사회환경에 존재하지 않는 자원들과 지지를 개발한다. 둘째, 존재하지만 작용하지 않는 자원들과 지지를 활성화한다. 셋째, 경미하게 작용하는 자원들과 지지를 강화한다.

가족 사정과정에서 특히 가족의 기본 욕구(예, 소득, 일자리, 보건의료, 교육, 문화 등)가 충족되지 못하는 것으로 판단하는 경우, 사회복지사는 가족에게 필요한 자원과 지지를 제공하기 위해 옹호자(advocate)의 역할을 적극 수행해야 한다. 이런 맥락에서 다음에서는 가족 환경체계를 변화시키기 위한 가족옹호의 목적과 과정에 대해 알아본다.

1) 가족옹호의 목적

가족옹호(family advocacy)는 공공 혹은 민간 기관들이 가족을 위한 기존의 서비스 혹은 서비스 전달을 향상시키거나, 새로운 혹은 변화된 형태의 서비스를 개발하도록 하는 활동이다. 가족옹호는 특정 가족에게 편의를 제공하는 차원이 아니라 가족의 정당한 권리를 요구함으로써 지역사회 조직의 변화를 가져온다.

옹호과정에서 사회복지사는 가족과 지역사회 자원들을 중재하거나 지역사회 자원들과 협의 혹은 대결하기 때문에 사회복지사 자신뿐 아니라 소속된 기관이 곤란한 입장에 처하게 될 수도 있다. 하지만 옹호는 가족의 사회환경 향상과 사회정의 증진을 위한 필수적인 사회복지실천과정이며, 사회복지사가 수행해야 하는 핵심활동이다. 사회복지사는 가족옹호를 위한 기술을 습득하고 필요한 상황에서 이를 적극 활용할 필요가 있다.

2) 가족옹호 과정

가족옹호는 체계적 · 전략적 활동이다. 사회복지사는 철저히 계획하고 준비해야 하며, 기관 안팎의 관심과 협력, 지원을 확보하기 위해 노력해야 한다. 조직 혹은 체계와 대결하는 경우 건설적인 해결책을 모색해 보지만, 성공하지 못하더라도 시행착오를 통해 학습하고 발전하는 경험을 축적하고 있음을 이해할 필요가 있다.

구체적으로, 사회복지사는 다음의 단계에 따라 가족옹호를 진행한다(Manser, 1973).

① 기관의 운영진 혹은 이사회에 알린다.

가족옹호는 가족의 권익을 실현함으로써 지역사회의 변화를 가져오기 위한 활동이다. 사회복지사 개인 차원에서 이루어지는 활동이 아니므로 기관의 운영진 혹은 이사회가 당면한 문제, 기관이 관여해야 하는 이유, 기관의 역할과 전략, 과제 등에 대해 알고 있어야 한다.

② 사실을 이해한다.

사회복지사는 가족 면접을 통해 역기능적인 지역사회가 문제인지, 개인 혹은 가족의 부적응이 문제인지, 혹은 이런 요인들의 결합이 문제인지에 관한 사실을 정확히 이해한다.

③ 양쪽의 입장을 이해한다.

대립 혹은 갈등하는 양쪽의 주장을 이해한다. 즉, 두 사람이 서로 대적하거나 혹은 가족이 조직이나 체계와 갈등하는 경우에 양쪽의 의견을 듣고 전략을 설정한다.

④ 체계에 대해 이해한다.

환경에 개입하는 사회복지사는 가족체계뿐 아니라 가족을 압박하는 조직 혹은 기관의 목적, 정책, 언어, 태도 등에 대해 이해한다.

⑤ 필요한 외부 정보자원을 알고 활용한다.

외부 자원으로서 변호사, 공무원, 시민 대표, 정신의학과 의사, 다른 기관의 사회복지사 등의 자문을 구한다.

⑥ 문제에 관심을 가진 다른 사람들이 있는지 찾아내어 협력한다.

옹호 목적을 달성하기 위해 가장 적합한 사람이 누구인지를 결정하고, 기관은 다른 사람들과 연합하는 과정에서 어떤 역할, 즉 지도자, 지지자 혹은 성원의 역할이 효과적일지를 결정한다.

⑦ 전제 조건들을 확인한다.

가족옹호를 위해 필요한 모든 정보와 문서를 가지고 있는지, 잠재적 지지자들과 대항자들에 대해 알고 있는지, 기관의 역할에 대해 확실히 알고 있는지, 그리고 운영진 혹은 이사회는 충분히 알고 관심을 가지고 관여하는지를 확인한다.

⑧ 문제를 진단하고 계획을 세운다.

변화를 가져오기 위해 문제를 정확하게 진단하고 효과적인 계획과 전략을 세운다. 또한 지지자들, 예를 들어 운영진, 동료 직원들, 상황의 영향을 받는 사람들을 활성화하기 위해 노력한다.

⑨ 비용과 이득을 계산한다.

기관과 개인들의 위험 부담을 계산해 보고, 기관이 움직이지 않을 때 가족에게 발생하는 결과들과 비교해 본다. 비용에 비해 이득이 가장 적은 취약한 사람들을 보호하기 위한 계획을 세운다.

⑩ 문제를 해결하기 위해 체계 내 가장 큰 영향력을 사용한다.

예를 들어, 재량권이 없는 하위직 담당자보다 영향력을 행사할 수 있는 결정권자에게 권한을 사용하도록 요청한다.

⑪ 변화 과정을 이해한다.

조직을 변화시키는 것은 힘든 작업이며, 인내와 실망, 간헐적 성공을 포함하는 오랜 과정이라는 것을 이해한다.

⑫ 긍정적으로 접근한다.

체계의 선의(goodwill)를 가정하고, 체계가 선의의 이미지를 수용하고 이에 따라 행동하도록 돕는다. 문제가 조직 혹은 기관 체계의 목적을 훼손한다는 것을 강조한다.

⑬ 협력하지만, 필요한 경우 대결한다.

대결하는 경우, 상대의 분노, 적대감, 저항에 대해 건설적으로 작업하는 방법을 학습한다.

⑭ 과정을 평가한다.

목적을 달성했다면, 성공 요인들을 생각한다. 문제가 수정되지 않았다면, 상황을 다시 연구한다. 즉, 정보가 부족했는지, 예기치 않은 장애가 있었는지, 전략에서 실수가 있었는지 등을 점검한다. 경험에 기초하여 새로운 계획을 세운다.

2. 세대 간 혹은 가족 내부의 변화를 위한 개입

가족의 욕구가 세대 간 관계 개선 혹은 가족 내부의 문제해결에 있는 경우에 사회복지사는 가족치료 모델들에서 제시하는 다양한 기술과 기법들을 활용할 수 있다. 니콜스와 데이비스(Nichols & Davis, 2017)는 주요 가족치료모델과 기법들을 〈표 9-1〉과 같이 제시하였다.

표 9-1 가족치료모델

모델	학자	주요 이론적 구성들	핵심 문제역동	주요 기법들
보웬	Bowen	자아 분화	삼각관계, 정서 반응성	가계도, 과정 질문
전략적	Jackson, Haley	항상성, 환류 고리	소용없는 해결책들	재구성, 지시
구조적	Minuchin	하위체계, 경계	융합, 유리	실연, 경계 만들기
경험적	Satir, Whitaker	진정성, 자아 실현	정서적 억압, 신비화	직면, 구조화된 연습
정신 역동	Ackerman, Dicks, Boszomenyi-Nagy	충동, 자기 대상, 내부 대상	갈등, 투사적 동일시, 고착과 퇴행	침묵, 중립성, 해석
인지 행동	Patterson, Liberman, Stuart	강화, 소거, 스키마	의도하지 않은 강화 혐오통제	기능 분석, 정적 통제 교육
해결 중심	de Shazer, Insoo Kim Berg	언어가 현실을 만듦	문제 진술	해결에 초점, 예외 규명
이야기	White, Epston	이야기치료, 사회구성주의	문제로 가득찬 스토리	외부화, 특유한 성과 규명, 지지 청중 만들기

출처: Nichols & Davis (2017), p. 258.

다음에서는 주요 가족치료 모델들을 중심으로 사회복지사가 가족 개입에서 활용하는 실천기법들을 간략하게 살펴본다.

1) 보웬모델

보웬모델은 가족 성원들의 자아 분화, 정서적 단절, 삼각관계, 다세대 간 전수과정 등을 중심으로 가족 관계를 설명한다. 보웬(Bowen, 1993) 이론에 따르면, 성장 과정에서 부모에 대해 미해결된 정서 반응을 가지고 있는 사람들은 성인이 되어 깊은 관계를 맺을 때 과거의 반응을 반복한다. 가족 내 성원들의 분화 부족, 정서 단절, 삼각관계 등과 같은 반응이 이에 해당하며 여러 세대에 걸쳐 반복된다.

(1) 자아 분화

보웬이론의 핵심 개념인 자아 분화(differentiation of self)는 정서적 압박에도 불구하고 자율적으로 생각하고 반영하는 능력을 의미한다(Bowen, 1993). 미분화된 사람은 특히 불안한 상황에서 주위 사람들에게 순응하거나 도전하는 방식으로 반응하는 반면, 분화된 사람은 자신의 믿음과 생각에 따라 자율적으로 행동한다. 원가족과 미분화된 사람은 새로운 가족을 형성할 때 다시 미분화된 가족을 이루지만, 분화된 사람은 원가족과 친밀하면서도 적절히 분화된 관계를 형성한다.

(2) 정서적 단절

부모로부터 분화되지 못한 자녀는 지나치게 간섭하는 부모를 따르거나 부모에게 반항하는 방식으로 반응한다. 즉, 부모와 정서적으로 융합(fusion)하거나 단절(cutoff)하는 반응을 보인다. 보웬(1993)에 따르면, 융합과 단절 모두 성숙한 정서적 독립으로 볼 수 없다. 부모와 정서적으로 융합된 자녀가 성장하여 자신의 새로운 가족을 형성하면서 부모와 단절하기도 하는데, 이 역시 성숙한 독립을 성취한 것으로 볼 수 없다.

(3) 삼각관계

성원들의 분화가 이루어지지 않은 가족일수록 두 성원들 사이에서 불안 수준이 높아지면 다른 성원을 끌어들여 삼각관계(triangulation)를 형성한다. 예를 들어, 아내가 자신에게서 멀어지는 남편을 대신하여 자녀에게 집중함으로써 불안 수준을 낮추려 한다면, 부모와 자녀로 이루어진 삼각관계가 형성된다. 삼각관계에 있는 자녀는 어머니와 갈등적 관계인 아버지와도 거리감이 있고 지나치게 관여하는 어머니에게 의존하면서도 어머니와 불편한 관계를 맺게 된다. 간혹 이 자녀는 문제행동을 나타냄으로써 부모가 다시 뭉칠 수 있도록 행동하기도 하는데(Walsh & Crosser, 2000), 결국 부모 모두로부터 성숙한 정서적 독립을 이루지 못하고 미분화된 채 성장할 수 있다.

(4) 탈삼각화

사회복지사는 삼각관계의 해법으로서 탈삼각화를 위해 개입한다. 탈삼각화(detriangulation)란 두 성원들의 감정 영역에서 제3의 성원을 분리시키는 과정이다. 앞에서 제시한 부모-자녀의 삼각관계 예에서, 어머니에게 자녀 훈육을 위한 기술을 교육하는 것만으로는 문제가 해결되지 않으며, 남편과의 갈등을 남편과 직접적으로 해결하고 자녀를 우회하지 않도록 개입함으로써 자녀가 부모의 갈등에서 벗어나도록 지원한다. 구체적으로, 아내와 남편의 긍정적 상호작용을 증가시키고, 아내와 남편이 서로에게 정서적으로 반응하며 서로에 대한 불만을 자녀에게 얘기하지 않도록 조언한다. 또한 부모가 협력함으로써 자녀가 아버지, 어머니 모두와 좋은 경험을 하도록, 부모 걱정 없이 또래들과 어울려 지내도록 돕는다.

(5) 다세대 간 전수과정

원가족과 미분화된 부모는 자녀와 미분화된 관계를 형성함으로써 가족 내 융합, 단절, 삼각관계 등의 가족 내 문제들을 반복하게 된다. 따라서 삼각관계에서 가족성원들이 드러내는 문제는 부모 혹은 자녀의 문제라기보다 여러 세대에 걸쳐 일어나는 반응으로 이해할 수 있다.

사회복지사는 가계도를 활용한 세대 간 사정을 통해 가족 문제가 다세대에 걸쳐 전수되는 과정을 살펴볼 수 있다. [그림 9-1]은 미국 엘리너 루스벨트 가족의 삼각관계를 예시로 보여 준다.

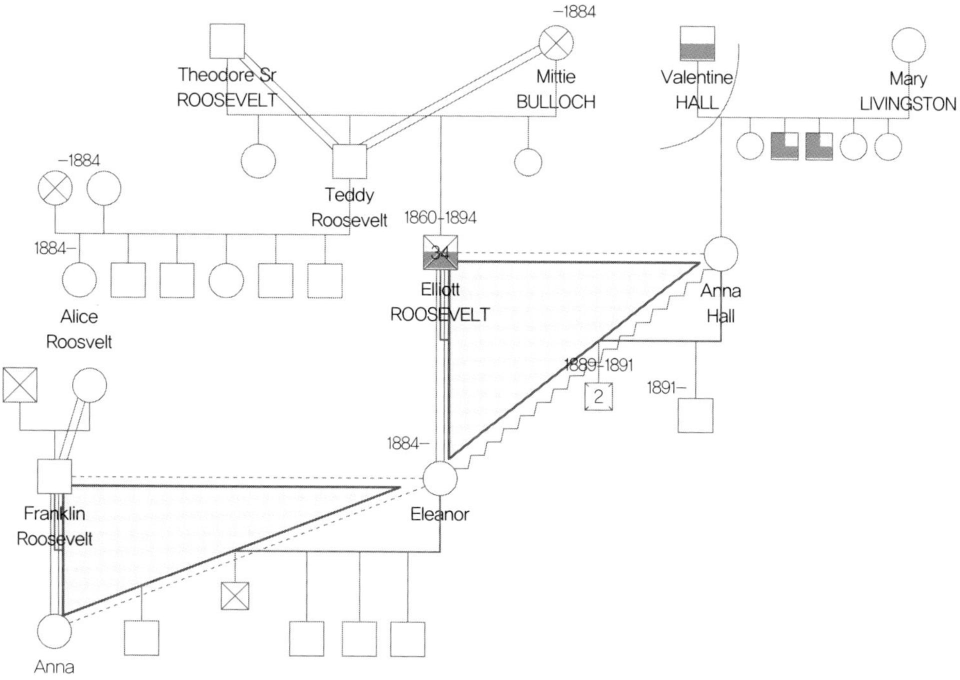

그림 9-1 삼각관계의 다세대 간 전수과정

출처: McGoldrick, Gerson, & Petry (2020), p. 157.

2) 전략적 모델

명칭에서 보듯이, 전략적 모델(strategic model)은 이론보다는 가족 문제를 해결하는 전략적 방법에 초점을 둔다. 특히 가족이 문제를 해결하려는 시도에 의해 오히려 문제가 유지되기 때문에 문제를 유지하는 연쇄(sequences)를 변화시키기 위한 다양한 실용적인 방법과 기법들을 제시한다. 사회복지사는 문제 주변의 환류고리를 찾아내어 이를 변화시키는, 즉 가족 내 상호작용에서 이루어지는 부적 환류를 정적 환류로 변화시키기 위한 전략적 기법들을 활용한다.

전략적 모델은 MRI(Mental Research Institute) 집단, 헤일리(Haley)와 마다네스(Madanes) 접근, 밀란(Milan)모델 등을 포함한다. 흔히 활용하는 기법들로는 역설적 지시, 증상의 처방, 재구성, 긍정적 의미부여, 순환적 질문하기 등을 들 수 있다.

(1) 역설적 지시

역설적 지시(paradoxical directives)는 문제를 유지하는 연쇄를 변화시키기 위해 가족이 역설적이라고 생각하는 행동, 즉 해결책과는 상반되는 행동을 하도록 지시하는 기법이다. 우리나라 속담 가운데 '미운 놈 떡 하나 더 준다.'에 역설적 지시가 들어 있는 것처럼, 사람들은 일상에서 역설적 행동을 통한 변화를 드물지 않게 시도한다.

역설적 지시의 예로서, 지나치게 간섭하는 부모를 둔 대학생 자녀에게 더 이상 부모를 피하지 말고 오히려 시시각각 보고하고 부모의 조언을 요청하도록 지시한다. 즉, 누구를 만나려 하는지, 점심은 누구와 무엇을 먹으려는지, 저녁 모임에 가야 하는지 등 집밖의 모든 활동을 보고하고 부모에게 조언을 요청하도록 지시한다. 혹은 결혼 후에도 지나치게 간섭하는 부모로 인한 어려움을 호소하는 성인 자녀에게 오히려 부모에게 전적으로 의존하도록 지시한다. 결국 부모가 자녀의 지나친 의존에 부담을 느끼고 자녀의 사생활에 간섭하기를 포기하는 결과를 가져올 수 있다.

(2) 증상의 처방

사회복지사가 가족에게 증상을 오히려 처방하는, 문제 행동을 유지하거나 혹은 강화하는 행동을 하도록 지시하는 기법이다. 예를 들어, 우울증을 호소하는 클라이언트에게 날마다 정해진 시간(예, 하루 중 우울증이 가장 심하다고 말한 오전 7시부터 2시간)에 집중적으로 우울증에 빠지도록 하고, 시간이 다 되면 일상 기분으로 돌아오도록 지시한다. 가족에게는 클라이언트가 처방에 따르도록 도우라고 지시한다. 즉, 우울해하는 클라이언트를 위로하고 돌보며 걱정하는 행동을 하지만, 정해진 시간이 지나면 클라이언트가 우울해하든 하지 않든 일상적으로 행동하도록 가족에게 지시한다. 클라이언트는 자신의 우울증에 대한 가족의 반응이 없으므로 정해진 시간 이외에는 우울해하는 행동을 점차 하지 않게 된다. 더욱이 사회복지사의 처방에 따르게 되면서 클라이언트는 자신이 우울 증상을 조절할 수 있다는 것을 이해하게 된다.

(3) 재구성

재구성(reframing)은 가족 성원들이 문제 혹은 이슈를 다른 시각에서 보도록 혹은 다른 방법으로 이해하도록 돕는 것을 의미한다. 사회복지사는 재구성을 통해 문제를 유지 혹은 증폭시키는 반응(부적 환류)을 이해하고 변화를 시도하는 반응(정적 환류)으로 전환하도록 도울 수 있다. 재구성은 재명명(relabeling) 혹은 재규정(redefining)이라고도 한다.

다음은 재구성의 예시이다.

> **영희(클라이언트):** 우리 부모님은 항상 나를 통제하려고 해요. 독재자처럼요. 내가 외출할 때마다 어디에 가는지, 누구를 만나는지 물으세요. 우리집 귀가시간은 10시인데, 1분만 늦게 들어와도 문 앞에서 기다리고 계시다가 왜 늦었는지 꼬치꼬치 캐물으세요. 부모님에게 짜증도 내고 말도 안 하고 지내지만, 아무 소용이 없어요.
>
> **사회복지사의 재구성:** 영희는 부모님의 간섭으로 숨이 막힐 것 같다고 느끼는구나. 그런데 내가 보기에 부모님은 영희를 통제하고 있다고 생각하시기보다 부모로서 자식을 보호해야 한다고 생각해서 그렇게 행동하시는 것 같아.
>
> **영희:** 그럴 수도 있겠네요. 그럼 내가 먼저 어디에서 누구를 만나고 몇 시에 집에 돌아가는지 알려드리면 나아질까요?
>
> **사회복지사:** 좋은 생각이야. 그러면 오히려 영희가 원하는 자유를 얻을 수 있을 것 같은데?

이 예에서 부모에게 반항함으로써 부모의 구속에서 벗어나려 했던 클라이언트가 재구성을 통해 변화된 행동을 보임으로써 부모와의 관계가 개선되고 자신이 원하는 자율성을 가지게 될 수 있음을 알 수 있다.

(4) 긍정적 의미부여

긍정적 의미부여(positive connotation)는 가족의 응집을 향상시키고 치료에 대한 저항을 줄이기 위한 목적으로 가족의 문제나 행동을 긍정적으로 재해석하는 기법이다. 사회복지사는 이를 통해 가족이 누구의 행동은 바람직하고 누구의 행동은 바람직하지 않다고 생각하는 대신 모든 가족 성원들의 행동이 가족의 안정성 유지에 기여한다고 의미를 부여할 수 있다. 예를 들어, 자녀 출산 이후 소원해진 아내의 행동을 불평하는 남편에게 아내의 행동은 가족의 생애주기에 따른 정상적이고 바람직한 변화로서 가족을 위한 행동이라고 긍정적으로 재해석할 수 있다.

(5) 순환적 질문하기

밀란 팀이 개발한 면접방법으로서 순환적 질문하기(circular questioning)는 가족성원들이 문제에 대해 제한적·단선적 시각에서 벗어나 문제의 순환성을 깨닫도록 돕기 위한 질문을 연속적으로 하는 기법이다.

다음은 자녀의 우울증을 정신의학적인 문제보다는 가족 구조의 변화에 따른 반응으로 이해하기 위해 순환적 질문하기를 사용한 예시이다(Nichols & Davis, 2017). 사회복지사는 순환적 질문을 통해 자녀의 우울증이 가족 내 상황과 변화와 연관된다는 점을 가족이 새롭게 이해하도록 돕고자 하였다.

질문: 철수의 우울증으로 누가 가장 고통스럽지?

답: 어머니요.

질문: 어머니는 철수를 어떻게 도우려고 하시니?

답: 철수와 몇 시간씩 이야기하고 철수를 위한 일들을 하세요.

질문: 어머니가 철수를 돕는 방법에 누가 동의하지?

답: 약물을 처방하는 정신과 의사요.

질문: 누가 동의하지 않지?

답: 아버지요. 아버지는 철수가 원하는 것을 하도록 해서는 안 된다고 생각하세요.

질문: 누가 아버지에게 동의하지?

답: 우리 모두 철수가 너무 아기 취급을 받고 있다고 생각해요. 할머니도요. 할아버지는 어머니에게 동의하실 테지만, 돌아가셨어요.

질문: 철수가 우울해진 게 할아버지가 돌아가시기 전이니 후이니?

답: 돌아가시고 얼마 되지 않아서부터요.

질문: 할아버지가 돌아가시지 않았다면, 가족들은 지금 어떻게 다를까?

답: 글쎄요, 할머니가 우리와 함께 살지 않으셨을 테니까 어머니와 할머니가 아마 그렇게 싸우지 않으셨을 거예요. 그리고 어머니도 늘 슬프지 않으셨을 거고요.

질문: 어머니와 할머니가 그렇게 싸우지 않고 어머니가 슬프지 않다면, 철수가 어땠을까?

답: 글쎄요. 철수도 지금보다 행복했을 거예요. 하지만 아마도 다시 아버지와 싸우고 있었을 거예요.

3) 구조적 모델

구조적 모델(structural model)은 가족 구조의 불균형, 즉 역기능적인 위계나 경계 등에서 가족 문제가 일어나는 것으로 설명하고, 가족 구조를 재구조화하기 위한 방법과 기법들을 강조한다. 구조적 모델의 대표적 학자인 미누친(Minuchin)은 하위체계와 경계를 중요하게 언급하였는데, 부모가 부모역할과 기능을 적절히 수행하기 위해 자녀들로부터 구분되는 명확한 경계를 가진 부모 하위체계를 확립해야 함을 강조하였다. 이 밖에도 부부 하위체계, 부모-자녀 하위체계, 형제자매 하위체계의 명확한 경계 역시 중요하게 언급하였다(Minuchin, Colapinto, & Minuchin, 1998).

구체적으로, 구조적 모델에서는 다음과 같은 경우에 가족의 역기능이 일어날 수 있다고 설명한다(Jordon & Franklin, 2020).

- 자녀가 한쪽 부모를 배제하고 다른 한쪽 부모와 편을 이룬다.
- 자녀가 지속적으로 부모를 돌보고 정서적으로 지지하며 부모역할을 수행한다.
- 부모가 자녀의 사생활에 지나치게 간섭한다.
- 부모가 부부간 다툼에서 자신의 편을 들도록 자녀에게 요청한다.

- 한 세대의 성원이 특정 성원을 배제하고 다른 세대의 성원과 연합한다(예, 부부 한 사람이 배우자를 배제하고 부모와 연합히거나 조부모가 부모를 배제하고 손자녀와 연합).
- 부모가 자녀와 상호작용하거나 협의하기를 거절한다.
- 자녀가 부모의 지도와 상호작용, 관계를 거절한다.
- 부모가 자신들을 배제하는 자녀를 배제한다.

구조적 모델에서는 부모 하위체계의 위계질서를 강화하여 부모-자녀 간에 명확한 경계를 확립하도록 개입한다. 즉, 부모는 부모로서 권위를 가지고, 자녀는 자녀로서 부모의 지도감독에 따르며, 부모가 연합하도록 지원한다. 또한 자녀의 문제행동에 대해 부모가 자녀에게 한 목소리를 내고, 부모로서의 권위를 자녀 앞에서 서로 존중하도록 지원한다.

구조적 모델에서 가족을 재구조화하기 위한 구체적 지침들은 다음과 같다(Becvar & Becvar, 2012).

- 가족체계에는 영향력 있는 위계적인 구조가 있어야 하고, 부모의 권위를 기초로 하는 세대 간의 차이가 있어야 한다.
- 부모는 연합해야 한다. 자녀들이 연합할 수 있도록 부모는 서로 지지적이고 수용적이어야 한다.
- 부모로서 연합할 때 형제자매체계는 동료체계가 된다.
- 가족이 유리되었다면, 목표는 상호작용의 빈도를 증가시키고 경직된 경계가 분명한 경계로 변화하도록 한다. 이런 변화를 통해 다른 가족 성원을 배려하고 지지하는 행동을 증가시킨다.
- 밀착된 가족의 경우, 목표는 개인 혹은 하위체계의 분리를 강화하는 것이다. 이것은 자녀의 발달단계에서 분리를 존중하는 것이고, 연령에 적합한 독립적인 활동을 허용하는 것이다.
- 부부체계는 부모체계와 구분하여 형성되어야 한다.

구조적 모델에서 자주 활용하는 기술과 기법들은 상호작용에 개입하기, 경계 만들기, 균형 깨뜨리기 등을 포함한다.

(1) 상호작용에 개입하기

가족은 갈등 상황을 말로 설명하는 대신 회기 중에 실연(enactment)을 통해 상호작용을 직접 보여 주고, 이를 관찰한 사회복지사는 가족 구조를 분석하고 가족의 상호작용에 개입한다.

예를 들어, 아들과 갈등을 겪는 어머니가 남편과 아들을 배제한 채 딸이 자신의 편을 들어 주기를 원하는 경우, 사회복지사는 가족에게 이 상황을 회기 중에 행동으로 실연해 보도록 요청하고 관찰한다. 가족 구조를 분석한 사회복지사는 부모가 연합하고 남매가 서로 배려하도록 행동을 제안하고, 가족이 변화된 행동을 회기 중에 시도하도록 개입한다. 필요한 경우 변화된 행동을 가정에서 이어 가도록 과제를 부여한다.

(2) 경계 만들기

경계 만들기(boundary making)는 가족 내 성원들 혹은 하위체계들 간의 경계를 적절하게 만드는 기법이다. 가족의 경계가 지나치게 경직되어 유리된 경우 경계를 어느 정도 투과적으로 만들어 상호작용이 일어나도록 개입한다. 이때 가족은 항상성에 의한 저항(resistance)을 보일 수 있다. 따라서 사회복지사는 가족의 보조(pace)에 맞추어 변화를 시도하는 것이 바람직하다. 예를 들어, 십대 자녀와 거의 마주치지 않으며 지내 온 부모에게 매일 대화를 시도하도록 제안하기보다는 자녀와 함께할 수 있는 활동으로 영화 관람에서 시작하여 쇼핑, 외식, 대화하기 등으로 점차 친밀감을 높이는 활동을 제안할 수 있다.

반면, 경계가 지나치게 느슨하여 밀착된 경우 경계를 어느 정도 공고히 만들어 거리를 두도록 개입한다. 예를 들어, 부모와 청소년 자녀가 지나치게 밀착되었다면 자녀는 부모의 방해를 받지 않고 자신의 주장을 이야기하도록, 부모는 자녀의 이야기를 경청하도록 요청함으로써 부모와 자녀 사이에 경계를 만들고 자녀가 자율성을 확보하도록 지원한다.

(3) 균형 깨뜨리기

균형 깨뜨리기(unbalancing)는 가족 내 하위체계들 간의 역기능적 균형을 깨뜨리기 위한 기법이다. 주로 한쪽에 치우친 권한으로 인해 가족의 역기능과 갈등이 일어나는 경우 사회복지사는 의도적으로 열세에 있는 가족 구성원의 편을 들어 균형을 맞추기 위해 노력한다.

예를 들어, 지나치게 권위적 · 지배적인 남편과 온화하지만 자기주장을 하기 시작한 아내 사이에서 사회복지사는 의도적으로 아내의 편을 듦으로써 역기능적인 균형을 깨뜨릴 수 있다. 또 다른 예로서, 전통적 며느리의 역할을 요구하는 시어머니와 이로 인해 우울과 피로감을 호소하는 며느리 사이에서 사회복지사가 시어머니에게 사회 변화를 언급하며 의도적으로 며느리를 편들어 줌으로써 시어머니와 며느리가 서로의 입장을 이해하도록 지원할 수 있다.

4) 경험적 모델

경험적 모델(experiential model)은 가족 문제의 근원을 성원들의 정서적 억압으로 이해한다. 경험적 개입에서 사회복지사는 가족 성원들이 자신의 긍정적 감정뿐 아니라 부정적 감정을 있는 그대로 느끼고 이런 정직한 감정을 진정성 있게 나눔으로써 가족이 서로를 배려하고 유대를 강화하도록 개입한다.

경험적 모델을 적용하는 사회복지사에게 무엇보다 중요한 것은 이론이나 기법이 아니라 사회복지사 자신이 자발적 · 개방적이며 정직하게 가족과 진솔한(genuine) 관계를 맺고 최선을 다하는 개인적 관여(personal involvement)이다(Satir, 1988). 사회복지사는 가족과 함께 회기 중 '지금 여기(here and now)' 상호작용의 변화를 모색하도록 지원함으로써 성원 개인과 가족이 성장하는 경험에 초점을 둔다.

경험적 모델의 대표적 학자로 사티어(Satir)와 휘태커(Whitaker)를 들 수 있다. 사티어는 가족치료의 목적을 다음의 세 가지로 정리하였다(Nichols & Davis, 2017). 첫째, 가족 성원들은 자신이 느끼고 생각하는 모든 것을 다른 성원들에게 진술하고 정직하게 말할 수 있어야 한다. 둘째, 가족 성원들은 서로의 고유성(uniqueness)을 존중하며 의견을 교환하고 협의, 결정해야 한다. 셋째, 개인의 차이를 인정해야 하고 차이는 성장을 위해 사용되어야 한다.

다음에서는 경험적 모델의 주요 기법으로 가족 조각, 가족 그림, 역할연습에 대해 살펴본다.

(1) 가족 조각

가족 조각(family sculpture)이란 성원들이 가족에 대해, 가족 내 자신의 위치에 대해 어떻게 인식하고 있는지를 시각적으로 표현함으로써 가족에 대한 이해를 돕기 위한 기법이다. 가족 조각을 통해 가족은 이전에 미처 깨닫지 못했던 부분을 새롭게 이해할 수 있다.

구체적으로, 사회복지사는 먼저 한 성원에게 다른 성원들을 의미 있게 배치해 보도록 요청한다. 이때 요청을 받은 성원은 자신이 인식하는 대로 자신을 포함하여 가족 성원들의 공간, 몸짓, 태도 등을 무언으로 요청하고 연출한다. 성원들은 연출하는 성원의 지시대로 무언극을 하는 과정에서 연출하는 성원이 가족에 대해 어떻게 느끼고 생각하는지에 대해 이해할 수 있다. 가족 조각을 마친 후, 새롭게 알게된 점, 느낀 점 등에 대해 서로 이야기를 나눈다.

(2) 가족 그림

가족 그림(family drawing)이란 가족 성원들에게 자신이 느끼는 대로 자유롭게 가족에 대해 그림을 그리도록 하는 기법이다. 그림을 통해 자신의 감정을 자유롭게 표현함으로써 성원들 자신이 가족에 대해 어떻게 느끼는지 이해할 수 있다. 나아가 다른 성원들이 서로에 대해 어떻게 느끼는지, 가족 관계에 어떤 문제가 있는지 등을 이해할 수 있다.

(3) 역할연습

사회복지사는 가족이 '지금 여기'에서 실제로 경험해 보도록 역할연습(role playing)을 활용한다.

첫째, 사회복지사가 한 성원에게 다른 성원의 역할을 해 보도록 요청함으로써 다른 성원의 느낌과 행동을 그 성원의 시각에서 경험하도록 돕는다. 두 성원들이 서로의 역할을 바꾸는 역할반전(role reversal) 경우, 예를 들어 아버지와 십대 딸이 서로의 역할을 바꾸어 연기함으로써 서로에 대해 공감하고, 문제 상황에 대해 이해하며, 이전에는 생각하지 못했던 대안들을 생각할 수 있다(Kirst-Ashman & Hull, 2017).

둘째, 사회복지사가 성원에게 자신의 역할을 하지만 이전과는 다르게 행동해 보도록 요청함으로써 실제 생활에서 겪을 수 있는 위험 부담이 없는 상황에서 새로운 행동을 학습하도록 돕는다. 예를 들어, 아내의 말을 무시하는 남편에게 아내가 이전의 수동적인 태도와는 달리 자신의 의견을 주장하는 역할을 연습해 보도록 요청할 수 있다.

5) 정신역동모델

정신역동모델(psychodynamic model)은 가족 성원들의 무의식적 충동, 방어기제, 애착, 인정에 대한 열망 등이 가족 관계에 어떤 영향을 미치는지를 가족이 탐색하고 통찰하도록 돕는 데 초점을 둔다. 즉, 정신역동 분석을 통해 가족의 대화 혹은 행동에서 무의식적으로 억압된 과거의 잔여물이 드러나는지 탐색하고 이를 통찰함으로써 가족이 변화하도록 지원한다. 정신역동 이론들을 가족치료에 적용한 학자로는 애커만(Ackerman), 딕스(Dicks), 보스조메니-나기(Boszomenyi-Nagy) 등을 들 수 있다.

앞에서 언급했듯이, 변화 시도는 가족의 항상성으로 인해 저항에 부딪친다. 정신역동모델에서 사회복지사는 가족과 함께 탐색 · 통찰 · 저항에 대한 이해를 거치며 통찰을 반복하고 정교화, 확대하는 훈습(working through) 과정을 중요하게 다룬다. 훈습과정은 짧은 기간에 이루어지기보다는 오랜 시간에 걸쳐 이루어진다. 사회복지사는 훈습을 통해 성원 개인의 성장뿐 아니라 원가족과의 갈등 혹은 가족 내 갈등을 해결하고 관계를 개선하기 위한 개인 혹은 가족의 노력을 지속적으로 지원한다.

다음에서는 정신역동모델의 다양한 개입방법들 가운데 가족 투사과정과 전이, 직면의 활용에 대해 살펴본다.

(1) 가족 투사과정

투사(projection)는 자신의 공격성, 분노와 같은 부정적 감정을 상대방의 감정으로 돌리는 무의식적 방어기제이다. 투사적 동일시(projective identification)는 자신의 부정적 감정을 상대방에게 투사하고 그 사람이 자신이 투사한 대로 느끼고 행동하도록 하는 무의식적 방어기제이다.

가족 내 투사과정은 역동적이며 상호적이다. 부모가 자신의 부정적 감정을 자녀에게 투사하고 자녀는 부모가 투사하는 대로 느끼고 행동하는 투사적 동일시가 일어날 수 있다. 투사적 동일시가 일어나면, 부모는 자신의 부정적 감정으로 인한 불안에서 벗어나서 문제행동을 하는 자녀를 비난한다. 한편, 자녀는 부모의 투사에 따라 행동하며 자신의 충동을 어느 정도 충족시키지만 이로 인한 부모의 거부를 경험하지는 않는다.

예를 들어, 직장 내 어려움으로 퇴사 충동을 느끼면서 가족을 힘들게 부양하고 있는 아버지가 자신의 감정을 청소년 자녀에게 투사하였고(예, "너는 공부하기도 싫고, 학교에 다니기도 싫지?"), 자녀는 아버지의 투사대로 학교에 가지 않으며 컴퓨터 게임에 빠져 지내는 경우이다. 아버지는 자신의 퇴사 충동으로 인한 불안에서 벗어나고 오히려 불성실하고 안일하게 지내는 자녀를 심하게 비난하게 되고, 자녀는 하기 싫은 공부를 그만 두고 게임만 하려는 자신의 충동을 충족시키며 아버지의 비난을 받지만, 투사에 부합하는 행동이므로 아버지의 거부를 경험하지는 않는다.

사회복지사는 가족 내 혹은 원가족과의 관계에서 이루어지는 투사과정을 가족이 이해하고 통찰함으로써 변화를 시도하도록 개입한다. 이때 사회복지사가 일방적으로 해석해 주기보다는 성원들의 보조에 따라 가족이 깨닫도록 지원하는 것이 중요하다.

(2) 전이

전이(transference)는 클라이언트가 과거 중요한 사람들과의 관계에서 경험했던 감정, 태도, 생각 등을 현재 사회복지사에게 전치하는 행동이다. 사회복지사는 가족 성원의 통찰과 이해, 성장을 위해 전이 기법을 활용하기도 한다.

예를 들어, 분노 조절의 어려움이 있는 어머니와 해결되지 않은 관계를 맺고 있는 클라이언트가 어머니에 대한 두려움과 분노를 사회복지사에게 전이할 수 있다. 사회복지사가 클라이언트의 자신에 대한 부정적 태도와 행동을 전이 반응으로 이해하고 어머니와는 다르게 클라이언트를 수용하며 따뜻하고 너그럽게 대한다면, 클라이언트는 억압되었던 감정을 표현하고, 자기 발견과 통찰을 경험하며 앞으로 나아갈 수 있다. 이처럼 사회복지사는 클라이언트의 전이 반응을 오히려 클라이언트의 성장을 위해 활용할 수 있다.

(3) 직면

직면(confrontation)은 가족 성원들의 실제 행동이 원하는 것과 어떻게 모순되거나 갈등을 일으키는지 지적함으로써 성원들이 간극을 깨닫고 변화를 시도하도록 돕는 기법이다. 예를 들어, 자녀를 사랑하고 자녀와 좋은 관계를 맺고 싶다고 말하는 아버지가 실은 자녀에게 무심하고 회사에서 늦게까지 일하며 자녀와 시간을 거의 보내지 않는 경우, 사회복지사는 아버지가 자신이 원하는 것과 실제 행동의 간극을 깨닫도록, 자녀와 좋은 경험을 쌓기 위해 변화하도록 돕는다.

6) 인지행동모델

인지행동모델(cognitive-behavioral model)은 가족의 변화를 위해 학습이론과 인지이론을 적용한다. 학습이론에 따르면, 가족 성원들의 행동은 학습사(learning history)의 결과이다. 따라서 사회복지사는 가족의 상호작용 과정에서 성원들의 행동과 행동에 따르는 결과, 즉 강화조건부를 분석함으로써 변화를 모색한다. 가족 개입은 가족 성원들이 바람직한 행동을 보상하도록 보상 교환(rewarding exchanges)을 늘리고, 싫어하는 행동을 하지 않도록 혐오 교환(aversive exchanges)을 줄이는 데 초점을 둔다. 또한 의사소통과 문제해결 기술을 향상시키기 위해 가족 성원들을 교육한다.

인지이론에 따르면, 가족은 서로의 행동을 해석하는 과정에서 인지 왜곡 혹은 인지 오류를 경험함으로써 가족 관계의 어려움을 겪는다. 사회복지사는 성원들의 상호작용에 포함된 인지 오류를 분석하고 가족이 보다 현실적으로 인지하도록 인지 재구조화 기법들을 활용한다.

다음에서는 학습이론을 적용한 행동주의 기법들과 인지이론을 적용한 인지 재구조화 기법들을 간략하게 살펴본다.

(1) 행동주의 기법들

가족 개입에서 사회복지사는 행동주의 기법들을 주로 부부관계 개선, 부모역할 훈련 등을 위해 활용한다. 행동주의 관점에서 부부의 상호작용을 분석한 연구들은 다음과 같은 결과를 제시하였다.

- 사람들은 부부관계에서 보상을 최대화, 비용을 최소화하려 한다(Thibaut & Kelley, 1959). 만족스러운 관계를 맺고 있는 부부는 서로의 보상을 최대화하기 위해 노력한다.
- 긍정적 행동이 결혼 만족을 증가시키기보다 싫어하는 행동이 결혼 만족을 감소시킨다(Wills, Weiss, & Patterson, 1974). 긍정적 행동의 교환도 중요하지만, 싫어하는 행동을 최소화하는 것이 더욱 중요하다.
- 혐오통제(예, 짜증, 소리 지르기, 위협, 분노 폭발 등) 행동은 부부 불만을 결정하는 주요 요인이다(Stuart, 1975).
- 불만족한 관계를 맺고 있는 부부는 문제해결 기술이 부족하다(Vincent, Weiss, & Birchler, 1975).

부부관계를 향상시키기 위해 사회복지사는 다양한 행동주의 기법들(예, 지시, 모델링, 역할연습, 행동 시연, 환류 등)을 사용한다. 이를 통해 부부가 서로에게 바라는 행동을 긍정적인 용어로 구체적으로 요구하도록 교육한다. 혐오통제를 줄이고 대안 행동으로 서로 보상을 교환하도록 가르치며, 효과적인 의사소통 방법과 문제해결 기술을 교육한다.

또한 사회복지사는 부모역할훈련을 통해 자녀에게 바람직한 행동을 학습시키기 위한 다양한 행동주의 기법들을 활용하도록 부모를 교육한다. 이런 기법들은 조성, 토큰 경제, 조건부 관리, 타임아웃, 프리맥 원리 등을 포함한다.

- 조성(shaping): 작은 단계들로 나누어 변화를 강화하는 기법이다. 예를 들어, 바람직한 행동을 향해 점진적으로 이루어지는 자녀의 작은 변화들을 부모가 지속적으로 강화하도록 교육한다.
- 토큰 경제(token economy): 바람직한 행동을 보상하기 위해 토큰이나 포인트를 사용하는 기법이다. 부모가 자녀의 연령에 맞는 효과적인 방법으로 토큰 경제를 활용하도록 교육한다.
- 조건부 관리(contingency management): 행동에 따라 보상을 주거나 철회하는 기법이다. 앞서 제3장에서 살펴보았듯이, 조건부에서는 강화 제공자의 의도가 아닌 결과가 중요하므로, 부모가 조건부를 정확히 이해하고 효과적으로 관리하도록 교육한다. 또한 바람직하지 않은 행동에 대해 비일관적으로 반응하는 것은 변동비율로 강화하는 결과를 가져오므로, 부모는 자녀의 바람직하지 않은 행동에 일관성 있게 반응하도록 교육한다.
- 타임아웃(time out): 부정적 행동에 대한 정적 강화를 제거하는 기법이다. 예를 들어, 자녀가 과제에 집중하지 않고 장난치는 행동을 하자 동생들이 재미있어 한다면, 동생들의 행동은 보상으로 작용한다. 보상이 더 이상 주어지지 않도록 이 자녀에게 자기 방으로 들어가 일정 시간이 지나면 돌아오게 한다.
- 프리맥 원리(Premack principle): 높은 확률로 일어나는 행동을 강화물로 사용하여 일어날 확률이 적은 행동을 학습하도록 하는 기법이다. 예를 들어, 컴퓨터 게임을 좋아하는 자녀에게 책 읽는 습관을 들이기 위해 오전과 오후에 한 시간

씩 책을 읽으면 저녁식사 후 게임을 한 시간 하도록 허용한다.

(2) 인지 재구조화 기법들

가족의 상호작용에서 나타나는 인지 오류들은 앞서 제3장에서 살펴본 인지 오류들과 유사하다. 이를 가족에 적용해 보면, 다음과 같다.

- 임의 추론(arbitrary inference): 근거가 없음에도 불구하고 특정 결론을 내리는 인지 오류이다. 예를 들어, 아내가 회사 업무로 야근과 주말 근무가 잦은 상황에서 남편은 아내가 자신에게 관심이 없기 때문이라고 결론을 내리고 아내에 대한 불만을 쌓는 경우이다.
- 선택적 요약(selective abstraction): 현저한 특성을 무시한 채 맥락에서 벗어난 세부 내용에 초점을 두는 인지 오류이다. 예를 들어, 아버지가 아들의 많은 장점들에도 불구하고 한두 가지 단점에 집착함으로써 아들에 대해 부정적 사고를 하는 경우이다.
- 과잉일반화(overgeneralization): 분리된 사건들에 대한 결론을 상황 전반에 적용하는 인지 오류이다. 예를 들어, 십대 자녀가 친구들과 계획한 주말 여행을 부모님이 허락하지 않자, 부모님은 자신이 원하는 것은 무엇이든지 못하게 한다며 부모를 원망하는 경우이다.
- 확대 · 축소: 사건의 의미나 크기를 왜곡하는 인지 오류이다. 주로 부정적인 사건의 의미를 확대하고 긍정적인 사건의 의미를 축소한다. 예를 들어, 연로한 시어머니를 돌보며 애쓰는 아내가 시어머니의 병원 예약을 잊은 것에 대해 남편이 아내를 심하게 비난한다면, 아내의 수고는 당연한 것으로 의미를 축소하는 반면, 아내의 실수는 큰 잘못으로 의미를 확대하는 오류를 범하는 것이다.
- 독심술(mind reading): 언어적 의사소통 없이 상대의 마음을 읽을 수 있다고 생각하는 인지 오류이다. 예를 들어, 묻지 않아도 자녀가 무엇을 원하는지 알고 있다고 생각하는 부모는 독심술의 인지 오류를 범하는 것일 수 있다.

가족의 인지 오류에 개입하기 위해 사회복지사는 성원들의 자동 사고(automatic thoughts)에 초점을 둔다. 사회복지사는 성원들의 왜곡된 자동 사고를 지지하거나 반박하는 근거를 가족과 함께 점검하고, 왜곡된 인지를 현실적으로 대체하기 위한 기법들을 적용한다. 이를 위해 토론, 소크라테스 산문법, 역기능적 사고일지의 활용 등의 기법들을 적용한다.

제3장에서 살펴보았듯이, 소크라테스 산문법은 클라이언트가 가지고 있는 비합리적 신념과 이에 포함된 가정들에 대해 사회복지사가 반복적으로 질문함으로써 클라이언트가 자신의 논리를 비판적으로 검토해 보도록 하는 기법이다. 예를 들어, 반항하는 십대 자녀가 가족에게 전혀 의미를 두지 않는다고 임의 추론하는 부모에게 "자녀의 어떤 행동을 보고 그렇게 생각하셨나요?" "자녀가 가족에게 의미를 둔다면 어떻게 행동할까요?" "의미를 두면 반드시 그렇게 행동해야 하는 걸까요?" "자녀의 행동을 다르게 해석해 볼 수 있을까요?" 등과 같이 질문하고 부모는 사회복지사의 질문에 답하는 과정에서 자신들의 논리를 살펴봄으로써 보다 현실적으로 생각하도록 지원한다.

7) 해결중심모델

명칭에서 보듯이, 해결중심모델에서는 문제가 아닌 해결에 초점을 둔다. 해결중심모델에서는 사람들이 자신의 상황을 개선할 능력이 있지만, 문제에 사로잡혀 해결을 간과하거나 변화를 모색하지 못하는 것이라고 이해한다. 따라서 해결중심모델을 적용하는 사회복지사는 클라이언트가 자신의 상황을 이전에 해오던 방식과는 다르게 '이해'하도록 개입한다(Shoham, Rohrbaugh, & Patterson, 1995). 해결중심모델의 학자로는 드세이저(de Shazer)와 김인수(Insoo Kim Berg)를 들 수 있다.

해결중심모델에서는 가족이 문제 중심에서 벗어나 해결방안을 모색하고 실행하도록 돕는데, 이는 단기 즉 3~5회기 이내의 개입으로 충분하다고 본다. 단기 개입을 통해 사회복지사는 가족이 상황을 다르게 이해하고 해결능력을 발휘하도록 지원하며, 가족의 강점, 긍정적인 면, 이미 성공한 것을 찾아내고 이를 강화 · 확대하기 위한 활동에 초점을 맞춘다. 이를 위해 예외 질문, 기적 질문, 척도 질문, 칭찬 등의 기법들을 활용한다.

(1) 예외 질문

예외 질문(exception question)은 가족이 현재 가지고 있는 문제를 가지지 않았던 때는 지금과 어떻게 달랐는지를 탐색하도록 하고 이런 '예외'를 확장하기 위해 무엇을 해야 할지에 대한 단서를 찾도록 하는 질문이다. 예를 들어, 사회복지사는 소통 부재와 갈등을 호소하는 부부에게 소통이 잘 되었던 때 혹은 갈등이 없거나 심하지 않았던 때가 언제였는지 묻고, 그때 남편과 아내는 지금과 어떻게 달랐는지 묻는다. 부부가 지금과 다른 점을 답하면, 그때처럼 되기 위해 무엇을 해야 할지 묻고 이를 행동으로 옮길 수 있는 방법을 찾도록 돕는다.

또 다른 예로, 아버지와 대학생 아들 사이에 심한 갈등이 있어 서로 말도 하지 않고 지내는 경우에 사회복지사는 가족에게 예외적으로 아버지와 아들이 말할 때가 있는지 묻는다. 만일 요양원에 계신 할머니에 대해 얘기할 때라고 답한다면, 이런 예외를 확장하기 위해 무엇을 할 수 있을지 생각해 보도록 한다. 지금까지는 요양원에 각자 방문했다면 이번 주말에는 아버지와 아들이 함께 방문하도록 제안할 수 있다.

(2) 기적 질문

기적 질문(miracle question)은 문제가 해결된 상태를 상상해 보며 해결하기 원하는 것을 구체화·명료화하기 위한 질문이다. 즉, "어느 날 밤, 당신이 자고 있는 동안에 기적이 일어나서 문제가 해결되었다고 가정해 보십시오. 기적이 일어난 걸 어떻게 알 수 있을까요? 무엇이 달라지겠습니까?"라고 묻는다. 사회복지사는 가족이 이 '무엇'을 시도해 보도록 지원한다. 가족은 기적 질문을 통해 문제해결 사고를 가질 수 있을 뿐 아니라 기적이 일어났을 때 달라질 수 있는 일들을 실제로 수행함으로써 개선을 위해 노력하게 된다.

(3) 척도 질문

척도 질문(scaling questions)은 가족이 의사소통, 관계, 자아존중감, 동기 등과 같이 구체화하기 어렵고 모호한 개념의 수준을 수치로 표현하고 다음 단계로 발전하기 위해 무엇을 해야 할지를 구체적으로 탐색하도록 하기 위한 질문이다. 예를 들어, 가족의 의사소통을 향상시키기 위해 척도 질문을 활용하는 경우 사회복지사는 가족에게 의사소통 수준을 1(전혀 이루어지지 않음)에서 10(최상으로 이루어짐)으로 구분하도록 요청한 후, 현재의 상태는 몇 점 정도인지, 가족이 원하는 목표는 몇 점 정도인지 묻는다. 회기를 진행하며 척도 질문을 반복함으로써 사회복지사는 가족의 변화와 목표달성 정도를 명확하게 확인할 수 있다.

(4) 칭찬

해결중심모델에서는 가족의 강점 · 성취 · 변화를 강조함으로써 문제에 갇혀 있는 가족이 부정적 경험에서 벗어나 자신감을 회복하고 해결 지향적으로 변화하도록 지원한다. 이를 위해 사회복지사는 가족을 적극 칭찬한다. 칭찬을 통해 가족의 성취를 언급하고, 해결을 위해 가족이 무엇을 더 해야 하는지 방향을 제시한다.

8) 이야기모델

포스트모더니즘(postmodernism)과 사회구성주의(social constructionism)의 영향을 받은 이야기모델(narrative model)은 가족 경험의 객관성을 부정한다. 즉, 현실은 객관적 실체라기보다 주관적 인식에 따라 달라지는 것이며, 가족의 경험 역시 객관적인 실체가 있는 것이 아니라 가족이 경험을 어떻게 해석하고 어떤 의미를 부여하는지에 따라 달라지는 것으로 이해한다. 또한 이런 가족의 해석과 의미 부여는 사회적으로 구성되는데, 즉 사회 구성원들의 상호작용에 의해 만들어지고 가족이 내면화하며 사회문화의 영향을 받는다는 것이다. 이야기모델의 주요 학자로는 화이트(White)와 엡스톤(Epston)을 들 수 있다.

이야기모델에서는 가족이 스스로를 문제로 보는 것이 문제라고 설명한다. 이는 앞에서 살펴본 모델들에서 가족 문제를 가족 구조 혹은 성원들의 전략, 행동, 인지 등에 초점을 두는 것과 큰 차이가 있다. 이에 따라 이야기모델에서 사회복지사는 가족 성원들이 문제로 이루어진 이야기에서 벗어나 새롭고 보다 건설적으로 자신들을 이해하도록 지원한다. 성원들이 자기패배적으로 구성한 비생산적 이야기를 해체(deconstruction)하고, 새롭고 생산적이며 낙관적으로 자신들의 경험에 대한 이해를 재건(reconstruction)하는 과정에 초점을 둔다. 이를 위해 사회복지사는 문제의 외현화 기법 등을 사용한다.

(1) 문제의 외현화

문제의 외현화(externalization)는 클라이언트를 문제로부터 분리하여 문제 자체를 문제로 보고 가족을 괴롭히는 별개의 존재로서 이야기함으로써 클라이언트가 자기 비난에서 벗어나 변화를 모색해 보도록 지원하는 기법이다. 예를 들어, 가족에게 게으르다고 비난받으며 점점 더 무기력해지는 대학생 클라이언트에게 "게으름이 A씨를 붙잡고 안 놓아 주네요."라고 말하는 것이다. 게으른 클라이언트가 아니라 게으름과 클라이언트를 분리하고 게으름이라는 문제를 외현화함으로써 클라이언트는 문제에서 벗어난 자신의 모습을 생각해 보고 게으름에 대항하는 방법을 모색할 수 있다.

다른 예로서, 남편의 자기중심성으로 힘들어하는 아내에게 "자기중심성이 남편을 가족이 힘들어하도록 행동하게 만드는군요." "자기중심성이 남편을 그렇게 만들 때, 가족의 반응은 자기중심성에게 힘을 보태나요, 아니면 자기중심성의 힘을 빼나요?"라고 말한다. 역시 문제를 외현화함으로써 문제를 가진 남편 혹은 문제 남편에서 벗어나 자기중심성이라는 문제가 가족 관계에 미치는 부정적 영향에 도전하고 새로운 관계를 위한 변화를 시도할 수 있다.

3. 가족 개입의 사례

다음에서는 가족 개입기법들을 적용한 몇몇 사례들을 요약하여 제시한다. 앞 절에서는 가족 개입기법들을 모델별로 나누어 살펴보았으나, 실천현장에서 사회복지사는 가족의 욕구를 반영한 다양한 기법들을 통합적으로 적용한다. 먼저 사티어 모델과 구조적 모델을 적용한 사례를 각각 살펴보고, 다양한 기법들을 통합 적용한 세 가지 사례를 제시한다.

(1) 청소년 자녀와 갈등하는 가족 사례(송정아, 1997)

청소년 자녀와 갈등하는 가족을 대상으로 가족의 성장경험을 강조하는 사티어의 경험적 모델을 적용한 사례이다. 가족은 청소년 아들들의 낭비벽과 거짓말, 이에 대한 어머니의 과민반응을 문제로 제시하였다. 상담자는 가족 조각 기법을 사용하여 아들들과 아버지의 연합에서 오는 어머니의 소외감을 가족이 공유하도록 지지하였으며, 가족 성원들이 자신의 의사소통 유형(비난형, 초이성형, 산만형, 회유형)에 대해 탐색하고 인식할 수 있도록 지원하였다. 또한 상담자는 가족 성원들이 솔직하고 개방적으로 의사소통하고 감정을 공유하도록 격려하였고, 긍정적으로 사고하고 무한한 가능성과 잠재력을 개발하기 위해 노력할 수 있도록 지지하였다.

(2) 청소년 자녀 문제해결을 위한 부모상담 사례(염은선, 전영주, 2017)

청소년 자녀가 게임 과몰입, 학교 부적응, 부모폭력 등의 문제를 보이고 있으나 치료 및 상담을 거부하여 부모만 상담한 사례이다. 상담자는 아버지의 회피적·비일관적 양육태도와 어머니의 무력한 양육방식으로 부모-자녀 간 위계가 형성되지 못한 역기능적 가족 구조를 파악하였고, 이를 변화시키기 위해 구조적 기법들을 적용하였다. 부부관계를 강화하고 부모가 연합하여 부모의 권위를 회복하도록 지원하였으며, 부모-자녀 의사소통을 촉진하도록 도왔다. 개입 후 자녀의 어머니에 대한 욕설과 폭력적 행동이 감소하였으며, 가족의 의사소통이 촉진되었고, 가족위계와 구조가 기능적으로 재구조화되었다.

(3) 성인 자녀와 갈등하는 가족 사례(박태영, 김태환, 2008)

남편과 사별한 어머니가 장남에게 돌봄의 역할을 기대하였으나 결혼하고 분가한 장남은 이에 응하지 않았고, 이에 어머니는 장남에게 반감을 드러내며 딸과 삼각관계를 형성하고 장남은 원가족과 정서적으로 단절한 사례이다. 상담자는 어머니의 미분화된 자아, 장남의 원가족과의 정서 단절, 가족 내 삼각관계, 가족 갈등을 유지하는 의사소통 방식에 주목하였다. 상담자는 가족에게 경청, 솔직한 감정 표현과 같은 새로운 의사소통 방식을 지도하였고, 어머니의 원가족과의 경험과 역기능적 의사소통 방식이 세대를 이어 반복되고 있음을 가족이 인식하도록 도왔다. 개입의 결과로서 가족의 의사소통 향상, 경계의 재구조화, 자아 분화, 가족 성원에 대한 인식 변화를 보고하였다.

(4) 이혼을 원하는 부부 사례(이창숙, 2002)

사회복지관 상담실에 접수된 사례로서 오랜 부부갈등으로 부인이 이혼을 원하는 사례이다. 상담자는 부부갈등으로 인한 가족의 역기능을 개선하기 위해 다양한 접근들을 통합적으로 실시하였다. 정신역동모델에서 강조하는 부부의 성장사에 대한 분석을 통해 부부의 상호작용에 대한 이해를 도왔으며, 부부 하위체계의 명확한 경계를 확보하기 위해 구조적 기술을 활용하였다. 또한 보웬의 다세대 전이과정과 인지치료 기술, 의사소통 훈련 등을 적용하였다. 개입의 성과로서 가족의 역기능적인 삼각관계가 해체되었고, 부부 하위체계가 명확한 경계를 가지고 그 기능을 회복하게 되었으며, 가족의 분화와 의사소통 수준이 향상되었음을 보고하였다.

(5) 성인아이 성향의 자녀가 있는 가족 사례(신영화, 2003)

부부폭력에 노출된 자녀가 성인아이의 성향, 즉 피해 부모를 돌보려는 과도한 책임감과 불안, 우울, 분노 등의 정서 불안정을 보이는 사례다. 상담자는 다양한 기법들을 통합적으로 적용하였는데, 가족 정서를 이해하기 위해 보웬이론을 적용하였고, 자녀의 성인아이 성향과 행동을 이해하기 위해 보스조메니-나기의 이론을 적용하였다. 또한 가족의 위계와 경계를 명확히 설정하기 위해 구조적 기술을 활용하였으며, 성원들의 성장과 변화를 지지하기 위해 경험적 기술을 활용하였다. 개입의 성과로서 가족의 불안이 완화되었고, 어머니의 능력감과 정서 안정이 향상되었으며, 성인아이 자녀의 자기 욕구에 대한 인식이 증가하였음을 보고하였다.

연습문제

1. 가족 내 삼각관계가 일어나는 실제 혹은 가상 사례를 구하여 삼각관계 역동을 분석하고, 이에 개입하기 위한 기술과 기법에 대해 토의하시오.

2. 전략적 기법으로서 '역설적 지시'와 '재구성'을 적용해 보고, 그 과정과 결과를 평가해 보시오.

3. 구조적 기법으로서 '경계 만들기'를 사례에 적용해 보시오.

4. 가족 성원들의 인지 왜곡을 예를 들어 설명하고, 왜곡을 현실적 인지로 재구조화하기 위한 방법을 제시해 보시오.

5. 해결중심모델의 '예외 질문' 기법을 실제에 적용해 보고, 그 과정과 결과를 평가해 보시오.

6. '문제의 외현화' 기법을 실제에 적용해 보고, 그 과정과 결과를 평가해 보시오.

제10장

집단대상 실천기술의 이해

인간은 태어나면서 집단에 소속되며, 집단을 통하여 성장과 발달을 경험한다. 집단사회복지실천은 의도적인 집단의 경험을 통하여 개인의 욕구를 충족시키고 심리사회적 기능을 향상하도록 하며, 개인이나 집단의 당면문제를 해결할 수 있도록 하는 사회복지실천방법 중의 하나이다. 이 장에서는 집단대상 사회복지실천을 이해하기 위하여 집단사회복지실천의 개념, 집단의 장점, 집단역학, 집단사회복지실천의 모델 및 집단의 종류를 살펴보고, 집단사회복지실천의 구성요소인 집단, 집단 성원, 사회복지사 그리고 프로그램 활동에 대해 살펴본다.

1. 집단사회복지실천의 개념

집단대상 사회복지실천은 역사적 발달과정에 따라 변화되기도 하고 또한 상이한 접근법으로 인해 학자들마다 그 개념을 조금씩 다르게 정의하고 있다. 집단사회복지실천의 개념에 대한 여러 정의에서 강조되는 점이 조금씩 다르더라도 공통적인 것은 집단의 영향력을 서비스 매개물로 취급하며, 사회복지사가 담당해야 하는 개입역할의 유형을 제시하고 있다는 점이다(Schopler & Galinsky, 1995).

집단을 대상으로 한 사회복지실천에서 집단은 서비스의 수단과 환경 그리고 상호원조체계로서 이해되고 있다. 집단을 일종의 주요 서비스 수단으로 여기며 그 서비스 제공이 일어나는 환경으로 파악하는 것은 사회복지사로 하여금 이중역할에 초점을 두도록 한다. 서비스 제공수단으로서의 집단의 힘은 공통의 과제를 설정하여 수행해 나가는 성원들에게 적절한 영향을 줄 수 있는 분위기와 관계의 개선에 집중된다. 서비스 환경으로서의 집단은 집단 내의 모든 활동과 행동이 집단발달의 전체 기간에 걸쳐 영향을 준다는 점을 말한다. 상호원조체계로서의 집단은 성원들이 서로 도움을 주고받는 상호원조관계를 형성해 나간다는 것이다. 사회복지사는 성원 간에 서로 영향을 끼치고 상호원조관계를 형성하며 문제를 해결할 수 있는 집단조건을 촉진하도록 해야 한다.

집단사회복지실천은 개인, 집단 그리고 환경 수준에 초점을 두는 개입이다(Schopler & Galinsky, 1995; Toseland & Rivas, 2017). 첫째, 개별 성원에 대한 개입은 집단과 회합의 범위 내에서 또는 그 범위 밖에서 수행될 수 있다. 사회복지사는 전문적 원조관계 및 성원들의 관계 형성과 개인적 목표달성을 위해 설계된 여러 기법을 활용한다. 둘째, 집단수준의 개입은 집단사회복지실천을 하는 사회복지사의 전문적 기술의 핵심으로 집단이론 및 체계관점에 관한 지식을 기반으로 하고 있다. 집단수준에서 개입의 목적은 집단이 원조, 지지 그리고 과업완수를 위한 단위로 성장할 수 있도록 도와주는 데 있다. 사회복지사는 집단의 발전과정을 촉진하며 과업달성 및 유지기능이 적절하게 수행될 수 있도록 집단의 구조와 과정을 활용해야 한다. 셋째, 환경수준의 개입은 개인과 집단의 과업수행을 지원하고 촉진하는 데 필요한 지원 및 연계를 제공할 수 있도록 하는 개입을 말한다.

집단사회복지실천에 관한 여러 정의 중 토스랜드와 리바스(Toseland & Rivas, 2017)는 “집단사회복지실천은 사회정서적 욕구의 충족과 과업달성을 목적으로 하는 소규모의 치료집단과 과업집단의 목적지향적인 활동이며, 이 활동은 성원들, 서비스 전달체계 내의 전체로서의 집단, 지역사회 그리고 사회적 환경을 대상으로 한다.”고 정의하고 있다. 이 정의에서 집단사회복지실천은 목적지향적인 활동이며, 소집단을 활용하고, 치료집단 및 과업집단의 실무를 포함하며, 개별 성원과 전체로서의 집단 그리고 환경에 초점을 두고 있음을 나타내고 있다.

2. 집단의 장점

개인, 가족 또는 집단을 대상으로 하는 사회복지실천방법은 각각 그 나름대로 다른 방법이 제공할 수 없거나 또는 다른 방법이 제공하는 정도에 비해 독특하게 클라이언트의 목표를 달성하는 데 기여하는 장점이 있다. 다음은 집단의 치료적 요인들로 집단이 갖는 장점을 나타낸다(Yalom & Leszcz, 2008).

- 희망 고취: 집단은 클라이언트에게 그들의 문제가 개선될 수 있다는 희망을 심어 주고 이러한 희망은 그 자체가 치료적 효과를 갖는다.
- 보편성: 클라이언트는 종종 자기만이 유독 끔찍하거나 용납될 수 없는 문제, 생각, 충동 등을 가지고 있다고 생각한다. 집단을 통해 다른 사람들도 자기와 비슷한 갈등과 생활경험 또는 문제를 가지고 있다는 것을 알고 위로를 얻는다.
- 정보 전달: 클라이언트는 집단사회복지사의 강의를 통해서 자신의 문제에 대해 보다 명확하게 이해할 수 있으며, 또한 집단 성원으로부터도 직간접적인 제안, 지도, 충고 등을 얻게 된다.
- 이타심: 집단 성원들은 위로, 지지, 제안 등을 통하여 서로 도움을 주고받는다.

자신도 누군가에게 도움을 줄 수 있고 타인에게 중요할 수 있다는 발견은 자존감을 높여 준다.

- 초기 가족의 교정적 재현: 집단은 가족과 유사한 점이 있다. 집단사회복지사는 부모가, 그리고 집단 성원은 형제자매가 되는 것이다. 클라이언트는 부모 및 형제자매들과 상호작용하는 방식으로 사회복지사 및 집단 성원들과 상호작용을 재현하는데, 그 과정을 통해서 그동안 해결되지 않은 가족갈등에 대해 탐색하고 도전한다.
- 사회기술의 발달: 집단 성원으로부터의 피드백이나 특정 사회기술에 대한 학습을 통해 대인관계에 필요한 사회기술을 개발한다.
- 모방행동: 집단사회복지사와 집단 성원은 새로운 행동을 배우는 데 좋은 모델이 될 수 있다.
- 대인관계 학습: 클라이언트는 집단 성원 간의 다양한 상호작용 속에서 자신의 대인관계에 대한 통찰을 얻게 되고, 자신이 원하는 관계 형성에 대한 아이디어를 가질 수 있다. 또한 집단은 대인관계 형성의 새로운 방식을 시험해 볼 수 있는 장이 된다.
- 집단응집력: 집단 내에서 자신이 인정받고 수용된다는 소속감은 그 자체로서 집단 성원의 긍정적인 변화에 영향을 미친다.
- 정화: 집단 내의 비교적 안전한 분위기 속에서 집단 성원은 그동안 억압되어 온 감정을 자유롭게 발산할 수 있다.
- 실존적 요인들: 클라이언트는 집단 성원과의 경험 공유를 통하여 자기 자신이 다른 사람에게 아무리 많은 지도와 후원을 받는다 할지라도 자신들의 인생에 대한 궁극적인 책임은 스스로에게 있다는 것을 배운다.

이와 같은 요인들은 분석적인 이유로 분리되어 있으나 실제에서는 각 요인들 간에 중복되는 부분이 존재하고 서로 연관되어 있다. 또한 제시된 치료적 요인들의 중요성은 사회복지사가 관여하는 집단의 종류나 집단활동의 이론적인 배경에 따라 그 강조점이 다를 수 있다. 사회복지사는 집단을 통한 사회복지실천이 가질 수 있는 장점에 기여하는 요인을 잘 인식하고 그 요인들이 충분히 활용되도록 해야 한다. 집단은 앞에서 제시한 장점뿐만 아니라 단점도 있다. 대표적인 단점으로는 집단은 성원의 순응과 성원 간의 의존성을 조장할 수 있으며 집단 희생양을 만들어 낼 수도 있다는 점이다. 집단을 형성하는 그 자체만으로 집단의 장점이 우연히 생성되지는 않으며, 사회복지사에게는 클라이언트의 자기이해와 변화를 격려할 수 있는 어떤 형태의 상호작용을 만들 책임이 있다.

3. 집단사회복지실천의 접근방법

다양한 실천현장과 학문적 배경에서 발달해 온 집단사회복지실천은 하나의 개념틀로서 클라이언트의 문제나 욕구를 해결하기보다는 그 접근법에서 차별성이 있다. 접근방법은 사회적 기능과 개입의 초점을 기준으로 사회적 목표모델, 상호작용모델, 치료모델로 구분된다(Toseland & Rivas, 2017).

1) 사회적 목표모델

사회적 목표모델(social goals model)은 초기 사회복지실천 때부터 존재한 전통적인 모델이며, 사회적으로 위급한 상황이 전개될 때마다 그 중요성이 부각되고 있다. 사회적 목표모델은 인보관과 청년단체의 사회복지실천으로부터 성장했다. 이 모델에서 각 개인은 사회의 주류에서 의미 있는 참여를 할 수 있는 잠재적인 가능성을 가지고 있으며, 각 집단은 효과적인 사회변화를 위한 잠재력을 가지고 있다고 여겨진다. 사회적 목표모델은 민주주의와 지역사회의 성의를 유지 · 발달시키려는 데 목적을 두고 있으며, 집단 성원들의 주요한 과업 중의 하나는 사회적 의식과 사회적 책임을 발전시키는 것이다. 이 모델은 지역사회 내의 범죄 및 빈곤 등의 문제를 다루기 위해서 지역복지관이나 시민조직에서 활용된다.

사회복지사는 집단 내의 사회의식을 개발하기 위해 영향력 있는 사람으로서의 역할에 중점을 두고 있으며, 사회적 책임의 가치를 심어 주고 책임 있는 시민으로서 적합한 행동 형태를 자극하고 강화하는 역할모델로서 기능한다. 또한 이 모델은 민주적 집단과정을 중시하므로 민주주의적 참여를 통한 학습이 가능하도록 집단 내의 민주적 절차를 개발하고 유지하는 사회복지사의 역할도 중시한다.

2) 치료모델

역사적 맥락에서 볼 때 치료모델(remedial model)의 발전은 집단사회복지실천이 전문사회복지실천에 통합될 수 있게 하였다. 치료모델은 사회적 기능수행에 뚜렷한 문제가 있거나 문제 발생의 위험이 높은 개인에게 원조하는 것을 강조하는 임상모델이다. 치료모델의 초점은 집단을 통해 개인을 치료하는 것으로, 집단은 개인의 목적을 달성하기 위한 도구 또는 상황이며, 집단구조와 집단과정에서의 변화는 그 자체가 목적이기보다는 목적달성을 위한 수단이다. 이 모델은 신체적으로나 정신적으로 장애를 가진 사람, 법률상의 범죄자, 격리되거나 소외된 사람을 위하여 교정시설, 병원, 가족서비스기관 등에서 활용된다.

치료모델에서 집단사회복지사는 집단 형성과 운영에 강한 힘과 영향력을 행사한다. 집단 성원은 전문가의 진단에 의해 구성된다. 사회복지사는 집단 구성원 개개인의 욕구와 집단의 욕구를 구체적 목표달성과 관련하여 파악한 후 개입전략을 정하고, 이에 따라 집단회기의 내용을 미리 구조화해야 한다.

3) 상호작용모델

중간모델 또는 인본주의모델로도 불리는 상호작용모델(reciprocal model)은 개별 성원과 집단 간의 상호관계에 초점을 둔다. 이 모델에서는 집단활동 이전에 구체적인 목표를 정하지 않으며, 목표설정은 사회복지사와 집단 성원 간의 상호관계 속에서 이루어지는 집단작용의 본질적인 부분으로 인식된다. 일반적으로 지지집단이라 불리는 집단이 상호작용모델의 개념에 속한다. 상호작용모델에서 사회복지사는 개인과 집단이 상호원조체계가 되도록 중재하는 역할을 한다. 사회복지사는 구성원들과 권력을 공유하고 집단에 대한 통제권을 공유하도록 요구된다.

여러 집단사회복지실천 이론가들은 집단사회사회복지실천을 한 가지 모델로 개념화하려고 노력하기도 하였으나 모든 실천을 포괄할 수 있는 모델은 아직 없다고 여겨진다(Mattaini, Meyer, & Lowery, 2000). 집단사회복지실천의 이러한 모델은 집단의 실천 상황, 목적 및 과업 등에 따라 발전해 온 것으로 그 유용성과 적절성이 있으므로 앞으로도 다양한 모델은 계속 존재할 것으로 예상되기도 한다. 사회복지사는 자신이 행하고 있는 실천이 기존 모델들과 관련하여 어느 위치에 있는가를 알 수 있어야 한다.

4. 집단의 종류

사회복지실천현장에서 집단은 매우 다양하며 이를 여러 기준으로 나눌 수 있지만, 집단이 형성된 목적에 따라 과업집단과 치료집단으로 나눌 수 있다(Toseland & Rivas, 2017).

1) 과업집단

과업집단(task group)은 대부분의 사회복지조직에 있는 집단으로, 조직의 문제에 대한 해결책이나 새로운 아이디어를 찾거나 의사결정을 하는 등 특정한 과업을 수행하기 위한 목적으로 구성된 집단이다. 과업집단은 성원, 조직 및 지역사회의 욕구 충족을 주요 목적으로 두고 있다. 성원들의 욕구 충족을 위한 집단으로는 팀(team), 치료회의(treatment conference) 등이 있으며, 조직의 욕구 충족을 위한 집단으로는 위원회(committee), 이사회(board of directors) 등이 있고, 지역사회의 욕구 충족을 위한 집단으로는 사회행동집단(social action group), 연합체(coliation) 등이 있다.

과업집단의 성원 구성은 집단의 과업달성에 필요한 재능이나 전문성에 기초하여 이루어진다. 성원 간의 의사소통은 주로 과업에 집중되며, 자기표출에 대한 기대는 낮다. 성원의 역할은 상호작용을 통해 발달하거나 집단초기에 역할이 부여되기도 한다. 집단회합의 절차는 대체로 공식적인 일정이나 규칙에 의해 진행되며, 진행과정은 비밀이 유지될 수도 있고 대중에 공개될 수도 있다.

2) 치료집단

치료집단(treatment group)은 성원들의 사회정서적 욕구를 충족하는 데 목적을 두고 형성된 집단이다. 치료집단의 성원은 개인적인 욕구에 따라 지지, 교육, 성장, 행동변화 및 기능회복, 사회화, 자조 등의 목적을 달성하기 위해 집단에 참가한다. 치료집단은 다음과 같이 나눌 수 있다(Toseland & Rivas, 2017; 〈표 10-1〉 참조).

(1) 지지집단

대부분의 성공적인 치료집단은 지지집단(support group)으로서의 특성을 가지고 있다. 지지집단은 성원들이 스트레스를 주는 생활상의 사건을 잘 대처하고 효과적으로 적응하도록 원조하는 데 목적을 둔다. 지지집단에서 사회복지사의 역할은 성원들이 스트레스 상황에 대처한 경험을 서로 공유하고 공감하도록 도우며, 상호원조를 통해 대처기술을 향상하도록 동기화시키며 미래에 대한 희망을 촉진하는 것이다. 지지집단의 성원은 대개 유사한 문제나 경험을 가지고 있어서 유대가 빨리 형성되며, 자기표출의 정도가 매우 높은 편이다. 지지집단의 예는 다음과 같다.

- 이혼한 부부의 자녀집단
- 암환자나 그 가족으로 구성되어 질병의 영향과 대처방법을 논하는 집단
- 아동양육의 어려움을 함께 나누는 한부모집단
- 정신병원에서 퇴원하여 지역사회에서의 적응을 다루는 집단

표 10-1 치료집단의 종류

구분	지지집단	교육집단	성장집단	치료집단	사회화집단	자조집단
목적	• 집단 성원이 스트레스적인 사건에 대처하고, 기존의 대처능력을 회복하도록 원조	• 강의,토론,경험을 통한 교육	• 성원의 잠재력, 인식, 통찰력의 발전	• 행동변화 • 행동변화 개입을 통한 교정, 재활, 대처, 문제해결	• 의사소통과 사회기술 향상 • 프로그램 활동, 구조화된 연습, 역할연습 등을 통한 대인관계 향상	• 성원들이 자신들의 문제를 해결하도록 원조
지도력	• 감정이입적 이해와 상호원조의 촉진자	• 교사 및 집단 토의를 위한 구조 제공자	• 촉진자 및 역할모델	• 접근법에 따라 전문가, 권위적 인물, 촉진자	• 집단활동이나 프로그램의 디렉터	• 집단 성원들과 공유하는 문제를 가진 성원, 또는 문제를 공유하는 전문가
초점	• 스트레스적 경험에 대처할 수 있는 능력 • 의사소통과 상호원조	• 개인학습에 초점 • 학습을 위한 집단의 구조화	• 접근법에 따라 성원이나 집단에 초점 • 집단경험을 통한 성장	• 개별 성원의 문제, 관심, 목표에 초점	• 활동과 참여를 위한 도구로서의 집단	• 자신들의 문제를 해결하기 위해 서로 도우며 함께 활동
결속력	• 스트레스를 일으키는 경험에 대한 공유	• 학습,기술 발전에 대한 공통된 관심	• 성원들 간의 공통된 목적 • 성장하기 위해 집단을 이용하려는 계약	• 개별 성원의 목표와 공통된 목적 • 개별 성원과 집단지도자, 집단, 타 성원 간의 관계	• 공통 활동, 계획, 상황	• 모든 성원이 동등하고 가치있으며 서로 도울 수 있음을 수용
구성	• 생활경험의 공유에 기초하여 다양함	• 교육이나 기술 수준의 유사성	• 성장과 발전을 향한 개인 성원의 능력에 기초하여 다양함	• 다양하거나 유사한 문제나 관심을 가진 사람들로 구성	• 집단의 위치, 목적에 따라 다양하거나 동질적일 수 있음	• 오로지 공유하는 문제나 관심에 기초
의사소통	• 정보, 경험, 대처전략에 대한 많은 공유 • 감정적으로 강렬하고 빈번한 자기표출	• 종종 지도자에게서 성원으로 • 가끔 성원 간의 토의 • 낮은 자기 표출	• 고도로 상호용적 • 성원은 집단 내 의사소통에 책임을 짐 • 중간에서 높은 정도의 자기 표출	• 집단지도자에게서 성원으로 또는 집단성원 간 • 중간에서 높은 정도의 자기 표출	• 활동이나 비언어적 행동으로 나타남 • 낮은 정도에서 중간 정도의 자기 표출	• 문제를 공유하는 모두에게 공개 • 성원 간 높은 정도의 자기표출

출처: Toseland & Rivas (2017), p. 37.

(2) 교육집단

교육집단(educational group)의 주목적은 성원들의 지식, 정보 또는 기술의 향상에 있다. 정보의 제공은 주로 전문가에 의해서 강의 형태로 이루어지며, 성원 간의 토의를 통해서 학습이 강화된다. 집단 성원은 학습에 대한 공통의 관심사를 가진 사람들로 구성된다. 사회복지사는 성원의 지식, 기술, 경험 등을 고려하여 모든 성원이 최상의 학습효과를 얻도록 해야 한다. 교육집단은 주로 강의를 중심으로 구조화되므로 성원들의 자기표출은 비교적 낮은 편이다. 교육집단의 예는 다음과 같다.

- 성교육을 받는 청소년집단
- 예비부모교육을 받는 미혼 성인집단
- 위탁가정의 부모가 되려는 집단
- 특정 약물이나 질환에 대해 정보를 획득하는 집단

(3) 성장집단

성장집단(growth group)의 목적은 성원들에게 자신과 타인에 대해서 그들의 생각과 감정, 행동을 인식 · 확장 · 변화시킬 수 있는 기회를 통하여 자신의 잠재력을 최대한 발휘할 수 있도록 하는 데 있다. 성장집단은 사회심리적 병리를 치료하기보다는 사회심리적 건강을 향상시키는 데 초점을 두며, 자신의 성장 기회로 집단을 활용하려는 사람들에 의해 구성된다. 따라서 집단은 성원들이 통찰력을 얻을 수 있고 새로운 행동을 시험해 볼 수 있으며 피드백을 얻고 성장할 수 있는 지지적인 분위기여야 한다. 성장집단의 결속력은 성원들이 잠재력을 발전시키도록 서로 도와주려는 가운데 발달한다. 성장집단은 특성이 다양한 성원으로 구성되는 경우 이질성 그 자체로 성장을 강화할 수 있으며, 유사한 특성을 가진 성원으로 구성되는 경우 성원 간의 감정이입과 지지를 증가시킬 수 있다. 성장집단에서 자기표출의 정도는 높은 편이다. 성장집단의 예는 다음과 같다.

- 부부를 위한 참만남 집단

- 청소년을 위한 가치명료화 집단
- 여성을 위한 의식고양 집단
- 은퇴후의 삶에 대해 초점을 맞추는 노인집단

(4) 치료집단

치료집단(therapy group)의 목적은 성원들의 행동변화, 개인적인 문제의 개선, 또는 상실된 기능의 회복을 원조하는 것이다. 대개 집단 성원은 전문가에 의해 치료집단이 적합한지 사정된 후 공통의 문제를 겪고 있는 성원들로 구성된다. 치료집단에서 사회복지사는 전문가, 권위적인 인물 또는 변화 매개인의 역할을 수행하며, 집단의 공동 목적 내에서 개별 성원의 목적을 구체적으로 수립하여 이를 달성하도록 원조한다. 자기표출의 정도는 비교적 높은 편이나 성원들이 겪는 문제에 따라 차이가 날 수 있다. 치료집단의 예는 다음과 같다.

- 지역정신건강센터에서 심리치료를 받는 외래환자 집단
- 건강협회에서 지원하는 금연을 원하는 사람들의 집단
- 초범자로 보호관찰 처분을 받은 청소년집단
- 약물중독으로 치료를 받는 집단

(5) 사회화집단

사회화집단(socialization group)은 사회적 관계에 어려움을 가지고 있는 클라이언트를 중심으로 사회생활에서 효과적으로 기능하기 위해 필요한 사회기술을 학습하거나 사회적으로 받아들여지는 행동 형태를 배우는 데 목적을 두고 있다. 사회화집단은 게임, 역할연습, 레크리에이션 활동 등의 특정 프로그램 활동에 참가하여 결속력을 발전시키며 대인관계 기술을 향상시킨다. 사회화집단은 자치집단, 여가집단 그리고 사회기술훈련집단으로 구분된다.

첫째, 자치집단은 정신병동이나 시설에서 생활하는 사람들이 치료적 공동체에서 자신들의 역할, 책임, 권리 등을 분명히 할 수 있도록 하는 집단이다.

표 10-2 사회기술훈련의 필수 요소

요소	설명
사회기술 훈련 필요성 이해	성원들이 자신의 문제를 인식하고 훈련을 통해서 사회적 능력이 향상될 수 있다고 믿어야 한다. 사회복지사는 적절한 예들을 제시하여 훈련이 개별 성원과 관련성이 있음을 알도록 하고, 훈련에 참가함으로써 얻을 수 있는 이점에 대해 논의하여 훈련 참가의 동기를 높인다.
문제 발생의 실제 상황 확인	사회복지사는 문제가 발생하는 실제 상황을 자세하게 파악해야 한다. 이를 통해서 훈련과정 동안에 개별 성원이 연습할 수 있는 목표, 상황, 대인관계 장면을 구체적으로 정하도록 도울 수 있다.
기술의 구성요소 확인	특정 행동의 복잡한 유형을 세분하여 이해하고 훈련하는 것이 필요하다. 예1) 효과적인 대화를 위한 기술: 상대방의 말을 정확히 받아들이는 기술, 상황에 맞는 효과적인 방법을 판단 및 선택하는 기술, 선택한 기술을 사용하여 보내는 기술을 훈련 예2) 인사하는 기술: 상대방과 어느 정도의 거리에서, 어떤 표정으로, 무슨 말을 하며, 고개는 어느 정도 숙일지에 대해서 세분하여 훈련
역할연습의 활용	역할연습은 문제 상황을 구체적으로 표현하고 변화가 필요한 행동의 연습에 이용된다. 연습할 장면을 정하면, 성원과 함께 역할연기를 할 배역을 정하고, 역할연기를 하는 성원과 상대 배역을 맡은 사람에게 어떻게 행동하고 반응해야 하는지 구체적으로 지시해야 하며, 필요하면 소도구를 준비한다.
긍정적인 강화	사회복지사는 역할연기를 하는 성원과 상대 배역을 맡은 사람에게 예행연습을 할 때마다 항상 즉각적으로 긍정적인 피드백을 주어야 하며, 다른 성원들도 칭찬과 지지를 표현하도록 격려해야 한다.
모델링	참가자들은 시범 연기자의 행동을 직접 관찰함으로써 많은 것을 배운다. 사회복지사가 특정한 장면을 놓고 역할연기를 보여 주거나 성원에게 모델링을 하도록 할 수 있으며, 동영상을 통해서 성원들이 특정 사회기술을 배우게 할 수도 있다.
반복 연습	사회복지사는 성원이 처음보다 잘할 수 있도록 구체적으로 지시하면서 반복 연습을 하도록 한다. 부족한 기술을 반복적으로 연습할 경우 획득한 사회기술이 오랫동안 지속되고, 새로운 상황에서 사용하는 일반화도 지속된다.
과제	일반화를 이루기 위해서는 매 사회기술훈련 시간 끝에 실제 생활에서 연습할 수 있는 과제를 내주어야 한다. 사회복지사는 과제를 줄 때 조성화(shaping)의 원칙에 따라 처음에는 쉬운 과제를 주다가 사회기술 및 자신감이 증가함에 따라 난이도와 복잡성을 점차 올려 가야 한다. 난이도는 클라이언트가 해낼 수는 있지만 그 과정에서 약간의 도전을 받도록 어느 정도 어려워야 한다.

출처: Collins & Collins (1992); Liberman, Derisi, & Mueser (1996)에서 재구성.

둘째, 여가집단은 스카우트 활동, 캠핑, 스포츠 활동 등에서 근원을 찾을 수 있다. 여가는 그 자체가 목적일 수도 있으며, 여가활동을 통하여 치료적 효과를 얻으려는 경우 목적에 이르는 수단이 되기도 한다.

셋째, 사회기술훈련집단은 성원들이 현재의 환경과 생애단계에 따라 예상되는 역할관계에서 효과적으로 기능하기 위해 필요한 기술을 배우는 집단이다. 사회기술훈련은 문제발생을 사전에 예방하려는 목적에서 이루어지기도 하고, 특정 사회기술의 결핍으로 인해 치료적 목적에서도 이루어진다. 훈련되는 기술은 훈련을 제공하는 사회복지현장과 훈련을 받는 성원들의 특성에 따라서 매우 다양하다. 사회기술훈련집단에서 훈련되는 구체적인 기술의 예는 대화를 시작하고 유지하는 기술, 분노를 조절하는 기술, 문제해결 기술, 친구를 사귀는 기술, 타인에게 요청하거나 요청을 거절하는 기술, 직장을 구하기 위한 면접 기술, 버스나 공중전화를 이용하는 기술 등이 있다. 사회복지사는 사회기술훈련의 필수요소들이 집단활동의 내용에 잘 반영될 수 있도록 해야 한다(〈표 10-2〉 참조).

사회화집단의 예는 다음과 같다.

- 학교에서 공격적인 아동들의 집단
- 과거에 정신장애 환자였던 사람들의 모임집단
- 치료센터에 입소되어 있는 아동들의 주별 모임집단
- 소풍, 춤과 같은 여가활동을 포함하는 한부모집단

(6) 자조집단

자조집단(self-help group)은 비슷한 문제나 관심을 가지고 있는 사람들로 구성되어, 자신들의 문제를 스스로 해결하기 위해 상호원조하는 집단을 발한다. 자조집단에서 성원들은 서로 도우려는 자신들의 노력을 통해 스스로 문제를 잘 극복하고 더 만족스러운 삶을 살 수 있다는 의식과 함께 공감 및 지지가 강하다. 자조집단은 개인의 변화를 지향하기도 하고, 또한 사회변화 및 옹호를 지향하기도 한다. 자조집단은 지지집단과 비슷한 점이 많이 있지만, 같은 문제를 공유하는 한 명의 성원 또는 여러 명의 성원들이 집단을 이끌며 사회복지사의 역할은 매우 제한적이라는 점에서 차이가 있다(Kurtz, 2017). 사회복지사는 자조집단의 형성에 도움을 주거나 자조집단을 다른 체계와 연결하거나 정보 및 자원을 알려 주는 자문역할을 한다. 자조집단의 예는 다음과 같다.

- 알코올중독자 자조집단 (Alcoholic Anonymous: AA)
- 정신장애인 가족 자조집단
- 유방암 여성 자조집단
- 순직군인 배우자 자조집단

지금까지 치료집단을 살펴보았는데, 이와 같은 분류를 이해하는 데 유의해야 할 것은 사회복지실천현장에서 하나의 목적을 가진 집단은 없으며 대개 한 집단은 여러 목적을 동시에 가지고 있다는 것이다.

5. 집단역동

집단역학으로도 불리는 집단역동(group dynamics)은 집단 내에는 개별 성원들의 힘을 합한 것 이상으로 어떤 역동적인 힘이 존재한다는 관점에서 나온 것이다. 집단역동은 집단 성원들 간의 지속적인 상호작용과 상호관계에서 비롯되며, 집단 성원의 심리사회적 만족과 집단의 성격 및 방향에 상당히 영향을 미친다. 집단역동은 성원의 변화나 집단의 목적달성에 긍정적인 영향을 미치기도 하지만, 잘못된 경우에는 부정적으로 작용하여 해를 끼칠 수도 있다. 사회복지사는 집단역동이 각자 다른 배경을 가진 성원에게 어떻게 영향을 미치고 있는지를 확인하고, 미래의 집단기능에 미치는 영향을 검토하여, 긍정적인 방향으로 집단역동의 발달이 촉진될 수 있도록 해야 한다. 집단역동의 구성요소는 다양한데, 여기서는 의사소통 및 상호작용 형태, 목적, 집단응집력, 집단규범, 지위 및 역할, 집단문화, 집단갈등을 중심으로 살펴본다(Forsyth, 2008; Macgowan, 2008; Nothern & Kurland, 2001; Toseland, 2017; Toseland & Rivas, 2017).

1) 의사소통 및 상호작용 형태

의사소통은 사회적 상호작용의 핵심적인 부분이며, 상호작용은 집단의 기본적인 과정이다. 집단 성원들은 언어적 · 비언적 의사소통을 통해 서로에게 정보, 감정, 태도 등을 전달하고 받아들이며 또 이에 반응하는 등 서로에게 영향을 주고받는다. 의사소통의 양상은 성원들 간의 관계에 영향을 미치므로 사회복지사는 명확하고 진실되며 개방적인 형태의 바람직한 의사소통이 이루어지도록 교육 · 지도해야 한다. 집단사회복지실천과정의 초기에는 상호작용이 사회복지사나 특정 성원을 중심으로 이루어질 수 있지만 시간이 지나면서는 집단 성원을 중심으로 서로 상호호혜적인 상호작용이 이루어질 수 있도록 하는 것이 바람직하다.

2) 목적

목적은 집단의 목표와 방향, 집단과 성원들이 함께 참여함으로써 얻어질 수 있는 예상 결과를 나타낸다. 목적은 성원의 형성, 의사소통의 유형, 지도자의 역할, 집단 활동, 성원과 집단의 평가기준, 집단의 결과 등에 영향을 미친다. 사회복지사는 성원들의 잠재적인 욕구 및 기대를 집단의 목적 설정에 반영하여, 집단의 목적과 성원의 목적이 조화를 이룰 수 있도록 해야 하며, 집단의 목적을 명확히 제시해야 한다. 집단의 목적과 성원의 목적이 일치할수록 성원들의 중도탈락률이 낮아지며 성취동기는 더 높아진다. 집단의 목적이 초기 모임에서 설명 및 논의되었다 하더라도 집단이 성숙해짐에 따라 목적은 조정될 수 있다.

3) 집단응집력

집단응집력은 성원들이 하나의 통합된 전체로 묶여 공동체로서 인식하는 유대관계의 정도를 말한다. 응집력은 성원들이 집단에 대한 매력과 집단에 대한 소속감을 표현하는 집단의 특성으로, 집단응집력이 강할수록 성원들의 태도나 행동을 변화시키는 영향력도 강하다. 응집력이 높은 집단에서 성원들은 집단에 대한 만족도가 높으며, 서로 수용적이고 친밀하며, 집단 모임에 잘 참석하고, 집단에 대한 책임감을 느껴 집단의 목표 달성을 위해 협력한다.

사회복지사는 집단응집력을 높이기 위해, 성원들 간에 개방적인 의사소통이 이루어지도록 하며, 성원들의 욕구가 집단 내에서 충족되고 목표가 달성되도록 도와야 하고, 집단과정에 완전히 참여할 수 있는 기회를 통해 집단의 일원임을 충분히 느낄 수 있도록 해야 한다. 또한 집단참여를 통해 자원을 획득하거나 집단 성원으로서의 자부심을 가질 수 있도록 도와야 한다.

사회복지사는 집단응집력이 성원에게 항상 긍정적인 영향만을 주는 것이 아니라는 점에도 주의를 기울여야 한다. 강한 집단응집력은 집단에서 소수 개인의 의견을 피력하거나 새로운 생각이나 행동을 억누를 수 있다. 또한 의존적인 성원을 더 집단에 의존케 하여 개별성 및 자아정체감을 상실하게 만들 수도 있다. 따라서 사회복지사는 집단응집력의 발전을 촉진하는 과정에서 특정 성원이 희생되거나 다양한 의견이 자유롭게 표출되지 못하도록 하는 분위기가 형성되지 않도록 해야 한다.

4) 집단규범

집단규범이란 집단 내 적절한 행동양식에 대해 성원들이 공유하는 기대 및 신념을 말한다. 규범은 성원들에게 해야 하는 것과 하지 않아야 하는 것에 대한 지침을 제공하여 성원들의 행동을 규제하는 기제로 작용한다. 규범은 집단 초기에 사회복지사에 의해 제시될 수도 있지만, 시간이 지나면서 점진적으로 출현하고 성원들의 상호작용과 합의를 통해서 발전된다. 집단규범은 명시적이기도 하며 또한 암묵적으로 통용되기도 한다. 사회복지사는 성원들이 규범을 잘 이해하고 있는지, 규범이 성원들이 자신을 표현하고 행동하는 데 도움을 주고 있는지 아니면 긍정적인 집단활동을 방해하지는 않는지 등을 파악하여, 개별 성원 및 전체 집단에 긍정적으로 영향을 줄 수 있는 규범을 형성해 나가도록 도와야 한다.

5) 지위와 역할

집단에서 지위와 역할은 밀접히 관련되어 있다. 지위는 집단 내에서 한 성원이 차지하는 위치에 대해 다른 성원들의 평가를 통해 부여된 서열을 말하며, 역할은 집단에서 특정한 위치에 있는 성원에게 기대되는 행동 양식을 말한다. 지위는 성원의 인구사회학적인 특성, 집단의 목적을 달성하는 데 기여할 수 있는 능력, 성원들 간의 관계 등 다양한 요소에 의해 결정된다. 높은 지위를 갖는 성원은 더 많은 영향력을 행사할 수 있는 권한을 가지게 된다. 지위는 성원들의 상호작용과 성취한 과업 및 역할에 의해 바뀔 수 있다.

집단에서 나타나는 역할은 그 역할을 맡고 있는 개별 성원과 전체 집단에 긍정적일 수 있지만 너무 정형화되면 부정적일 수도 있다. 예를 들어, 집단 초기단계에서 긴장감을 해소하는 광대의 역할을 했던 성원이 집단이 진행되면서 진지해지려고 할 때, 타 성원들이 계속 그에게 웃기는 광대 역할만을 기대한다면 어떻게 되겠는가? 사회복지사는 성원들이 너무 특정 역할에만 고정되지 않으며 역할의 유연성이 촉진될 수 있도록 해야 한다.

6) 집단문화

집단문화는 성원들이 공유하는 가치, 신념, 관습, 전통 등을 의미한다. 집단문화는 모든 성원들이 가지고 있는 가치의 혼합으로부터 형성된다. 성원들은 서로의 인종적 · 종교적 · 문화적 배경 및 이전 경험으로부터 비롯된 서로의 독특한 가치체계를 탐색하며 점차 상호작용을 통해 서로의 가치를 이해하고 공유하게 되면서 공통의 가치체계를 발전시킨다. 집단문화는 후원하는 기관이나 지역사회의 가치에 의해서도 영향을 받는다. 사회복지사는 성공적인 집단실천을 위해 자기결정, 개방성, 공정성, 다름의 수용 등과 같은 가치를 모델로 제시하는 것이 좋다. 또한 성원들이 자신의 문화적 · 사회적 고정관념을 집단과정에서 표현함으로써 집단발달을 방해하는 경우도 있으므로, 성원들이 자신의 고정관념을 인식하고 이를 제거할 수 있도록 도와야 한다.

7) 집단갈등

집단에서 성원들 간의 갈등은 불가피하게 발생한다. 성원들은 서로 다른 선호, 관점, 가치, 사회경제적 자원 등을 가지고 있으며, 또한 집단의 목표나 집단과제를 수행하는 방법 등에 관해서 의견이 불일치하기도 하여 불화나 마찰을 경험할 수 있다. 갈등은 일반적으로 역기능적인 면이 있지만 또한 건설적으로 활용될 수 있다. 사회복지사는 갈등이 파괴적으로 전개되지 않도록, 성원들이 갈등 뒤에 숨은 문제를 탐색하고 토론과 협상을 통하여 모두에게 만족스러운 해결방안을 찾을 수 있도록 도와야 한다.

6. 집단사회복지실천의 구성 요건

집단사회복지실천을 위한 구성 요건으로는 집단, 집단 성원, 집단사회복지실천 전문가로서 사회복지사가 가장 기본적이며, 또한 집단활동의 하나로서 프로그램 활동도 많이 사용되고 있어서, 다음에서는 이러한 네 가지 구성 요건을 중심으로 살펴본다.

1) 집단

(1) 집단의 정의

집단에 대한 정의는 다양하나, 집단은 공통적으로 다음과 같은 몇 가지 점을 가지고 있어야 한다고 강조되고 있다(남세진, 조홍식, 1997).

- 3인 이상의 집합체이다.
- 성원들이 소속감을 가져야 한다.
- 성원들이 공통의 목적이나 관심사를 가져야 한다.
- 성원들끼리 정서적 결속과 함께 상호의존적이며 상호작용이 이루어져야 한다.
- 성원의 기능과 역할을 규제하는 규범을 가져야 한다.

이와 같은 기준으로 볼 때 물리적인 공간에 같이 모여 있다고 해서 모두 집단은 아니며, 유사한 문제를 가지고 있어서 공통된 목표하에 상호작용하는 인간 집합체를 집단이라 할 수 있다.

(2) 집단의 발달단계

집단은 시간이 지남에 따라 집단의 내부구조, 의사소통과 상호작용의 형태, 응집력, 사회적 통제, 문화 등이 형성되며 변화되어 간다. 이러한 변화를 집단발달이라고 한다. 집단의 발달과정에서 서로 구분되는 기간 또는 구분되는 정도를 집단발달단계라고 한다. 집단의 발달단계를 몇 단계로 나누며 각 단계의 특성이 무엇이냐에 대해서 학자들은 서로 다른 견해를 가지고 있다. 그러나 분명한 것은 집단이라고 하여 모두 동일한 발달단계를 거치는 것은 아니며, 이선의 단계로 역행할 수도 있다. 어떤 집단은 정체되어 있는 반면 다른 집단은 한 집단회기 동안에 신속하게 몇 단계를 거치기도 한다. 폐쇄집단은 비교적 집단의 발달단계를 구분하고 예측할 수 있으나 개방집단의 집단발달은 성원의 교체에 의해 영향을 많이 받는다.

여러 학자의 집단 발달단계의 구분과 단계의 성격은 다르더라도 공통된 단계가 있다. 〈표 10-3〉은 다양한 집단 발달단계를 초기, 중간, 종결 단계로 구분하여 제시한 것이다. 대부분의 학자들은 집단의 초기단계를 집단을 계획하고 조직하며 소집하는 것과 관련시킨다. 집단의 초기단계는 집단감정이 출현한다. 그러나 집단감정이 평탄하게 나타나지는 않는다. 예를 들어, 성원들은 자신의 자율성을 유지하면서 집단의 성원이 되고자 하거나 집단압력에 저항을 나타낸다. 초기단계가 진전되고 집단의 규범과 규칙이 차별화되면서 성원들은 집단 내에서 자신이 맡을 역할을 모색하고 시험한다. 이때 갈등이 발생할 수도 있다. 중간단계는 과업과 목표를 달성하기 위해 집중적으로 노력하는 단계이다. 중간단계에서 성원 간의 상호관계와 집단응집력은 상당히 발달한다. 이 단계는 문제해결, 형성, 유지, 친밀감, 성숙함 등으로 묘사된다. 종결단계는 그동안 집단이 해 온 노력을 종결하고 이에 대해 평가를 하는 단계이다. 종결단계에서 이별의 과정이 시작되며, 집단감정과 응집력이

표 10-3 연구자별 집단 발달단계

발달단계	Bales (1950)	Tuckman (1965)	Northen (1969)	Hartford (1971)	Klein (1972)	Trecker (1972)	Sarri & Galinsky (1985)	Garland, Jones &Kolodny (1976)	Henry (1992)	Toseland & Rivas (2017)
초기단계	오리엔테이션	집단 형성	계획 및 오리엔테이션 단계	전집단 계획단계 소집단계 집단형성 단계	오리엔테이션 저항단계	초기단계 집단감정의 출현단계	시초단계 형성단계	친밀 전단계 권력과 통제단계	착수단계 소집단계	계획단계 초기단계
중간단계	평가	갈등단계 규범설정단계 수행단계	탐색과 시험 문제해결	와해 및 갈등단계 집단기능 및 유지단계	협상단계 친밀단계	유대, 목적, 응집력의 발달단계 강한 집단 의식단계 집단의식의 감소단계	중간1 단계 중간2 단계 성숙 단계	친밀단계 차별화 단계	갈등단계 유지단계	중간단계
종결단계	의사결정		종결단계	전종결 단계 종결단계	종결단계	종결단계	종결 단계	이별단계	종결단계	종결단계

출처: Toseland & Rivas (2017), p. 109에서 재구성.

감소한다. 성원들은 집단에서 달성한 것을 요약하고 함께 축하하는 것으로 종결을 하기도 한다.

사회복지사는 자신이 지도하는 집단의 발단단계를 관찰하고 사정하는 체계적인 방법을 사용하여야 하며, 예상할 수 있는 집단발달의 단계에 대해서 성원에게 교육하는 것이 좋다.

2) 집단 성원

(1) 집단 성원

집단 성원은 성장하고, 학습하고, 치료되려는 개인들이다. 이들은 이미 정서적 · 사회적 문제를 가진 사람으로 재활, 교정, 사회화의 목적으로 집단의 성원이 될 수도 있으며, 특정한 문제가 없으나 건전한 발전과 성장, 민주적 생활방식의 교육 및 훈련, 문제발생의 예방 등을 목적으로 집단에 참가하기도 한다. 집단의 성원은 집단에 자발적으로 참가한 경우도 있으며, 부모, 의사, 판사 또는 교사의 강요로 비자발적으로 참가하는 경우도 있다. 가정폭력, 약물의존, 성폭력, 비행, 청소년 폭력 등의 사회문제가 증가함에 따라 앞으로 비자발적인 집단 성원에 대한 개입이 증가할 것으로 보인다.

(2) 집단 성원의 역할

집단 성원은 상이한 신체적 특성, 가족력, 가치관, 방어기제, 스트레스에 대한 대처방식 등으로 집단의 역동성에 영향을 미친다. 집단 성원들은 집단경험을 통하여 다양한 역할을 수행하는데, 역할행동은 집단과업 역할, 집단 형성 및 유지 역할, 그리고 자기중심적 역할이라는 세 범주로 나눌 수 있다(남세진, 조홍식, 1997).

① 집단과업 역할

집단과업 역할은 집단이 소기의 목표를 성취하는 것을 돕는 일정한 역할을 말한다. 집단의 효율성에 필수적인 전형적인 집단과업 역할에는 다음이 포함된다.

- 창안자: 집단 내에서 창조적인 사고를 하는 사람으로 새로운 아이디어와 토론거리를 제안한다.
- 정보탐구자: 문제를 이해하는 데 관계가 있는 사실 또는 정보의 필요성을 감지하고 능동적으로 정보를 탐구한다.
- 정보제공자: 정확하고 간결한 자료를 제공하는 지식과 분석능력을 소유하고 집단과업에 해당하는 사실을 제공한다.
- 의견탐구자: 구성원들이 집단에서 처리되고 있는 일에 대해 어떻게 생각하고 느끼는가에 대해서 알아본다.
- 의견제공자: 제시된 정보에 대해 분석을 제공하거나 만들어지는 제안에 대해 의견을 말한다.
- 명료자: 발언된 아이디어나 제안에 대해 면밀하게 검토하며 질문을 통해 충분히 이해하게 한다.
- 조정자: 구성원들이 말한 정보, 의견, 아이디어를 함께 끌어내거나 그들 각각의 관계를 검토한다.
- 진단자: 과업과 관련된 문제를 확인하고 분석한다.
- 방향지시자: 집단이 과업에서 너무 벗어난 경우 이를 깨닫게 해 주며 집단의 방향성을 유지하도록 한다.
- 활력제공자: 집단에 대해 낙관적인 희망을 가지고 집단의 작업에 대한 열의 수준을 올린다.
- 진행보조자: 좌석 배치, 장비 입수, 문서 배포 등 집단사회복지사를 보조하면서 집단이 필요로 하는 것을 구비하고 모임을 원만히 진행한다.
- 기록자: 집단이 과업을 수행하는 과정에서 어떤 일이 일어나고 있는지 기록한다.
- 평가자: 비판적 사고를 하는 사람으로 집단의 성취를 분석하거나 집단 성원으로 하여금 분석하도록 한다.

② 집단 형성 및 유지 역할

집단 형성 및 유지 역할은 집단의 응집력을 바탕으로 정체성에 관련된 심리적 측면의 문제를 다루는 것으로 집단의사소통의 관계적 차원에 초점을 두는 역할행동을 말한다. 집단 형성 및 유지 역할에는 다음의 역할 행동이 포함된다.

- 지지자: 성원들에게 지지 · 인정 · 격려를 제공한다.
- 화합자: 집단의 갈등을 조정하는 데 도움을 주는 사람으로 의견의 불일치를 조정하고 긴장을 감소시키도록 노력한다.
- 긴장감소자: 집단 성원들이 웃을 수 있는 상황을 유도하여 성원의 긴장 완화에 기여한다.
- 타협자: 집단의 진행이나 의사결정을 위하여 타협을 제공한다.
- 인도자: 개별 발언자에게 주어지는 시간을 적절하게 조절하여 의사소통 수단을 개방하는 역할을 한다.
- 감정표현자: 적절하다고 판단될 때 집단 내의 감정과 분위기 또는 자신의 감정을 잘 표현한다.
- 기준설정자: 집단이 성취해야 할 기준이나 규범을 제안하는 역할을 한다.
- 추종자: 성원들의 말을 주의깊게 경청하며 다른 이들의 아이디어를 받아들인다.

③ 자기중심적 역할

자기중심적 역할은 집단에 대한 기여보다 개인적 욕구를 충족하는 데 초점을 두는 역할을 말한다. 다음의 역할은 항상 그런 것은 아니나 때때로 집단의 성공을 방해할 수 있다.

- 방해자: 다른 성원의 아이디어에 반대하거나 논점에 부정적인 입장을 취하고 반대의견을 제시함으로써 집단의 목표를 향한 진전을 방해한다.
- 공격자: 타 성원을 비난하거나 굴복시킴으로써 지위를 얻으려 한다.
- 무관심자: 집단의 문제해결 노력으로부터 어떤 식으로든 물러서 있다.
- 지배자: 집단 시간의 공정한 몫보다 더 많은 시간을 계속 차지하려고 한다.
- 인정추구자: 떠벌리는 과장된 방식을 써서 자신에게 관심을 집중시키려고 한다.

- 고백자: 집단의 과업과는 무관한 개인적인 어려움이나 감정을 토로한다.
- 광대: 유머로 집단의 이완과 과업집중을 돕거나 부적질한 유머, 냉소, 야단법석으로 집단의 생산성을 떨어뜨린다.
- 특별 관심 탄원자: 자신이 속한 집단보다는 자신의 특별 이익을 생각하여 집단 외부를 위해 발언한다.

(3) 성원의 역기능적인 행동

성원들은 집단에서 다양한 역할을 수행하면서 때로는 다른 성원이나 사회복지사에게 어려움을 주거나 집단에 부정적인 영향을 미치는 역기능적 행동을 하기도 한다. 사회복지사는 집단의 응집력과 효과적인 집단 운영에 방해가 되는 성원들의 문제행동은 무엇이고 또 이에 대해 어떻게 대처해야 할지 알고 있어야 한다. 여기서는 다음의 몇 가지 행동을 중심으로 살펴본다(강진령, 2019; 조학래, 2019; Corey, Corey, & Corey, 2018; Jacobs, Masson, & Harvill, 2002).

① 대화의 독점

대화를 독점하는 성원은 각 성원들에게 할당된 시간을 일방적으로 독차지하여, 자주 그리고 장황하게 자신의 이야기를 늘어놓거나 모든 질문에 답하기도 한다. 사회복지사가 이에 적절히 개입을 하지 않으면 마치 대화의 독점이 바람직한 것이라는 인상을 줄 수도 있다. 또한 그의 이야기를 들어야 하는 다른 성원들로 하여금 에너지가 고갈되고 집단에 흥미를 잃게 하며, 그 성원과 이러한 상황을 방치하는 사회복지사에게 분노를 느끼게 만들 수도 있다.

따라서 사회복지사는 한 성원의 독점을 시의적절하게 제재하여 모임 시간을 적절하게 활용할 수 있도록 해야 하며, 대화의 독점은 그 당사자의 문제만이 아니라 집단의 문제임을 알도록 하고, 다른 성원들도 대화에 적극적으로 참여하도록 격려하여야 한다. 또한 대화를 독점하는 성원으로 하여금 자신의 행동이 초래하는 결과를 깨닫도록 할 수 있다. 자신의 행동을 탐색해 보는 방법으로 문장완성기법이 있다. "내가 말을 많이 하는 이유는 ~ 때문이다."와 같은 미완성 문장을 제시하여 마음속에 가장 먼저 떠오르는 것을 적거나 말하도록 하고, 이에 대해 다른 성원들이 진솔하되 비위협적으로 피드백을 하도록 하는 것이다. 이와 같은 자신의 문제행동에 대한 통찰은 더 나은 행동을 습득하고 좋은 인간관계를 형성하는 데 도움이 된다.

② 소극적 참여

소극적인 참여는 집단회기 중에 거의 침묵하거나 집단활동에 적극적으로 참여하지 않는 태도를 말한다. 성원이 침묵으로 일관하거나 소극적으로 참여하는 원인은 성원의 성격적인 특성, 집단에 대한 신뢰의 부족, 타인에게 자신을 노출시키는 것에 대한 두려움, 언어표현 능력에 대한 걱정 등 매우 다양할 수 있다. 소극적인 참여가 지속되는 경우, 다른 성원들은 일방적으로 그에게 관찰당한다는 느낌을 가질 수 있으며, 그를 의식하여 성원들의 참여가 전반적으로 둔화되고, 결국 집단역동이 침체되어 집단의 응집력과 생산성이 떨어질 수 있다.

말이 없거나 소극적인 성원이 있을 때 사회복지사는 초기단계에서는 그 성원이 집단에 대한 안전과 신뢰를 느낄 수 있도록 기다려 주는 것이 필요하다. 그러나 집단과정이 진행되어도 침묵하거나 소극적인 참여가 계속된다면 적극적인 참여를 유도할 수 있는 방법을 사용해야 한다. 그 성원에게 참여 기회를 제공하기 위해 회합 중에 모든 성원들이 한번씩은 자신의 의견을 말하도록 하는 집단규칙을 만들 수도 있다. 또한 그 성원을 언급하면서 집단과정에 초대할 수 있다. 예를 들어, "오늘 성원들의 이야기를 들으면서 ○○ 씨도 어떤 느낌이나 생각이 들었을 것 같은데, 어떠셨는지 궁금합니다."라고 말하면서 참여를 촉진할 수 있다.

③ 섣부른 충고나 조언

타 성원에게 해야 할 것과 하지 말아야 할 것을 섣불리 알려 주는 충고나 조언을 일삼는 행동도 문제가 된다. 충고가 타 성원에게 도움이 되고자 하는 의도에서 비롯되더라도 그 의도와 달리 충고를 받는 사람에게 전혀 도움이 되지 않거나 집단역동에 부정적인 영향을 미칠 수 있기 때문이다. 섣부른 충고는 성원들의 감정과 생각을 탐색하고 표출하는 것을 가로막을 수 있다. 또한 충고나 조언대로 실행했다가 원하는 결과가 나오지 않을 경우, 실행한 책임을 충고나 조언을 한 사람에게 전가하여 책임을 회피하게 할 수 있으며, 성공적인 결과가 있더라도 유사한 상황에서 스스로 해결책을 찾기보다는 타인의 충고나 조언에 의지하게 만들 수 있다.

섣부른 충고나 조언을 일삼는 행동에 대해 사회복지사는 성원들에게 교육을 통해 생각만큼 그리 효과적인 방법이 아니라는 점을 알리고, 충고를 주기보다는 충고를 받는 사람이 자신의 문제에 대해 깊이 탐색할 수 있도록 하는 것이 좋다는 것을 강조할 필요가 있다. 또한 충고나 조언을 일삼는 성원의 동기를 탐색해 볼 기회도 제공해야 한다. 충고나 조언은 타인에 대한 관심과 배려의 표현이기도 하지만, 또 한편 타 성원의 관심을 자기에게 집중시키는 효과가 있을 수 있어서 집단과정에 부정적인 영향을 미침을 알게 해야 한다.

④ 질문공세

어떤 성원은 심문하듯이 답을 마치기도 전에 연속해서 일련의 질문을 하거나 부적절한 때에 끼어 들어 질문을 한다. 질문은 상대방에 대해 더 알기를 원한다는 관심의 표현일 수 있으나, 질문자 자신에 관하여서는 노출하지 않아도 될 것이라는 무의식적 욕구의 표현일 수도 있으며, 자칫 다른 성원에 대한 단순한 호기심 충족의 수단으로 오용될 수도 있다. 대답을 기다리지 않고 연속적으로 하는 질문은 성원의 말을 가로막으며, 일일이 질문에 답을 해야 한다는 부담감을 주고 방어적인 태도를 유발할 수 있다.

질문공세를 펼치는 성원에 대해 사회복지사는 질문 대신 질문 내용을 '나'를 주어로 표현해 보도록 할 수 있다. 예를 들어, "방금 A 씨에게 한 여러 질문을 B 씨 자신을 주어로 해서 느낌을 말씀해 보시겠어요?"라고 할 수 있다. 또한 질문을 하기 전에 든 생각이나 느낌을 말해 보도록 하여, 질문을 하는 행동의 원인과 자신의 감추어진 욕구를 탐색해 볼 수 있게 할 수 있다.

⑤ 적대적인 행동

어떤 성원은 내면에 누적된 부정적인 감정을 직간접적으로 타 성원이나 사회복지사에게 적대적으로 표출한다. 적대적 행동은 언어적 · 신체적으로 타 성원을 공격하거나, 은연중에 비판적 표현, 냉소적인 농담, 빈정거림, 치고 빠지는 식의 행동으로 나타나기도 한다. 성원의 적대적인 태도와 행동은 다른 성원의 적대적인 감정과 행동을 불러일으키며, 집단이 안전하지 않다고 느껴 성원들의 자기 개방을 어렵게 만들며, 성원들이 서로 적대적으로 될 경우 집단의 분위기와 응집력 형성에 상당히 부정적인 영향을 미치게 된다.

적대적 방식으로 행동하는 성원에 대해 사회복지사는 그 성원이 집단에서 원하는 것이 무엇인지를 탐색하여 직접 표현하도록 도와야 한다. 적대적 행동은 자신의 취약한 부분이 드러나는 것에 대한 두려움 때문일 수도 있으므로, 적대감 밑에 숨겨져 있는 두려움을 적절하게 표면화시켜 이를 다룰 수 있도록 돕는 것이 필요하다. 또한 사회복지사는 적대적 행동으로 인해 다른 성원들이 받는 영향과 느낌에 대해 이야기를 나누게 하고, 적대적인 행동을 보이는 성원은 타 성원이 원하는 것을 경청하도록 할 수 있다.

3) 사회복지사

(1) 사회복지사의 집단대상 실천기술

사회복지사는 집단 전체와 개별 성원이 목적을 달성하도록 원조하기 위하여 지도자로서 활동한다. 집단 내부에서 집단 전체의 역동성을 변화시키기 위하여 개입하고 또한 집단 성원의 변화를 원조하며, 집단 외부에서는 기관의 정책이나 집단활동에 필요한 자원을 확보하는 등 집단이 기능하고 있는 환경에 영향을 미치기 위해 개입한다. 집단사회복지사에게 필요한 기술은 개인을 대상으로 하는 사회복지실천에서 사용하는 기술과는 다른 측면을 가지고 있다. 토스랜드와 리바스(Toseland & Rivas, 2017)는 집단사회복지사가 실무에서 활용할 수 있는 기술을 집단과정 촉진기술, 자료수집 및 사정기술, 그리고 행동기술로 구분하여 각 범주에 해당하는 기

표 10-4 집단을 지도하는 사회복지사의 기술 범주

집단과정 촉진기술	자료수집 및 사정기술	행동기술
• 집단 성원 참여 촉진 • 주의집중기술 • 표현기술 • 반응기술 • 초점유지기술 • 집단과정 명료화 • 내용 명료화 • 집단상호작용 지도	• 사고 · 감정 · 행동의 확인, 묘사 • 정보 요청, 질문, 탐색 • 정보 요약, 세분화 • 사고, 감정, 행동의 통합 • 정보 분석	• 지지 • 재구성, 재정의 • 성원 간 의사소통의 연계 • 지시 • 조언, 제안, 교육 • 자원 제공 • 자기노출 • 모델링, 역할극, 예행연습, 코칭 • 직면 • 갈등해결

출처: Toseland & Rivas (2017), p. 130.

술들을 제시하고 있다(〈표 10-4〉 참조).

① 집단과정 촉진기술

집단과정을 촉진하는 기술은 사회복지사가 집단과정에 영향을 미치려는 의도가 있을 때 사용한다. 집단과정을 촉진하는 기술은 성원 간의 이해를 증진하고, 개방적 의사소통을 형성하며 신뢰감을 형성시키는 데 도움을 준다.

- 집단 성원 참여 촉진: 이상적으로 모든 집단 성원은 집단에 관심을 가지고 참여해야 한다. 사회복지사는 소외되거나 침묵하고 있는 성원들을 토론에 참여시켜 자신의 생활경험을 나누고 문제해결방법을 찾도록 원조해야 한다. 또한 집단 성원으로 하여금 집단과정과 회합내용을 정하는 데 적극적으로 참가하고 기여하도록 해야 한다. 성원의 참여를 통하여 집단은 의사결정을 공유하고 결속력 및 상호원조를 발전시킬 수 있다.
- 주의집중기술: 사회복지사가 성원의 말이나 행동에 대해 주의집중함으로써 공

감, 존중, 신뢰, 진심을 언어적 · 비언어적으로 나타내는 기술이다. 이러한 기술에는 성원의 말을 반복하거나 다른 말로 표현하는 것, 성원이 말한 바의 이면에 숨어 있는 의미에 감정을 이입하여 반응하는 것, 모든 성원과 개별적으로 눈맞춤을 함으로써 각 성원에게 관심을 가지고 있다는 점을 전달하는 것 등을 포함한다.

- 표현기술: 사회복지사는 성원들이 주요한 문제나 과업 등에 대해 느끼고 생각하는 바를 자유롭게 표현하도록 원조해야 한다. 어려운 주제에 대해서는 사회복지사가 먼저 자기의 경험, 생각, 느낌 등을 표출함으로써 개방적인 의사소통이 이루어질 수 있는 계기를 마련할 수 있다.
- 반응기술: 사회복지사는 특정한 집단과정에 선별적으로 반응하여 다음에 이루어질 집단과정에 영향을 미칠 수 있다. 예를 들어, 사회복지사의 반응이 집단 성원의 노력을 지지한다면 성원은 계속 그 일을 수행할 것이며, 성원의 행동이나 말에 동의하지 않으면 성원은 그 일을 멈출 것이다. 특정한 의사소통에 대해 사회복지사가 선별적으로 반응함으로써 집단 성원이나 전체 집단이 적절한 방향으로 나아가도록 할 수 있다.
- 초점유지기술: 특정 영역에 초점을 둠으로써 집단과정에서 관련 없는 부분에 대한 의사소통을 감소시키고 문제에 대해 심도 있는 탐색을 할 수 있게 한다. 사회복지사는 초점을 유지하기 위해 성원들에게 좀 더 명료하게 말해 줄 것을 요청하거나, 특정 의사소통을 반복하도록 하거나, 한정된 주제에 대해서만 토론할 것을 제안할 수 있다.
- 집단과정 명료화: 성원들이 어떻게 상호작용하고 있는가를 인식하도록 도와주는 기술이다. 사회복지사는 집단에 내재하는 규범이나 특정 성원의 역할 또는 특정한 상호작용의 형태를 언급할 수 있다. 또한 성원들에게 특정한 상호작용 형태를 관찰했는지, 그런 상호작용이 편한지 아니면 변화가 필요한지를 물어봄으로써 집단과정을 명료화할 수 있다.
- 내용 명료화: 집단과정의 명료화뿐만 아니라 집단 성원의 상호작용의 내용을 명료화하는 것도 중요하다. 사회복지사는 내용의 명료화를 위해서 성원이 자

신을 분명히 표현하도록 도우며, 특정한 메시지를 집단 성원이 잘 이해했는지 검토하도록 할 수 있다. 또한 상호작용의 초점이 벗어나거나 관련 없는 이슈를 논의하게 되는 경우에 이를 지적할 수도 있다.

- 집단상호작용 지도: 사회복지사는 집단의 상호작용을 특정 방향으로 인도할 수 있다. 예를 들어, 특정 성원의 의사소통을 제한하거나 격려하며, 성원간의 의사소통을 연결하여 집단의 상호작용형태를 이끌어갈 수 있다. 집단과정에서 역기능적인 측면을 수정하기 위해 사회복지사는 집단 전체에 방해가 되는 하위집단 성원들 간의 의사소통은 제한하고 동시에 타 성원들과의 의사소통은 증가되도록 지도할 수 있다. 또한 사회복지사를 통한 의사소통보다는 의사소통의 방향을 재조정하여 성원들 간에 직접적이며 개방적인 의사소통이 이루어지도록 격려할 수 있다.

② 자료수집 및 사정기술

자료수집과 사정기술은 의사소통 유형에 어떤 영향력을 행사할 것인가를 계획하고 집단목적의 성취를 위해 무슨 기술을 사용할 것인지를 결정하는 데 유용하다. 이 기술은 촉진기술과 행동기술의 가교역할을 한다. 효과적인 자료수집과 사정기술이 없는 개입은 상황에 대한 완전한 이해가 없으므로 섣부른 개입이나 지나치게 단순화된 개입 또는 비효과적인 개입방법이 사용될 수 있다.

- 확인, 묘사기술: 자료수집의 가장 기본적인 기술은 성원들이 특정 상황을 파악하고 묘사할 수 있도록 원조하는 기술이다. 사회복지사는 성원이 문제의 속성을 가능한 정확하고 구체적으로 표현하도록 원조해야 한다. 문제를 정확히 이해하기 위해서는 문제와 관련된 현재의 특성뿐만 아니라 과거의 특성까지 확인하고 기술할 필요가 있다. 사회복지사는 성원이 상황을 여러 각도에서 볼 수 있도록 다양한 준거틀을 제시하거나 대안적인 해석을 제시할 수 있다.
- 정보 요청, 질문, 탐색기술: 상황을 확인하고 묘사하기 위해서는 정보제공을 요청하고, 질문하고, 탐색하는 기술이 필요하다. 이런 기술을 통하여 사회복지

사는 문제와 관심사를 명확히 하고, 모든 성원에게 유익한 추가정보를 파악할 수 있다. 질문을 할 때 사회복지사는 명확하고 답변이 가능한 질문을 해야 한다. 사회복지사의 가치가 내재되어 있거나 매우 민감한 주제에 관한 질문은 성원들이 오해하거나 도전으로 받아들일 수 있으므로 주의해야 한다.

- 요약, 세분화 기술: 집단이 직면하고 있는 문제나 관심사에 대해서 토론할 때 요약과 세분화 기술을 사용할 수 있다. 이미 논의된 것의 핵심을 요약하면 성원들은 문제에 대해 다시 한번 생각하고, 자신이 인식한 바를 서로 비교해 볼 수 있으며, 문제해결에 필요한 후속조치를 발견할 수 있다. 세분화 기술은 복잡한 문제나 이슈를 다룰 수 있는 작은 부분으로 나누는 기술이다. 이는 문제가 복잡하거나 어려워서 한꺼번에 다 다루기 힘들 때, 전체를 다양한 측면으로 나눔으로써 성원들이 문제나 이슈를 다루고자 하는 동기를 증진시킬 수 있다.
- 통합기술: 통합기술은 언어적 · 비언어적 의사소통을 통합하는 기술이다. 이 기술에는 성원들의 행동이나 말의 의미들을 연결하며, 숨겨진 의제를 표출하고, 명확하지 않은 생각과 느낌을 분명히 하며, 성원의 말이나 행동 속에 나타나는 주제나 경향을 지적하는 것 등을 포함한다. 통합기술은 성원들에게 그들이 어떻게 타성원에게 인식되고 있는지에 관한 피드백을 제공하는 데 유용할 수 있다. 그런데 이때 사회복지사는 자신이 알고 있는 사실에 기초하여 판단과 추측을 하는 것이므로 주의해서 사용해야 하며, 모든 성원들도 피드백을 할 수 있도록 해야 한다.
- 분석기술: 자료가 모아지고 조직화된 후, 사회복지사는 정보들을 통합하고 집단사회복지실천을 어떻게 진행할 것인가를 사정하기 위해 분석기술을 사용할 수 있다. 분석기술에는 자료의 유형을 파악하고, 자료 간의 차이를 발견하며, 사정을 완성하는 데 필요한 자료를 획득할 수 있는 방법이나 계획을 세우는 것을 포함한다. 예를 들어, 청소년 그룹홈의 치료회의에서 지난 주 특정 청소년에게 치료자가 사용한 개입 형태를 분석하여 다음에는 어떤 기법이나 방법을 사용할 것인가를 탐색할 수 있다.

③ 행동기술

행동기술은 집단의 목적과 과업을 성취하도록 원조할 때 사용된다.

- 지지: 어떤 집단에서는 감정의 표출과 지지가 집단의 가장 일차적인 목적일 수 있어서, 사회복지사의 지지 기술은 가장 기본적으로 요구되는 기술이다. 지지는 지지를 받는 사람의 자신에 대한 의미 및 자아존중감을 향상시키며, 또한 전체 집단 내에서의 상호원조를 증가시킨다. 집단 성원을 지지하는 기술은 성원들이 집단 내에서 그들의 생각이나 감정이 받아들여질 것이라고 인식하지 않는다면 효과적일 수 없다. 따라서 성원들의 경험과 견해가 존중되는 집단문화가 발전되도록 해야 한다. 사회복지사는 성원들이 집단에서 다루는 주제와 관련하여 자신의 의견과 감정 및 경험을 표현하도록 격려하고, 성원 서로에게 감정을 이입하여 반응하도록 하며, 성원의 장점과 집단에서 기여하는 바를 알려 주는 것 등을 통하여 지지를 나타낼 수 있다.
- 재구성, 재정의: 집단과 개별 성원은 문제를 다른 시각에서 볼 수 없으므로 적합한 문제해결 방법을 찾지 못하는 경우가 있다. 따라서 사회복지사는 집단이 직면한 관심사와 이슈를 다양하게 또는 긍정적으로 볼 수 있도록 원조할 수 있다. 성원이 상황을 새로운 관점에서 보기 시작하면 부정적인 상황을 문제로만 인식하는 것이 아니라 변화나 성장을 위한 기회로 활용할 수 있다.
- 성원 간 의사소통 연계: 성원들이 사회복지사와 주로 의사소통을 하도록 하는 것이 아니라 성원 간에 의사소통을 촉진할 수 있도록 하는 기술을 말한다. 성원 간의 의사소통 연계를 위해 사회복지사는 성원들이 서로 도움을 요청하거나 도움을 주도록 촉구할 수 있다. 예를 들어, 어떤 성원이 특정한 사회서비스를 필요로 하는 경우, 성원 중에 그 서비스의 이용경험이 있는지를 집단에서 물어보고 그 서비스 이용경험이 있는 사람이 자신의 경험을 말하도록 할 수 있다. 또한 성원의 말이나 행동에 대해서 타성원들이 생각하는 바를 표현하도록 제안하여 의사소통을 연계할 수 있다. 예를 들어, "방금 A 씨가 말씀하신 것과 비슷한 생각을 가지신 분이 있으신가요?"라는 질문을 통해 성원들이 서로

에게 반응하는 의사소통을 하도록 할 수 있다.

- 지시: 사회복지사는 집단의 활동이나 성원들의 행동에 대해 어떻게 하라고 지시를 할 수 있다. 집단의 목적을 명확히 하고, 성원의 프로그램 활동 참가를 원조하며, 토론을 이끌어 가고, 정보를 공유하며, 특정 문제를 평가할 때, 사회복지사는 지시를 하기도 한다. 그런데 지시를 할 때 사회복지사는 성원들이 어떻게 반응할지 유의하여야 하며, 집단의 방향에 대해 성원의 승인이 없이 또는 성원을 의사결정과정에 참여시키지 않으면서 지시를 해서는 안 된다. 지시는 성원의 참여를 증가시키는 기술과 함께 사용될 때 효과적이다.
- 조언, 제안, 교육: 사회복지사는 성원들이 새로운 기술을 습득하고 문제를 이해하며 문제상황을 변화시킬 수 있도록 원조하기 위해 이 기술을 사용할 수 있다. 사회복지사는 성원이 받아들일 수 있는 적절한 시점에 이 기술을 사용해야 하며, 성원의 이해 수준에 맞고 분명해야 하고, 또한 성원의 언어나 문화에도 민감해야 한다. 사회복지사만이 이 기술을 사용해서는 안 되며 성원들이 상호 간에 조언이나 제안을 할 수 있는 원조체계를 발전시키도록 격려하는 것도 중요하다. 성원들이 자신들의 경험, 정보, 의견, 자원 등을 자유롭게 공유하는 것은 성원들의 자기표출 수준을 높이고 집단응집력을 향상시키며, 더 나아가 집단이 종결된 후에 서로를 도우는 자조집단을 만드는 것으로 발전될 수도 있다.
- 자원 제공: 사회복지사는 집단 안팎의 자원을 성원에게 알려 주거나 연결시켜 주는 역할을 수행한다. 정확한 사정과 의뢰를 통해 성원이 필요로 하는 자원이 제공될 수 있도록 해야 한다. 또한 성원들이 자신에게 도움이 되었던 것으로 경험한 자원에 대해서 집단에서 말하도록 격려하는 것이 좋다. 성원 간의 자원에 대한 정보 공유는 상호원조의 좋은 방법이며, 자원 이용경험에 대한 성원의 말은 더 설득력이 있을 수 있다.
- 자기노출: 사회복지사는 집단 내에서 의사소통을 더 깊게 하기 위하여 적절한 정도의 자기노출을 할 수 있다. 자기노출을 통해 자신이 성원들의 상황을 잘 이해한다는 것을 알게 하고, 또한 어려운 정서적 이슈에 대해서 말하는 것이

집단에서 안전하다는 것을 나타낼 수 있다.

- 모델링, 역할극, 예행연습, 코칭: 모델링은 사회복지사나 성원이 특정 상황에서의 행동에 대해 시범을 보임으로써 다른 성원들이 모방할 수 있게 하는 것을 말한다. 역할극은 성원이 특정 상황을 실제로 연기해 보는 것으로 성원의 기능을 평가하고, 대인관계에 필요한 기술을 인식하게 하며, 성원으로부터의 피드백을 통해 개인의 행동을 변화시키는 데 도움이 되도록 한다. 또한 역할극은 성원이 그의 생활공간에서 배우자나 부모와 같은 중요한 누군가의 역할을 취하게 하여 상대방의 견해로부터 상황을 경험하게 하여 자신의 대인관계에 대한 인식과 이해를 증진시키게 한다. 예행연습은 역할극이 끝난 후 피드백에 근거해 호전되어야 하는 행동을 연습하는 것이다. 코칭은 대인관계에서 반응하는 방법에 대해 자세하게 알려 주고 시범을 보임으로써 교육하는 것이다.
- 직면기술: 직면이란 저항을 극복하고 성원을 동기화시킬 수 있는 행동기술이다. 직면기술은 성원들이 행동, 사고, 감정의 불일치를 극복할 수 있도록 원조하기 위하여 성원의 행동을 명확히 하고, 탐색하며, 도전하는 능력이다. 즉, 성원이 말한 것과 행동한 것이 일치하지 않을 때 이를 지적함으로써 성원이 불일치를 알 수 있도록 도와주는 기술이다. 직면은 정서적 부담이 크므로 사회복지사는 상황을 정확히 평가하여 성원에게 거부되지 않으리라는 확신이 있을 때 이를 사용해야 한다.
- 갈등해결: 성원 간의 갈등, 집단 외부환경과의 갈등, 그리고 집단과 기관과의 갈등을 해결하는 기술을 말한다. 갈등은 집단이 발전하면서 자연적으로 발생하므로 이를 부정적으로 인식하기보다는 집단의 목적 및 성원들이 서로 협력하여 일하는 방식을 보다 명확히 할 수 있는 건설적인 과정으로 인식해야 한다. 사회복지사는 집단 내 갈등을 방지하기 위해 집단의 규칙을 개발하고 유지하도록 원조해야 한다. 또한 갈등을 완화하기 위해 조정 · 협상 · 중재 기술을 사용할 수 있다. 성원들이 집단 외부환경과 갈등을 일으키는 경우 사회복지사가 갈등 상황에 직접 개입하거나 성원들이 갈등해결에 필요한 기술을 개발하도록 원조할 수 있다.

(2) 공동지도력

집단에 두 명 이상의 지도자가 있는 경우가 있다. 공동지도력을 활용하는 경우에는 그 장점과 단점을 반드시 고려해야 한다. 공동지도력의 장점은 다음과 같다(김종옥, 권중돈, 1993; Corey, Corey, & Corey, 2018; Toseland & Rivas, 2017).

- 공동지도자가 함께 일함으로써 신체적 · 정서적으로 소진될 가능성을 줄일 수 있다.
- 한 지도자는 과업목표에 치중하고 다른 한 지도자는 사회정서적 문제에 집중하는 식으로 역할분담이 가능하다.
- 한 지도자가 집단에 참석하지 못할 때 다른 지도자가 집단을 지도할 수 있다.
- 집단모임에서 한 지도자가 정서적으로 격앙된 경우에 공동지도자와 함께 이런 정서적 문제에 대해 탐색해 볼 수 있으며, 이는 역전이를 어느 정도 방지할 수 있다.
- 집단 안에서 일어난 사건을 기억하거나 상호작용에 대해 서로 다른 관점에서 볼 수 있으므로 객관성을 증가시킬 수 있으며, 이는 사정을 보다 정확히 할 수 있게 하며 다음 모임에 대한 준비를 더 잘할 수 있게 한다.
- 상호 피드백을 통해서 전문적 성장에 도움이 된다.
- 집단실천의 경험이 없는 초보자의 훈련에 효과적인 방법이 될 수 있다.
- 성원들에게 적절한 의사소통, 상호작용 및 갈등해결 방법을 보여 주는 모델이 될 수 있다.

그러나 이와 같은 장점이 있다고 하여 공동지도력이 모든 집단에 유용한 것은 아니다. 공동지도력의 단점은 다음과 같다(김종옥, 권중돈, 1993; Corey, Corey, & Corey, 2018; Toseland & Rivas, 2017).

- 공동지도자간에 서로 만나 논의할 시간이 없어 각자 다른 목표를 추구하거나 완전히 다른 지도방법을 시용하여 성원들에게 혼란을 초래하거나 집단이 양

극으로 나뉠 수 있다.

- 두 지도자 사이에 권력다툼, 갈등, 경쟁관계가 발생할 수 있다.
- 신뢰나 존경에 근거한 관계가 아닌 경우 상대방의 유능함이나 개입방법을 인정하지 않고 자신의 입장만을 고수할 수 있다.
- 한 지도자가 다른 지도자에 대항하여 성원들과 결탁할 수 있다.
- 절친한 지도자들인 경우에는 자신들의 사적인 문제를 해결하기 위하여 집단을 이용할 수 있다.
- 비용이 많이 든다.

4) 프로그램 활동

집단을 대상으로 한 사회복지실천에서 집단의 내용에는 교육, 토의, 활동 등으로 다양할 수 있다. 집단사회복지실천에서 성원 간의 상호작용을 촉진하고 목적을 달성하기 위하여 의도적으로 계획된 적절한 활동을 포함한 것은 사회복지실천 역사의 초창기부터이다(Lynn & Nisivoccia, 2009). 특히 지금까지 가장 중요한 생활경험들이 놀이중심이고 언어발달이 이루어지지 않은 아동이나, 생각하고 느끼고 경험한 것을 말하는 데 어려움을 겪는 성인들에게 말하기 중심의 집단실천은 적합지 않으며, 적절한 프로그램 활동의 사용이 꼭 필요하다. 집단사회복지실천에서 사용되는 활동들로는 게임, 미술작업, 역할연기, 무용, 요리, 노래부르기, 스포츠 등을 포함하여 매우 다양하다. 집단에서 프로그램 활동을 사용하는 장점은 다음과 같다(Reid, 1997).

- 사회적 상호작용을 위한 기본적인 인간욕구를 충족시킨다.
- 비언어적 의사소통이 언어적 의사소통보다 덜 위협적이어서 더 효과적인 경우가 있다.
- 성원들에게 자신들의 감각을 배우고 경험하는 기회를 제공한다.
- 특정한 생활상의 과업과 관련된 기술을 발전시킬 수 있다.

- 어려운 토론 영역으로 들어가는 시점에서 관심을 표출시키는 데 사용될 수 있다.
- 집단 성원의 공유를 촉진함으로써 서로 긍정적인 관계로 만들며, 집단응집력을 높여 준다.
- 개인과 집단역동을 사정하기 위한 도구, 또는 성원들을 돕기 위해 필요한 정보를 수집하기 위한 도구로 사용된다.

구체적인 프로그램 활동을 정하기 위해서는 여러 요소들이 고려되어야 한다(Comer & Hirayama, 2009; Reid, 1997; Toseland & Rivas, 2017). 우선 프로그램 활동이 집단이 추구하는 목적 및 목표에 적절한지를 고려해야 한다. 프로그램 활동이 목적 및 목표에 부합할 수 있도록 프로그램 활동을 통해서 성취하고자 하는 것이 무엇인지를 명확히 할 수 있어야 한다. 또한 활동이 이루어질 장소, 활동에 필요한 자원, 소요시간 및 집단크기 등도 고려해야 한다. 뿐만 아니라 사회복지사는 집단의 프로그램 활동에 요구되는 기술과 능력의 정도, 활동을 자극하는 경쟁 정도, 활동에 의해 요구되는 신체적 활동의 정도와 신체적 접촉의 양, 활동 수행 중 이루어지는 성원 간의 상호작용 정도, 활동에 따르는 규칙의 정도, 벌칙 및 보상과 같은 요인에 주의를 기울여야 한다. 예를 들어, 수영과 만들기를 비교할 경우 수영은 모든 신체 부분의 움직임을 필요로 하는 반면에 만들기는 몸 전체적인 움직임은 적으나 손의 움직임 정도는 섬세함을 요구한다. 수영은 특정 행동을 요구하지 않아 개인이 원하는 행동을 할 수 있는 반면, 만들기는 유형화된 단계적 절차를 따라야 한다.

프로그램 활동은 한 회기 동안 아주 짧은 시간을 필요로 하거나 한 회기의 거의 전체를 차지할 수도 있다. 사회복지사는 활동 자체에 대한 강조로 집단 성원에게 불필요한 스트레스를 주지 않도록 해야 한다. 이를 위해서 다음과 같은 점에 유의하여야 한다(Jacobs, Masson, & Harvill, 2002; Reid, 1997).

1. 집단의 목표 및 목적과 부합하는 활동들을 구체화한다.

↓

2. 각 프로그램 활동의 목표를 구체화한다.

↓

3. 주어진 환경, 자원, 시간 내에서 행해질 수 있는 활동을 구체화한다.

↓

4. 성원들의 관심과 동기, 연령, 기술수준, 신체적 · 정신적 상태, 주의집중력 정도에 기초해서 잠재적으로 가능한 활동들을 나열한다.

↓

5. 다음의 특성에 따라 활동들을 구분한다.
- 활동의 특성(소요시간, 구조)
- 활동의 신체적 요건(섬세한 운동근육 협응능력, 힘)
- 활동의 사회적 요건(상호작용, 언어, 사회기술)
- 활동의 심리적 요건(감정과 생각의 표현, 동기).
- 활동의 인지적 요건(시간, 장소, 사람에 대한 인식)

↓

6. 구체화된 목표에 가장 잘 맞는 활동을 선택한다.

그림 10-1 프로그램 활동을 선택하는 절차

출처: Toseland & Rivas (2017), p. 284.

- 활동의 시기적절성: 프로그램 활동은 목적이 아니라 수단임을 인식하고, 지나치게 집단에 활동을 부과하는 것보다 시기적절하게 자연스럽게 활동을 소개하고 실행하는 것이 필요하다.
- 활동의 목적 및 진행 설명: 시작하기 전에 활동의 목적을 설명하고, 또한 얼마나 오래 진행될지에 대해서도 설명해야 한다.
- 활동의 적합성: 새로운 활동을 소개하는 것은 집단 성원들에게 새로운 행동을 요구할 수 있는데, 성원들의 가치나 문화에 비추어 놀랄 정도로 새롭지 않으며

집단의 규범에도 위배되지 않는 적합한 것이어야 한다.

- 활동 참여의 동의 여부 존중: 프로그램 활동에 성원들이 자발적으로 동의하여 참가해야 한다. 만일 집단 성원이 특별한 활동에 참가하지 않기를 원하면 그의 결정은 존중되어야 한다.
- 명확한 지침 제공: 프로그램 활동에서 생길 수 있는 혼란을 피하며 성공적인 활동이 되도록 명확한 지침을 제공해야 한다.
- 안전: 활동은 통제를 쉽게 벗어날 수 있으므로 참가자에게 신체적·정서적 상처를 입힐 수 있다. 따라서 집단 성원들이 위험으로부터 안전할 수 있도록 만전을 기하여야 한다.

연습문제

1. 집단사회복지실천을 하는 사회복지사와의 면담을 통하여 집단을 지도하는 데 있어서 부딪히는 어려운 점은 무엇인지 알아보시오.

2. 여러분이 아동을 대상으로 자아존중감 향상을 목적으로 한 집단사회복지실천을 진행한다고 한다면 어떤 프로그램 활동을 해 보고 싶은지 계획해 보시오. 왜 그 프로그램 활동이 자아존중감 향상 목적에 적합한지도 제시하시오.

3. 관련 문헌을 참고하거나 노인복지 관련기관에서 일하는 사회복지사와의 면담을 통하여 노인을 대상으로 한 집단사회복지실천에서 중요하게 고려해야 할 점이 무엇인지 알아보시오.

4. 집단을 대상으로 사회복지실천을 하고 있는 사회복지사와의 면담을 통해 성원의 역기능적인 행동들에 대해 어떻게 대처하면 좋은지 알아보시오.

5, 여러분이 관심을 가지고 있는 분야 및 대상에 초점을 두고 실시된 사회기술훈련집단의 실제 사례를 학위논문 또는 학술논문에서 찾아보시오.

제11장

집단발달 단계별 실천기술

사회복지사의 전문적 개입에 대한 요구는 집단의 발달단계에 따라 다르다. 이 장에서는 집단발달 단계를 계획단계, 초기단계, 사정단계, 중간단계, 종결단계로 구분하여 각 단계별로 사회복지사가 고려해야 할 요소와 실천방법을 알아본다.

1. 집단의 계획단계

효과적인 집단사회복지실천을 위해서 사회복지사는 집단상황에 영향을 미치는 집단의 목적, 구조, 운영 등에 대해 사전계획을 세워야 한다. 사전계획의 부실함은 집단의 실패로 귀결될 수 있으므로 사회복지사는 집단형성에 대해 사전에 철저하게 준비해야 한다. 계획은 개별 성원(동기, 기대, 목표 등), 전체로서의 집단(집단목적, 집단역학 등), 그리고 환경(후원기관, 지역사회 등) 모두를 고려하여 이루어지는 것이 바람직하다. 집단형성을 위한 계획단계에서 고려되어야 할 주요 결정은 집단의 목적, 잠재적 성원 모집 및 선발, 집단의 구성, 집단의 일정, 회기별 내용과 활동, 집단 환경의 준비, 모니터링 및 평가방법 등이다(조학래, 2019; Magen, 2000; Reid, 1997; Toseland & Rivas, 2017).

1) 집단의 목적

이론적으로 모든 집단은 목적을 가지고 있다. 그러나 집단이 실패하는 이유 중의 하나는 집단목적의 모호성 또는 목적에 대한 의견의 불일치이다. 집단의 목적을 설정하는 데 있어서 가장 먼저 고려되어야 할 것은 집단에 참여할 성원들이 경험하는 문제, 어려움 또는 관심사이다. 일반적으로 집단의 목적은 클라이언트의 욕구가 드러남에 따라 후원기관이나 사회복지사가 이에 부응하기 위하여 집단을 결성하기로 결정할 때 어느 정도 정해진다. 집단이 클라이언트에게 도움이 될지를 잠재적 성원들이 결정할 수 있도록 집단모임의 이유, 집단활동의 내용, 참여자들에게 요구되는 기대 등을 포함한 집단목적에 대한 간단한 진술이 필요하다. 집단의 목적은 개별 성원의 목표들을 충분히 포괄할 수 있을 정도로 표현되는 것이 좋다.

계획단계에서 설정된 집단의 목적은 집단지도자와 집단 성원들의 토론을 통해 타협·수정될 수 있다. 사회복지사는 집단 성원을 모으는 과정에서 성원들이 목적과 관련하여 제기할 수 있는 의제나 질문에 대해 미리 예상하여 준비하는 것이 좋다.

2) 잠재적 성원 모집 및 선발

사회복지사는 모집절차를 통하여 적절한 수의 잠재적 성원을 확보하여야 한다. 모집과정에서 전문가는 잠재적 성원을 확인하고 집단에 관심이 있는지를 파악할 수 있는 여러 원천과 방법을 활용하여야 한다. 잠재적 성원은 기관 내부, 다른 조직이나 지역사회에서 모집할 수 있다.

기관 내에서 잠재적 성원은 동료 직원이 다루는 사례, 기관의 기록 또는 주소록을 통해서 확인할 수 있다. 잠재적 성원들이 기관이나 사회복지사에게 특정 서비스를 요청해 오기도 하는데, 이런 경우 별도의 모집과정이 필요 없을 수도 있다. 또한 서비스를 기다리고 있는 사람 중 집단을 통하여 이익을 얻을 수 있는 사람이 있는지를 확인하기 위하여 기관의 대기자 명단을 활용할 수 있다.

기관 내에 잠재적 성원이 부족한 경우에 타 기관에 의뢰를 요청할 수 있다. 특정 인구학적 특성을 지닌 사람이나 특정 문제를 가진 사람들로만 집단을 구성하려는 경우에 타 기관 의뢰가 필요한 경우가 많다. 타 기관에 의뢰하는 경우, 그 기관의 책임자와 잠재적 성원을 확인할 수 있는 일선의 직원들에게 집단의 목적에 대해서 분명하게 설명해야 한다. 지역사회 내에서 성원이 될 수 있는 사람이 어느 정도인지 알기 위해서는 인구조사 자료를 검토하거나 지역지도자, 경찰, 교사, 종교인 등을 통해 정보를 수집하고 평가할 수 있다.

이상과 같은 성원 모집의 원천을 찾았을 때 잠재적 성원에게 접근하는 방법을 정해야 한다. 성원 모집 방법으로는 성원과의 직접적인 접촉, 안내문 게시, TV 또는 라디오를 통한 홍보, 인쇄물 배포나 신문을 통한 방법, 웹사이트나 SNS를 이용한 홍보 등이 있다. 비교적 효과적인 방법으로는 잠재적 성원에게 직접 접촉하거나 그들에게 집단을 소개하는 짧은 안내문을 우송하는 것이다(Toseland & Rivas, 2017).

그런데 모든 잠재적 성원이 집단의 구성원이 되기에 적합한 것은 아니다. 사회복지사는 어떤 클라이언트가 집단을 통하여 도움을 받을 수 있는지를 확인해야 한다. 클라이언트와의 면접, 클라이언트에 대한 관찰, 가족이나 클라이언트를 아는 사람과의 면접 등을 통하여 그들의 관심사, 욕구, 문제 등에 대해서 구체적인 정보를 수집하고 이를 집단의 목표와 연결시켜야 한다. 성원이 될 수 있는지를 사정하는 데에서 주요한 사항은 잠재적 성원이 집단이 다룰 과제나 관심사를 공유하고 있는지를 확인하는 것이다. 집단과업에 대한 지각이 같으면 집단결속력이 생기고, 집단기능에 대한 성원의 만족도가 증가하며, 사회복지사가 집단의 목적을 달성하는 데 장애요인이나 저항을 극복하는 데 많은 시간을 할애하지 않아도 된다.

또한 고려되어야 할 것은 잠재적 성원의 사회정서적 능력이다. 클라이언트의 현실검증능력, 의사소통능력, 인식능력, 타인과의 감정공유능력 등은 클라이언트가 집단으로부터 도움을 얻을 수 있는 정도에 영향을 미친다. 집단에 참여하는 성원은 타 성원들과 의사소통할 수 있는 능력과 의지를 가지고 있으며, 견해 및 관점이 다른 사람과도 잘 지낼 수 있고, 또한 자신의 행동을 이해하고 경험을 공유하는 데 개방적인 것이 바람직하다. 코리 등(Corey, Corey, & Corey, 2017)은 집단에 적합하지 않은 사람으로서 극도의 위기상태에 있는 사람, 자살 가능성이 있는 사람, 아주 의심이 많은 사람, 타인을 지배하려는 욕구를 가진 사람, 적대적 · 공격적인 사람, 매우 자기중심적인 사람, 자아가 약한 사람 등을 들고 있다. 모든 집단으로부터 어떤 종류의 사람이 제외되어야 한다고 범주화하기는 어려우며, 결정은 개별 집단별로 이루어져야 한다.

잠재적 성원의 일부는 집단의 필요성을 느끼지 않을 수도 있다. 의무적으로 집단에 참여해야 하는 비자발적인 상황에서 그런 경우가 많다. 집단참여에 대한 상당한 저항이 있을 수 있으므로 사회복지사는 이를 극복할 수 있는 준비가 되어 있어야 한다. 비자발적인 잠재적 성원에게 집단의 가치를 확신시키는 효과적인 방법 중의 하나는 그들의 이야기를 기꺼이 들어 주고, 그들의 고통에 진솔한 관심을 보여주며, 그들의 생각과 감정을 이해해 주는 것이다. 또한 집단 내에서 그들의 시간을 최대한 이용할 수 있는 다양한 방법들에 대해서 논의함으로써 집단 참가의 의미를 증가시킬 수 있다.

3) 집단의 구성

(1) 집단 구성원의 동질성과 이질성

집단이 유지되기 위해서 집단은 동질적이면서 또한 이질적이어야 한다는 것이 일반적인 견해이다. 사회복지사는 집단의 동질성과 이질성을 결정함에 있어서 성원의 성, 연령, 결혼여부, 지적 능력, 교육, 사회경제적 지위, 성원이 겪고 있는 문제의 종류, 그리고 문제에 대한 대처능력 등을 고려해야 한다. 집단에 참가하려는 목적이나 개인적 특성에 있어서 동질성은 성원 간의 관계를 증진시키며 집단의 결속력을 높여 준다. 그러나 너무 동질적인 집단은 성원들이 서로를 잘 이해하고 있다고 생각하므로 서로를 자극하거나 서로에 대하여 반론을 제기하지 않아 침체되고 현실검증의 기회가 적을 수 있다.

서로 다른 인생경험, 전문성, 대처 유형을 지니고 있는 집단은 성원에게 광범위한 관점과 견해를 제공하여 개인의 문제를 해결하는 데 있어서 자극이 될 수 있다. 반면, 너무 이질적인 집단에서 성원들은 서로 관련시킬 수 없는 현실로 인하여 그들의 문제를 표출하고 유대를 형성하는 데 시간이 오래 걸리며, 초기에 많은 방어와 저항이 있을 수 있고, 이로 인하여 성원들이 탈락할 수 있다.

사회복지사는 다양성과 공통성 사이에 균형을 이루도록 해야 한다. 이를 위해 유용한 방법은 가시고슴도치의 원칙과 노아방주의 원칙이다(Reid, 1997). 가시고슴도치의 원칙(porcupine principle)이란 몸통에 가시가 많은 가시고슴도치는 눈보라치는 숲속에서 체온을 유지할 만큼 서로 밀착해야 하지만 서로 찔려 죽지 않을 정도로 밀착해야 한다는 점에서 나온 것으로, 집단 성원들은 유사성을 지니고 있어야 하지만 너무 많은 유사성이 있게 되면 그 집단은 유지될 수 없다는 것이다. 극단을 피하는 최선은 오직 한 종류의 구성원만을 갖지 않는 것이다. 노아방주의 원칙(Noah's ark principle)이란 노아가 방주에 태울 동물을 선택할 때 모든 종류의 동물을 최소한 두 마리씩 선택했다는 것에서 따온 것으로, 사회복지사가 집단을 구성할 때 특정의 인종, 성, 생활유형 등에서 한 사람만을 선택하지 않도록 유의해야 한다는 것을 의미한다. 타 성원과 구별되는 특성을 가진 한 사람은 집단의 희생양이 될 가능성이 높기 때문이다.

(2) 집단의 크기

집단의 크기는 집단 성원의 상호작용과 만족도에 영향을 미치는 것으로 집단의 목적과 성원의 성숙도에 의해 결정된다. 이상적인 집단 규모에 대한 의견은 학자마다 다르나 일반적으로 집단사회복지실천문헌에서는 5~12명의 구성원이 선호된다. 집단이 작을수록 성원들의 참여 및 친밀성에 대한 요구가 더 많아지고, 사회복지사는 성원에게 보다 쉽게 다가갈 수 있다. 대개 심각한 문제를 겪고 있는 클라이언트들로 구성된 치료집단은 규모가 작다. 그러나 매우 작은 집단은 다양성, 활력, 그리고 동료와의 친교를 위한 자원을 충분히 제공할 수 없고, 참여와 친밀성에 대해 압박감을 줄 수 있다. 집단이 클수록 성원은 개별적 관심을 더 적게 받으며 성원들간의 상호작용은 적어지고, 집단의 구조는 더 공식적이 되며 공식적 지도유형에 대한 요구가 높아진다. 사회적 목표모델에 속하는 집단은 보다 많은 수의 성원을 포함한다. 리드(Reid, 1997)는 성원들이 결석을 하기도 하고 집단 진행과정에 일부가 낙오될 수 있다는 점을 고려하여 최소한 8명의 성원을 둘 것을 제안하고 있다.

(3) 개방집단과 폐쇄집단

사회복지사는 집단이 성원들에게 폐쇄적일지 개방적일지를 정해야 한다. 폐쇄집단은 집단이 시작될 때부터 끝날 때까지 같은 성원들로 유지된다. 폐쇄집단의 장점은 제한된 성원 자격과 집단의 연속성이 있으므로 신뢰와 자기표출에 어려움이 적고 성원들 간에 응집력이 강하다. 폐쇄집단의 단점은 성원이 줄어들면 대체할 방법이 없으므로 계속적인 운영이 불가능할 수 있고, 새로운 사고의 유입이 이루어지지 않아서 집단의 효율성이 떨어질 수 있다.

개방집단은 새로운 성원을 언제든지 받아들이는 집단유형을 말한다. 개방집단에는 성원의 가입과 탈퇴가 언제든지 가능한 집단과 집단 성원 수에 제한을 두고 집단 성원이 탈퇴하면 새로운 성원을 받아들이는 집단이 있다. 폐쇄집단에 비해 개방집단의 장점은 클라이언트가 원할 때 집단에 참여할 수 있어서 당장 도움이 필요한 사람들에게 유용하며, 새로운 성원의 아이디어나 자원을 활용할 수 있어서 집단은 시너지 효과를 얻는다. 개방집단의 예는 환자의 입원과 퇴원으로 인해 성원의 교체가 빈번히 일어나는 병원에서 이루어지는 치료집단에서 종종 발견된다. 개방집단의 단점은 새로운 성원의 추가로 응집력이 제한된다는 점이다. 또한 새로운 성원의 참여는 집단의 과정을 되풀이하게 하는 경우도 있으므로 집단의 발달을 저해할 수 있다.

4) 집단의 일정

(1) 집단의 지속기간

집단은 종료일자가 정해져 있는 시간제한 집단과 정해진 종료일자가 없는 지속적인 집단이 있다. 시간제한 집단은 정해진 기간 내에 목표를 달성하기 위하여 노력하므로 생산적일 수 있다는 장점이 있다. 리드(1997)는 신뢰감과 집단응집력 구축을 위해서 필요한 시간을 고려하여 20회기 정도의 모임을 권하고 있다. 지속적인 집단은 각 성원들에게 문제를 깊이 다루고 변화를 야기할 수 있는 충분한 시간을 제공한다. 그러나 의존성이 증가하고 시간제한 집단에 비해 덜 생산적이다. 집단의 지속시간은 클라이언트의 상황, 기관의 환경, 집단의 목적 등에 영향을 받아 정해진다. 더 많은 모임을 갖는 것만이 꼭 좋은 것은 아니다.

(2) 모임의 빈도 및 시간

집단사회복지실천에서 보편적으로 모임의 빈도는 일주일에 한번이고, 모임 시간은 평균 1~2시간이다. 한 시간보다 짧으면 제기된 문제를 토론하기에 충분한 시간을 갖지 못하고 2시간 이상이 되면 지겨움을 느껴 집중하지 못한다. 집단모임의 빈도와 시간을 정할 때 성원들의 주의집중능력을 고려해야 한다. 예를 들어, 아동이나 제한적인 기능을 가지고 있는 성인들에게 한 시간 이상 지속되는 것은 적절하지 않을 수 있으며, 오히려 일주일에 두번 30분씩 나누어 모임을 가지는 것이 바람직할 수도 있다(Reid, 1997).

5) 회기별 내용과 활동

집단사회복지실천은 일회성인 경우도 있으나 대부분 여러 회기에 걸쳐 이루어진다. 집단의 종류에 따라 각 회기별로 다루어질 내용은 사회복지사와 성원들의 상호작용에 의해 결정이 될 수도 있으나 미리 정해져야 하는 경우가 많다. 교육집단의 경우 교육과정에 의해 회기별로 다룰 내용이 이미 정해져 있을 수도 있다. 치료집단의 경우 사회복지사가 집단의 목적, 성원의 특성 등을 고려하여 회기별로 다룰 주제와 활동을 상당히 구체적으로 작성하는 것이 중요하다. 회기별로 목표와 무엇을 어떻게 하는지를 미리 정하는 것은 집단이 목적을 벗어날 가능성을 줄여 주며 필요한 자원과 물품을 준비할 수 있도록 해 준다. 다음은 회기별 내용과 활동을 계획하고 문서화하는 예이다. 〈표 11-1〉은 현장의 사회복지사들이 진행한 '화상환자 가족의 보호 부담 완화를 위한 집단상담 프로그램'의 회기별 목표와 주요 활동이며, 〈표 11-2〉는 이 집단상담 프로그램의 2회기에 진행할 내용을 구체적으로 미리 작성해 놓은 것이다.

표 11-1 화상환자 가족의 보호부담 완화를 위한 집단상담의 회기별 목표 및 주요 활동

단계	목표	주요 활동
사전 상담	1. 화상환자 가족의 심리사회 문제와 욕구 증상 등에 대한 개별 상담 2. 집단상담 프로그램의 목적과 내용에 대한 안내 및 동의 절차 진행 3. 사전검사	• 개별상담 • 프로그램 소개 • 동의서 작성 • 사전 설문지 작성
1. 신체적 부담 다루기	1. 일상생활의 변화, 건강변화, 보호부담 등에 대한 점검을 통해 환자와 가족이 처한 현재 상태에 대한 이해 2. 가족보호자도 화상으로 인한 외상의 피해자이며, 자신의 회복노력이 환자 회복에도 도움이 될 수 있음을 인식 3. 가족의 신체적 부담을 다루는 구체적인 방법에 대해 공유	• 프로그램 소개 • 참여동기 나누기 • 자신의 일상 점검하기 • 신체적 보호 부담 점검하기 • 자신을 돌보는 일상 만들기 • 환자 독립유지하기 • 도움 요청하기
2. 정서적 부담 다루기(1)	1. 가족의 심리사회적 위기와 정서적 부담에 대해 이해 2. 화상 이후 경험한 자신의 감정을 직면하고, 표현하도록 격려 3. 감정에 민감해지고, 감정을 다루기 위한 기술과 방법 학습	• 호흡법/전신스캔 • 정서적 부담 점검하기 • 감정 직면하기 • 감정카드로 감정표현하기 • 남은 가족의 감정 다루기

3. 정서적 부담 다루기(2)	1. 흉터로 재현되는 위기에 대한 대처방법 학습 2. 흉터에 대한 자신 감정반응을 이해하고 수용 3. 흉터에 대한 타인의 감정반응을 적절하게 이해	• 호흡법/전신스캔 • 흉터 관련 감정 직면하기 • 감정반응 과정 이해하기
4. 사회적 부담 다루기	1. 화상 이후 사회적 관계, 가족관계의 변화나 의사소통의 어려움을 공유함으로써 사회적 보호부담 경감 2. 가족의 입장에서 경험할 수 있는 화상흉터에 대한 사회적 시선에 대한 구체적인 대처방법을 학습	• 자녀 등 가족관계 점검 • 사회적 시선 경험 표현하기 • 시선에 대한 관점/행동명료화 • 화상흉터에 대한 시선에 응답 예행 연습하기
5. 성장 관점으로변화하기(1)	1. 긍정적인 성장을 경험한 화상 경험자의 경험 공유를 통해 긍정적인 가족의 관점과 역할을 습득 2. 역경을 경험한 사람들의 긍정적인 대처전략을 학습	• 외상 후 성장경험 공유하기 • 성장지향적 대처전략 배우기 • 가족의 역할 인식하기
6. 성장관점으로변화하기(2)	1. 외상 후 성장을 '깨진 꽃병 이론'을 통해 이해 2. 긍정적/미래 지향적 관점으로 변화 3. 프로그램을 통한 변화를 공유하고 서로의 성장에 대해 지지	• 깨진 꽃병 이론 이해하기 • 미래의 나에게 편지쓰기 • 퇴원 후 구체적 계획만들기
사후 회기	집단상담 과정에 대한 개별 피드백 사후검사/만족도 검사	• 집단상담 건의사항 받기 • 사후 설문지 작성

출처: 박현선, 박선화, 황세희(2020).

표 11-2 2회기(정서적 부담 다루기 1) 진행 내용

진행 순서	세부 진행 내용
도입	-지난 시간에는 환자를 돌보는 가족도 도움이 필요함을 인식하는 시간이었습니다. 돌봄을 담당하는 보호자들 스스로 자신의 정신적 · 신체적 건강과 안녕을 돌보는 것이 장기간의 화상치료와 재활의 과정에서 보호자 스스로 신체적 부담을 인식하고 어떻게 대처하는 것이 좋을 지를 나누는 시간을 가졌습니다. 그럼 오늘은 지난 시간에 이어 정서적 부담에 대해 나누는 시간을 가져보겠습니다. (**Tip**! 지난 시간 과제 자기돌봄 활동(self-care activities)이 무엇인지 공유한다.)

신체 이완	**–긴장완화 호흡법(controlled breathing) 연습하기** 신체적 · 정서적 긴장을 이완하는 데 효과적인 호흡법을 배워 보도록 하겠습니다. 긴장완화 호흡법은 보통 호흡으로 계속하되, 의도적으로 숨을 배까지 내려서 깊게 들이쉬고(7초 정도), 날숨이 들숨의 2배 정도(10초 정도) 길게 되도록 내쉽니다. “숨을 크게 들이 쉽니다. 하나, 둘, 셋, 넷, 다섯, 여섯, 일곱, 다시 내쉬고 하나, 둘 ,셋 ,넷, 다섯, 여섯, 일곱, 여덟, 아홉 열.” 이러한 과정을 통해 몸에서 긴장이 완화되는 감각을 느껴 보겠습니다. **–화상사건과 관련된 감정에 직면하기에 앞서 유의사항 안내하기** 명상에 앞서 나의 감정이 너무 힘들게 느껴질 경우 손을 들어 표현해 주시거나 잠시 장소를 이동해도 좋습니다. 만약 안정을 느낄 수 있는 물건이 있다면 미리 준비 해두었다가 그곳에 의식을 집중하셔도 좋습니다. **–전신 스캔(body scan)** 온몸의 힘을 머리끝으로 모읍니다. 머리끝의 힘을 느껴 봅니다. 자, 이제 그 힘은 여러분의 어깨로 내려옵니다 . 어깨로 모인 힘의 느낌을 느껴 봅니다. 다시 그 힘은 여러분의 팔꿈치로 내려옵니다. 양팔꿈치로 내려온 힘을 온전히 느껴 봅니다. 다시 그 힘은 다시 여러분의 허리로 내려옵니다. 허리에 모인 힘을 온전히 느껴 봅니다. 허리에 있던 힘이 이제 여러분의 무릎으로 내려옵니다. 이제 여러분의 힘은 무릎에 집중되어 있습니다. 무릎에 있던 힘은 발가락 끝으로 모이고, 발 끝에 모인 힘을 아주 천천히 온전하게 느껴 봅니다. 자, 이제 그 모든 힘은 여러분의 발끝을 빠져나옵니다. 이제 여러분의 신체는 모든 긴장과 힘이 빠진 가장 편하게 이완된 상태가 됩니다. (Tip! 전신스캔을 할 때 명상 음악을 함께 활용하는 것이 좋다.)
감정 직면 하기	–이제 여러분의 기억은 화상사건이라는 인생의 위기를 겪기 전 가장 평화롭고 안전한 시점에서부터 시작할 것입니다. 그 장면을 떠올립니다. 그 다음부터 시간 순대로 이후에 어떤 사건들이 있었는지 회상해 봅니다. 그리고 그때의 감정을 최대한 느껴 봅니다. –이번에는 마지막 장면부터 시작 장면까지 더 빠른 속도록 되감기하듯 여러분의 인생 영화를 다시 한번 보십시오. 이때 안전한 초기 시작 지점까지 되감기하는 동안 마치 영화를 보듯이 그때의 기억의 장면을 보고 그때의 감정을 다시 느껴 봅니다. –이제 마무리 하겠습니다. 눈을 뜨시기 전에 크게 두 번 정도 함께 호흡하겠습니다. 먼저 숨을 7초 정도 들이마십니다.‘후~ ’ 하고, 길게 숨을 내쉬면서 천천히 눈을 뜨세요.

감정 표현 하기

–전신스캔과 감정직면 활동을 한 느낌과 기분을 최대한 자세하게 표현해 봅니다. 힘들고 어려웠던 감정을 자세하고 솔직하게 표현하는 것만으로도 충분한 치료적 효과가 있습니다.

(Tip! 만약 감정을 드러내기를 힘들어하는 경우 **감정카드**를 이용해서 감정을 표현해 볼 수 있도록 격려한다. 화상기억과 관련된 자신의 감정을 떠올릴 수 있는 카드를 고르고, 카드를 고른 이유와 내용, 장면 등 다양하게 자신의 경험과 감정을 표현하도록 격려한다.)

–구체적인 감정 표현이 어려우신 경우에는 **정서적 보호부담 척도**를 활용해서 화상 당시의 기억과 관련된 정서가 현재 보호자의 정서적 부담과 어떻게 관련되어 있는지를 표현해 보셔도 됩니다.

(Tip! 감정 표현의 경험이 없는 참여자의 경우 **정서적 보호부담 척도**와 같은 구체적인 예시를 이용해서 감정을 표현하도록 원조한다.)

	문 항	전혀 그렇지 않다	그런 편이다	매우 그렇다
정서	나는 화상환자의 치료과정을 보는 것이 고통스럽다.	0	1	2
	나는 퇴원 후 환자를 돌보는 상황이 두렵고, 불안하다.	0	1	2
	환자의 흉터와 외모의 변화로 환자가 불쌍하다.	0	1	2
	나는 죄책감을 느낀다.	0	1	2
	나는 우울하고, 슬프다.	0	1	2

–이완하는 방법 배우기

잠자기 전에 침대에 누워서 좀 전에 연습한 전신스캔을 해 보는 것이 숙면에 도움이 됩니다. 또는 길게 내쉬고, 천천히 들여마시는 호흡법이 이완이 되기도 합니다. 이때 호흡은 '후~' 하고 내쉬는 날숨이 들숨보다 더 길어야 합니다. 숨을 들이쉴 때는 최대한 깊이 들이쉬고, 내쉴 때는 속으로 하나부터 일곱까지 천천히 세는 것이 좋습니다. 이 과정을 하루에 시간을 정해 놓고, 연습해 보면 심리적으로 안정되고, 스트레스를 완화시키는 데 도움이 됩니다.

정서적 부담 다루기	**–감정을 숨기거나 억누르지 말기** 화상경험 이후 겪게 된 변화나 어려움 때문에 힘들어하거나 슬퍼하는 것은 전혀 이상하거나 부끄러운 것이 아닙니다. 가장 건강하고 적절한 방법으로 자신의 감정에 대응하고 솔직하게 표현하는 것이 좋습니다. 불안, 걱정, 분노, 자책, 공포, 좌절 등 편하고, 안전한 대상을 찾아 그러한 솔직한 마음을 표현하는 것이 스트레스를 관리하는 데 좋습니다. 처음에 이조차 힘들다면 일기를 쓰듯이 자신의 느낌과 생각을 적어 보는 것도 도움이 됩니다. **–상담 또는 같은 경험을 한 보호자에게 도움을 받기** 보호자 본인이 직접 정서적으로나 신체적으로 힘이 들면 소중한 사람을 돌보는 일이 힘들게 느껴집니다. 비슷한 상황을 겪은 다른 사람들과 대화를 하고, 병원 내에 있는 프로그램에 참여하는 것은 혼자가 아니라는 것을 깨닫게 되고 도움이 됩니다. 지금 우리가 하고 있는 이러한 프로그램에 참여하시면서 다른 보호자들의 경험을 공유할 수 있습니다 **–집에 남겨진 자녀가 외롭고, 힘들어할 때** 만약 여러분에게 자녀가 있다면 자녀들도 여러분과 같은 심리적 어려움이 있을 수 있습니다. 특히 어린 자녀들은 여러분이 환자를 보호하느라 온신경이 집중됨에 따라 실질적인 부모 부재 상황에 놓이게 되고, 더 큰 외로움과 불안감에 시달릴 수 있습니다. 그러한 부모도 힘든 상황이라는 것을 알고 있기 때문에 적절한 방식으로 자신의 외로움이나 두려움을 표현하기 힘들어할 수도 있습니다. 그들이 편하게 자신의 감정을 이야기할 수 있도록 잘 들어 주고, 그들의 감정에 공감해 주는 것만으로도 도움이 됩니다. –자녀가 외로움과 두려움을 호소하는 경우, 아이들의 감정을 그대로 읽어 주고 알아주고 표현하도록 도와주고, 부모와 물리적으로 떨어져 있을 때 그러한 감정이 들면 부모와의 연결감, 유대감, 안전감을 느낄 수 있는 방법(예, 부모, 친구, 가까운 친척과의 화상통화, 아이들이 쉽게 몰입하고 즐거워하는 활동 격려)을 동원해서 함께 얘기하고 지속적으로 실행하는 것이 도움이 됩니다. 자녀들이 줄어든 관심, 사랑, 지원으로 인해 우울감, 불안감이 높아질 수 있고, 관심을 받기 위해 행동 문제를 일으킬 수도 있으므로, 아이의 정서 및 행동의 변화에 주의를 기울여야 합니다. 또한 환자가 지금 더 많은 돌봄이 필요해서 그런거지, 남겨진 아이가 덜 소중해서가 아님을 지속적으로 알려 주고, 이 아이만을 위한 시간을 (짧은 시간이라도) 확보해서 함께 즐거운 경험을 공유하는 것이 많이 도움이 됩니다. 자녀가 의연하게 적응하고 도움을 주는 행동을 보이면, 그 부분을 언급하면서 고마움과 자랑스러움을 표현하는 것도 좋습니다.

〈사례 예시〉

자녀: 엄마, 나쁜 생각인줄 알지만 아빠 얼굴이 괴물같아서 무섭고, 두려워요. 이런 생각이 들면 내가 나쁜 아이 같고… 그래도 아빠 얼굴은 너무 무섭고….

엄마: 낯선 아빠 모습에 충분히 그럴 수 있어. 나쁜 생각이 아니야. 솔직한 마음이지… 엄마도 그 흉터를 볼 때마다 아빠가 얼마나 고통스러울지 생각이 들어서 마음이 아프단다. 아빠를 포함해서 우리 가족 모두가 힘든 상황을 겪고 있어서 그래. 무섭거나 힘든 걸 억지로 참지 않아도 돼. 너도 마음이 많이 힘들 텐데 학교에도 잘 가고, 공부도 열심히 하는 것 같아서 대견하구나. 아빠도 너를 생각하면 훨씬 힘이 날거야.

-긴장완화 호흡법 연습하기

긴장완화 호흡법은 자신뿐만 아니라 환자의 몸과 마음의 고통을 견디는 데 많은 도움이 됩니다. 걱정이 많은 밤에는 누워서 10분 정도 긴장완화 호흡법을 통해 긴장이 완화될 수 있습니다. 호흡과 의식에 집중하며 3분 정도 같이 호흡해 보도록 하겠습니다.

-과제 제시 '안전한 공간과 시간을 정해 자신의 감정 바라보기'

환자를 돌보는 과정에서 자신이 너무 힘들거나 감정적으로 소진되었다고 느끼는 경우가 많을 것입니다. 이때는 나의 감정을 참지 말고 내가 좋아하거나 다른 사람들로부터 방해받지 않는 공간에서 보내는 시간이 필요합니다. 이번 주에는 이러한 공간에서 자신의 감정을 느껴보는 시간을 가져 보시기 바랍니다.

(Tip! 과제로 수행하기 어려울 경우 다음 회기에 활동으로 포함하여 진행한다.)

마무리

-오늘 회기에 대한 마무리하기

오늘은 화상사건 이후 환자를 돌보면서 여러분이 경험하는 감정과 느낌에 대해 허심탄회하게 표현하고, 이러한 감정들을 어떻게 다루고 해결해 나갈 것인가에 대해 이야기를 나누는 시간을 가졌습니다. 감정을 무조건 억누른다고 해서 감정이 없어지거나 해결되는 것이 아님을 알았습니다. 적절하고 안전한 방법으로 표현하고 대처하며, 필요한 경우 전문가나 미리 경험한 보호자들로부터 도움을 받는 것이 더 좋다는 것도 알려 드렸습니다.

-다음 회기 안내하기

그럼 다음 시간에는 화상사건 이후 사회적 관계에서 환자와 가족에게 보내는 타인의 시선과 관련된 어려움을 나누고, 이를 어떻게 효과적으로 다룰지를 나눠보도록 하겠습니다.

출처: 한림화상재단(2018).

6) 집단 환경의 준비

(1) 물리적 환경

집단의 회합이 열리는 물리적 환경은 성원들에게 비밀성, 친밀감, 편안함 및 집중도의 측면에 상당한 영향을 미친다. 따라서 사회복지사는 해당 조직의 주어진 여건 내에서 최상의 조건을 만들어 내기 위해 노력해야 한다. 회합 장소는 집단에 속하지 않은 사람이 그 회합에서 토의되는 것을 들을 수 없으며, 집단 성원이 아닌 사람이 들어올 수 없도록 해야 한다. 주의 집중을 방해할 수 있는 소음이 가능한 없어야 하고, 방의 온도가 적정 수준으로 유지되어야 한다. 너무 큰 방은 집단의 친밀감을 떨어뜨리며 너무 작은 방은 공포감과 불안감을 자아낼 수 있다. 탁자는 참여자들이 컵을 놓거나 자신의 몸을 약간 숨길 수 있으므로 적당한 크기의 탁자를 배치하며, 의자는 사회복지사와 개별 성원 모두를 볼 수 있도록 배열하는 것이 좋다.

(2) 특별한 준비사항

사회복지사는 성원들이 집단에 참여하는 데 있어서 방해가 될 수 있는 특별한 욕구가 없는지를 파악하고, 그들의 욕구에 따라 필요한 것들을 미리 준비해야 한다. 예를 들어, 휠체어를 탄 장애인이 집단에 참여하는 데 불편함이 없는 공간으로 모임 장소를 정하거나, 청각장애인을 위해 수화통역이 가능한 체제를 마련해 둘 수 있다. 또한 대중교통의 이용이 불편한 노인을 위해 교통편의 제공을 위한 준비를 할 수 있으며, 어린 자녀가 있는 부모들이 집단활동에 집중할 수 있도록 모임시간 동안 아동에 대한 돌봄서비스를 제공할 준비를 할 수도 있다.

(3) 재정의 확보

사회복지사는 집단사회복지실천에 소요되는 재정을 어떻게 확보할 것인지에 관심을 가지며, 후원하는 기관이나 소속기관으로 부터의 지원이 얼마나 가능한지를 파악해야 한다. 집단사회복지실천에 필요한 경비는 공간 사용에 따른 경비, 프로그램 활동에 소요되는 재료비 및 인건비, 다과비, 교통비 등 다양할 수 있다.

7) 모니터링 및 평가방법

개별 성원 및 전체로서의 집단이 목표달성을 향해 어떻게 나아가고 있는지를 모니터링하고 또 효과성을 어떻게 평가할 것인지에 대해 집단계획단계에서부터 고려해야 한다. 개별 성원에 대한 모니터링은 각 성원들의 집단과정에서의 참여 정도나 행동이나 정서에서의 변화를 자기 모니터링(self-monitoring)할 수 있도록 간단한 체크리스트를 만들어 사용할 수 있다. 집단의 진척과 변화에 대한 모니터링은 성원들로부터 매 회기 집단과정에 대한 피드백을 통해 할 수도 있으며, 또한 사회복지사가 매 회기 있었던 활동을 적고 회기의 전반적인 내용이 목적달성에 맞게 이루어졌는지를 분석하는 방식으로 할 수도 있다. 집단의 목표 달성을 확인하기 위해서는 단일사례설계(single case design), 목표달성척도(goal attainment scale)의 사용 등 여러 방법이 있을 수 있는데, 집단실천의 상황에 맞는 타당하고 신뢰할 수 있는 평가방법을 미리 정하여 집단이 시작될 때부터 필요하다면 평가를 위한 사전조사가 실시될 수 있도록 해야 한다.

2. 집단의 초기단계

성원들은 집단의 첫 회합을 시작하기 전에 사회복지사와 만나고 집단의 목표나 운영에 대해서 설명을 들었다 하더라도 집단이 시작 되면 여러 가지 의문을 가지게 되며 약간의 두려움도 가질 수 있나. 성원늘은 집단의 초기단계에서 자신들이 집단에서 무엇을 할 것인지, 다른 성원과 사회복지사는 어떤 사람인지, 그리고 집단이 자신들에게 기대하는 바는 무엇인지에 대해서 의문을 제기한다. 그리고 자기 나름대로의 해답을 얻기 위해 다른 성원과 사회복지사에 대해서 평가하며, 집단이 자신이 원하는 것과 거리가 멀 경우 더 이상 접근하지 않고 회피한다.

집단의 초기단계에서 사회복지사의 주된 노력은 성원들이 집단에 안심하고 참여할 수 있는 분위기를 조성하며, 또한 성원들이 자신을 집단의 일부로 느끼고 공통된 목적을 향해 함께 활동을 시작할 수 있는 공통적인 기초를 발견할 수 있도록 도와주는 것이다. 다음은 집단의 초기단계에서 사회복지사가 달성해야 할 과업이다(Reid, 1997; Toseland & Rivas, 2017).

1) 안전과 신뢰의 분위기 조성

집단의 초기단계에 사회복지사의 가장 기본적이고 중요한 역할은 성원들이 집단참여가 안전하고 편안하며 신뢰할 수 있다고 확실하게 느끼도록 하는 것이다. 집단의 초기에는 누구나 약간의 불안이 있을 수 있으며 폭력이나 착취를 경험한 성원들은 불안감이 더 높을 수 있어서 집단에 참여하는 데 경계심을 가지고 있을 수 있다. 따라서 사회복지사는 성원들이 사회복지사 및 동료 성원들과 함께 의미 있는 목표를 달성할 수 있으며, 집단이 지지 · 치료 · 회복을 위한 긍정적인 장소라는 점을 인식할 수 있도록 노력해야 한다.

안전감과 신뢰감을 줄 수 있는 분위기를 조성하기 위해 사회복지사는 성원들이 집단에서 자신의 이야기를 타 성원들과 공유하고 집단으로부터 영향을 받는 속도와 정도가 각기 다르다는 점을 잘 인식하고 있어야 한다. 성원들이 자신의 경험, 느낌, 열망 등을 공유하고자 할 준비가 되었을 때 말할 수 있도록 격려해야 한다. 또한 성원 간의 공통적인 관심사나 목표를 강조함으로써 각 성원이 집단의 일원임을 느낄 수 있도록 하며, 성원 간의 갈등이나 비판 등 부정적인 상호작용이나 피드백이 집단초기에 발생하지 않도록 적절히 개입하는 것이 필요하다. 사회복지사의 성원들에 대한 태도 및 상호작용도 매우 중요한데, 개방적인 자세로 성원들의 말을 경청하고, 성원의 강점을 탐색하고 발견하여 이를 드러내며, 집단에서 성원이 기여하는 바를 인식시켜 주는 것도 좋다.

2) 집단 성원의 소개

집단의 첫 모임에서 사회복지사는 성원들을 소개해야 한다. 소개는 성원들 간의 관심사와 흥미를 공유하게 하고 상호신뢰를 발전시키는 계기가 된다. 사회복지사는 소개과정을 통하여 집단 성원들이 그들의 생활경험, 어려움, 관심사, 감정 등에서 유사성이 있다는 점이 드러나도록 해야 한다. 따라서 집단의 목적을 고려하여 어떤 정보가 공유되는 것이 좋은지를 결정하고 개별 성원 소개 시 그 정보를 밝히도록 하는 것이 좋다.

집단 성원의 소개에 가장 일반적인 방법으로는 순번대로 차례로 돌아가면서 자신을 소개하는 것이다. 이때 사회복지사는 먼저 자신을 소개하여 성원들이 무엇을 소개할지를 보여 줄 수 있다. 성원들은 사회복지사가 소개한 것 이상으로 자신을 첫 모임에서 드러내지는 않는 경향이 있으므로 사회복지사는 무엇을 소개할지를 사전에 잘 준비해야 한다. 또한 계획적인 짝짓기를 통해 소개하는 방법을 사용할 수 있다. 짝을 지어서 5~10분간 미리 짜인 질문을 가지고 서로 면접을 하고 자신이 면접한 상대방에 대해서 집단에게 소개를 하는 방식이다. 일대일 관계를 통한 소개는 두 사람 간에 상호작용을 촉진하여 더 많이 자신을 드러내게 할 수 있다.

집단을 개회할 때 프로그램 활동을 사용할 수 있다. 예를 들어, 아동집단에서는 성원들에게 자신들을 대표할 수 있는 동물을 선택하게 하고 자신을 소개할 때 어떤 점에서 그 동물과 동일한지 이야기하도록 한다. 또 다른 예로서는 성원들이 원으로 둘러서서 자기 옆에 있지 않은 다른 두 사람과 손을 잡게 하고, 그런 다음 엉킨 것을 풀되 서로의 손을 놓지 않은 상태로 원을 만든다.

3) 집단의 목적 설명 및 성원의 목적 설정

성원들이 집단의 목적에 대해서 사전에 알고 있다 하더라도 첫 모임에서 사회복지사는 다시 한번 집단의 목적을 분명히 하는 것이 좋다. 집단의 목적은 성원들의 문제와 같은 부정적인 측면에 초점을 두기보다는 집단을 통해 달성할 수 있는 심리사회적 기능이나 역량의 긍정적인 측면에 초점을 두어야 한다. 예를 들어, '~을 감소한다'는 것보다는 '~을 향상한다'는 표현이 더 바람직하다. 집단의 목적은 성원들의 상황을 모두 다 포괄할 수 있어서 성원들이 그 집단에 잘 맞다고 느낄 수 있어야 한다. 사회복지사는 집단의 목적에 대해서 성원들이 자신들의 의견이나 관심사를 표현하도록 촉구해야 하며, 그들의 의견을 반영하도록 해야 한다.

집단의 목적이 설정되면, 각 성원들의 개인적인 목적 또한 설정해야 한다. 성원 모두에게 적절한 공동의 목적이 수립되는 정도는 집단에 따라 다르다. 예를 들어, 만성폐결핵에 걸린 성원들로 구성된 집단에서는 금연이라는 공동의 목적하에 금연할 수 있는 구체적인 방법의 논의로 곧바로 옮겨 갈 수 있다. 그러나 서로 다른 정신장애를 겪고 있는 성원들의 집단에서 공동의 목적은 매우 추상적이고 포괄적인 수준이므로 개인적 목표는 구체적으로 설정되어야 한다. 문제를 가진 자녀를 둔 교육집단에서 공동의 목적은 아동의 정상적 발달과 성장에 대한 학습이고 개별 성원의 목적은 자기자녀가 갖고 있는 문제행동의 감소가 될 수 있다. 효과적인 목적 달성을 위해 개인적 목적은 명확한 용어로 규정되어야 하고, 집단활동기간 동안 성취할 수 있으며, 측정 가능한 것이 좋다.

4) 집단규칙 설명 및 설정

집단에서 지켜야 할 규칙에 대해서는 사회복지사가 미리 정하여 집단초기에 성원들에게 규칙의 필요성을 설명하며 제시할 수도 있으며, 성원들과의 협의를 통하여 만들어 갈 수도 있다. 집단규칙으로 포함될 수 있는 것은 우선 비밀유지에 관한 규칙이다. 성원의 사적인 정보나 집단에서 논의된 내용을 집단 밖으로 유출하지 않아야 한다는 규칙은 매우 중요하므로 성원들이 이를 충분히 이해하고 동의할 수 있도록 해야 한다. 비밀이 보장된다는 것을 믿게 되면 성원들은 안심하고 자신의 감정이나 생각들을 잘 드러내며 이는 집단의 응집력에 긍정적인 영향을 미치게 된다. 그러나 한편 타인의 복지가 위협받는 상황에서는 비밀보장이 지켜질 수 없는 한계가 있음을 알려 주는 것도 필요하다.

집단규칙에 포함될 수 있는 내용으로는 해야 할 것(예, 타인의 말을 경청하고 존중해 주기, 시간 지키기 등)과 해서는 안 될 것(예, 술을 마신 상태에서 집단참여, 타 성원을 비난 · 공격하거나 난처하게 하는 행위 등)이 포함될 수 있다. 그러나 첫 회기부터 규칙을 모두 일일이 다 논의하는 것은 성원들에게 너무 위협적으로 들려 부정적인 분위기를 만들 수 있으므로 집단이 진행되면서 필요한 상황에서 자연스럽게 집단규칙을 만들어 나가는 것이 바람직하다.

5) 성원의 동기 고취

집단의 목적과 개별 성원의 목적이 성공적으로 달성되는 데는 개인의 동기가 중요한 역할을 한다. 동기는 개별 성원들이 갖고 있는 사회복지사의 역할에 대한 기대, 집단과정에 대한 기대, 집단을 통하여 이루어질 수 있는 것에 대한 기대에 의해 결정된다. 예를 들어, 성원이 그가 무엇을 어떻게 해야 할지를 사회복지사가 지시해 줄 것으로 기대한다면 그는 집단에서 주도적으로 행동하지 않을 것이다. 그리고 이전의 집단경험이 별로 성공적이지 못했으면 성원은 목적달성을 위해 열심히 하려는 동기가 줄어들 것이다. 사회복지사는 집단 성원들이 어떤 기대를 갖고 있는지 확인하기 위해 성원들에게 직접적인 질문을 할 수 있다.

가끔 성원들은 자신들의 목적달성을 위한 능력이나 집단에서 주어진 역할을 잘 해낼 수 있을지에 대해 양가감정을 가질 수 있으며, 이를 표현하기 꺼리거나 그 양가감정에 대해서 사회복지사가 비난할지도 모른다고 우려한다. 변화에 대한 양가감정을 극복하도록 도와주는 방법 중의 하나는 목적달성을 방해하거나 촉진시키는 심리적 · 사회적 · 환경적 요인이 무엇인지를 열거하고 이에 대해서 집단 성원들이 토론하게 하는 것이다. 집단 싱원들이 동기저하에 영향을 미치는 요인들을 변화시키도록 도와주는 과정을 통하여 개별 성원은 두려움, 양가감정, 걱정들을 보다 적게 가지면서 자신의 목적을 성취하려는 동기를 유지하게 된다.

6) 계약

초기에 성원들은 집단사회복지사의 역할, 성원들의 역할, 그리고 자신들에게 기대되는 것 등에 대해서 잘 알지 못한다. 따라서 계약을 통해 상호 간의 기대, 의무, 책임을 명백히 하는 것이 필요하다. 일반적으로 계약은 성원과 사회복지사 사이에서 이루어진다. 예를 들어, 성원은 금연을 하거나, 자기 의사를 보다 분명히 밝히거나, 또는 더 많은 친구를 사귀는 것을 사회복지사와 계약한다. 또한 성원 간에도 계약이 이루어질 수 있는데, 특정한 목적을 달성하도록 서로 도울 것을 계약할 수 있다. 예를 들어, 자기주장훈련집단의 경우 두 사람은 서로에게 전화를 걸어 집단 밖에서도 연습을 잘하고 있는지 확인할 것을 계약할 수 있다. 특정한 목적이나 목표에 관해서 계약을 할 때 누가, 어떤 상황에서, 무엇을 하며, 그 이행에 대해서 어떻게 측정할 것인가에 대해서 언급해야 한다.

3. 집단의 사정단계

사회복지실천에서 사정이란 클라이언트체계에 대해 정보를 수집하고 조직화하여 판단하는 것을 말한다. 집단을 대상으로 한 사회복지실천에서 사정의 초점은 집단의 유형이나 개입전략에 따라 달라질 수 있다. 그러나 사회복지사는 개별 성원, 전체로서의 집단, 그리고 집단의 환경 모두에 초점을 두고 사정해야 하며, 집단은 계속 변하므로 사정 역시 시기적절하게 지속적으로 이루어져야 한다.

1) 개별 성원에 대한 사정

성원에 대한 사정은 개별 성원이 자신을 관찰하여 보고하는 방식으로 가능하지만 집단사회복지실천에서 성원에 대한 사정은 집단회기 중에서 나타나는 성원의 행동 및 인식에 초점을 맞추어 사정을 하는 것이 좋다(Hepworth et al., 2017). 집단에 참여하는 성원들의 상당수는 대인관계에서 그들 자신과 타인에게 스트레스를 야기하는 행동상의 비기능적인 측면을 가지고 있을 수 있으나 자신의 행동유형을 잘 인식하지 못할 수도 있으며 그것으로 대인관계에 문제가 생기는지를 잘 알지 못한다. 이때 사회복지사의 역할은 개별 성원들이 자신의 행동유형을 인식하고, 행동을 변화시키도록 도와주는 것이다. 이를 위해서 사회복지사는 개별 성원들에게서 반복적으로 나타나는 행동 및 그 행동과 밀접히 관련되어 있는 인식에 초점을 두어야 한다.

일반적으로 행동유형은 집단에서의 역할을 확인하거나 집단 성원과 상호작용하는 방식을 관찰함으로써 알 수 있다. 집단에서 개별 성원들은 집단의 임무를 수행하거나 문제해결을 직접적으로 돕는 역할을 맡을 수도 있으며, 집단의 기능을 유지 · 변경 · 강화하는 데 관련된 역할을 할 수도 있고, 개인적 목표만 추구하는 자기

표 11-3 개별 성원 행동의 예시

기능적 행동	비기능적 행동
• 집단 성원이나 중요한 타인에 대하여 관심을 표명	• 타인의 말을 중단시키거나 타인의 생각을 무시
• 지도력을 보여 줌	• 회유하기, 생색내기
• 자신을 분명하게 표현	• 경시, 비판, 빈정대기
• 타인을 지지하고 타인과 협동	• 논쟁, 공격, 비난
• 초점을 유지하고 집단의 목적을 달성하는 데 원조	• 섣부른 조언
• 감정을 솔직히 표현	• 반감을 언어적 · 비언어적으로 표현
• 타인의 말을 정확히 인식하고 이해한 바를 전달	• 말을 너무 많이 크게 하거나 속삭이기
• 건설적인 피드백에 대해 솔직하고 긍정적으로 반응	• 무관심하거나 움츠려들고 관람객의 역할을 취함
• 집단에 의해 정해진 지침 내에서 일함	• 주제에 관계없거나 옆길로 새는 이야기
• 행동에 대한 책임을 짐	• 타인을 놀리거나 흉내 냄
• 타인의 의견을 고려하고 그들을 의사결정에 포함	• 야단법석을 떨거나 육체적으로 공격적임
• 토론에 참가하고 타인도 참가하도록 원조	• 해로운 하위집단을 형성
• 타인의 장점과 성장에 대한 긍정적인 피드백을 줌	• 타인을 분석하거나 판단
• 자신의 장점과 성장을 인정	• 자신에 초점을 맞추는 것을 회피하거나 개인적 문제와 연관된 감정이나 근심을 억제
• 유머를 적절히 사용	

중심적인 역할을 할 수도 있다. 또한 성원들이 집단에서 얼마나 기능적으로 또는 비기능적으로 행동하는가에 대한 사정도 중요하다. 기능적인 행동과 비기능적인 행동의 예가 〈표 11-3〉에 제시되어 있다. 집단에서의 역할이나 성원간의 상호작용 방식은 곧 다른 사회적 상황에서의 역할과 상호작용을 그대로 반영하는 것이므로 집단내에서의 이러한 사정은 매우 중요하다.

인식유형은 개별 성원들이 자신에 대해서 또는 다른 사람들이나 세상에 대해서 인식하고 생각하는 습관적이거나 전형적인 형태를 말한다. 성원들의 말에서 종종 인식패턴을 알 수 있는데, '나는 실패자야', '나는 절대로 잘 해낼 수 없어', '나는 다른 사람보다 못해'라는 진술은 부정적인 자기인식을 반영한다.

사회복지사는 집단회기에서 나타난 개별 성원의 행동과 인식상의 특성을 기록하여 개인별 프로파일을 만드는 것이 좋다. 이를 통해 개인별 장·단점을 한눈에 알아볼 수 있고, 얼마나 긍정적으로 변화 또는 성장하고 있는지 쉽게 확인할 수 있다. 〈표 11-4〉는 지지집단에 참여한 개별 성원의 프로파일의 예이다. 예에서 보듯이 개별 성원을 사정할 때, 그들의 장점과 단점이 모두 사정되어야 한다. 개인의 장점에 대한 강조는 개별 성원의 자존감을 높여주고 타성원들이 모방하도록 할 수 있다.

표 11-4 집단 성원 프로파일의 예시

이름	특징	기능적 유형	비기능적 유형
A	15세 부모 및 1명의 자매와 동거, 예술적, 테니스를 침	• 집단에 자주 참여함 • 타 성원에게 적절하게 관련 있는 질문을 함 • 집단회기 시작할 때 준비운동 할 것을 제안하며 집단을 위한 유지업무를 맡겠다고 함	• 사회복지사의 동기와 집단을 촉진하는 능력에 대해 도전을 함 • 자신에게 초점을 맞추는 데 주저함
B	16세 부모와 동거, 외동, 심한 우울 및 불안을 보고함	• 자신의 감정을 분명하게 표현함 • 변화를 원하고 있음을 표현함	• 집단에서 거의 말을 하지 않음

C	16세 부모와 동거, 외동, 학생회 회장	• 집단 참여에 대한 양가감정을 표현함 • 집단에 자주 참여하며 집단에 긍정적으로 기여함 • 동료와 관련된 개인적인 우려를 공유하려는 위험을 감수함	• 가끔 주제에서 벗어난 이야기를 하거나 관련 없는 질문을 함 • 퉁명스럽게 말함 • 자신에 관해 이야기하는 데 어려움 있음
D	17세 부모 및 조모와 동거, 외동, 소프트볼 팀원	• 토론에 적극적으로 참여하며 타 성원을 적절하게 지지함 • 자존감과 관련된 우려와 강점을 인식하고 있음 • 변화 가능성을 인정함	• 타 성원을 놀리거나 주의를 산만하게 하는 말을 함
E	16세 모 및 당뇨병 진단받은 남동생과 동거, 독서클럽, 밴드부, 동물보호센터와 요양원에서 봉사	• 여러 주제에 걸쳐 집단토의를 먼저 시작함 • 외향적이며 즉각적으로 집단에 에너지를 더함	• 가끔 타인의 말을 가로 막으며 대화를 독점하려고 함
F	15세 부모와 동거, 최근 이사하여 전학, 배구부, 패스트푸드점에서 파트타임 일함	• 집단에서 사려가 깊음 • 부모로부터 상처받은 메시지를 집단에서 논의함 • 집단참여를 통해 나타난 결과로서 변화를 인정함	• 말을 잘 하지 않음 • 변화에 대한 희망이 없음을 표현함

출처: Hepworth et al. (2017), p. 298에서 재구성.

2) 전체 집단에 대한 사정

전체 집단에 대한 사정영역은 집단행동양식, 집단의 규범, 성원 간의 상호관계 및 하위집단 등을 포함한다. 집단행동양식에 대한 사정은 집단 전체의 상호작용이 성원들 간에 지지적인가, 집단은 목표를 달성하는 데 건설적인 방향으로 나아가고 있는가, 집단 내 권력이나 자원은 일부 성원이 독점하고 있는가 아니면 공유되고 있는가, 집단 내 의사결정은 민주적인 방식으로 이루어지는가 등을 포함한다. 기능적인 집단행동의 몇 가지 예는 다음과 같다.

- 집단은 문제를 직시하고 필요한 조정을 한다.
- 집단은 개별 성원들이 자신들의 문제를 드러내는 데 긍정적으로 반응한다.
- 집단의 성원들은 타 성원의 욕구와 감정에 민감하고 상호지지적이다.
- 집단 내 의사결정은 모든 성원들의 관점과 감정을 고려하여 합의로 이루어진다.
- 집단은 상호작용을 독점하거나 집단의 목표를 달성하는 데 방해가 되는 성원에 대해서 책임있게 대응한다.

또한 사회복지사는 집단의 규범을 확인하고, 그 규범들이 개별 성원과 집단 전체에 도움이 되는지 또는 해가 되는지를 판단해야 한다. 집단규범이란 특정 상황에서 성원들이 어떻게 행동해야 하는가에 대한 성원들 간의 공유된 신념이나 무언의 기대이다. 정해진 규범은 집단 성원의 상황에 대한 반응이나 집단이 제공하는 치료적 경험의 정도에 영향을 미친다. 사회복지사는 필요하다면 집단규범의 변화를 위한 긍정적인 분위기를 만들어야 한다. 집단의 규범을 알기 위해서는 다음과 같은 질문이 도움이 된다.

- 집단 내에서 이야기될 수 있는 주제와 이야기될 수 없는 주제가 있는가?
- 어떤 종류의 감정적 표현이 허용되는가?
- 문제해결이나 집단의 과업달성을 위해 집단은 어떤 태도를 취하는가?
- 성공적인 집단경험을 위한 책임이 성원들에게 있다고 여기는가, 아니면 사회복지사에게 있다고 여기는가?
- 집단사회복지사의 위상에 대한 집단의 입장은 어떠한가?
- 피드백에 대한 집단의 태도는 어떠한가?
- 개별 성원의 기여에 대해서 어떻게 여기고 있는가?

성원 간의 상호관계 및 하위집단을 파악하기 위해서는 소시오그램을 활용할 수 있다. 소시오그램(sociogram)은 상징적인 기호를 사용하여 성원 간의 관계를 한눈에 볼 수 있게 나타낸 것으로 전체 성원 간의 관계의 유형과 하위집단 간의 역학관

표 11-5 집단규범의 예시

기능적인 규범	비기능적인 규범
• 자발적으로 자기를 표출한다. • 집단사회복지사를 존경한다. • 개인적인 문제의 해결을 위해서 노력하는 데 초점을 둔다. • 모든 집단 성원이 토론에 참여하거나 집단의 초점이 되도록 공평한 기회를 가진다. • 개별 성원들은 자신의 문제와 관련된 어떤 주제도 이야기할 수 있다 • 타 성원들과 직접적인 의사소통을 한다. • 집단의 목적을 달성하는 데 방해가 되는 장애에 대해 이야기한다.	• 표면적인 주제에 국한해서 토론한다. • 자기표출을 회피한다. • 기회가 있을 때마다 집단사회복지사에 대해서 불평 및 비난한다. • 문제에 관해서 불평만 하고 해결하기 위한 노력은 하지 않는다. • 공격적인 성원들이 집단을 지배한다. • 감정적으로 강렬하거나 미묘한 주제는 이야기하지 않는다. • 사회복지사에게 직접적으로 조언한다. • 장애를 무시하거나 집단의 문제에 대해 이야기하는 것을 회피한다.

계를 파악할 수 있다. 하위집단은 형성 그 자체만으로는 전체 집단에 해로운 것은 아니며, 집단의 성원들은 하위집단으로부터 더 많은 지지를 받기도 하고 친밀감을 발전시키기도 한다. 그러나 하위집단이 집단 내 타 성원과 밀접한 관계를 허용하지 않는 배타적인 집단이 되거나 전체 집단의 목표를 방해하는 경우에는 해가 될 수 있으므로 사회복지사는 집단 내부의 하위집단을 확인하고 또 그 집단이 전체 집단에 미치는 영향에 대해서도 사정해야 한다. 시기적으로 상이한 여러 번의 소시오그램 작성은 집단의 특징적 상호작용을 알게 하며, 집단 내의 소외자, 결탁 또는 경쟁관계 등을 발견하는 데 유용하다.

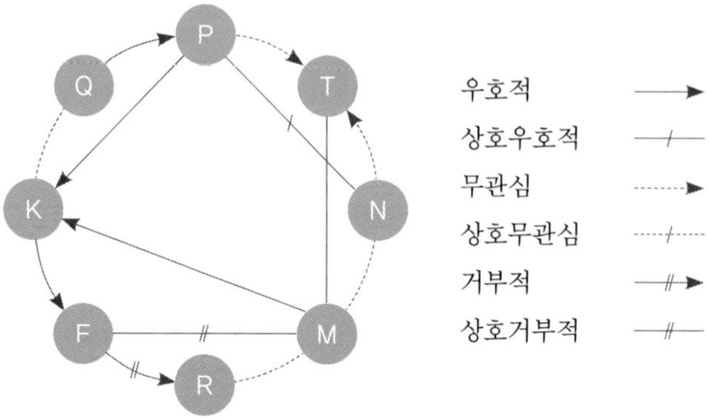

그림 11-1 소시오그램의 예시

출처: Toselnad & Rivas (2017), p. 265.

3) 집단 환경에 대한 사정

집단의 기능에 영향을 미치는 환경으로는 집단을 승인하고 후원하는 기관, 타 기관이나 지역사회가 포함된다(Toseland & Rivas, 2017).

첫째, 사회복지사는 집단을 후원하고 있는 기관의 자원이 집단실천에 충분히 할당되고 있는지, 그리고 기관의 동료 사회복지사들이 이 집단과 사회복지사에게 얼마나 도움을 제공하거나 지지적인지를 사정해야 한다. 기관에서 지위가 낮은 사회복지사가 집단실천을 하는 경우, 기관으로부터의 자원제공과 지지가 상대적으로 적을 수 있어서 자원 및 동료들의 지지를 확보하기 위한 노력이 더 필요할 수도 있다.

둘째, 사회복지사는 집단실천과 관련되어 타 기관의 상황은 어떠한지에 대해서도 관심을 가져야 한다. 타 기관에서 유사한 목적을 가진 집단실천이 현재 이루어지고 있는지, 동일한 집단실천의 필요성을 느끼고 있는지, 타 기관의 서비스나 프로그램 중에서 성원들이 이용할 만한 것이 있는지 등을 사정하여야 한다. 타 기관에서 집단실천의 필요성을 느끼고 있으나 현재 집단실천이 이루어지고 있지 않다면, 그 기관으로부터 참여자를 의뢰받을 수도 있으며 타 기관과 공동으로 집단실천을 하는 방안도 고려해 볼 수 있을 것이다.

셋째, 집단이 다루는 문제에 대한 지역사회의 가치나 태도도 집단에 중요하게 영향을 미치므로 사회복지사는 지역사회 환경도 사정해야 한다. 지역사회가 중요하게 여기는 가치와 상반되는 문제를 집단이 다루는 경우(예, 가정폭력, 알코올중독, 도박중독 치료집단), 성원들에게 낙인이 있을 수 있어서 성원 모집에 어려움이 있거나 중도탈락이 발생할 수 있다. 지역사회가 집단에서 다루고자 하는 문제를 얼마나 수용하고 지지하는지에 대한 사정을 토대로 집단사회복지실천 그 자체를 비밀로 할 수도 있으며 참여성원이 전혀 드러나지 않게 해야 할 수도 있다.

4. 집단의 중간단계

집단발달의 중간단계는 성원 간에 친밀감과 상호공유가 증가하고 집단응집력이 증가하는 시기이다. 집단의 생산성은 높아지고 성원들은 자신이 계획한 목표를 달성하기 위하여 이전보다 더 전념하게 된다. 이 단계에서 사회복지사는 집단과 성원이 목표를 잘 달성할 수 있도록 격려하고, 목표달성에 필요한 집단의 문화와 규범을 유지·발전시키며, 목표달성에 방해가 되는 장애를 극복할 수 있도록 원조해야 한다. 집단의 중간단계에서 주요 과업은 집단의 형태와 지도력 유형에 따라 다르지만, 공통적으로 집단회합의 준비, 집단의 구조화, 성원의 참여와 권한부여, 성원의 목적성취 원조, 저항적인 성원의 독려, 모니터링 등의 과업을 수행해야 한다(Toseland & Rivas, 2017).

1) 집단회합의 준비

효과적인 집단실천을 위해 사회복지사는 성원 및 집단의 욕구를 지속적으로 파악하고 다음 회합에서 그 욕구가 충족될 수 있도록 준비해야 한다. 다음 회합에서 다룰 의제를 준비하고, 성원의 토론을 자극하고 흥미를 유발할 수 있는 자료나 활동지 등을 준비해야 한다. 또한 성원들이 집단에 흥미롭게 참여할 수 있는 프로그램 활동을 준비하는 것도 필요할 수 있다. 아동·청소년 대상 집단실천의 경우에 집단목적의 달성을 위해 다양한 프로그램 활동을 많이 포함하는데, 정해진 시간 내에, 교육, 토론, 프로그램 활동 등을 어떻게 적절하게 나누어 진행할 것인지를 미리 구체적으로 계획해야 한다.

2) 집단의 구조화

구조화란 성원들이 바람직한 방향으로 변화해 가도록 원조하기 위하여 계획적이고 체계적이며 시간제한적인 개입을 한다는 것을 의미한다. 구조화를 위한 활동으로는 각 회합이 정시에 시작하고 끝난다는 사실을 성원들이 알게 하거나 이번 회합에서 다룰 것이 무엇인지를 명확히 하는 것이다. 또한 집단의 의사소통 및 상호작용의 유형을 설정하여 모든 성원이 참여할 수 있는 기회를 갖도록 토론과정을 구조화할 수 있다. 집단의 초점을 유지하는 활동, 지금까지의 일을 요약하는 활동 등도 구조화의 방법이다. 집단을 구조화하는 경우의 장점으로는 집단의 목적성취를 촉진하며, 집단사회복지사가 계획적 · 체계적으로 개입을 할 수 있고, 성원간의 토론과 지지를 촉진하며, 자원을 활용할 수 있도록 한다는 점이다. 집단구조화가 필요한 정도는 집단에 따라 다르다. 일반적으로 상호지지집단은 낮은 수준의 구조화가 효과적이며, 치료집단과 성장집단은 높은 수준의 구조화가 효과적이다.

3) 성원의 참여와 권한부여

중간단계에서 주요 과업 중의 하나는 성원들로 하여금 집단과정에 완전히 참여하게 하고, 집단 안팎에서의 자신의 삶에 대해 책임을 질 수 있도록 권한을 부여하는 것이다. 이를 위해서 사회복지사는 ① 성원들의 강점에 대한 믿음을 보여 주고, ② 목적달성을 위해 노력하는 과정에서 부딪힐 수 있는 장애물과 어려움을 인식하도록 하며, ③ 집단의 내용과 집단의 방향이 성원에게 달려 있다는 것을 알게 하고, ④ 성원들의 상호원조에 대해서 칭찬하며, 그리고 ⑤ 새로운 행동과 활동을 집단 안팎에서 시도해 보도록 격려할 수 있다. 집단 성원의 참여를 촉진하고 권한을 부여하는 것은 사회복지사가 지도와 안내를 하지 않는다는 것이 아니며 집단을 지도하는 데 있어서 성원들의 투입과 피드백을 진지하게 고려해야 한다는 의미이다.

4) 성원의 목적성취 원조

중간단계에서 사회복지사는 대부분의 시간을 성원이 목적을 성취하도록 원조하는 데 할애해야 한다. 목적성취를 원조하기 위한 활동에는 ① 성원들이 자신의 목적을 인식하고, ② 구체적인 치료계획을 발전시키며, ③ 그들이 직면할 수 있는 문제를 극복하고 치료계획을 실행에 옮기려는 의지를 증진시키고, 그리고 ④ 치료계획을 실행에 옮길 수 있도록 원조하는 것을 포함한다.

성원의 목적성취를 위한 개입은 개별 성원, 전체 집단 그리고 집단환경의 세 차원에 걸쳐 이루어져야 한다. 먼저, 개별 성원에 대한 개입 수준은 ① 성원의 비합리적 사고나 신념 그리고 관련된 감정상태를 변화시키도록 원조하는 것, ② 성원의 대인관계행동이나 기술을 변화시키는 것, 그리고 ③ 성원이 사회심리적 및 물리적 환경을 수정할 수 있도록 원조하는 개입방법을 포함한다. 성원에게 내적 변화를 일으키기 위해서 사회복지사는 성원이 자신의 사고 · 감정 · 행동을 파악하고 분별하도록 하며, 특정 사고, 감정, 행동 사이의 연관성을 파악하고, 사고와 신념의 비합리성을 분석하도록 원조해야 한다. 왜곡되거나 비합리적인 신념을 변화시키는 방법으로는 문제를 새로운 관점에서 보게 하는 재정의나 패배적인 자기대화(self-talk)를 긍정적인 것으로 나타낼 수 있는 인지적 자기표시 방법 등을 활용할 수 있다. 대인관계기술을 변화시키는 방법으로는 모델 관찰을 통한 학습, 역할연습을 통한 학습을 이용할 수 있다. 환경적 수준에서의 개입은 성원이 필요로 하는 구체적인 자원을 연결해 주며, 성원의 사회적 관계망 확내를 원조하고, 성원의 행동변화를 방해하는 물리적 환경을 수정할 수 있도록 원조하는 것 등이 있다.

다음으로, 전체 집단에서의 개입은 ① 집단에서 이루어지는 의사소통과 상호작용에 대한 개입, ② 집단의 매력을 증진시키는 개입, ③ 집단 내의 규범, 역할, 지위, 위계구조에 대한 사회적 통제, 그리고 ④ 목적성취에 도움이 되는 집단문화를 창출하도록 개입하는 것을 포함한다. 사회복지사는 집단의 의사소통의 형태 및 상호작용의 빈도를 평가하여 전 성원에게 참여기회가 적절히 배분되도록 해야 하며, 의사소통의 내용이 집단과업의 초점에서 빗나가지 않도록 해야 한다. 집단의 매력을 증진시키기 위해서는 의사소통의 기회를 적절히 배분하고, 토론 주제를 성원들이 선택하도록 격려하며, 흥미 있는 프로그램 활동을 일정에 포함시킬 수 있다. 집단 내에서 사회적 통제는 너무 제한을 두어 성원들이 억압당한다는 느낌을 받지 않도록 해야 하며, 동시에 너무 약해 혼란이 초래되지도 않아야 한다. 집단문화에 개입하는 방법으로는 집단 성원들이 공통적으로 가지고 있는 신념체계에 도전하거나 집단에서 논의될 수 없는 금기사항과 관련된 문화를 지적해 줄 수 있다.

마지막으로, 집단 환경에 대한 개입으로는 ① 집단을 후원하고 있는 기관이 지원을 더 확대하도록 하며, ② 기관간 관계망을 형성하고, 그리고 ③ 지역사회에서 사회문제와 집단서비스에 대한 인식을 증진시키는 것을 포함한다.

5) 저항적인 성원의 독려

사회복지사는 집단의 성원이 되기를 원치 않는 비자발적인 성원과 함께 집단실천을 해야 하는 경우도 있다. 우선 마지 못해 집단에 참여하거나 저항하는 성원들이 자신들의 문제에 대해 그들의 견해를 자유롭게 표현할 수 있도록 비심판적이며 안전한 집단분위기를 만들어 주는 것이 중요하다. 저항하는 성원은 달성해야 할 목적자체를 설정하지 않으려는 경향이 있는데, 이때 그들이 자신의 문제에 대처하지 않음으로써 발생할 수 있는 결과에 대해 초점을 맞추며 성원들 간에 건설적인 직면을 하도록 하는 것이 동기촉진에 도움이 된다. 집단에 소극적으로 참여하거나 저항하는 성원은 목적을 달성하려고 노력하는 과정에서 장애에 자주 부딪히게 되고 이는 변화에 대한 그들의 동기를 약화시키며 변화에 대한 신념체계에 부정적인 영향을 미칠 수 있다. 이런 성원에게는 신념체계를 변화시키는 방법과 외부환경을 이용하는 방법을 활용할 수 있다.

6) 집단실천의 진전에 대한 모니터링과 평가

모니터링과 평가를 통하여 성원과 사회복지사는 피드백을 얻을 수 있다. 모니터링은 중간단계에만 해당하는 과업이 아니고 집단실천의 전 과정에서 수행되어야 한다. 모니터링 방법으로는 각 회기마다 회합이 끝났을 때 성원들이 그 회합에 대한 평가를 하거나 2~3번의 회합마다 한번 정도 평가를 할 수 있다. 그러나 평가 횟수는 집단에 대한 피드백을 어느 정도 받아야 하는가의 필요성에 달려 있다. 모니터링은 서면이나 구두로 할 수 있다.

5. 집단의 종결단계

집단과정의 마지막 단계에서 사회복지사의 주요한 과업은 집단을 성공적으로 종결하는 것이다. 그러나 현실적으로 집단이 목표를 달성하지 못한 채 조기에 종결되는 경우도 있다. 집단과정의 마지막 단계에서 사회복지사가 사용하는 기술은 이전까지의 집단경험을 포함하여 모든 집단경험의 성패를 좌우한다. 집단의 종결단계에서 사회복지사의 주요 과제는 다음과 같다(Reid, 1997; Toseland & Rivas, 2017).

1) 불만족스러운 종결의 사유에 대한 이해

집단종결의 유형 중 이상적인 것은 개별 성원들과 전체로서의 집단이 치료목적을 달성하여 더 이상 서비스를 필요로 하지 않을 때 집단이 종결되는 것이다. 그러나 개별 성원이 집단과정의 중간에 탈락하거나 집단과 성원들이 그들의 목적을 달성하지 못한 채 집단이 조기에 종료되는 경우도 있다.

개별 성원이 계획에 없는 종결을 하는 경우 사회복지사는 그 원인을 확인하여 집단 성원이 탈락하는 것을 방지하고 자신의 실천기술을 향상하여야 한다. 성원들이 중간에 탈락하는 것은 모임시간에 어린 자녀를 돌보아야 하거나 모임시간과 겹치는 새로운 일자리를 구하거나 또는 이사를 가는 등의 특별한 생활환경상의 이유로 사회복지사나 집단의 과정과 무관한 것일 수 있다. 반면, 성원은 집단이 지신의 목적을 달성하는 데 아무 도움이 되지 않는다고 생각하거나 다른 성원과 심한 갈등상태이거나 또는 특정 치료기법이나 치료과정에 대한 불만으로 조기에 종결을 할 수도 있다. 만약 자녀를 돌보는 것이 문제라면 돌봄서비스를 제공함으로써 집단에서 탈락하는 것을 어느 정도 방지할 수 있을 것이며, 집단 성원 간의 갈등이 주원인이라면 사회복지사는 그 갈등을 완화하는 방향으로 집단을 지도해야 할 것이다.

한편, 집단 전체가 불만족스러운 상태로 조기에 종결을 하는 경우도 있다. 그 이유는 크게 두 가지로 분류할 수 있다(Reid, 1997). 첫째, 집단이 적절한 기능을 할 수 있는 충분한 수준의 통합이나 계기를 달성할 수 없기 때문에 조기에 종결한다. 이 상황은 탈락한 성원을 새로운 성원으로 대체할 수 없을 때, 집단을 지도하는 사회복지사가 전출이나 건강상의 이유 등으로 집단을 더 이상 지도하지 못할 때, 또는 후원하는 기관에서 집단이 기능하는 데 필요한 자원을 충분히 제공하지 못할 때 일어날 수 있다. 둘째, 집단의 내적인 역기능 때문에 종결한다. 집단이 성원에게 도움이 되기보다는 오히려 해가 되며 파괴적이 되므로 조기에 종결하는 경우를 말한다. 배타적인 하위집단의 형성, 희생양 만들기, 소수 성원에 의한 집단의 지배, 심각한 갈등 등은 집단이 성원들에게 해로운 것이 될 수 있다. 사회복지사는 집단이 조기에 종결되는 경우, 어떤 요인이 집단의 해체에 영향을 미쳤는지를 검토하여 앞으로의 집단실천에 반영해야 한다.

2) 변화 노력의 유지 및 일반화

사회복지사는 성원들이 집단참여를 통하여 성취한 변화를 유지하며, 구체적인 변화를 성원의 주요한 생활영역으로까지 일반화할 수 있도록 도와야 한다. 성원들은 개입 직후에 상당한 변화를 유지하더라도 시간이 지나면서 긍정적인 변화를 유지하는 것이 어려워지며, 치료로 나타나는 특정한 행동을 다른 맥락에서 수행하지 못하는 경향이 있다. 변화의 유지와 일반화를 위해서는 다음과 같은 방법이 도움이 된다.

- 성원들의 일상생활과 밀접한 관련이 있는 현실적인 사례를 집단에서 다룬다.
- 성원들의 문제에만 초점을 맞추지 말고 자신의 능력을 확인할 수 있게 하여 자신감을 발전시키도록 한다.
- 변화유지능력을 방해하는 어려운 상황에도 대비할 수 있도록 다양한 상황과 환경을 활용한다.
- 변화를 통해 일어나는 긍정적인 결과에 초점을 맞추도록 한다.
- 공식적인 집단을 마치고 난 후에 추후모임을 할 수 있는 기회를 제공하여 변화를 유지하기 위한 자신의 노력을 재검토할 수 있게 한다.
- 성원들이 집단 외부에서 부딪힐 수 있는 비우호적인 환경에 대해 어떻게 대응해야 할지 미리 준비시킨다.
- 성원에게 그동안 배운 것을 요약해 주거나, 대처기술을 이용하는 데 자신감을 북돋워 주어 스스로 자신의 문제를 해결할 수 있도록 한다.

3) 집단에 대한 의존성의 감소

사회복지사는 성원의 집단의존성을 줄이기 위하여 성원들이 집단 외부의 지지와 성원 자신의 기술 및 자원을 활용하도록 원조해야 한다. 집단이 끝나기 몇주 전부터 집단의 종결에 대해서 논의해야 한다. 집단의 매력을 감소시키기 위하여 성원이 집단에서 성취한 것을 요약하게 하거나 더 이상 집단이 필요하지 않음을 토론하게 한다. 종결단계에서 회합 간의 간격은 길게 그리고 회합시간은 짧게 하도록 한다. 성원에게 외부활동에 참여하도록 격려하여 집단의 중요성을 감소시킬 수 있다.

4) 종결에 대한 감정의 처리

집단의 종결 시점에 이르러서 성원과 사회복지사는 긍정적인 감정과 부정적인 감정을 동시에 느낀다. 긍정적인 감정으로는 목표를 성취하고 타 성원을 도울 수 있었다는 만족감, 자부심, 자신에 대한 유능감 등이다. 부정적인 감정으로는 서로 간의 연대관계가 깨어진다는 불안감이나 자신이 거부되었다는 느낌, 또는 상실에 따르는 슬픔이다. 성원들은 집단이 종결된다는 사실을 무시하거나 자신의 문제가 해결되지 않아서 집단을 여전히 필요로 하고 있다는 점을 나타내기 위해서 퇴행행동을 하기도 한다. 또한 어떤 성원은 불안을 통제하는 방법으로 마지막 회기 이전에 더 이상 집단에 참여하지 않을 것이라고 말하기도 한다. 사회복지사는 집단의 종결에 따른 자신의 감정을 성원과 공유하며, 성원들의 양가감정을 토론하도록 격려해야 한다. 집단종결에 대한 부정적인 감정을 완화하기 위하여 성원들의 장점을 인식하도록 하며 종결후에도 필요한 경우에 사회복지사와 후원기관이 성원에게 해 줄 수 있는 역할이 무엇인지를 밝히는 것이 도움이 된다.

5) 미래에 대한 계획

집단이 종결된 후에 성원의 욕구가 충족되지 않거나 성취하고 싶은 다른 목적이 있어서 부가적인 서비스를 필요로 하는 경우가 있다. 집단 성원들이 부가적으로 회합을 가지는 것을 희망할 경우 재계약을 할 수 있으며, 사회복지사의 지도 없이 집단 성원들끼리 만나는 자조집단을 만들도록 격려할 수도 있다. 또한 성원들이 새로운 위기상황 또는 문제의 재발 등으로 서비스를 필요로 할 때 부가적인 서비스를 받을 수 있는 방법에 대해서 확실하게 설명을 해 주어야 한다. 사회복지사는 조기에 종결한 성원에 대해서도 필요로 하는 서비스를 받도록 배려해야 한다.

6) 의뢰

부가적인 서비스나 자원이 필요한 경우 사회복지사는 같은 기관 내 타 부서나 타 기관으로 성원을 연결시켜 주는 것이 필요하다. 의뢰는 성원과 사회복지사가 모두 동의한 경우에만 이루어져야 한다. 사회복지사는 성원이 의뢰될 부서나 기관과 이전에 어떤 접촉이 있었는지를 확인해야 하며, 의뢰되는 곳에 관한 기본 정보를 성원과 공유해야 한다. 성원이 의뢰되는 기관을 찾아갈 수 있도록 잘 알려 주고, 필요하다면 타 기관의 첫 방문에 동행하는 것이 좋다. 의뢰 후 서비스를 잘 받고 있는지 점검해야 한다.

7) 평가

평가는 개별 성원 및 집단의 목적달성 정도를 통해 개입의 효과성을 판단할 수 있는 근거를 제공한다. 뿐만 아니라 성원들은 집단에서의 만족과 불만족을 표현할 수 있는 기회를 가지며, 사회복지사는 평가를 통해 얻은 정보를 활용하여 집단실천 기술을 발전시킬 수 있다. 평가는 과정평가와 결과평가로 나뉜다. 과정평가는 집단이 어떻게 진행되고, 결속력, 규범, 역할, 의사소통 등의 속성이 어떤가에 초점을 두는 것으로, 평가방법으로는 성원들로부터 집단의 장단점에 대해 피드백을 얻거나 과정 기록을 활용할 수 있다. 결과평가는 집단이 시작될 때 설정한 목표가 어느 정도 달성되었는가를 평가하는 것으로 다음 장에서 다루는 단일사례설계나 만족도 설문조사 또는 유사실험설계 등이 사용될 수 있다. 집단을 이끄는 사회복지사는 사회복지사와 구성원의 특성, 집단의 조건, 개인-집단의 상호작용, 치료기법, 집단을 통한 개입의 효과 등에 대하여 개념적 · 방법론적으로 질 높은 조사를 할 수 있도록 준비해야 한다.

연습문제

1. 여러분이 관심을 가지고 있는 분야의 사회복지관련기관에서 실시되고 있는 집단사회복지 프로그램을 찾아서 다음의 질문에 답하시오.
   ① 집단의 주요 목적은 무엇인가?
   ② 사회복지사의 역할은 무엇인가?
   ③ 개입의 초점은 개별 성원인가 아니면 집단인가?
   ④ 집단의 구성은 동질성과 이질성의 면에서 어떠한가?
   ⑤ 개입전략은 어떤 이론에 기초하고 있는가?
   ⑥ 개입의 효과성을 알기 위하여 어떤 방법이 사용되고 있는가?

2. 여러분의 학과 또는 학교의 학생들을 대상으로 실시해 볼 수 있는 집단 프로그램을 정하시오. 그리고 집단에 관한 홍보를 위하여 필요한 정보(예를 들어 집단 목적, 성원 자격, 기간, 장소 등)를 간단히 문장으로 나타내시오.

3. 집단의 초기단계에 사용될 수 있는 성원을 소개하는 방법이나 집단의 분위기를 고양하는 데 적합한 방법들을 선정하여 여러분의 급우를 중심으로 소집단을 만들어서 연습해 보시오.

4. 여러분이 중학교 학생들을 대상으로 자원봉사학교에서 집단을 지도해야 한다고 가정해 봅시다. 중학생들에게 적합한 두 가지 정도의 집단사회복지 활동을 만드시오. 그리고 각 활동에 필요한 준비물이 무엇인지 나열해 보시오.

5. 여러분이 사회복지기관에서 개방집단을 지도하고 있는데 성원이 점점 줄어들어 앞으로 집단이 유지될 수 있을지 걱정스러운 상태라고 가정합시다. 충분한 성원 확보를 위해서는 어떤 방법들이 사용될 수 있는지 제시해 보시오.

제12장

사회복지실천 평가: 단일사례설계의 이용

사회복지실천의 효과성 평가에 대한 최근의 강조는 사회복지실천이 효과적인가를 가장 분명하게 사회적으로 책임성 있게 결정하는 방법으로서 다른 사람도 되풀이할 수 있는 체계적이고 객관적인 평가방법에 중점을 두고 있다. 또한 평가과정이 사회복지실천을 촉진할 수 있도록 사회복지의 실천과 평가를 통합하는 방법에 대해서도 관심이 높다. 사회복지실천의 효과성을 평가하는 방법은 두 가지 차원으로, 프로그램 차원에서의 평가, 그리고 사회복지사가 개인이나 가족 또는 소집단을 대상으로 실시하는 사회복지실천의 개별사례에 대한 평가가 있다. 이 장에서는 개별사례에 대한 개입의 효과성을 평가하는 데 중점을 두고 단일사례설계의 이용에 관해서 살펴본다. 사회복지기관의 활동이나 프로그램 활동의 기초가 되는 사회복지사의 개별클라이언트체계에 대한 개입의 효과성 평가는 여러 차원의 사회복지활동에 대한 평가 중에서 가장 기초가 되며, 사회복지실천과정에 평가를 결합함으로써 사회복지실천을 향상시킬 수 있다.

1. 사회복지실천의 평가에 대한 이해

사회복지실천에 대한 평가과정은 개입의 효과성과 효율성을 측정하는 것이다. 효과성이란 목표의 달성 여부를 말하며, 효율성은 사용된 자원과 결과의 비율로 나타난다. 이상적으로는 개입이 효과적이면서 동시에 효율적인 것이 바람직하다. 그러나 대개 목표달성을 위해서는 시간, 노력 등의 자원이 많이 소요되는 경우가 있으므로 개입의 효과성이 높다 하더라도 효율성이 낮은 경우가 있다. 사회복지실천이 목표를 달성하지 못했다면 이는 효과적이지도 또한 효율적이지도 않다. 따라서 효과성의 유무와 그 정도가 사회복지실천에 대한 평가의 일차적인 관심이 된다.

사회복지실천의 효과성을 평가하는 이유는 크게 세 가지로 다음과 같다(Bloom, Fischer, & Orme, 2009).

- 개별 클라이언트에 대한 특정 개입의 효과성에 관한 정보를 통하여 클라이언트에게 최대한 도움이 되기 위해 평가를 실시한다.
- 서로 다른 문제, 특성, 환경을 가진 클라이언트들에게 상대적으로 효과적인 개입방법을 선정하기 위해 평가를 실시한다.
- 기관, 클라이언트, 전문가 집단 그리고 지역사회에 대한 책무성을 향상시키기 위해 평가를 실시한다.

평가의 주기능은 개입의 효과성 여부를 알려 주는 것으로, 평가 그 자체만으로 사회복지실천의 책무성을 나타낼 수 있는 증거가 된다. 오늘날 사회복지지출을 둘러싼 환경의 변화와 더불어 사회복지실천의 책무성에 대한 강조는 평가의 필요성을 더욱 증대시키고 있다. 뿐만 아니라 평가과정은 사회복지실천을 촉진하는 기능을 갖는다. 평가가 사회복지실천을 촉진할 수 있는 면은 다음과 같다. 첫째, 평가를 염두에 두고 있을 경우, 평가 시의 평가 내용과 관련하여 사회복지개입의 목표와 개입방법이 보다 명확하고 구체적이 되도록 해 준다. 둘째, 평가 행위란 사회복지실천과 관련된 결정을 하는 데 필요한 정보를 제공해 준다. 예를 들어, 특정한 개입을 지속해야 할지, 다른 개입방법으로 바꾸어야 할지, 또는 서비스를 종료해야 할지를 판단하는 데 있어서 평가는 신뢰할 만한 정보를 준다.

사회복지실천의 효과성 정도는 다음의 세 가지 조건과 관련하여 정의될 수 있다(Blythe, Tripodi, & Briar, 1994, p. 160).

- 목표 달성: 사회복지실천의 효과성은 특정한 개입에 대해 개입의 목표가 달성된 정도이다.
- 개입과 목표달성의 관계: 사회복지실천의 효과성이란 성공적인 목표달성이 개입과 상호 관련되어 있거나 인과적으로 관련되어 있는 정도이다.
- 일반화: 사회복지실천의 효과성은 개입과 목표달성의 관계가 특정 클라이언트에게 지속적으로, 그리고 비슷한 문제나 다른 문제를 가진 클라이언트에게 일반화될 수 있을 때 향상된다.

이 세 가지 조건 중 특히 첫 번째와 두 번째 조건은 사회복지사가 개별사례에 대해 개입의 효과성을 평가할 때 반드시 갖추어야 하는 것으로, 목표의 달성 여부와 그 목표달성이 계획된 개입으로 인한 것이라는 것이 평가과정에서 나타나야 한다. 그리고 사회복지사가 다루는 여러 사례들에 대해 반복적인 평가로 효과성의 여부를 일반화할 수 있을 때 평가는 새로운 지식의 형성에도 기여할 수 있다.

2. 단일사례설계를 이용한 평가방법의 특징

사회복지사의 실천활동을 모니터링하고 평가하는 방법 중의 하나로 대표적으로 알려진 방법은 단일사례설계(single case design)이다. 단일사례설계는 사회복지에서뿐만 아니라 교육, 심리, 보건 · 의료 등 여러 영역에서 널리 사용되고 있다. 단일사례설계는 단일체계설계(single system design), 단일피험자설계(single subject design) 또는 시계열조사(time series research)라고 불리기도 한다. 단일사례설계는 개입의 효과성을 평가하는 여러 방법 중에서 사회복지실천과정에 통합될 수 있다는 점에서 주목을 받아 왔으며, 최근에는 효과성이 있는 증거 기반 실천(evidence-based practice)을 위해서도 강조되고 있다(Bloom, Fischer, & Orme, 2009; Blythe, Tripodi, & Briar, 1994; Cooper, 2006; Engel & Schutt, 2016; Fishcher & Orme, 2008; Noia & Tripodi, 2007; Thyer, Issac, & Larkin, 1997).

1) 단일사례설계의 기본 특징

단일사례설계란 클라이언트체계의 특정 문제나 표적의 변화를 관찰하기 위하여 개입 전, 개입과정 그리고 개입 후에 걸쳐 반복적으로 측정하는 일련의 경험적 절차를 말한다. 단일사례설계의 기본 특성을 간략하게 살펴보면 다음과 같다.

(1) 사례 수 = 1

단일사례설계에서 평가의 대상은 하나의 클라이언트체계이다. 이는 집단프로그램 차원의 효과성을 평가하는 방법에 포함되는 클라이언트의 숫자와는 현격하게 다르다. 집단프로그램의 효과성을 평가하는 방법은 일단의 집단으로부터 자료를 수집해야 하고, 수집한 많은 양의 정보는 대개 집단의 특성으로서 나타난다. 그러나 집합적인 정보는 사회복지사가 관심을 두고 있는 개별 클라이언트에 대한 정보는 거의 제공하지 못한다. 예를 들어, 특정 프로그램이 어떤 문제의 해결에 기여하는가에 대한 효과성연구는 프로그램에 참가한 사람들의 평균점수가 참가하지 않은 사람들에 비해 높다는 것을 보여 줄 수는 있지만, 그 효과에 있어서 개별적 차이가 있다는 점은 평균점수에 묻혀 드러나지 않는다. 즉, 프로그램에 참가한 사람 중에서 전혀 효과를 보지 못한 사람이 있다 하더라도 그 사실은 잘 드러나지 않으며, 또한 중요하게 다루어지지 않는다는 것이다. 반면, 단일사례설계는 실천과정에서 하나의 클라이언트, 하나의 가족, 하나의 집단에 초점을 두고 있으므로 전체가 아닌 개별 클라이언트체계에 초점을 맞춘 평가로서 클라이언트의 독특한 변화를 알 수 있게 한다.

(2) 개입 전후의 단계 명확화와 비교

단일사례설계는 개입 전과 개입 중 또는 개입 후를 비교하기 위하여 각 단계를 명확히 구분하고 있다. 개입전의 단계(A)는 기초선단계로 불린다. 클라이언트의 대상 문제에 영향을 미치기 위해 실시된 계획된 노력의 단계는 개입단계(B)로 불린다. 개입단계는 개입의 내용이 차별성을 가지는 경우 구분하여 C, D단계 등으로 덧붙여 나타내기도 한다.

기초선단계의 정보는 사회복지실천과정에서 사정단계의 한 부분으로, 문제의 심각성 정도에 대해 체계적인 정보를 제공하고 개입의 결과와 비교되는 기준이 되므로 매우 중요하다. 기초선은 두 가지 유형으로 나눌 수 있다. 하나는 사정단계와 동시에 자료수집이 이루어지는 기초선(concurrent baseline/prospective baseline)이며, 다른 하나는 위기상황에서 기초선 자료를 구할 수 없는 경우에 클라이언트의 기억이나 과거의 기록에 의해 재구조화된 기초선(reconstructed baseline/retrospective baseline)이다.

단일사례설계의 결과를 나타내는 그래프에서 기초선단계와 개입단계는 명확히 구분되어야 하며, 개입이 바뀌는 경우에도 서로 다른 개입방법이 그래프에 표시되어야 한다. 또한 개입이 종료된 이후의 사후지도(follow up) 기간에 구해진 정보도 구분하여 나타내는 것이 좋다. 단계별 자료는 개입으로 대상 문제나 사건에 있어서 변화가 있었는지를 알기 위하여 비교되어야 한다.

(3) 반복측정

단일사례설계는 반복측정을 특징으로 한다. 이는 측정과 관련된 내적 타당도에 대한 위협을 어느 정도 통제하기 위한 것이다. [그림 12-1]과 [그림 12-2]를 비교하여 보자.

[그림 12-1]은 기초선단계에서 대상 문제에 어떤 지속적 변화도 없는 일관된 상태에서 개입이 시작된 후 대상 문제가 꾸준히 개선되는 방향으로 변화를 보여 준

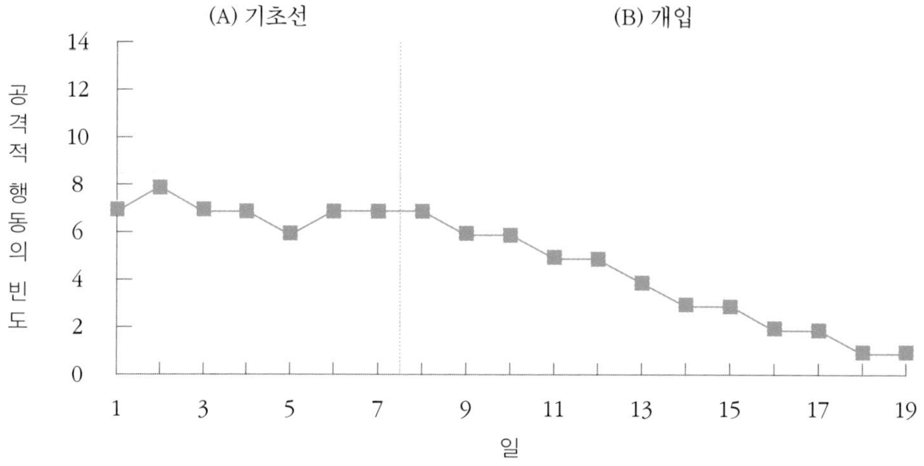

그림 12-1 개입의 효과성을 지지하는 그래프

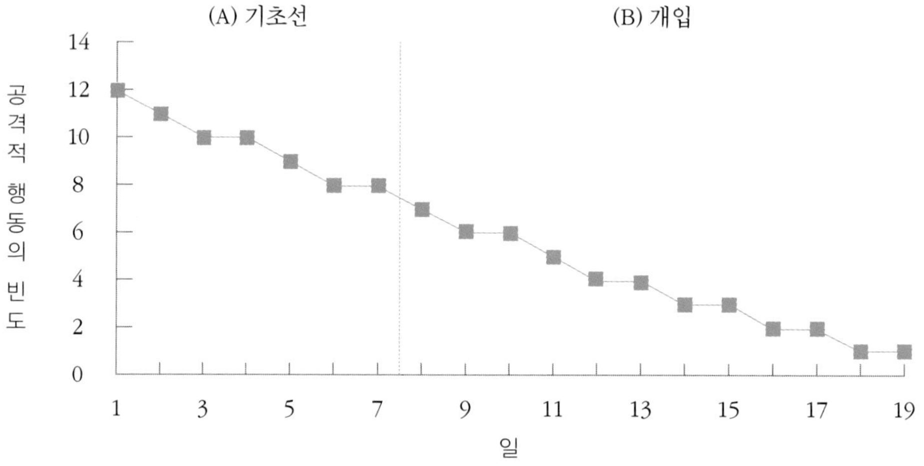

그림 12-2 개입의 효과성을 지지하지 않는 그래프

다. 반면, [그림 12-2]는 대상 문제가 이미 기초선단계에서 계속 개선되었던 것과 동일한 비율로 개입단계에서도 개선되고 있었다는 것을 보여 주고 있다. [그림 12-2]는 성숙이나 시간의 경과와 같은 개입 이외의 다른 요인이 개선을 야기했을 가능성이 있음을 나타낸다. 각 단계에서 반복측정을 하지 않고, 즉 개입 전과 개입

후에 각 한 번씩만 측정을 한다면 개입과 무관하게 계속 진행되는 과정을 발견할 수 없을 것이다.

그러면 각 단계별 반복측정의 횟수는 어느 정도가 적당한가? 바람직한 기초선 수집 기간에 대해 정해진 바는 없으나 문제나 상황을 사정하는 데 충분한 기간이어야 하고, 기초선 기간의 자료가 안정된 형태를 나타낼 때까지 측정하는 것이 좋다. 통계학적으로는 적어도 10번 정도가 바람직하고, 매일 한번씩 측정이 이루어지는 경우 일 주일이 실용적이며, 최소한 3번 정도의 측정이 필요하다고 여겨지고 있다(Bloom, Fischer, & Orme, 2009). 개입단계의 측정횟수는 기초선단계와 개입단계의 변화에 따라 달라질 수 있다. 일반적으로 기초선단계와 개입단계의 변화가 시각적으로 명백하다면 많은 관찰이 요구되지 않는 반면, 단계 간 차이가 작을 경우 더 많은 관찰이 필요하다. 개입단계의 정확한 측정횟수는 결과를 해석하는 데 있어서 실질적 유의성과 통계적 유의성이 성립될 수 있는 범위 내에서 결정된다.

2) 사회복지실천 평가에 있어서 단일사례설계 이용의 장점

단일사례설계는 여러 면에서 실험/통제집단설계와 차이가 난다(〈표 12-1〉 참조). 이 차이점으로 인하여 단일사례설계는 전통적인 조사방법에 비해 사회복지실천현장에 적용하는 데 여러 가지 장점이 있다. 다음은 단일사례설계를 사회복지실천에 적용하는 경우에 나타나는 이점이다(Bloom, Fischer, & Orme, 2009).

첫째, 전통적인 조사연구는 대개 개입 전과 개입 후에만 측정을 하므로 중간과정에서 어떤 변화가 있었는가에 대한 정보는 거의 제공하지 못한다. 따라서 최종적인 결과는 비록 미래에 다른 사람을 원조하는 데 유용하게 이용된다 하더라도 연구에 참가한 사람들에게 직접적으로 영향을 미치기에는 너무 늦은 경우가 될 수 있다. 반면 단일사례설계는 개입의 전 과정에 걸쳐 규칙적인 간격으로 반복측정이 이루어지므로 일정 기간의 개입 후에 기대했던 개입의 효과성이 나타나지 않는 경우 개입내용을 곧바로 바꿀 수 있다.

둘째, 단일사례설계는 사회복지실천과정상의 주요 결정에 필요한 정보를 객관적 · 체계적으로 제공해 줄 수 있다. 예를 들어, 개입 전에 문제의 심각성 정도를 구하는 기초선단계는 사회복지실천에서 사정단계와 같은 것으로 평가의 개념을 도입하여 측정이 이루어질 경우에 보다 더 정확한 사정을 하게 한다. 〈표 12-2〉는 단일사례설계를 이용한 정보가 어떻게 사회복지실천과정의 주요 결정에 이용되는지를 나타낸다.

셋째, 단일사례설계는 상대적으로 이해하고 활용하기 쉬우며, 일단 단일사례설계의 기본 특징을 이해하면 상황 또는 사례에 맞게 다양하게 발전시켜 이용할 수

표 12-1 단일사례설계와 실험/통제집단설계의 비교

기준	단일사례설계	실험/통제집단설계
1. 관련된 클라이언트의 수	• 한 개인 또는 집단	• 최소한 두 집단
2. 반복된 측정의 횟수	• 개입 전 · 중 · 후에 걸쳐 규칙적인 간격으로 자주	• 개입 전과 후로 대개 2, 3번
3. 연구기간	• 서비스 제공기간에 따라 다양하며 변화가능	• 미리 정해진 기간
4. 연구목표의 선정	• 클라이언트와 사회복지사의 합의	• 조사연구자
5. 피드백	• 즉각적인 피드백에 의해 개입의 내용 변경 가능	• 연구과정에서 피드백 거의 없으며 수용하기 힘든 구조
6. 조사연구설계 변경	• 설계 변경 가능	• 설계 변경 불가
7. 실천이론의 이용	• 이론에 구애받지 않음	• 이론에서 나온 가설 이용
8. 평가 시 비교집단의 이용	• 개입 전의 정보를 이용한 기초선이 비교의 기준이 되어 자체 통제 기능	• 실험집단과 유사한 조건을 가진 서비스를 받지 않은 통제집단 이용
9. 개입결과의 활용	• 해당 클라이언트에게 직접적 · 즉각적으로 결과 이용	• 참여자에게 직접적인 영향 적음. 비슷한 문제를 가진 타 집단에 차후 활용
10. 비용	• 적은 시간, 노력으로 가능	• 외부 연구자, 자료수집 및 분석 위한 비용
11. 연구에서 가치의 역할	• 클라이언트의 가치가 목표, 절차의 선정에 반영	• 조사연구자 또는 연구비 지원자의 가치가 반영

출처: Bloom, Fischer, & Orme (2009), pp. 10-11에서 재구성.

있다. 캠벨(Campbell, 1988, 1990)의 연구에 따르면, 사회복지사와 클라이언트는 단일사례설계를 이용하는 데 아무 어려움이 없는 것으로 나타났다.

넷째, 클라이언트를 단일사례설계의 측정과정에 참여하게 함으로써 문제 완화나 해결을 위한 동기자극제로 사용할 수 있다. 클라이언트가 자신의 문제에 대해서 반복측정을 하게 되면 문제해결의 진전 정도를 잘 알게 되어 자신의 문제를 조속히 해결하기 위해 열심히 노력한다.

다섯째, 단일사례설계를 사회복지기관 전체 차원에서 이용하게 되면, 외부 조사연구자가 기관 업무를 평가하는 경우는 줄어들게 되고 기관 내부적으로 평가역량이 증가하게 된다.

표 12-2 사회복지실천과 평가의 관계

사회복지 임상실천	사정 및 개입계획	개입 및 모니터링	평가, 종결 및 사후지도
결정	• 선정된 문제는 심각하며 지속적인가? • 개입이 필요한가?	• 사회복지사는 적합한 개입을 실행했는가? • 클라이언트 문제의 성격과 심각한 정도는 변화되었는가?	• 사회복지사는 개입을 종료해야 하는가? • 개입의 목표는 개입 이후 지속될 것인가?
단일사례설계	**기초선**	**개입**	**사후지도**
정보	• 개입목표를 측정 가능한 형태로 구체화 • 개입 전의 문제의 성격 · 심각성 · 지속성 정도 측정	• 문제의 성격과 심각성의 변화에 대한 반복적인 측정 • 목표의 달성에 대한 추론 • 개입의 이행에 대한 관찰	• 변화의 유지에 대한 측정 • 인과지식에 대한 서술적 · 관계적 설명 • 새로운 문제의 발생 여부 관찰

출처: Bisman & Hardcastle (1999), p. 157.

3. 단일사례설계 사용 시 고려되어야 할 주요 결정

단일사례설계의 중심은 사회복지사의 개입대상이 되는 클라이언트의 관심사를 반복적으로 측정하는 것이다. 이를 위해서는 개입의 목적과 목표를 명확히 선정하고, 무엇을 측정할 것인가를 정하며, 그것을 누가 어떻게 정확하게 측정하고 또 기록할 것인가를 결정해야 한다(Bloom, Fischer, & Orme, 2009).

1) 목표의 명확화 및 효과성의 기준 선정

목표달성의 정도를 판단할 수 있는 기준을 임상적으로 또는 통계적으로 개념화해야 한다. 예를 들어, 알코올 남용의 문제를 갖고 있는 클라이언트에 대한 개입의 경우, 음주량을 하루 소주 10잔에서 2잔 이하로 한다면 이것은 통계적으로 음주를 줄이는 목표이다. 그러나 사회복지실천에서 통계적으로 부정적인 행위나 사고방식이 줄거나 긍정적인 면이 증가되었다고 해서 임상적인 측면에서 클라이언트의 문제가 해결되었다고 보기 어려운 경우가 있다. 예를 들어, 하루 음주량은 상당히 줄어들었으나 여전히 음주로 인해 사회심리적 기능이 장애를 받고 있다면 이는 개입의 효과성이 있다고 할 수 없다. 효과성의 기준을 정하는 데 유의해야 할 점은 통계적으로 유의미한 목표와 임상적인 목표를 동시에 고려해야 한다는 것이다.

2) 측정지수

클라이언트체계와 관련된 다양한 정보를 통하여 개입할 영역을 정하고 개입의 목적과 목표를 정하고 난 다음에 중요한 것은 조작적 용어로 대상 문제를 정의하고 대상 문제의 지표를 선택하는 것이다. 지수는 외부에 드러나는 대상 문제의 행동상 특징을 나타내는 특정 행동의 빈도가 될 수 있고, 어려움이나 불만의 정도와 같은 클라이언트의 주관적인 심리상태를 나타내는 것이 될 수 있다. 대상 문제를 측정할 수 있는 지수는 문제가 있다는 부정적인 지수와 문제가 없다는 긍정적인 지수가 있다. 예를 들어, 아동학대의 경우에 부정적인 지수는 어머니가 아동을 경멸하는 말을 사용하는 빈도가 될 수 있으며, 이때 목표는 경멸적인 말의 횟수를 줄이는 것이다. 긍정적인 지수로는 어머니가 아동에게 칭찬하는 횟수가 될 수 있으며, 이때 목표는 칭찬의 횟수를 증가시키는 것이다.

단일사례설계는 반복측정을 기초로 하고 있으므로 조작적 지수는 정기적으로 측정하기에 충분할 정도로 자주 일어나야 한다. 예를 들어, 자살의 위험이 있는 클라이언트에 대해 개입하는 경우 자살시도의 횟수와 같은 매우 드물게 일어나는 사건을 매일 기록하는 것은 적당하지 않으며, 그 대신 클라이언트가 자신에 대해서 긍정적으로 또는 부정적으로 인식하는 정도나 횟수를 측정하는 것이 보다 적합하다.

3) 자료수집의 도구

(1) 행동에 대한 직접적인 관찰

행동이란 상대적으로 구분될 수 있는 사건으로 특징지어지는 광범위한 인간의 행위를 말하는 것으로, 외부 관찰자에게도 쉽게 관찰될 수 있는 명백한 사건(overt event)과, 본인만이 알 수 있고 외부에 의해 쉽게 관찰되지 않는 은밀한 사건(covert event)이 있다. 예를 들어, 우울증의 경우에 울부짖는 행위는 전자에 해당하고, 스트레스 상황에서 극도의 불안을 느끼는 것은 후자의 예에 속한다. 행동의 관찰은 클라이언트의 문제나 목표달성 정도가 변화하고 있는지를 가장 직접적으로 알 수 있어서 판단의 좋은 근거가 되며, 관찰자의 능력에 따라 신뢰도가 높고, 자연스러운 상황에서의 관찰은 타당도 역시 높으므로 평가를 위한 자료수집의 좋은 도구로 여겨지고 있다.

관찰을 통해 자료수집을 하는 경우 사건의 발생빈도를 기록할 수 있는 편리한 방법을 선택하는 것이 중요하다. 하루 종일 일어나는 사건을 모두 기록해야 하는 경우 기억에만 의존하게 되면 정확하지 않을 수 있을뿐더러 기억을 해야 된다는 사실에 압도되어 버릴 수 있다. 또한 사건이 일어날 때마다 카드에 기록을 하는 경우 관찰되는 클라이언트에게 영향을 줄 수 있다. 기록한다는 사실이 타인의 눈에 띄지 않으면서도 들고 다니기에 편리한 도구를 이용하면 좋다. 관찰된 행동의 발생빈도를 기록하는 방법으로는 지우개를 호주머니에 넣어 다니면서 행동이 관찰될 때마다 손톱으로 표시하거나, 구슬 팔찌나 목걸이를 이용하여 사건이 일어날 때마다 구슬을 움직이는 방법 등을 사용하여 기록하고 이를 이후 차트에 옮겨 적도록 할 수 있다.

(2) 개별화된 척도

개별화된 척도란 측정의 주요 표적으로 정해진 것이 무엇이든지 간에 클라이언트의 상황에 맞추어 실용적인 척도를 만드는 것을 말한다. 개별화된 척도는 분노나 우울한 감정과 같은 클라이언트 자신의 주관적인 사고나 감정의 강도를 측정하는 데 사용될 수 있으며, 클라이언트 이외의 관찰자가 클라이언트의 문제의 심각성이나 문제 발생 정도에 대한 인식을 나타낼 때 사용된다. 개별화된 척도를 만드는 절차는 측정할 표적이 정해지면 문제의 강도가 약한 것과 강한 것을 양극으로 한 수평선에 전체적으로 5~11점 척도가 되게 하고, 각 숫자 간의 간격은 동일하게 하여 숫자가 무엇을 의미하는지를 확실히 한다. 개별화된 척도의 예는 다음과 같다.

클라이언트가 자신의 감정을 배우자에게 표현하는 정도

1				5				9
전혀 표현 않음				보통으로 표현함				쉽게 표현함

클라이언트는 우울해 보인다

1	2	3	4	5
전혀 그렇지 않다	그렇지 않다	잘 모르겠다	그렇다	매우 그렇다

(3) 기존 척도의 이용

이미 개발된 척도를 사용하여 클라이언트의 변화를 측정할 수 있다. 기존의 척도는 필요한 정보를 체계적이며 광범위하게 구할 수 있도록 구조화되어 있으며, 타당도와 신뢰도가 알려져 있고, 같은 척도를 이용한 타 연구와 비교가 가능하도록 한다. 사회복지실천의 평가를 촉진하기 위해서는 여러 사회복지실천현장에서 사회복지사가 개입하게 되는 문제를 중심으로 활용할 수 있는 척도를 개발하고, 이를 찾아보기 편리한 형태로 정리하는 것이 필요하다. 외국에서 개발된 척도를 그대로 번역하여 사용하는 경우, 또는 우리나라의 사정과 맞지 않다고 생각되어 일부 항목을 수정해서 사용하는 경우에는 반드시 번역된 척도나 수정된 척도의 타당도와 신뢰도를 검토해야 한다.

앞에서 살펴보았듯이, 단일사례설계를 이용한 평가과정에서 사용할 수 있는 자료수집 도구는 다양하다. 적합한 도구를 선택하는 데 있어서 고려해야 할 요소는 신뢰도 및 타당도와 관련된 이슈이며, 또한 사용의 용이성이다. 단일사례설계는 반복측정을 요구하므로 쉽게 사용할 수 있는 것이어야 한다. 사용의 용이성은 척도에 응답하고 점수를 내며 결과를 해석하는 데 드는 시간과 척도를 적용할 수 있는 클라이언트의 능력을 포함한다. 표준화된 질문지의 응답을 점수화하고 해석하는 일에 시간이 많이 소용된다면 사회복지사는 체계적인 측정을 사회복지실천에 적용하기 어려울 것이다. 척도를 선택할 때 유의할 점은 클라이언트가 질문을 이해할 수 있는지 또는 질문의 방대함이나 난해함으로 인해 클라이언트가 압도당하지 않는지를 검토해야 한다. 그리고 어떤 유형의 관찰에서는 관찰자가 매우 따분해하거나 쉽게 지칠 수도 있으므로 이 역시 신중하게 검토해야 한다.

4) 자료를 수집하는 사람

(1) 클라이언트

클라이언트가 자료를 수집하는 것은 클라이언트 본인이 자신의 상황을 가장 잘 알며 클라이언트만이 측정대상에 대한 정보를 제공할 수 있다는 점이 장점이다. 예를 들어, 클라이언트의 생각이나 감정 또는 사적인 장소에서의 행동에 대해서는 클라이언트 이외에는 어느 누구도 정확한 정보를 제공할 수 없다. 그러나 클라이언트의 보고는 잠재적인 한계와 단점을 가지고 있다. 클라이언트는 오랫동안의 습관으로 개입의 표적이 되는 문제의 발생을 잘 인식하지 못할 수 있다. 또한 클라이언트가 너무 어리거나 장애가 심한 경우 정보를 제공할 능력이 없을 수 있고, 클라이언트는 사회복지사가 원한다고 생각하는 방향에 맞추어 거짓으로 보고할 가능성이 있다.

클라이언트를 통한 측정과 기록의 성패는 사회복지사가 클라이언트에게 측정을 어떻게 제시하는가에 달려 있다. 다음은 사회복지사가 유의해야 할 사항이다.

- 원조관계에서 라포와 신뢰가 형성되기 전에 클라이언트에게 측정과 기록의 임무를 부과해서는 안 된다.
- 측정과 기록은 반드시 개입의 한 부분임을 설명하고, 사정과 개입이 클라이언트의 자료수집에 상당히 의존하고 있음을 알려야 한다.
- 측정과 기록의 과정을 분명하게 설명해야 한다.
- 사회복지사는 클라이언트의 참여에 지지를 보내고, 자료수집에 따르는 어려움에 공감을 표하며, 협조에 감사함을 전해야 한다.

(2) 클라이언트 주변의 사람

클라이언트와 일상적으로 상호작용을 하고 있는 사람들, 예를 들어 가정 내에서 부모, 배우자, 자녀, 형제자매, 학교에서는 교사, 급우, 시설이나 병원에서는 간호사, 임상심리사, 자원봉사자, 같은 시설이나 병원에 거주하는 직원이나 환자 등이 클라이언트에 대해서 유용한 정보를 제공할 수 있다. 클라이언트 주변의 사람을 이용하는 방법의 장점은 다음과 같다. 첫째, 개입의 궁극적 목적은 클라이언트의 일상생활에서의 기능을 향상시키는 것이므로 클라이언트와 늘 만나는 사람은 실제 상황에서의 클라이언트의 기능에 관한 정보를 제공해 줄 수 있다. 둘째, 어떤 개입은 대인관계에 초점을 두는 것이므로(예, 가족 및 부부 치료), 관련된 타인의 관점은 개입의 성공 여부를 판단하는 데 상당히 유용하다. 단점으로는 클라이언트 주위에 관련된 사람이 없거나 있다 하더라도 주변 사람으로부터 자료를 구하는 데 클라이언트가 반대할 수 있으며, 주변 사람이 자료를 수집하려는 의사가 없을 수 있고, 클라이언트와의 일상적 관계로 인해 그들의 보고는 편견을 가질 수 있다는 점이다.

(3) 사회복지사

사회복지사는 전문가로서의 훈련과 경험, 그리고 클라이언트와의 친숙함 등으로 클라이언트를 관찰하고 이해하는 데 이점이 있다. 그러나 측정의 대상이 되는 모든 사건이 사회복지사와 클라이언트가 만날 때 일어나는 것은 아니며, 사회복지사는 자신의 개입이 효과적이라는 것을 나타내어야 한다는 점에서 자료가 왜곡될 가능성이 있다.

(4) 독립적인 평가자

동료, 슈퍼바이저, 또는 외부에서 초빙된 전문가는 클라이언트와의 면담이나 녹화 자료의 검토를 통하여 정보를 제공할 수 있다. 독립적인 평가자의 장점은 클라이언트와 개인적으로 관련되어 있지 않으며, 측정과 기록에 대해서 전문훈련을 받았을 가능성이 있어서 정확한 정보를 제공할 수 있다는 점이다. 단점으로는 클라이언트의 상황에 대해 잘 모를 수 있으며, 사회복지기관의 사정에 따라 독립적인 평가자의 활용이 어렵다는 점이다.

(5) 자료수집자의 선정과 관련된 사회복지사의 역할

누가 자료를 수집할 것인가를 정할 때 중요하게 고려해야 할 점은 정확한 정보를 제공할 수 있고 또 제공할 의사가 있는 사람이 누구인가를 판단하여 앞에서 언급한 여러 자료수집자 중 장점을 극대화하고 단점을 최소화할 수 있는 사람을 선정하는 것이다. 자료수집자는 자료수집의 목적과 가치를 이해하고 받아들여야 하며, 어떤 정보를 수집해야 하고, 어떻게 기록해야 하는지를 반드시 알아야 한다. 이를 위해서 사회복지사는 자료수집자를 적절히 준비시켜야 한다. 다음은 자료수집자에 대한 사회복지사의 역할이다.

- 일단 라포가 성립되면, 자료수집과 기록의 과업을 전체적인 사회복지실천의 한 과정으로 분명하게 자신감 있는 태도로 제시한다. 사회복지사가 측정과 기록에 대해서 불편해하거나 자신 없어 하고 미안해한다면 자료수집자는 측정과 기록이 가치가 없는 것으로 받아들인다.
- 사회복지사가 요청하는 정보의 관련성을 설명한다. 예를 들어, 개입 전에 기초선단계의 정보가 필요한 경우, 의사가 치료 전에 혈압 · 체온 · 맥박을 아는 것이 필요하듯이, 사회복지개입을 위해서 기초적인 자료가 필요하다고 설명한다.
- 제공되는 정보는 법적 한도 내에서 반드시 비밀이 보장된다는 것을 확실히 한다.
- 측정과 기록이 정직하고 정확해야 한다는 것을 강조한다.
- 측정과 기록을 위한 자료수집자의 준비 상태를 확인하기 위하여 측정과 기록 방법에 대해 그가 이해한 대로 말하게 하고, 분명하지 않은 것에 대해서는 언제든지 질문하도록 한다.
- 자료에 대한 사회복지사의 반응이 자료의 정확성에 영향을 미치므로 감탄이나 실망의 기색을 나타내지 않는다.

5) 자료수집의 장소 및 시기

측정의 대상이 되는 문제나 관심사가 일어날 때마다 매번 빠짐없이 측정을 하는 것은 현실적으로 어렵다. 따라서 언제 어디서 일어나는 것을 기록할 것인지를 미리 정해야 한다. 문제 발생의 빈도나 강도를 나타내는 데 있어서 일상적인 형태를 대표할 수 있는 시간대와 장소를 정하는 것이 좋다. 중요한 것은 자료수집의 전 과정에 걸쳐 측정 장소와 시기를 바꾸지 않는 것이 결과해석의 혼동을 막을 수 있다. 예를 들어, 개입 전의 기초선단계에서 우울 증상에 대해 저녁마다 측정하던 것을 개입 시점부터 아침에 측정하는 것으로 바꾸게 되면, 우울 증상이 하루 중 저녁에 심하다고 가정할 경우에 개입의 실질적인 영향 없이 측정시간의 변경으로 마치 개입이 효과가 있는 것처럼 보일 수 있다. 따라서 반복측정에 있어서 측정은 가능한 한 유사한 조건에서 이루어져야 한다.

4. 단일사례설계의 유형

효과성 평가에 있어서 가장 기본적인 두 가지 질문은 다음과 같다. 첫째, 개입이 시작된 후에 대상 문제나 사건에 있어서 변화가 있었는가? 둘째, 개입이 그러한 변화를 초래했다는 증거는 무엇인가? 이 두 질문에 대해서 단일사례설계는 개입과정의 단계를 확실히 구분하여 개입 전후를 반복측정하여 비교하고 있으며, 인과관계의 추론을 위하여 다소는 복잡한 유형을 발전시켰다. 다음에서는 비교적 복잡하지 않은 단일사례설계의 몇 가지 유형에 대해 살펴본다.

1) AB설계

AB설계는 하나의 기초선단계와 하나의 개입단계를 포함한 설계를 말한다. 간단한 설계로 사회복지실천에 적용하기 비교적 용이하다. 그러나 인과관계를 추론하는 데 있어 외부사건이 영향을 미쳤는지를 통제하지 못하는 단점이 있다. 이 설계는 인과추론상의 약점에도 불구하고 반복측정을 통해서 개입의 효과성에 대한 약간의 경험적이고 논리적인 자료를 제공한다. AB설계는 사회복지사들이 대상 문제의 변화를 점검하고, 클라이언트의 변화에 대한 설명을 탐구하며, 그에 따라 변화의 필요성이 있으면 서비스 전달을 변경할 수 있도록 즉각적인 피드백을 제공한다는 점에서 유용하다. 또한 AB설계는 재현할 수 있으며, 동일한 개입에 대해 여러 AB설계 연구들의 결과가 일정하다면 그 개입의 효과성에 대한 증거를 강화하는 것이 된다.

2) ABAB설계

ABAB설계는 외부사건을 보다 더 잘 통제하기 위하여 두 번째 기초선단계와 개입단계를 도입한 것이다. 이 설계는 개입이 첫 번째 개입기간 동안 대상 문제를 개선하였다면 두 번째 기초선 기간 동안 대상 문제는 첫 번째 기초선 수준으로 반전할 것이고, 개입이 재도입되면 대상 문제는 다시 개선할 것이라고 가정한다. 즉, 같은 방법을 적용하여 같은 결과가 반복되어 나오면 개입이 문제개선의 원인으로 확실히 입증된다는 것이다.

ABAB설계는 크게 두 가지의 문제가 대두된다.

첫째, 실천적 또는 윤리적 문제로, 효과가 있는 것으로 보이는 개입을 중지하고 기초선 상황으로 돌아가는 것은 클라이언트에게 해를 끼칠 수 있다는 것이다. 윤리적 문제를 야기하지 않으면서 이 설계를 적용할 수 있는 경우는 사회복지사가 회의에 참석하거나 휴가를 가면서 개입단계에서 자연스러운 중단이 있게 되는 경우로 이런 시기를 두 번째 기초선단계로 이용할 수 있다.

둘째, 많은 상황에서 측정의 대상이 되는 문제는 기초선의 상태로 되돌릴 수 없다는 것이다. 즉, 개입이 중단되었더라도 첫 번째 개입의 효과가 여전히 지속되는

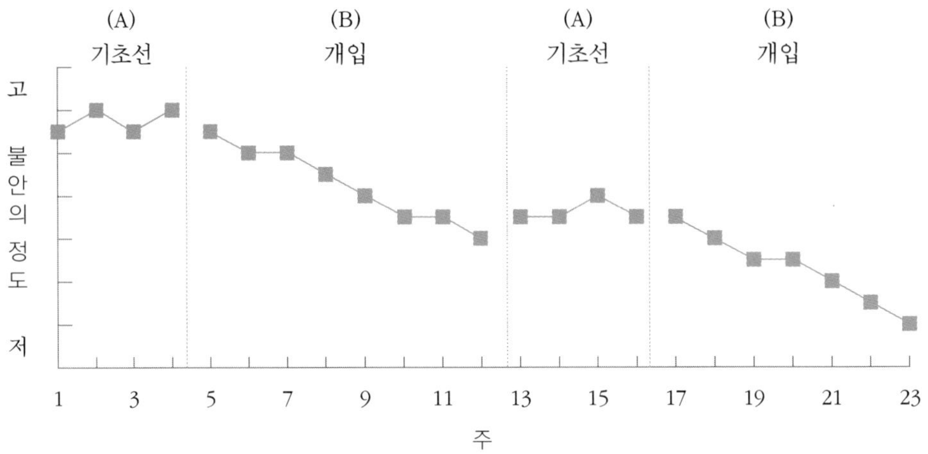

그림 12-3 개입의 효과가 입증되는 ABAB설계

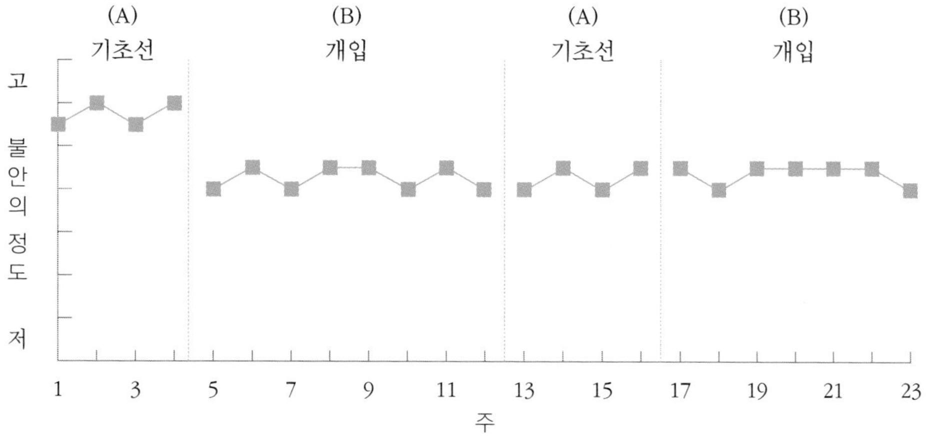

그림 12-4 개입의 효과가 명확하지 않은 ABAB설계

잔여효과가 있을 수 있다는 것이다. 이는 내적 타당도를 위협하는 한 요소가 된다. 이 경우 결과를 해석할 때 유의하여야 한다. 두 번째 기초선 동안 반전이 없다 하더라도 [그림 12-3]과 같이 두 번째 개입에서 새로운 개선의 경향을 보인다면 개입이 개선을 야기한다고 볼 수 있을 것이다. 그러나 [그림 12-4]와 같이 첫 번째 개입 후의 기초선단계와 재개입이 아무 변화를 초래하지 않는 경향을 나타내면 첫 번째 개선을 개입의 효과로 돌리기 어려울 것이다.

3) BAB설계

BAB설계는 기초선의 측정 없이 바로 개입을 할 때 사용하는 설계이다. 클라이언트가 위기상황에 처해 있어 즉각적인 개입이 필요한 경우가 있는데, 이때 기초선단계의 자료를 모으지 않고 바로 개입을 해야 한다. 이런 경우 클라이언트의 상황을 검토하면서 클라이언트의 문제가 어느 정도 극복된 것으로 보일 때 개입을 잠시 중단하여 이 기간 동안 A단계의 자료를 얻는다. 첫 번째 B단계와 A단계 자료를 비교하고 또 A단계와 두 번째 B단계 자료를 비교하여 효과성을 판단한다. 그러나 첫 번째 기초선 자료가 없으므로 문제가 얼마나 개선되었는지를 아는 데 한계가 있으며, 개입의 잔여효과가 기초선 기간에 지속될 수 있다는 점에 유의해야 한다.

4) 다중기초선설계

다중기초선설계는 둘 이상의 클라이언트체계, 둘 이상의 상황 또는 문제에 대해 AB설계를 반복하여 외부사건을 통제한다. 둘 이상의 기초선을 정하기 위해 개입을 중단하는 대신에 둘 이상의 기초선을 동시에 시작하고, 개입은 각 기초선의 다른 시점에서 시작한다. [그림 12-5]는 부부간의 불화를 보이는 세 쌍의 부부를 대상으로 다중기초선을 적용한 예로, 동시에 기초선 측정을 하였으나 개입은 3, 6, 9주에 이루어짐을 보여 준다. 다중기초선설계의 주요 논점은 어떤 외부적 사건이 개입을 시작한 시기와 일치하여 클라이언트의 문제가 개선되기 시작한다면 개입을 받지 않은 다른 클라이언트의 기초선단계에서도 동시에 개선이 나타나리라는 것이다. 반면, 클라이언트의 문제 또는 상황이 개입으로 효과가 나타난다면 개입이 아직 도입되지 않은 다른 클라이언트의 기초선단계에서는 아무 변화가 없고 개입이 있은 후에만 개입단계에서 효과가 나타난다는 것이다. [그림 12-5]에서 알 수 있듯이, 두 번째, 세 번째 클라이언트의 기초선이 개입 전에는 아무 변화가 없다는 점은 외부 변수가 존재하지 않았고 도입된 개입방법이 클라이언트의 문제개선의 원인이라는 것을 입증해 준다.

다중기초선설계는 둘 이상의 클라이언트뿐만 아니라 둘 이상의 상황이나 문제에도 적용될 수 있는데, 이때 결과의 해석이 명확하지 않은 경우가 있을 수 있다. 예를 들어 설명하면 다음과 같다. 한 소년이 학교에서 자제력을 잃고 급우들에게 폭력을 행사하는 문제를 갖고 있고 동시에 집에서도 부모와 갈등관계에 있다. 이때 사회복지사는 일차적으로 학교에서의 폭력행위를 줄이기 위하여 분노조절훈련을 실시하였다. 훈련 이후 학교에서의 폭력행위의 빈도와 부모와의 갈등 정도에 대한 기록은 훈련이 시작되면서 두 문제에 동시에 다 개선이 나타나기 시작하였다. 이런 경우 분노조절훈련이 폭력행위 감소의 원인인지 또는 어떤 외부사건이 원인인지가 불분명하다. 두 문제에 동시에 다 개선이 나타난 현상에 대해 가능한 설명 중의 하나는 효과의 일반화이다. 효과의 일반화는 개입을 한 번에 하나의 상황 또는 하

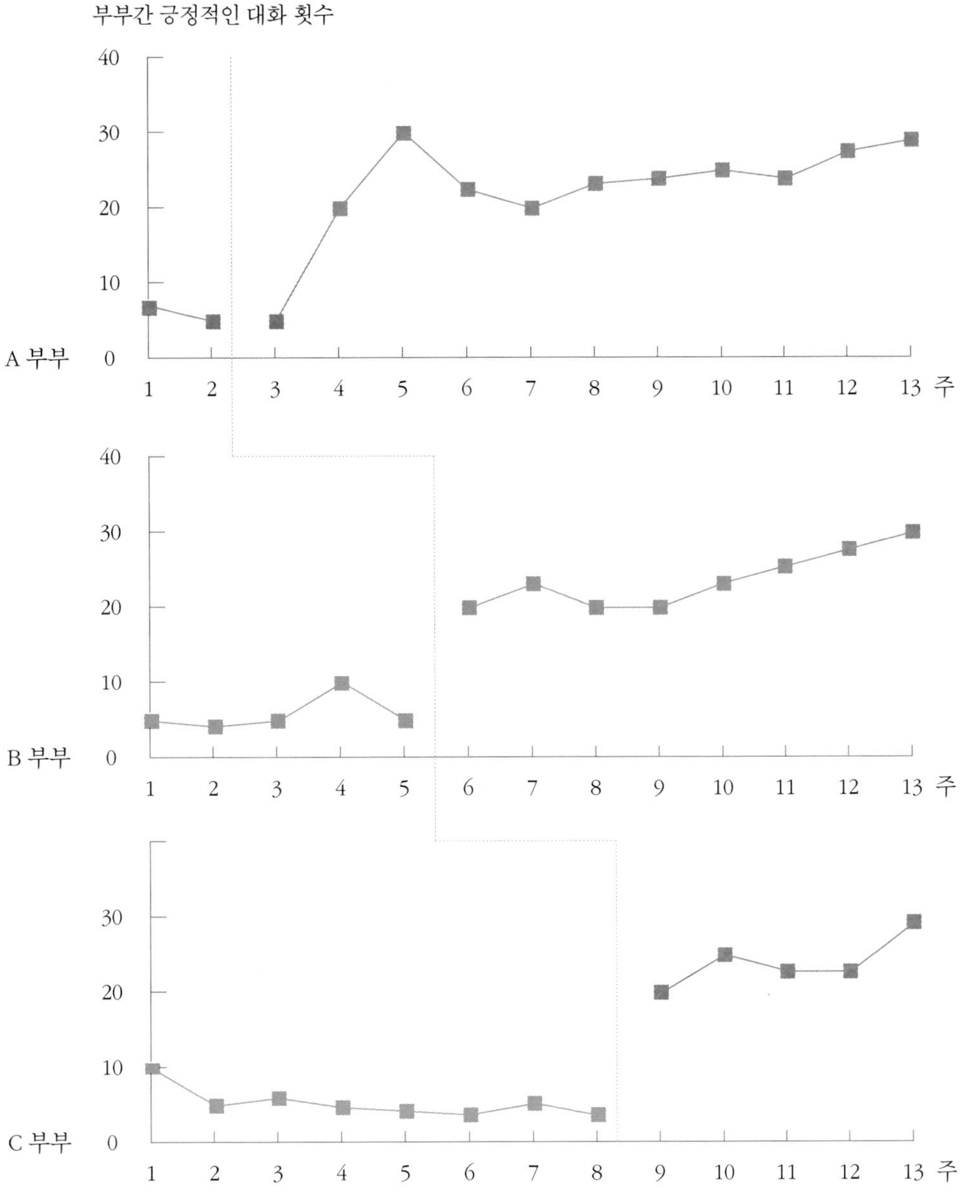

그림 12-5 세 클라이언트체계를 대상으로 한 다중기초선설계

나의 문제에만 도입하고자 의도했으나 개입을 첫 번째 문제나 상황에 도입하자마자 아직 기초선단계에 있는 다른 문제나 상황에도 영향을 미친다는 것이다. 이 예에서, 소년이 분노조절훈련을 통하여 자신의 충동을 억제하게 되면서 학교에서의 폭력행위도 줄어들게 되고 집에서 부모와의 언쟁 횟수가 줄어들게 되어 인식된 갈등 정도가 낮아질 수 있다. 이때 동시에 개선된 것이 외부사건인지 아니면 효과의 일반화인지는 불분명하다. 이런 경우 가능하다면 다른 클라이언트에게도 재현하여 계속 같은 결과를 얻는지 확인하여 보는 것이 바람직하다.

5) 다중요소설계

다중요소설계는 개입의 변화가 미치는 영향을 분석하기 위해 사용된다. 클라이언트에게 효과가 없는 것으로 보이는 개입을 변형시키고자 할 때, 또는 개입의 어느 부분이 실제로 대상 문제의 변화를 설명하는지를 결정하고자 할 때 이 설계를 사용하기 좋다.

다중요소설계의 하나는 강도변화설계이다. 이는 개입단계에서 동일한 개입을 하되 개입의 양이나 클라이언트로부터 기대되는 실행수준을 증가 또는 감소시키는 것을 말한다. 예를 들어, 클라이언트에게 사회기술훈련을 실시하고 있는데 훈련의 효과로 나타나는 변화가 기대 수준보다 낮을 경우, 사회복지사는 사회기술훈련의 강도(주당 회기 수, 회기당 시간 등)를 더 높이는 것으로 결정할 수 있다. 그래프에서 개입단계에서 강도의 변화는 B^1, B^2, B^3 등으로 표시한다.

다중요소설계의 또 하나의 형태는 한 개입이 효과가 없을 경우 이를 중지하고 다른 개입을 연속적으로 도입하는 연속개입설계이다. 사회복지실천현장에서 이 설계는 많이 적용될 수 있다. 왜냐하면 특정한 하나의 개입방식으로 클라이언트의 표적문제가 해결되지 못할 때 사회복지사는 다른 개입을 시도하기 때문이다. 연속개입설계는 ABC, ABAC 설계 등이 사용된다.

다중요소설계는 이월효과, 순서효과 및 우연한 사건과 연관되어 있는 한계가 있으므로 주의를 기울여 사용해야 한다.

5. 단일사례설계 자료의 해석

단일사례설계의 결과를 분석할 때, 유의성은 세 가지 측면, 즉 실질적, 통계적, 이론적 유의성을 검토해야 한다. 첫째, 실질적 유의성(practical significance)은 임상적 유의성(clinical significance)이라고도 불리는데, 클라이언트의 문제에 의미 있는 변화가 일어났다는 것을 말한다. 실질적 유의성을 판단하는 방법은 개입의 종류에 따라 다양하다. 한 예로, 클라이언트의 기능을 문제가 없는 다른 사람들의 평균적인 기능 또는 표준점수와 비교하여 얼마나 유사한가 또는 차이가 나는가에 의해 결정하는 것이다. 단일사례설계의 그래프에 임상적으로 바람직한 점수를 미리 표시해 두면 비교판단이 용이하다. 둘째, 통계적 유의성(statistical significance)이란 클라이언트의 변화가 우연히 일어난 것이 아니라는 확률적 판단에서 나오는 것으로 통계적 절차에 의해서 판단된다. 셋째, 이론적 유의성(theoretical significance)이란 특정한 개입의 기초가 되는 이론이 클라이언트 변화의 방향에 대해 명확히 제시하고 있는 경우에 단일사례설계의 결과가 이론에서 제시하는 방향과 같은가 하는 것이다. 개입이 효과적인 것으로 판단되기 위해서는 이러한 세 가지 유의성이 다 확립되는 것이 좋다. 상당한 기간의 개입에도 불구하고 세 가지 유의성이 모두 없는 경우에는 개입을 바꾸어야 한다. 한두 가지 유의성만 있는 경우 가능하다면 개입기간을 연장하여 결과를 더 지켜보는 것이 좋다.

결과의 해석에 있어서 시각적 방법과 통계적 방법을 사용할 수 있다. 시각적으로 판단이 명확할 정도면 통계적 방법을 사용할 필요가 없으며, 단계 간 변화가 미묘할 때 통계적 분석이 필요하다. 사회복지실천현장에서 비교적 결과의 해석이 분명하게 나타나는 경우도 있으며, 개입과 동시에 변화가 일어나지 않거나 변화의 방향이 중간에 바뀌어 결과의 해석이 모호한 경우도 있다([그림 12-6], [그림 12-7] 참조).

모호한 자료의 해석을 위하여 제시된 지침은 다음과 같다(Bloom, Ficher, & Orme, 2009).

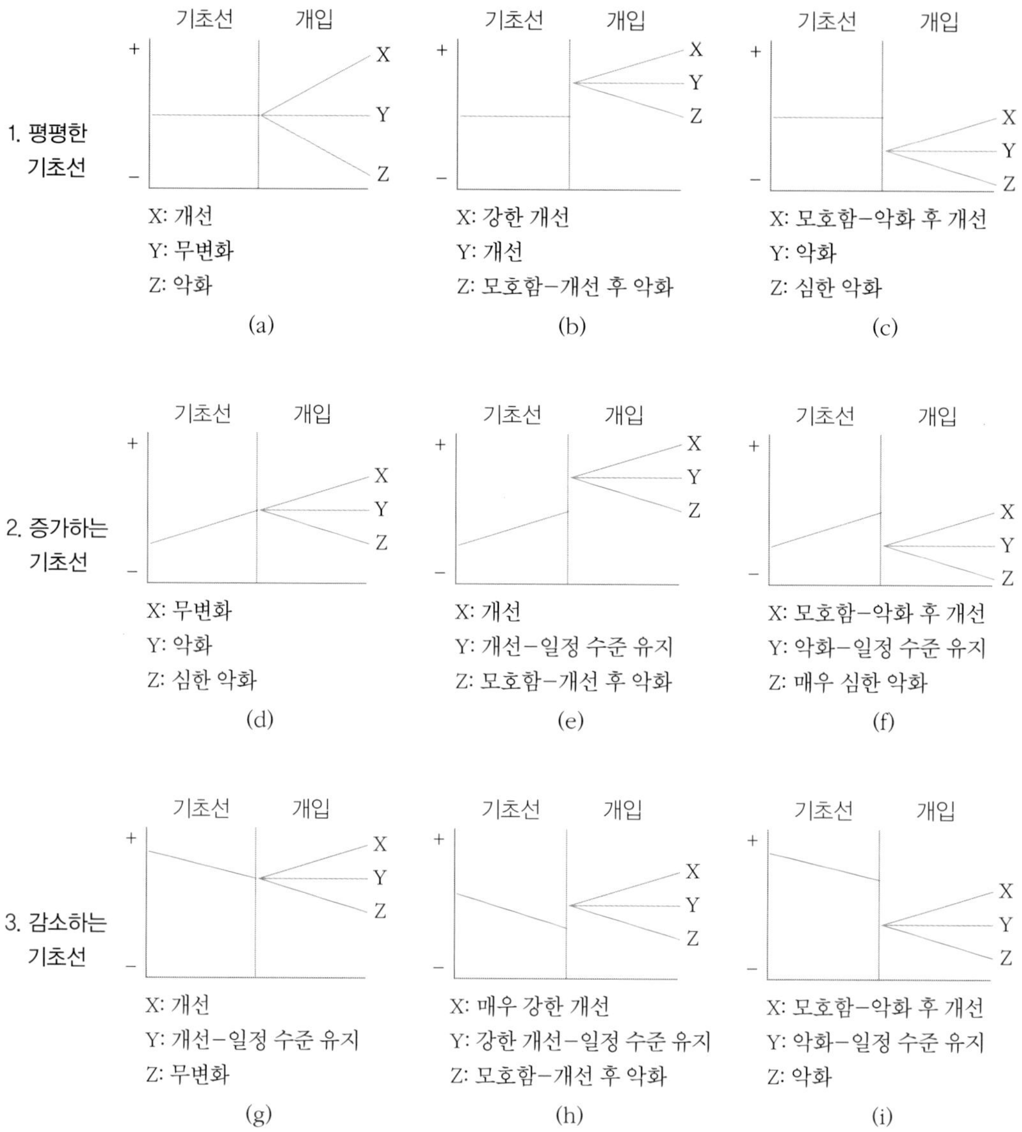

그림 12-6 단일사례설계의 단순화된 기본적 자료 형태

주: 이 그림에서 바람직한 수준 또는 범주는 + 방향임을 전제함

출처: Bloom, Fischer, & Orme (2009), p. 450.

- 자료의 형태가 변화하는 시점과 동시에 서비스 제공이나 클라이언트의 노력에 변동이 없었는가를 살펴본다.
- 제공되는 서비스나 클라이언트의 과제수행에 있어서 비일관성이 모호한 결과를 낳지 않았는지 검토한다.
- 보다 안정된 자료를 얻기 위해 불안정한 단계의 자료수집 기간을 연장할 수 있다.
- 클라이언트나 또는 관련된 사람을 통하여 변화가 진정한 변화인지를 알아본다.
- 둘 이상의 척도를 사용하여 비교하면 한 가지 척도를 사용하는 것보다 결과의 해석이 보다 분명해질 수 있다.
- 측정 장소나 시기에 있어서 비일관성이 없었는지 검토한다.
- 사용 중인 개입에 관한 기존 지식이나 이론이 개입의 특정 단계에서 모호한 결과를 예상하고 있지 않은지 알아본다. 예를 들어, 특정 개입이 초기에는 클라이언트의 문제를 개선하지만 클라이언트의 저항으로 일정 기간 악화를 가져오고 그 기간이 지나면 다시 개선될 수 있다고 문헌에 나와 있을 수 있다.

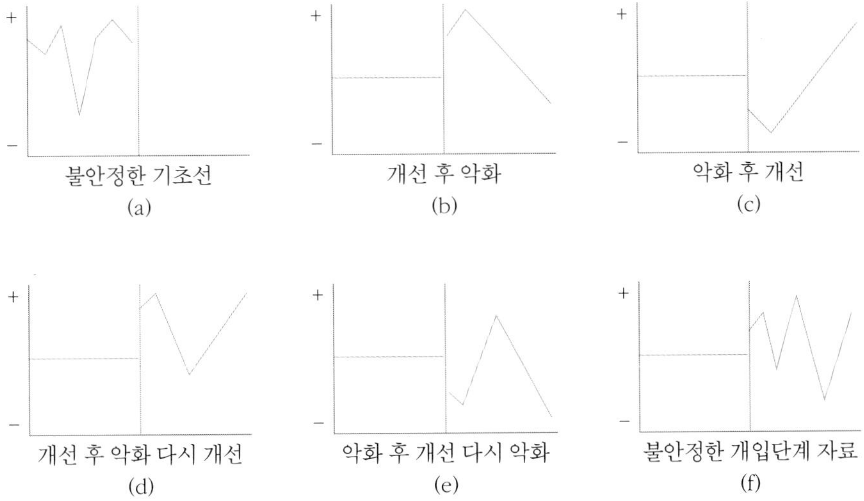

그림 12-7 결과해석이 모호한 자료 형태

출처: Bloom, Fischer, & Orme (2009), p. 457.

- 반복적으로 모호한 자료를 얻는 경우 개입의 변경을 고려해 본다.
- 통계적 절차를 적용하여 분석해 본다.

연습문제

1. 특정 사례와 개입방법을 정하고, 이에 대해 단일사례설계를 적용할 수 있도록 모든 세부적인 결정을 구체화해 보시오.

2. 여러분이 관심을 가지고 있는 문제 영역에 대해 단일사례설계에서 사용할 수 있는 기존의 비교적 간단한 척도에는 어떤 것들이 있는지 찾아보시오.

3. 여러분이 관심을 가지고 있는 특정 유형의 사례나 개입방법을 생각해서 개별화된 척도를 만들어 보시오.

4. 클라이언트나 클라이언트 주위의 사람에게 측정을 부탁할 때 그 필요성을 어떻게 설득력 있게 제시할 수 있을지 글로 적어서 나타내 보시오.

5. 관찰되는 행동의 발생빈도를 쉽게 기록할 수 있는 도구와 방법에는 어떤 것이 있는지 생각해 보시오.

6. 여러분이 개선하고자 하는 자신의 행동을 정하여 구체적인 목적, 측정대상, 자료수집 도구 등을 선정하여 단일사례설계를 실행해 보시오. 그리고 여러분의 계획이 얼마나 잘 달성되었는지 자료를 분석해 보시오.

7. 여러분이 효과성에 관심을 가지고 있는 특정 클라이언트에 대하여 개입의 임상적인 목표를 정하시오. 그리고 개입의 효과성에 있어서 임상적인 유의성을 판단할 수 있는 근거로 사용될 수 있는 지표나 척도 또는 척도상의 점수는 무엇인지 알아보시오.

제13장

사회복지실천 기록

기록은 사회복지임상실천과 사회복지행정에서 매우 중요한 역할을 한다. 기록은 클라이언트의 욕구 및 상황을 확인·기술·사정하고, 서비스의 목적과 활동을 비롯한 서비스 전달과정을 나타내며, 클라이언트에 대한 개입의 효과성 여부를 평가하는 것까지 포함한다. 이 장에서는 기록의 기능, 기록에 포함되어야 할 요소와 정보, 기록의 구조와 유형, 사회복지정보시스템과 기록, 좋은 기록의 원칙과 조건, 그리고 기록과 클라이언트의 사생활보호에 대해서 알아본다.

1. 사회복지실천에서 기록의 기능

사회복지실천에서 기록의 일차적인 기능은 책무성에 대한 요구에 부응하는 데 있다. 사회복지사는 기관, 클라이언트 그리고 지역사회에 대해 윤리적·법적 책무성을 가지고 자신이 전달하는 서비스를 기술하고, 서비스의 결정과 행동의 합리적인 근거를 제시해야 한다. 또한 기록은 사회복지실천, 기관의 행정과 전문적 발전 및 교육을 지원하는 이차적인 기능을 가지고 있으며, 법정에서의 증거 및 연구 자료로 활용되는 부수적인 기능도 갖고 있다. 기록의 여러 가지 기능은 다음과 같다(백은령, 이은미, 2020; Kagle & Kopels, 2008; O'Rouke, 2010).

- 클라이언트의 상황과 서비스를 필요로 하는 욕구를 확인하고 기술한다.
- 클라이언트의 상황 및 욕구에 적합하며 이용 가능한 공식적 · 비공식적 자원을 기술하고 평가한다.
- 실천과정에서 이루어진 중요한 결정과 특정 조치가 이루어진 근거에 대한 정보를 제공한다.
- 사회복지사와 사회복지기관이 기관 정책, 법적 기준, 실천지침, 전문가 윤리 등을 잘 준수하고 있는지를 나타낸다.
- 시간 경과에 따른 서비스 과정과 개입의 영향을 모니터링할 수 있다.
- 전달된 서비스에 대한 비용청구와 프로그램 실시를 위한 재원 확보에 사용된다.
- 기록된 정보를 통해 사례의 진전 상황을 알 수 있어서 사회복지사가 바뀌더라도 사례의 지속성이 유지된다.
- 서비스 제공에 관련된 여러 전문가들 사이의 의사소통 및 협력의 기본 자료로 활용된다.
- 클라이언트와 사회복지사 간의 정보공유를 통하여 의사소통을 촉진한다.
- 사회복지사 및 사회복지기관에 대한 행정적인 관리감독을 하는 데 사용된다.
- 사회복지사 자신의 실천에 대한 지속적인 평가 및 슈퍼비전과 자문의 자료로 활용되어 사회복지사의 전문적인 발전에 기여한다.
- 외부기관으로부터의 감독이나 평가 시에 검토의 대상이나 정보를 제공하는 자료로 사용된다.
- 법정에서 증거로서 사용된다.
- 학생 및 신참 사회복지사들에게 교육훈련의 자료로 사용된다.
- 연구조사의 자료로 사용된다.

2. 기록 내용의 구성요소

1) 기록에 포함되어야 할 내용

책무성에 대한 강조와 더불어 기록을 요구하는 집단이나 조직이 증가함에 따라 더 많은 세부적인 정보가 기록에 포함될 것이 요구되고 있다. 그러나 사회복지사가 너무 많은 정보를 기록하게 되면 다른 중요한 활동을 할 시간이 부족할 수 있으며, 클라이언트의 비밀을 손상시킬 수도 있다. 반면, 효율성과 클라이언트의 사생활을 보호하기 위해 너무 적게 기록하면 책무성을 위해 필요한 정보를 기록하지 못할 수도 있다. 따라서 사회복지사는 클라이언트, 욕구, 문제나 상황, 서비스 전달에 관한 자세한 정보들 중에서 타당한 내용들을 잘 선택하여 기록하는 것이 중요하다. 기록에 포함되어야 할 내용의 요소들은 사회복지현장에서 다루는 사례와 제공되는 서비스의 종류에 따라 다르지만, 책무성을 나타내기 위해서는 서비스 중심의 기록이 되어야 한다. 서비스 중심 기록에는 서비스의 근거, 내용, 결과들이 문서에 잘 나타나야 하는데, 〈표 13-1〉과 같은 내용이 포함되어야 한다(Kagle & Kopels, 2008).

표 13-1 서비스 중심 기록 내용의 주요 요소 및 정보

주요 요소	포함될 정보
서비스 개시	• 클라이언트의 인구통계학적 정보 • 서비스 개시 방법과 사유(기관 접촉방법, 제시된 문제나 욕구) • 중요 관계자(가족 등)에 대한 정보 • 서비스 자격
자료수집	• 클라이언트, 욕구, 상황에 대한 기술 • 정보 출처 • 사회력 • 과거 및 현재 서비스 이용 경험 • 자원, 장애 및 충족되지 못한 욕구

사정	• 체계적 사정: 관찰, 정보출처, 사용된 기준, 사회복지사의 평가 • 강점 • 서비스에 영향을 주는 문화적 요인 • 위험사정
초기 사정에서 나온 결정과 행동	• 초기 사정에 의해 취해진 결정과 행동 • 관련 정책, 법, 실천기준의 준수
서비스 계획	• 서비스 선택(다양한 서비스 중 특정 서비스 선택 사유, 제외된 선택, 선택에 사용된 기준) • 목적 및 목표 • 계획 • 목표 및 계획 달성의 지표 • 서비스 종결 시기 • 클라이언트와 사회복지사의 계약
중간 노트	• 클라이언트, 욕구, 상황에 관한 업데이트와 최신 정보 • 클라이언트, 욕구, 상황에 대한 사정 • 서비스 활동에 대한 기술 • 서비스 과정과 진전 상황에 대한 사정 • 목적, 목표, 계획, 지표의 변화
특별 자료	• 동의서 • 중요 사건과 위급상황 및 이에 대해 취해진 결정과 행동 • 정기적인 서비스 검토
종결	• 서비스 종결 이유 • 종결 시 사례의 상태

출처: Kagle & Koples (2008).

2) 사회력

사회복지실천 기록에서 사회력은 클라이언트의 문제나 욕구를 역사적이며 생태학적인 맥락에서 이해하기 위해 클라이언트와 상황에 관한 현재 및 과거에 대한 정보를 포함한다(Kagle & Kopels, 2008). 간략한 사회력은 클라이언트와 상황을 이해하는 데 필요한 개인적 · 대인적 · 사회적 · 환경적 정보에 집중하고 주요 문제를 관련 생태학적인 맥락에서 다룬다. 보다 광범위한 사회력은 역사적인 선행사건, 반복되는 주제, 장기적 유형까지도 찾으려고 시도한다. 사회력 보고서에 공통적으로 포함되는 정보는 다음과 같다(Sheafor & Horejsi, 2008).

- 개인정보(이름, 생년월일, 주소 등)
- 보고의 이유
- 사회복지나 기관 참여의 이유
- 클라이언트의 문제나 관심사에 대한 진술
- 클라이언트의 가족배경(원가족)과 현재 가족의 구성
- 신체적 기능, 건강, 장애, 영양, 의료 상태
- 교육적 배경, 최종학력, 지적 기능
- 심리적 · 정서적 기능
- 민족성, 종교와 영성
- 대인사회적 관계, 중요한 타자와의 관계
- 고용, 소득, 작업환경, 기술
- 강점, 대처방식, 문제해결능력
- 주택, 지역사회, 이웃, 교통수단
- 현재와 최근의 지역사회와 전문적 서비스의 이용

사회력을 만드는 과정이 단순히 클라이언트의 경험만을 기술하는 것이 되어서는 안 된다. 사회복지사는 자신의 지식과 경험을 토대로 클라이언트와 문제상황에서 매우 중요하다고 판단되는 특정 요소에 관심을 기울여야 한다. 예를 들어, 부모가 아동을 학대한 사례에서 사회력의 목적은 아동학대의 발생 여부를 탐색하기 위한 것이 아니며, 아동학대와 관련 있는 것으로 알려진 요소들이 현재의 사례에서도 관련성을 가지고 있는지를 탐색하는 것이다. 사회복지사는 부모의 아동양육기술과 지식, 약물남용, 경제적 어려움, 사회적 고립 등 아동학대 발생과 관련된 여러 요소에 대해서 탐색하고, 특정 요소가 아동학대의 한 원인이라고 판단되면 그에 맞는 서비스를 계획해야 한다.

사회력 정보는 흔히 서비스과정의 초기에 기록되며 새로운 정보가 생길 때마다 추가된다. 사회력 작성을 위한 정보는 클라이언트, 클라이언트의 가족이나 중요한 타인, 기관의 기록, 심리검사, 직접관찰 등을 통해서 얻을 수 있다. 사회복지기관에 따라 사회력은 개별적인 문서일 수도 있고 기록의 일부일 수도 있다. 사회력 작성을 위한 정보의 선택과 구성은 기관에 따라 표준화된 개요를 가지고 있거나 또는 개별 사회복지사의 재량에 맡긴다. 표준화된 개요가 없는 경우, 사회복지사는 자신이 주로 대하는 클라이언트의 특성과 문제를 고려하여 사회력 양식 및 기록 방식을 개발해야 한다.

3. 기록의 구조와 유형

각 사회복지기관은 고유한 기록양식을 가지고 있다. 기록의 형식과 내용은 기관의 임무, 제공되는 서비스의 종류와 형태, 법적·행정적 규칙, 기록을 보는 사람 등에 따라 달라진다. 사회복지기록에서 정보를 선택하고 구성하는 일을 안내하는 기록 구조는 표준화의 정도, 내용 선정의 범위 및 표현방식 등에 있어서 다양하다(Kagles & Kopels, 2008). 또한 기록의 종류도 서비스 중심의 기록만 있는 것이 아니라 보건의료분야에서 주로 사용되는 문제중심 기록이 있으며, 교육훈련을 목적으로 사용되는 과정 기록이 있다.

1) 기록의 구조

기록은 표준화된 양식에 의해 기록의 내용과 구성이 미리 정해져 있는 경우와 덜 표준화되고 개방적인 형식으로 되어 있는 경우로 나눌 수 있다. 표준화된 양식의 사용은 사회복지사의 기록업무를 전형화시키며 꼭 기록해야 할 정보가 기록될 가능성을 높인다. 반면, 덜 표준화된 형식은 클라이언트와 서비스에 따라 사회복지사의 시각을 반영할 수 있으나 반드시 포함되어야 할 것으로 기대되는 중요한 정보를 빠트릴 수도 있다. 책무성에 대한 강조와 기록의 전산화로 인해 기록의 구조가 점점 더 표준화되어 오고 있다.

또한 기록은 표현방식에 따라서도 다양하다. 과거에는 이야기체 형식으로 서비스 과정에 대해 자세하게 서술하였으나, 오늘날에는 전적으로 이야기체로만 기록하는 경우는 드물다. 어떤 구조에서는 특정 정보에 대해 간략한 요약 기록을 하도록 되어 있으며, 빈칸 메우기나 체크리스트도 사용된다, 이야기체 기록은 복합적이고 개별화된 서비스에 관한 정보에 대해서 융통성 있게 기록할 수 있는 장점이 있어서 사회복지기관의 기록이 표준화되어 가는 경향 속에서도 사회력 작성에 널리 사용되고 있다. 이야기체 기록의 질은 제공된 서비스의 질보다 사회복지사의 글쓰기 능력이나 기록에 투여된 시간에 의해 좌우될 수 있다. 사회복지사는 특정한 사례와 관련된 매일의 활동을 기록할 수 있는 사례노트를 만들어 시간순으로 활동을 간단하게 적어 두었다가 나중에 이야기체로 기록할 때 그동안 있었던 일들을 추적하는 데 활용할 수 있다.

2) 문제중심 기록

문제중심 기록은 보건 또는 정신보건 현장에서 많이 사용되는 기록이며, 사회복지기관에서도 사용된다. 문제중심 기록은 네 가지 요소로 구성되는데, ① 문제의 파악을 위한 데이터베이스 구축, ② 문제의 분류 번호가 매겨진 특정한 문제의 목록, ③ 각 문제에 대한 행동계획의 개발, 그리고 ④ 계획의 실행이다. 이 요소는 문제해결과정의 기본적인 단계와 관련되어 있어서 특정한 문제에 초점을 맞추도록 하고, 문제해결의 진전에 대한 모니터링과 사후지도를 쉽게 할 수 있도록 하는 장점이 있다.

문제중심 기록의 특징은 문제의 목록화와 진행기록에 있다. 문제의 목록은 사례의 진행과정 초기에 확인된 문제를 나열하고 사례를 진행하면서 다른 문제들이 표면화될 때마다 새로운 문제가 추가된다. 각 문제는 번호가 매겨지는데, 기관에 따

표 13-2 ○○○ 씨 가족의 문제목록

번호	문제	일자	해결된 문제	해결 일자
1	주거환경의 번잡	11월 10일		
2	식비 부족	11월 10일	푸드뱅크에 연결	11월 14일
3	철희의 안경 필요	11월 15일	김안과에서 검안	11월 20일
4	영희의 등교 거부	11월 28일		

라서는 표준용어나 통일된 번호체계를 사용하여 클라이언트의 문제유형을 쉽게 파악할 수 있도록 한다. 문제의 목록은 사례기록에서 별도의 페이지에 두어 목록을 찾고, 사례의 진행과 계획을 검토하는 데 용이하게 사용되도록 해야 한다(〈표 13-2〉 참조). 이와 같이 만들어지는 문제의 목록은 사례의 계획과 개입의 초점을 제공하는 역할을 하며 책무성을 나타내는 문서가 된다.

개입이 필요할 때 행동을 서술하는 진행기록은 SOAP의 형태를 따르고 있다. SOAP의 약자는 다음을 말한다.

- S-주관적 정보(Subjective information): 클라이언트의 자기보고에서 나오는 것으로 클라이언트가 상황을 어떻게 인식하고 느끼는가를 나타낸다.
- O-객관적 정보(Objective information): 전문가의 직접적인 관찰, 임상적 실험, 체계적인 자료수집 등에서 얻어진다.
- A-사정(Assessment): 주관적·객관적 정보의 검토를 통해 추론된 전문가의 개념화와 결론을 말한다.
- P-계획(Plan): 전문가가 특정한 문제를 제기하거나 해결하는 방법을 나타낸다.

일단 계획이 세워지면 이를 실행하기 위한 개입이 뒤따른다. 계획이 아무리 논리적이라도 행동에 옮겨지지 않으면 클라이언트를 도울 수 없다. 실천과정의 종료단계에서 대개 문제는 해결되거나 안정되는데, 이는 해결되지 않은 문제에 대해서는 대안적인 계획이나 지역사회의 타 기관에 의뢰되기 때문이다.

문제중심 기록은 기록을 조직화하는 데 간소한 양식을 제공한다. 그러나 이 기록방법은 사회복지서비스를 잘 기록하기에는 몇 가지 한계점이 있다고 여겨진다. 문제의 사정이 부분적이거나 지나치게 단순하며, 클라이언트의 장점과 자원을 중요시하지 않고, 심리사회적인 관심보다는 생의학적 관심에 초점을 맞추고 있으며, 서비스 전달의 복잡성을 간과하는 경향이 있다(Kagle & Kopels, 2008).

3) 과정 기록

과정 기록은 원조과정이나 클라이언트와의 상호작용과정을 가능한 있는 그대로 정확하게 작성하는 기록이다. 일상적인 실천에서는 거의 사용하지 않지만 초보 사회복지사나 학생들의 교육·훈련을 위해서는 매우 효과적인 방법으로 여겨지고 있다. 과정 기록의 장점은 기록자 본인의 실천행동과 클라이언트의 반응 및 상호작용의 결과를 기록과정에서 재경험하고 분석하도록 하여 사례에 대한 개입기술능력을 향상시키는 데 도움이 된다는 점이다. 사회복지현장실습에서 학생들에게 과정 기록을 하도록 한 결과, 학생들은 자신들의 지식의 한계와 실수를 잘 알게 되고, 개념 및 이론을 실천에 통합하기 위해 해당 사례와 관련된 문헌을 찾아 체계적으로 적용하려고 하였으며, 과정 기록을 활용한 교육·훈련 이후 실천에 대한 자신감이 향상된 것으로 나타났다(Karpetis, 2019). 한편, 과정 기록은 서비스 상호교류에서 실제로 일어났던 일에 대해서 단지 간접적이고 불완전하며 왜곡된 정보를 제공할 수 있고, 시간이 많이 소모되기 때문에 기관에서 사용하기에는 비효율적인 면이 있다는 단점이 있다(Kagle & Kopels, 2008; Neuman & Friedman, 1997).

과정 기록에는 다음과 같은 요소들이 포함될 수 있다(백은령, 이은미, 2020; Kagle & Kopels, 2008).

- 면담이나 회의에 참석한 사람들의 이름
- 날짜, 장소, 시간
- 면담의 목적

- 자세한 면담 내용의 기록
- 행동이나 비언어적 행동에 대한 묘사
- 기록자의 느낌과 반응
- 상호작용과 내용에 대한 분석적 사고
- 자신이 수행한 것에 대한 스스로의 사정(부딪힌 문제, 강점, 한계 등)
- 전체 면담에 대한 느낌과 분석적 사고의 요약
- 향후 계획: 면담에서 다루지 못한 문제 확인
- 슈퍼바이저에게 질문할 질문 작성

과정 기록의 형식은 기록자가 클라이언트와 나눈 대화 내용을 있는 그대로 대화체로 기록하고, 이에 대해 기록자가 갖게 된 느낌과 분석을 적고, 슈퍼바이저가 코멘트를 하는 순으로 칸을 만들어 작성할 수 있다. 이를 통해 기록자는 클라이언트와의 상호작용의 구체적인 면을 되돌아봄으로써 자기인식을 고양하고 사회복지실천기술의 발전을 위해 가치 있는 피드백을 얻을 수 있다.

4. 사회복지정보시스템을 이용한 기록

사회복지정보시스템의 구축으로 인하여 사회복지실천에서 기록에 관한 업무 환경이 많이 변하였으며, 정보시스템을 제대로 사용할 수 있는 사회복지사의 역량 또한 중요해졌다.

사회복지시설정보시스템은 사회복지법인 및 시설의 회계, 인사, 급여, 후원금 관리 등의 업무를 전자적으로 처리하고, 사회보장정보시스템(행복e음)과 연계하여 각종 온라인 보고를 처리할 수 있는 사회복지시설 통합업무관리시스템이다(www.w4c.go.kr). 사회복지시설정보시스템은 웹기반 시스템으로 업무의 표준화, 업무처리의 간소화 및 효율화, 외부 제출자료 작성의 편의성 도모 등의 목적으로 도입되었으며, 시설의 행정업무(회계관리, 인사 · 급여, 세무/자산, 후원금품관리, 시 · 군 · 구보고) 뿐만 아니라 시설 이용자의 서비스 이력관리 업무도 체계적으로 할 수 있도록 되어 있다.

사회복지시설의 종별에 상관없이 모든 생활시설 및 이용시설에서 사용할 수 있으나, 현재는 주로 아동시설, 노인시설, 장애인시설, 부랑인시설, 정신요양시설, 노숙시설, 여성시설, 장기요양기관 등에서 사용하고 있다. 사회복지시설정보시스템의 이력관리 부분을 보면, 이용자의 기본 인적사항, 초기면접, 서비스 계획, 상담, 사례관리, 사후관리 등에 대한 기록을 할 수 있게 되어 있어서, 정해진 양식에 내용을 입력할 수 있으며, 최근에는 시설별 특성에 따라 자유롭게 항목을 설정할 수도 있게 되어 있다.

사회보장정보시스템(행복e음)은 각종 사회복지 급여 및 서비스 지원 대상자의 자격과 이력에 관한 정보를 통합 관리하고, 지방자치단체의 복지업무 처리를 지원하기 위해 개인별·가구별 데이터베이스(DB)로 중앙에 통합 구축한 정보시스템이다(www.ssis.or.kr). 사회보장정보시스템은 수급자 선정의 정확성을 높이고 공무원의 업무수행 편의성을 제고함으로써 공공부문의 사회복지서비스 전달체계의 효율성을 높이기 위해 도입되었다. 사회보장정보시스템은 대상자의 인적 정보, 소득·재산 정보 및 서비스 수급이력 정보를 포함하고 있으며, 이 시스템에 대한 접근은 지자체의 업무담당자에 의해서만 가능하다. 현재 관리되고 있는 사회복지급여 및 서비스는 기초연금, 영유아보육, 기초생활보장, 장애인연금, 긴급복지 등의 120개 사회복지사업이다.

사회복지정보시스템의 사용방법과 시설이용자 및 서비스 지원대상자의 이력관리에 포함되는 구체적인 내용에 대해서는 한국사회보장정보원 교육홈페이지(edu.ssis.or.kr)의 교육자료들에 제시되어 있다. 사회복지정보시스템의 발전으로 복지행정이 보다 효율화되고 일선 행정업무가 편리해지며, 복지 서비스 이용자의 편리성이 증진되고 서비스의 질이 제고되는 등의 장점이 있다(최종혁, 김수완, 2017). 한편, 사회복지정보시스템이 원래의 의도대로 그 유용성이 잘 발휘되고 있는지에 대한 평가와 사용에서의 불편함을 개선하려는 노력이 꾸준히 이루어져야 할 것으로 보인다. 또한 사회복지사는 시스템 사용방법과 시스템의 해당 양식에 맞는 기록 방법에 대해서도 잘 익히고 사용할 수 있는 노력을 해야 한다.

5. 좋은 기록을 위한 원칙과 조건

1) 좋은 기록의 원칙

사회복지실천에서 좋은 기록을 하기 위해서는 무엇보다도 서비스를 제공하기까지의 사고와 행동의 질이 좋아야 한다. 뿐만 아니라 좋은 기록을 위해서는 정보의 선택 · 보관, 그리고 읽는 사람에게 제시되는 방법상의 측면도 고려해야 한다. 좋은 기록이 되기 위해서는 다음과 같은 원칙을 잘 지켜야 한다(Kagle & Kopels, 2008).

- 기록의 주요한 네 가지 목적, 즉 책무성, 실천의 지원과 향상, 효율성, 클라이언트의 사적 권리 보호 사이에서 균형을 유지해야 한다(목적의 균형 유지).
- 기관의 사명과 서비스 프로그램의 목표와 관련된 내용에 초점을 두어야 한다(사명에 초점).
- 기관정책, 법적 기준, 실천지침, 전문가 윤리를 준수함을 문서화하고, 그렇지 못할 경우 이를 정당화해야 한다(위험 관리).
- 서비스의 목적, 서비스 목표, 계획, 활동, 진전과 영향 및 성과의 지표들을 문서화하면서 서비스 전달에 초점을 두어야 한다(책무성).
- 목적, 목표, 성과와 연관된 것 이상의 클라이언트 · 욕구 · 상황에 관한 정보를 포함하지 않아야 한다(불필요한 정보의 생략).
- 사정은 타당하고 공정해야 하며, 네 가지 요소, 관찰, 정보출처, 판단 기준, 평가를 포함해야 한다(객관성).
- 사정 · 목표 · 계획 · 활동이 개별 클라이언트 · 욕구 · 상황에 맞게 이루어져야 하며, 의사결정과 행동수행을 포함하는 서비스 과정의 모든 측면에서 클라이언트의 역할을 문서화해야 한다(클라이언트 관여).

- 기록의 정보는 출처에 근거해야 하며, 기록을 하는 사회복지사는 매 기록마다 날짜를 적고 서명해야 한다(출처).
- 클라이언트 · 욕구 · 상황, 서비스의 결정, 행동, 성과에 영향을 미치는 문화적 요소들을 문서화해야 한다(문화적 맥락).
- 기록은 클라이언트, 클라이언트를 위하여 행동하는 사람들, 또는 클라이언트의 소원이나 이익에 반하여 행동하는 사람들 모두가 기록을 읽을 수 있다는 것을 가정하고 작성해야 한다(다양한 사람들의 접근 가능성).
- 모든 관련 정보를 포함하며 시간의 흐름에 따라 클라이언트 · 욕구 · 상황 그리고 서비스 과정에 대한 중요한 정보를 알 수 있도록 연대순과 주제에 따라 상호 참조할 수 있게 구성되어야 한다(활용성).
- 좋은 기록은 최신의 내용을 포함한 생생한 기록이 되어야 하고, 장기 사례에 대한 기록은 정기적인 검토와 요약을 포함해야 한다(현재성).
- 좋은 기록은 모든 서비스 결정과 행동에 대한 근거와 정당한 이유를 제공해야 한다(근거 제시).
- 위기상황과 위험한 사건은 즉각 충분하게 기록해야 하며, 사회복지사가 서명하고 슈퍼바이저나 다른 행정가에 의해 승인한 보고 내용과 행동 계획을 포함해야 한다(긴급 상황).
- 좋은 기록은 면담이나 집단회기에 대한 자세한 기술, 추측, 근거 없는 견해, 판단적 용어, 직감적 반응, 직관, 서비스 목적과 무관한 클라이언트 · 욕구 · 상황에 관한 정보나 클라이언트를 위해 사회복지사가 취한 많은 활동에 대한 자세한 기술을 포함하지 않는다(제외 사항).

2) 좋은 기록을 위한 조건

좋은 기록을 위해서는 사회복지사 개인의 노력과 더불어 기관차원에서의 노력도 필요하다(백은령, 이은미, 2020; Kagle & Kopels, 2008; O'Rouke, 2010). 사회복지사는 기록을 체계적으로 준비하고 문장력을 향상시켜야 한다. 사회복지사는 매번 클라이언트를 만나기 전, 만나는 동안 또는 만난 이후에 각각 기록할 준비가 되어 있어야 한다. 클라이언트와 만나기 전, 특히 실천과정의 초기단계에서 사회복지사는 기록에 필요한 정보를 문의할 준비를 해야 한다. 사회복지사는 기관에서 사용하는 양식, 간단한 서식, 방침을 검토하여 필요한 정보가 무엇인지 알아야 한다. 클라이언트를 만나는 동안이나 만난 이후에는 서비스를 제공하는 동안 얻어진 것과 밝혀진 것에 대하여 짧게 메모하여 필요한 정보를 기억하여 기록할 수 있도록 하는 것이 좋다. 또한 사회복지사는 띄어쓰기나 맞춤법상의 오류, 반복되거나 진부한 용어의 사용, 왜곡되거나 과장된 표현, 사실과 의견이 구분되지 않은 서술 등이 없도록 주의해야 한다.

기관 차원에서도 기록의 질이 담보될 수 있는 노력과 체제가 있어야 한다. 기관에서는 기록에는 무슨 내용을 포함하고 어떻게 구성할지 등에 관한 지침을 제공해야 하며, 직무교육이나 슈퍼비전을 통해 기록에 대한 교육·훈련을 제공해야 한다. 또한 책무성에 대한 요구가 증가하면서 사회복지사의 기록 업무에 대한 부담이 늘고 있어서 효율적으로 기록을 할 수 있도록 기록양식을 만들어야 한다. 최근 사회복지사가 사용하기 편리하도록 표준화된 기록양식을 많이 사용하고 있는데, 외부의 새로운 요구사항이나 다루는 사례의 특성을 양식에 융통성 있게 반영할 수 있도록 기록체계를 꾸준히 개선해 나가는 노력이 필요하다. 좋은 기록을 위해서는 기관 차원에서 기록의 중요성과 가치에 대한 인식과 문화도 중요하며, 사회복지사에게 사무적인 지원이나 기자재 등을 제공하고 기록에 필요한 적절한 시간을 고려해 주는 실질적인 지원도 필요하다. 우리나라 지역사회복지관의 사회복지사들을 대상으로 한 연구(박미진, 현안나, 2020)에서 조직의 서비스품질관리가 높을수록 사회복지실천의 기록 또한 높은 집단에 속할 가능성이 높게 나타나, 사회복지기관에서 기록관리시스템을 서비스품질관리시스템의 일환으로 구축할 것을 제안하고 있다.

6. 기록과 클라이언트의 사생활보호의 권리

클라이언트는 서비스를 구하고 받는 동안 본인, 환경 및 대인관계에 대해서 정보를 전해야 하고, 이 정보는 기록의 핵심이 되기도 한다. 책무성의 강조와 더불어 기록과 그 내용에 대한 폭넓은 접근은 클라이언트의 사생활을 침해할 가능성을 높여주고 있다. 특히 컴퓨터를 이용하여 표준화된 양식에 다량의 정보를 체계적으로 기록하는 방식이 증가함에 따라 다수 클라이언트들의 개인정보가 그들에게 이익이 되지 않는 방향으로 정보를 이용하는 사람에게 순식간에 전달될 수 있다(Gelman, Pollack, & Weiner, 1999).

사회복지사와 사회복지기관은 클라이언트의 사생활을 보호하기 위하여 기록의 내용에 포함되어야 할 정보의 유형을 정하고 그 기록을 보관하며, 또한 공개하는 과정에 대한 규정을 두어야 한다. 다음은 클라이언트의 사생활을 보호하는 데 도움이 되는 지침이다(Kagle & Kopels, 2008).

- 서비스 제공에 필요하거나 서비스 전달 및 평가와 관련된 것만 기록한다.
- 클라이언트의 매우 사적인 생활이나 비밀스러운 행동 등 민감한 정보는 자세하게 기록하지 않으며, 일반적인 용어로 기술한다.
- 정확한 것으로 입증된 정보만 기록하고, 부정확한 것으로 확인되면 삭제하거나 이전에 기록된 정보가 정확치 않음을 추가로 기입한다.
- 특별히 허가된 매우 예외적인 경우를 제외하고는 기록 파일 자체를 기관 외부로 내보내지 않는다.
- 면담이나 회의 중에 사례기록을 방치해 두거나 일과 중에 책상 위에 펼쳐두어 아무나 볼 수 있게 해서는 안 되며, 컴퓨터 화면에 클라이언트에 관한 기록이 사회복지사가 자리에 없는 경우에도 계속 보이는 것을 막기 위해 자동으로 화면이 꺼지도록 설정해야 한다.
- 기관은 문서와 전산화된 기록에 접근할 수 있는 모든 사람을 위한 보안정책과

절차를 수립해야 하며, 보안정책, 절차 및 기술을 업데이트해야 한다.

- 사례기록은 반드시 잠금장치가 되어 있는 곳에 보관하고, 기록파일에 빈번히 접근해야 하는 사람만이 잠금장치를 열 수 있도록 한다.
- 전산화된 기록은 암호장치를 두어 합법적 권한을 가진 사람만이 접근하도록 하며, 암호 및 인증 장치가 다른 사람과 공유되지 않고, 자주 변경되어야 한다.
- 사회복지기관은 외부기관이나 개인에게 정보를 제공하는 절차에 대해 규칙을 갖고 있어야 하며, 기관의 절차를 사회복지사가 잘 지킬 수 있도록 훈련하고 감독하여야 한다.

연습문제

1. 우리나라의 사회복지기관에서 사용되고 있는 다양한 기록의 양식에는 어떤 것이 있는지 찾아보시오.

2. 사회복지실천현장, 클라이언트의 유형, 주요 서비스에 따라 기록의 양식에서 구별되는 특징이 무엇인지 알아보시오.

3. 여러분이 실습하는 기관 또는 자원봉사활동을 하는 기관 등에서 실제 기록을 접할 수 있으면 이 장에서 살펴본 좋은 기록의 원칙을 기준으로 실제 기록을 평가해 보시오.

4. 여러분이 관심을 가지고 있는 기관의 서비스 또는 클라이언트의 문제를 고려하여 구조화된 기록양식을 개발해 보고, 이를 급우들과 서로 비교 · 평가해 보시오.

5. 여러분의 친구나 급우와의 면담을 통하여 그들의 사회력을 작성해 보시오.

6. 사회복지현장실습 또는 자원봉사활동 기간 동안 여러분과 클라이언트와의 상호작용에 대해 과정 기록을 해 보시오.

참고문헌

강진령(2019). 집단상담의 실제. 서울: 학지사.

곽호완, 박창호, 이태연, 김문수, 진영선(2008). 실험심리학용어사전. 서울: 시그마프레스.

김수미, 송효정, 김남초(2003). 범이론적모델을 적용한 운동프로그램이 노인의 운동행동변화에 미치는 효과. 노인간호학회지, 5(1), 73-81.

김연수, 신창식(2017). 학대피해아동쉼터에서 생활하는 아동의 양가성 경험. 한국사회복지실적연구, 11(2), 63-85.

김종욱, 권중돈(1993). 집단사회사업방법론. 서울: 홍익재.

김춘경, 이수연, 이윤주, 정종진, 최웅용(2016). 상담학사전. 서울: 학지사.

김혜란(1996). 과제중심 모델의 적용에 관한 연구: 위탁보호 사례를 중심으로. 한국사회복지학, 30, 25-47.

남세진, 조홍식(1997). 집단지도방법론-전정판. 서울: 서울대학교출판부.

노명숙(2013). 해결중심상담접근의 철학과 상담자태도에 관한 연구. 한국산학기술학회논문지, 14(8), 3724-3731.

박남희, 김정순, 정인숙, 천병철(2003). 범이론적 모형(Transtheoretical Model)에 근거한 청소년의 금연변화단계 예측요인. 예방의학회지, 36(4), 11-382.

박미진, 현안나(2020). 다층잠재계층분석을 통한 지역사회복지관의 사회복지 실천기록 유형화 연구. 복지상담교육연구, 9(1), 299-327.

박태영, 김태환(2008). 홀어머니와 큰아들의 갈등에 대한 가족치료 사례연구. 한국가족복지학, 23, 263-302.

박현선, 박선화, 황세희(2020). 화상환자 가족의 보호부담 완화를 위한 집단상담 프로그램 개발. 가족과 가족치료, 28(2), 207-229.

백은령, 이은미(2020). 사회복지실천기록: 사회복지사의 기록실무를 위한 지침. 서울: 집문당.

보건복지부(2020). 2020년 아동분야 사업안내.

보건복지부(2021a). 2021년 사회복지시설 관리안내.

보건복지부(2021b). 2021년 노인보건복지사업안내.

보건복지부(2021c). 2021년 장애인분야 사업안내.

보건복지부(2021d). 2021년 정신건강 사업안내.

보건복지부(2021e). 2021년 희망복지지원단 업무안내.

보건복지부, 한국사회보장정보원(2021). 통합사례관리 실천가이드.

서울특별시립동부아동상담소(1995). 동부아동상담소 상담사례연구집.

송성자, 최중진(2003). 강점관점의 사회복지실천을 위한 해결지향적 질문기법. **한국가족사회복지학**, 12(12), 100-124.

송정아(1997). Satir 모델 적용 가족치료 사례 연구. **한국가족복지학**, 21(1), 19-35.

신성웅, 권석우, 신민섭, 조수철(2000). 학교폭력 피해자의 정신병 실태 조사. **소아청소년정신의학**, 11(1), 124-143

신수경, 조성희(2009). **동기면담의 실제-전문가 훈련 밀러DVD 핸드북**. 서울: 시그마프레스.

신수경, 조성희(2017). **알기쉬운 동기면담**. 서울: 학지사.

신영화(2003). 가정폭력에 노출된 성인아이 성향 자녀의 가족에 대한 개입. **한국가족치료학회지**, 11(1), 127-153.

여성가족부(2021). 2021년 가족사업안내(1, 2권).

염은선, 전영주(2017). 청소년자녀 문제해결을 위한 부모상담 사례연구-부모폭력과 게임과몰입 청소년자녀의 부모에 대한 구조적 가족치료 개입을 중심으로. **가족과 가족치료**, 25(2), 347-373.

유해선, 변상해(2015). 상담프로그램이 가정폭력 피해 여성의 정신건강과 심리사회적 요인에 미치는 효과분석. **한국산학기술학회논문지**, 16(4), 2511-2519.

이광자(2009). 자살예방을 위한 전화상담 방법. **의료커뮤니케이션**, 4(2), 120-139.

이영선, 김경민, 김래선, 박양민, 서선아, 유춘자, 이현숙, 전소연, 조은희, 차진영(2012). **학교폭력 및 청소년상담 위기개입 매뉴얼**. 한국청소년상담복지개발원.

이창숙(2002). 이혼을 원하는 부부의 가족상담 사례연구. **한국가족치료학회지**, 10(1), 145-170.

이채원, 김윤화, 김은령, 임성철(2014). **동기면담과 사회복지실천**. 서울: 학지사.

이홍식(2007). **자살의 이해와 예방**. 서울: 학지사.

이훈구, 이영주, 박수애(2000). **가정폭력의 피의자와 피해자의 특성**. 청소년보호위원회.

장인협, 우국희(2001). 케어 · 케이스 매니지먼트. 서울: 서울대출판부.

정문자, 이영분, 김유순, 김은영(2017). 해결중심 가족상담. 서울: 학지사.

조학래(2019). 집단사회복지실천. 서울: 신정.

최옥채(1999). 사회복지실천론. 서울: 인간과 복지.

최은희, 윤여정, 류경희(2005). 학대받은 아동의 심터 적응과정에 대한 근거이론 연구. 한국아동복지학, 19, 37-73.

최인, 황혜민(2015). 연령차별과 절망감이 노인의 자살생각에 미치는 영향. 의료커뮤니케이션, 10(1), 17-25.

최종혁, 김수완(2017). 공공복지전달체계에서의 복지기술 활용에 관한 연구: 사회보장정보시스템(행복e음)에 대한 사회복지공무원 인식을 중심으로. 사회복지정책, 44(4), 181-213.

최중진(2018). 해결중심 상담의 기적 질문에 관한 사례연구. 가족과 가족치료, 26(1), 23-48.

한국사회복지교육협의회(2021). 2021-2022년도 사회복지학 교과목지침서.

한림화상재단(2018). 화상환자 가족의 보호부담 완화를 위한 집단상담 프로그램 개발.

홍선미(2004). 사회복지 실천의 지식기반과 학문적 특성에 관한 연구. 한국사회복지학, 56(4), 195-214.

홍선미(2011). 사회복지 실천의 가치지향분석. 상황과복지, 31, 193-223.

홍선미, 이연, 안태숙, 전재현(2010). 무한돌봄센터 자원개발 매뉴얼. 경기복지재단.

홍창희(1997). 가정폭력과 여성의 정신건강. 젠더와 사회, 8, 41-58.

Arkowitz, H., Miller, W. R., Westra, H. A., & Rollnick, S. (2008). Motivational interviewing in the treatment of psychological problems: Conclusions and future directions. In H. Arkowitz, H. A. Westra, W. R. Miller, & S. Rollnick (Eds.), *Applications of motivational interviewing. Motivational interviewing in the treatment of psychological problems* (pp. 324-342). New York: Guilford Press.

Austin, D. M.(1983). *A History of social work education*. The University of Texas.

Austin, M. J., Anthony, E. K., Knee, R. T., & Mathias, J. (2016). Revisiting the relationship between micro and macro social work practice. Families in Society: *The Journal of Contemporary Social Services*, *97*(4), 270-277.

Barker, R. (1991). *The social work dictionary* (6th ed.). Silver Spring, MD: National Association of Social Workers. NASW Press.

Bartlett, H. (1971). Social work fields of practice. In R.Morris (Ed.), *Encyclopedia of Social work*. New York: NASW press.

Bateson, G., Jackson, D. D., Haley, J., & Weakland, J. (1956). Toward a theory of schizophrenia. *Behavioral Sciences, 1*, 251-264.

Bear, B., & Federico, R. (1978). *Educating the baccalaureate social worker*. Cambridge, MA: Ballinger.

Beck, A. T., Rush, A. J., Shaw, B. F., & Emery, G. (1987). *Cognitive therapy of depression*. New York: Guilford.

Becvar, D. S., & Becvar, R. J. (2012). *Family therapy: A systemic integration* (8th ed.). Pearson.

Bem J. D. (1972). *Self perception theory*. NY: Academic Press.

Berg, I. K., & Miller, S. D. (1992). *Working with the problem drinker: A solution-focused approach*. W. W. Norton & Company.

Biestek, F. (1957). *The Casework relationship*. Chicago: Loyola University Press.

Bisman, C. D., & Hardcastle, D. A. (1999). *Integrating research into practice: A model for effective social work*. Belmont, CA: Brooks/Cole.

Bloom, M., Fischer, J., & Orme, J. G. (2009). *Evaluating practice: Guidelines for the accountable professional* (6th ed.). Boston, MA: Pearson.

Blythe, B., Tripodi, T, & Briar, S. (1994). *Direct practice: research in human service agencies*. New York: Columbia University Press.

Bowen, M. (1993). *Family therapy in clinical practice*. Jason Aronson, Inc.

Bowers, S.(1949). The nature and definition of social casework. *Journal of Social Casework, 30*(8).

Bruce, L. (2013). *Reflective practice for social workers: A handbook for developing professional confidence*. Open University Press.

Carrell, S. (2013). *Group exercises for adolescents: A manual for therapists, school counselors, and spiritual leaders* (3rd ed.). Newbury Park, CA: Sage.

Collins, J., & Collins, M. (1992). *Social skills training and the professional helper*. New York: John Wiley & Sons, Inc.

Comer, E., & Hirayama, K. (2009). Activity: Use and selection. In A. Gittermand & R.

Salmon (Eds.), *Encyclopedia of social work with groups* (pp. 62-64). New York: Routledge.

Cooper, M. G. (2006). Integrating single-system design research into the clinical practice class. *Journal of Teaching in Social Work, 26*(3-4), 91-102.

Corey, M. S., Corey, G., & Corey, C (2018). *Groups: process and practice* (10th ed.) 김진숙 외 역(2019). **집단상담: 과정과 실제**. 서울: Cengage Learning Korea Ltd.

Council on Social Work Education (1992a). *Curriculum policy statement for baccalaureate degree programs in social work education*. Alexandria, VA: CSWE.

Council on Social Work Education (1992b). *Curriculum policy statement for master's degree programs in social work education*. Alexandria, VA: CSWE.

Council on Social Work Education(2021a). 2022 *Educational policy and accreditation standards for baccalaureate and master's social work programs*. Alexandria, VA: CSWE.

Council on Social Work Education (2021b). Ten core competencies of *social work practice*. Alexandria, VA: CSWE.

Cournoyer, B. (2016). *The social work skills workbook* (8th ed.). CENGAGE Learning Custom Publishing.

Cox, J. (2019). *15 Professional development skills for modern techers*.

D'Zurilla, T. J. (1988). Problem-solving therapies. In Dobson, K. S. (Ed.), *Handbook of cognitive-behavioral therapies*. New York: Guilford.

Datar, S., Bawikar, R., & Rao, G. (2010). *Skill training for social workers: A Manual*. Los Angeles: SAGE Publications.

De Jong, P., & Berg, I. K. (2013). *Interviewing for solutions* (4th edition). Brooks/Cole, Cengage Learning.

DeJong, P., & Miller, S. D. (1995). How to interview for client strengths. *Social Work, 40*(6), 729-736.

DeRubeis, R. J., Keefe, J. R., & Beck, A. T. (2021). Cognitive therapy. In K. S. Dobson, & D. J. A. Dozois (Eds.), *Handbook of cognitive-behavioral therapies* (4th ed.). New York: Guilford.

Dozois, D. J. A., Dobson, K. S., & Rnic, K. (2021). Historical and philosophical bases of the cognitive-behavioral therapies. In K. S. Dobson, & D. J. A. Dozois (Eds.),

Handbook of cognitive-behavioral therapies (4th ed.). New York: Guilford.

Dryden, W., & Ellis, A. (2001). Rational emotive behavior therapy. In K. S. Dobson (Ed.), *Handbook of cognitive-behavioral therapies* (2nd ed.). New York: Guilford.

DuBois, B., & Miley, K. (1996). *Social work in empowering profession*. Needham Heights, MA: Allyn & Bacon.

Ellis, A. (1962). *Reason and emotion in psychotherapy*. Secaucus, NJ: Citadel.

Engel, R. J., & Schutt, R. K. (2016). *The practice of research in social work* (4th ed). Thousand Oaks, CA: Sage Publication.

Epstein, L., & Brown, L. B. (2002). *Brief treatment and a new look at the task-centered approach* (4th ed.). Boston, MA: Allyn and Bacon.

Fischer, J., & Orme, J. G. (2008). Single system design. In T. Mizrahi & L. E. Davis (2008), *Encyclopedia of Social Work V.4* (20th ed.). (pp. 32-34). Washington DC: NASW Press.

Fook, J. (1993). *Radical casework: A theory of practice*. Allen and Unwin.

Forsyth, D. R. (2006). *Group dynamics* (4th ed.). 남기덕 외 역(2008). **집단역학**. 서울: 시그마프레스.

Gilbert, N. (2018). *The core competencies of social work practice*.

Golan, N. (1978). *Treatment in crisis situations*. New York: Free.

Goldstein, E. G., & Noonan, M. (2010). *Short-term treatment and social work practice: An integrative perspective*. New York: Free Press.

Gray, M. (2010). Theories of social work practice. In L. Nicholas, J. Rautenbach, & M. Maistry (Eds.), *Introduction to social work*. Cape Town: Juta.

Greenwood, E.(1957). Attributes of a profession. *Social Work, 2*, 45-55.

Hartman, A., & Laird, J. (1983). *Family-centered social work practice*. New York: Free.

Hohman, M. (2021). *Motivational interviewing in social wokr practice*. Guilford Press.

Holosko, M., Dulmus, C., Sowers, K. (2013). *Social work practice with individuals and families: Evidence-informed assessments and interventions*. Hoboken, NJ: John Wiley & Sons.

Howard, K. I., Kopta, S., Krause, M., & Orlinsky, D. E. (1986). The dose-effect relationship in psychotherapy. *American Psychologist, 41*(2), 159-164.

Howe, D. (2008). Relationship-based thinking and practice in social work. *Journal of Social Work Practice*, *12*(1), 45-56.

International Federation of Social Workers and International Association of Schools of Social Work (2020). *Global standards for social work education and training.*

Jacobs, E. E., Masson, R. L., & Harvill, R. L. (2002). *Group copunseling: Strategies and skills* (4th ed.) 김춘경 역(2003). **집단상담: 전략과 기술.** 서울: 시그마프레스.

Johnson, L. (1986). *Social work practice: A generalist approach.* Newton, MA: Allyn & Bacon.

Johnson, L., Schwartz, C., & Tate, D. (1997). *Social welfare: A response to human Need.* Needham Heights, MA: Allyn & Bacon.

Jordan, C., & Franklin, C. (Eds.) (2020). *Clinical assessment for social workers: Quantitative and qualitative methods* (5th ed.). Oxford University Press.

Kagle, J. D., & Kopels, S. (2008). *Social work records* (3rd ed.). Long Grove, IL: Waveland Press.

Kahn, A. (1979). *Social policy and social services.* New York, NY: Random House.

Kane, R. (1982). Lessons for social work from the medical model: a viewpoint for practice. *Social Work*, *27*, 315-321.

Kaplan, L., & Girard, J. L. (1994). *Strengthening high-risk families: A handbook for practitioners.* New York: Lexkington Books.

Karpetis, G. (2019). In-depth learning in field education: evaluating the effectiveness of process recording. *Journal of Social Work Practice, 33*(1), 95-107.

Kirst-Ashman, K. K., & Hull, G. H. (2017). *Understanding generalist practice* (8th ed.). Cengage Learning.

Kohut, H. (1971). *The analysis of the self.* New York: International Universities Press.

Kohut, H. (1977). *The restoration of the self.* New Yokr: International Universities Press.

Kübler-Ross, E., & Kessler, D. (2014). *Life lessons: Two experts on death and dying teach us about the mysteries of life and living.* New York: Scibner.

Kurtz, L. F. (2017). Support and selp help group. In C. D. Garvin, L. M. Guttierez, & M. J. Galinsky (Eds.), *Handbook of social work with groups* (2nd ed., pp. 155-170). New York: The Guilford Press.

Larkin, H. (2006). Social work as an integral profession. *AQOL*, Vol. 1(2), 1-30.

Larkin, S. J. (2019). *A field guide for social workers: Applying your generalist training.* Thousand Oaks: SAGE Publicationa.

Liberman, R. P., Dersi, W. J., & Mueser, K. T. (1995). *Social skills Training for psychiatric patients.* 김철권, 변원탁 역(1996). **정신과 환자를 위한 사회기술훈련**. 서울: 신한.

LivingWorks Education (1999). *Suicide intervention handbook*. Calgary, Canada: LivingWorks Education.

Lynn, M., & Nisivoccia, D. (2009). Activity: History. In A. Gittermand, & R. Salmon (Eds.), *Encyclopedia of social work with groups* (pp. 59-61). New York: Routledge.

Macgowan, M. J. (2008). Group dynamics. In *encyclopedia of social work V.2* (20th ed., pp. 279-287). Washington DC: NASW Press.

Manser, E. (Ed.) (1973). *Family advocacy: A manual for action.* New York: Family Service Association of America.

Mathew, D. J. (1995). *Foundations for violence-free living: A step-by-step guide to facilitating men's domestic abuse groups.* Amherst H. Wilder Foundation.

Mattaini, M. A. (1999). *Clinical intervention with families.* Washington, DC: NASW Press.

Mattaini, M. A., Meyer, C. H., & Lowery, C. T. (2000). *The foundation social work practice.* 권현정 외 역. **사회복지실천이론의 토대**. 서울: 나눔의 집.

McGoldrick, M., Gerson, R., & Petry, S. (2020). *Genograms: Assessment and treatment* (4th ed.). New York: W. W. Norton & Company.

Meyer, C. H. (1983). Introduction. In C. H. Meyer (Ed.), *Clinical social work in the eco-systems perspective*. New York: Columbia University Press.

Middleman, R., & Wood, G. (1990). *Skills for direct practice in social work*. New York, NY: Columbia University Press.

Miller, W. R., & Rollnick, S. (2002). *Motivational interviewing: Helping people change* (2nd edition). 신성만, 권정옥, 손명자 역. **동기강화상담**. 서울: 시그마프레스.

Miller, W. R., & Rollnick, S. (2012). *Motivational interviewing: Helping people change* (3rd ed.). Guilford Press.

Miller, W. R. (2005). *Enhancing motivation for change in substance abuse treatment.* US department of health and human service, substance abuse and mental health service administration, Center for substance abuse treatment.

Minuchin, P., Colapinto, J., & Minuchin, S. (1998). *Working with families of the poor*. New York: Guilford Press.

Minuchin, S., & Fishman, H. C. (1981). *Family therapy techniques*. Cambridge, MS: Harvard University Press.

National Association of Social Workers (1981). *Standards for the classification of social work practice*. Silver Spring, MD: NASW Press.

National Association of Social Workers (2005). *NASW Standards for Clinical Social Work in social work practice*. NASW Press.

National Association of Social Workers (2021a). *Code of ethics of the national association of social workers*. NASW Press.

National Association of Social Workers (2021b). *NASW Standards for social work case management*. NASW Press.

Nelson, T. S., & Thomas, F. N. (2007). *Handbook of solution-focused brief therapy: Clinical applications*. New York: Routledge.

Neuman, K. M., & Friedman, B. D. (1997). Process recordings: Fine-tuning an old instrument. *Journal of Social Work Education, 33*(2), 237-243.

Nichols, M. P., & Davis, S. D. (2017). *Family therapy: Concepts & Methods* (11th ed.). Boston, MA: Pearson.

Noia, J. D., & Tripodi, T. (2007). *Single case design for clinical social workers* (2nd ed.). Washington DC: NASW Press.

Northern, H., & Kurland, R. (2001). *Social work with groups* (3rd ed.). 노충래 역(2006). **집단사회복지실천**. 서울: 학지사.

O'Rouke, L. (2010). *Recording in social work: Not just an administrative task*. Bristol, UK: The Policy Press

O'Hare, T. (2009). *Essential skills of social work practice: Assessment, intervention, evaluation*. Oxford University Press.

Perlman, H .(1957). *Social Casework: A problem-solving process*. Chicago, IL: University of Chicago Press.

Prochaska, J. O., & Diclemente, C. C. (1986) Toward a Comprehensive Model of Change. In W. R. Miller, N. Heather (Eds.), *Treating addictive behaviors. Applied Clinical*

Psychology, 13, Springer, Boston, MA.

Rapoport, L. (1970). Crisis intervention as a mode of brief treatment. In R. W. Roberts, & R. H. Nee (Eds.), *Theories of social casework*. Chicago, IL: University of Chicago Press.

Reid, K. E. (1997). Social work practice with groups: A clinical perspective (2nd ed.). Pacific Grove, CA: Brooks/cole.

Rein, M., & White, S. (1981). Knowledge for practice. *Social Service Review, 55*(1), 1-41.

Richmond, M. (1944). *Social diagnosis*. New York, NY: Free Press.

Roberts, A. (2015). An overview of crisis theory and crisis intervention. In K. Yeager & A. Roberts (Eds.), *Crisis intervention handbook: Assessment, treatment, and research* (4th ed.). New York: Oxford University Press.

Rollnick, S. (2015). *MI today and beyond. Asia pacific symposium of motivaional interviewing*. presentation.

Rollnick, S., Miller, W., & Butler, C. C. (2008). *Motivational interviewing in health care: Helping patients change behavior*. New York: Guilford Press.

Satir, V. M. (1988). *The new peoplemaking*. Palo Alto, CA: Science and Behavior Books.

Schopler, J. H., & GAlinsky, M. (1995). Group practive: Overview. In E. L. Richard (Ed.), *Encyclopedia of social work*. NASW Press.

Schwartz, A., & Goldiamond, I. (1975). *Social casework: A behavioral approach*. New York: Columbia University Press.

Sheafor, B. W., & Horejsi, C. R. (2008). *Techniques and guidelines for solcial work pratice* (8th ed.). 남기철, 정선욱, 조성희 역(2010). **사회복지실천 기법과 지침**. 경기: 나남.

Sheafor, B. W., & Horejsi, C. R. (2015). *Techniques and guidelines for social work practice* (10th ed.). NJ: Pearson Education.

Shoham, V., Rohrbaugh, M., & Patterson, J. (1995). Problem- and solution-focused couple therapies: The MRI and milwaukee models. In J. S. Jacobson, & A. S. Gurman (Eds.), *Clinical handbook of couple therapy*. New York: Guilford Press.

Siporin, M. (1975). *Introduction to social work practice*. New York: Macmillan.

Smalley, R. (1967). *Theory for social work practice*. New York, NY: Columbia University Press.

Stith, S. M., Miller, M. S., Boyle, J., Swinton, J., Ratcliffe, G., & McCollum, E. (2012).

Making a difference in making miracles: Common road blocks to miracle question effectiveness. *Journal of Marital & Family Therapy, 38*(2), 380-393.

Stuart, R. B. (1975). Behavioral remedies for marital ills: A guide to the use of operant-interpersonal techniques. In T. Thompson & W. Docken (Eds.), *International symposium on behavior modification.* New York: Appleton.

Thibaut, J., & Kelley, H. H. (1959). *The social psychology of groups.* New York: Wiley.

Thyer, B. A., Issac, A., & Larkin, R. (1997). Integrating research and practice. In M. Reisch & E. Gambrill (Eds.), *Social work in the 21st century* (pp. 311-316). Thousand Oaks, CA: Pine Forge Press.

Toseland, R. W., & Rivas, R. F. (2017). *An introduction to group work practice* (8th ed.). Harlow, England: Pearson Education Limited.

Toseland, R. W. (2017). Group dynamics. In C. D.Garvin, L. M. Guttierez, & M. J. Galinsky (Eds.), *Handbook of social work with groups* (2nd ed., pp. 9-27). New York: The Guilford Press.

Urquiza, A. J., & Winn, C. (2013). Treatment for abused and neglected children:infancy to age 18. United States Dept. of Health and Human Services, Administration for Children and Families, Administration on Children, Youth and Families, National Center on Child Abuse and Neglect.

Vincent, J. P., Weiss, R. L., & Birchler, G. R. (1975). A behavioral analysis of problem solving in distressed and nondistressed married and stranger dyads. *Behavior Therapy, 6*, 475-487.

Walsh, F., & Corsser, C. (2000). Advances in family therapy: Theory and practice. In P. Allen-Meares, & C. Garvin (Eds.), *The handbook of social work direct practice.* Thousand Oaks, CA: Sage.

Wampold, B. E. (2001). *The great psychotherapy debate: Models, methods and findings.* New York: Lawrence Erlbaum.

Weick, A. (1983). Issues in overturning a medical model of social work practice. *Social Work, 28*, 467-471.

Wilding, P. (1982). *Professional power and social welfare.* London: Routledge & Kegan Paul.

Wills, T. A., Weiss, R. L., & Patterson, G. R. (1974). A behavioral analysis of the determinants of marital satisfaction. *Journal of Consulting and Clinical Psychology, 42*, 802-811.

Woodrow, R. D. (1983). Casework: A psychosocial therapy. In C. H. Meyer (Ed.), *Clinical social work in the eco-systems perspective*. New York: Columbia University Press.

Woods, M. E., & Hollis, F. (2000). *Casework: A psychosocial therapy* (5th ed.). New York: McGraw-Hill.

Yalom, I. D., & Leszcz, M. (2008). *The theory and practice of group psychotherapy*. New York: Basic Books.

https://www.merriam-webster.com/dictionary/skill.

찾아보기

인명

내용

저자 소개

김혜란(Kim, Hye Lan)

연세대학교 영어영문학과 졸업

미국 University of Illinois at Urbana-Champaign(사회복지학 석사)

미국 University of Chicago(사회복지학 박사)

현 서울대학교 사회복지학과 교수

> 대표 저서

사회복지실천론(공저, 학지사, 출간예정), 여성복지학(3판, 공저, 학지사, 2020), 가족복지학(5판, 공저, 학지사, 2017), 사회복지개론(공저, 나남, 2015)

> 대표 논문

성폭력 피해 장애인의 특성과 법률조력인의 지원에 관한 연구(공동연구, 법무부, 2012), 실업급여제도의 성인지적 분석(공동연구, 사회보장연구, 2010)

홍선미(Hong, Seon Mee)

서울대학교 사회복지학과 졸업

미국 University of Wisconsin at Madison(사회복지학 석사)

미국 Columbia University(사회복지학 박사)

현 한신대학교 사회복지학과 교수

> 대표 저서

사회복지실천론(공저, 학지사, 출간예정), 정신건강사회복지론(공저, 학지사, 2022), 사회복지개론(공저, 청목, 2010)

> 대표 논문

돌봄레짐과 국가책임의 시대(경제인문사회연구회, 2021), 커뮤니티케어 확대에 따른 통합사례관리 인력 확충방안(사회보장정보원, 2020)

공계순(Kong, Gye Soon)

서울대학교 사회복지학과 졸업

서울대학교 사회복지학과 석사

미국 오하이오주립대학교 사회사업대학 박사(Ph.D)

현 호서대학교 사회복지학부 교수

> 대표 저서

사회복지실천론(공저, 학지사, 출간예정), 아동복지론(5판, 공저, 학지사, 2019), 욕구조사의 이론과 실제(공저, 나남, 2004)

> 대표 논문

지역아동센터 이용 아동의 자아존중감 향상 프로그램에 대한 설명적 메타분석: 단일변량 및 다중변량 메타회귀분석(공동연구, 사회복지연구, 2019), 증거기반 사회복지실천에 대한 이해와 한국에서의 적용가능성에 관한 연구(공동연구, 사회복지연구, 2006), 아동학대예방센터 상담원의 이직의도 관련 요인에 관한 연구(한국아동복지학, 2005)

박현선(Park, Hyun Sun)

이화여자대학교 사회복지학과 졸업

서울대학교 사회복지학과 석사

서울대학교 사회복지학과 박사

현 세종대학교 공공정책대학원 사회복지학과 교수

> 대표 저서

사회복지실천론(공저, 학지사, 출간예정), 아동복지론(5판, 공저, 학지사, 2019)

> 대표 논문

놀이친화적 환경이 아동의 삶의 질에 미치는 영향–놀이공간 조성과 지역 유형에 따른 다집단 분석(한국아동복지학, 2020), 화상환자 가족의 보호부담 완화를 위한 집단상담 프로그램 개발(공동연구, 가족과 가족치료, 2020)

사회복지총서

사회복지실천기술론
Skills for Social Work Practice

2022년 2월 10일 1판 1쇄 인쇄
2022년 2월 15일 1판 1쇄 발행

지은이 • 김혜란 · 홍선미 · 공계순 · 박현선
펴낸이 • 김진환
펴낸곳 • ㈜학지사
04031 서울특별시 마포구 양화로 15길 20 마인드월드빌딩
대표전화 • 02-330-5114 팩스 • 02-324-2345
등록번호 • 제313-2006-000265호

홈페이지 • http://www.hakjisa.co.kr
페이스북 • https://www.facebook.com/hakjisabook

ISBN 978-89-997-2588-3 93330

정가 22,000원

저자와의 협약으로 인지는 생략합니다.
파본은 구입처에서 교환해 드립니다.